SiTeLaBo DongFang ShiJie TanYan

斯特拉波 "东方世界" 探研

武晓阳　著

北京师范大学出版集团
BEIJING NORMAL UNIVERSITY PUBLISHING GROUP
北京师范大学出版社

图书在版编目(CIP)数据

斯特拉波"东方世界"探研/武晓阳著. —北京：北京师范大学出版社，2015.11

(北京师范大学史学探索丛书)

ISBN 978-7-303-18926-7

Ⅰ. ①斯… Ⅱ. ①武… Ⅲ. ①地理学-研究 Ⅳ. ①K90

中国版本图书馆 CIP 数据核字(2015)第 079157 号

营 销 中 心 电 话 　010-58805072　58807651
北师大出版社学术著作与大众读物分社　　http：//xueda．bnup．com

出版发行：北京师范大学出版社　www.bnup.com
　　　　　北京市海淀区新街口外大街 19 号
　　　　　邮政编码：100875
印　　刷：保定市中画美凯印刷有限公司
经　　销：全国新华书店
开　　本：730 mm×980 mm　1/16
印　　张：18.75
字　　数：290 千字
版　　次：2015 年 11 月第 1 版
印　　次：2015 年 11 月第 1 次印刷
定　　价：58.00 元

策划编辑：刘松弢　　　　　责任编辑：齐　琳　蒋智慧
美术编辑：王齐云　　　　　装帧设计：王齐云
责任校对：陈　民　　　　　责任印制：马　洁

绪　论

　　文明的交流与互动是现代世界的发展趋势和重要特征。研究古代文明的交流与互动，是研究文明交流和互动的重要方面。重新审视古代文明的交流与互动，对于认识世界历史未来的发展走向具有重要意义。

　　亚历山大远征改变了世界历史进程，开创了不同文明相交融的新局面，从而使历史进入一个新的时代——"希腊化时代"。它极大地拓展了人们的认识范围，丰富了人们的地理学知识；它使道路更加畅通，使贸易更加繁荣，使不同地域人们之间的交往增多，交流增加。[①]

　　罗马共和国时代，大规模的对外战争、开疆拓土，使共和国末期罗马国家的疆域空前广阔。这一时期，成为罗马历史上最强盛的时期之一。随着罗马国家疆域的不断拓展，他们与其他民族的交往越来越多。其他民族的物质与精神文明(如东方的丝绸)，由少到多，由间断到频繁，越来越多地进入罗马国家，进入罗马人的生活，展现在他们面前。罗马人对世界的认识，层层向外扩展，认识空间越来越大，世界在罗马人面前越来越明朗。罗马内战结束，社会转型，政治稳定，经济繁荣，为其对外交往奠定

---

　　① George Grote, *A History of Greece: from the Earliest Period to the close of the Generation Contemporary with Alexander the Great*, Bristol: Thoemmes Press, volume 10, 2000, p. 211.

了基础。"一个安定、有序、和谐的罗马帝国在地中海地区广泛影响，发挥作用"①，并把这种影响播向东方。

斯特拉波的《地理学》在西方地理学史上占有重要地位。霍勒斯·伦纳德·琼斯(Horace Leonard Jones)盛赞说："斯特拉波的《地理学》，不仅仅是一部地理学著作，它是基督时代开启之后，有关人类居住世界广阔区域的信息百科全书。"②罗马与帕提亚帝国崛起的历史现实③，前辈学者在地理学领域的学术积淀，人们探寻世界的实践活动(包括商业、航海)，斯特拉波的旅行经历和实地考察，共同铸就了《地理学》这部学术巨著。它不仅是在罗马统治之下，人们认识世界的结晶，更是人们认识能力增强的有力见证。以斯特拉波的《地理学》为研究对象，考察罗马人对东方区域和民族的认识，探究帝国中心与东部行省、东部行省与东方影响区域、帝国中心与罗马东方影响区域之间的关系，探讨它们之间的商贸往来和经济交流，研究罗马国家影响力向东方的扩展，总结斯特拉波视野下东方世界④的特征，有助于我们更好地理解和认识古代文明的交流和互动。

斯特拉波及其《地理学》，是西方学者关注的研究对象。并且，他们在这一研究领域已经取得了丰硕的成果。学者们的研究主要集中在以下几个方面：一是对斯特拉波出生时间及创作《地理学》时间的探讨；二是对斯特拉波《地理学》所用史料的批判和分析；三是对斯特拉波《地理学》中具体问题的考证；四是对《地理学》中某一地区或某一主题的研究；五是对斯特拉波及其《地理学》的全面考察。不过，较少有人以跨文化交流为视角，系统地研究斯特拉波的《地理学》；国内学者在这方面的研究也比较薄弱，这为笔者留下了进一步探讨的学术空间。因此，笔者拟以斯特拉波的《地理学》

---

① 杨共乐：《罗马史纲要》，北京，商务印书馆，2007，183 页。

② Strabo, *Geography*, with an English translation by Horace Leonard Jones, Cambridge, Massachusetts, London, England：Harvard University Press, Books 1-2, Introduction, xxx.

③ 斯特拉波：《地理学》，1，2，1；11，6，4。本文所用古典史料，除特殊说明外，均源自哈佛大学出版社罗布古典丛书，引用时按通行惯例标注。如"斯特拉波：《地理学》，1，2，1"，表示出处在斯特拉波《地理学》第 1 卷，第 2 章，第 1 节。以下标注与此同。

④ 本书中的"东方世界"，以斯特拉波《地理学》描述的东方区域为限，包括罗马帝国的东方行省，以及这些行省以东远至印度、锡兰(斯里兰卡)的广大地区。

为研究对象，从文明交流与互动的角度，在历史进程之中研究斯特拉波视野下的东方世界，考察罗马人对东方区域和民族的认识，探究罗马国家的影响力怎样层层向东方扩展，探讨罗马人与东方民族之间的关系，总结斯特拉波撰写的东方世界之特征，以期能在推进对斯特拉波《地理学》的研究中，尽微薄之力。

目　录

第一章　史料与史学 ……………………………………………… 1

　一、史料来源 ………………………………………………… 1

　二、研究综述 ……………………………………………… 16

第二章　西方人认识东方的新纪元：亚历山大远征 ………… 47

　一、亚历山大远征 ………………………………………… 47

　二、尼阿库斯海路返回 …………………………………… 64

第三章　罗马的统治区域（上）：斯特拉波视野下的埃及 … 69

　一、埃及的地理范围 ……………………………………… 69

　二、尼罗河 ………………………………………………… 71

　三、埃及的居民及其社会生活 …………………………… 75

　四、亚历山大里亚 ………………………………………… 82

　五、埃及的物产与经济 …………………………………… 84

　六、罗马埃及的军事与行政管理 ………………………… 89

第四章　罗马的统治区域（中）：斯特拉波视野下的叙利亚 … 97

　一、对叙利亚地理范围的界定 …………………………… 97

　二、叙利亚的居民及其习俗 ……………………………… 98

　三、叙利亚的经济与城市 ………………………………… 99

四、罗马人在叙利亚的统治权威 …………………………… 102

第五章 罗马的统治区域（下）：斯特拉波视野下的小亚细亚 … 106

一、地理范围与居民 ………………………………………… 106

二、信仰与神庙 ……………………………………………… 109

三、物产与经济 ……………………………………………… 112

四、小亚细亚东部的城市 …………………………………… 116

五、罗马人在小亚细亚东部的统治权威 …………………… 119

第六章 罗马的竞争对手：斯特拉波视野下的帕提亚 ……… 126

一、帕提亚的历史与现况 …………………………………… 126

二、帕提亚的居民与风俗 …………………………………… 128

三、帕提亚人的政治与军事 ………………………………… 130

四、帕提亚帝国所起作用 …………………………………… 131

五、帕提亚人与罗马人的关系 ……………………………… 134

第七章 罗马与东方交往的媒介：斯特拉波视野下的阿拉伯 … 146

一、阿拉伯地区的居民与习俗 ……………………………… 146

二、经济与商业 ……………………………………………… 152

三、阿拉伯地区的政治统治 ………………………………… 157

四、罗马与阿拉伯半岛的关系 ……………………………… 159

第八章 罗马交往的对象：斯特拉波视野下的印度 ………… 166

一、认识印度存在的困难 …………………………………… 166

二、印度的居民及社会等级 ………………………………… 169

三、印度的行政与军事管理 ………………………………… 177

四、印度的物产与经济 ……………………………………… 181

五、罗马人与印度的关系 …………………………………… 186

第九章 斯特拉波撰写的东方世界之特征 …………………… 193

一、反映了时代精神 ………………………………………… 193

二、罗马人占据主导地位 …………………………………… 199

三、城市占有重要地位 ……………………………………… 204

四、经济与商业备受关注 …………………………………… 208

五、继承性与发展性 ………………………………………… 217

结　语 …………………………………………………………… 224

北京师范大学史学探索丛书

附录 1：埃及的城市 ‥‥‥‥‥‥‥‥‥‥‥‥‥‥‥‥‥‥ 226

附录 2：叙利亚的城市 ‥‥‥‥‥‥‥‥‥‥‥‥‥‥‥‥ 231

附录 3：小亚细亚东部的城市 ‥‥‥‥‥‥‥‥‥‥‥‥‥ 233

附录 4：阿拉伯半岛的城市 ‥‥‥‥‥‥‥‥‥‥‥‥‥‥ 237

附录 5：帕提亚王表 ‥‥‥‥‥‥‥‥‥‥‥‥‥‥‥‥‥ 238

附录 6：纳巴塔亚人王表 ‥‥‥‥‥‥‥‥‥‥‥‥‥‥‥ 240

附录 7：《地理学》中的拉丁语词汇 ‥‥‥‥‥‥‥‥‥‥ 242

附录 8：斯特拉波《地理学》所用史料来源 ‥‥‥‥‥‥‥ 245

附录 9：斯特拉波家族世系 ‥‥‥‥‥‥‥‥‥‥‥‥‥‥ 259

附录 10：斯特拉波描绘的人类居住的世界 ‥‥‥‥‥‥‥ 260

附录 11：厄立特里亚航海记——公元 1 世纪一位商人在印度洋上的旅行

　　　　 与贸易 ‥‥‥‥‥‥‥‥‥‥‥‥‥‥‥‥‥‥‥ 261

参考文献 ‥‥‥‥‥‥‥‥‥‥‥‥‥‥‥‥‥‥‥‥‥‥ 278

后　　记 ‥‥‥‥‥‥‥‥‥‥‥‥‥‥‥‥‥‥‥‥‥‥ 288

第一章　史料与史学

一、史料来源

　　"史料是人类社会在发展过程中所留下来的痕迹，是储存信息的宝库，传递文明的功臣。它既是历史认识的基础，也是解决问题的关键。它不但为后人提供了解开谜团的钥匙，而且也为学者架起了揭示真相的桥梁。详尽而又透彻地把握史料，冷静而又深刻地钻研问题，正确而又清晰地还原历史一直是史家们追求的目标。历史的再现既取决于史家的智慧与灵感，更取决于史料的完美与精确。"①史料在历史研究中居于核心地位。因此，有必要对我们研究所依据的史料进行详细考察。本文所依据的史料分为三部分：实物史料、古典作家作品和资料汇编。

（一）实物史料

　　1. 钱币

　　钱币是一种重要的实物史料。它可以弥补文献资料的不足。出土的钱币可以成为人们经济交往和文明交流的见证。自罗马开始"大征服"后，巨额金、银等贵金属源源不断地涌入罗马，罗马国家制造的大量金、银和铜制钱币在地中海世界广泛流通。② 在印度半岛发现的大量罗马金银货币③，反映了罗马与印度之间贸易的频繁和兴盛。同时，它们也是罗马与东方交往的有力证据。

　　2. 陶器

　　陶器也是重要的实物史料。在古代，它是人们经常用以交换的商品。考古出土的陶器，可以为古代人们之间的经济交往提供佐证。例如，考古

---

① 杨共乐：《罗马史纲要》，北京，商务印书馆，2007，296 页。

② 张献军：《西塞罗政治实践研究》，北京，北京师范大学博士论文，2007，3 页。

③ 杨共乐：《罗马社会经济研究》，北京，北京师范大学出版社，1998，91 页。

学家在印度半岛东部帕都克地区发掘出许多意大利埃特鲁里亚生产的陶器，这反映了罗马与印度之间的贸易已经达到相当规模。①

3. 铭文

罗马共和国中后期及帝国早期，留下了数量丰富的拉丁铭文和希腊铭文。这些铭文包含有大量的政治和经济信息。它们往往能起到史著和其他文学作品无法替代的作用。奥古斯都(Gaius Julius Caesar Octavianus)所著《自传》(*Res Gestae Divi Augusti*)，即《安齐拉铭文》(*Monumentum Ancyranum*)，概括了他一生的经历和成就，是研究奥古斯都时代很有价值的史料。本书以反映帝国初期罗马世界状况的《地理学》为研究对象，探讨罗马与东方民族的交往、罗马影响力的扩展，而奥古斯都本人，是帝国初期许多重要决策和行动的直接经历者，他的自传就显得十分重要。

（二）古典作家作品

斯特拉波的《地理学》(Strabo, *Geography*)，是本书的研究对象，也是本书研究所依据的核心史料。因此，有必要对其进行较为详细的分析和考察。②

《地理学》共17卷，前两卷为绪论；第三至第十卷论述欧洲的地理，其中主要是西班牙、高卢、不列颠、意大利、日耳曼、西徐亚、巴尔干等地区的地理状况；第十一至第十六卷讲述小亚细亚、印度、波斯、两河流域、叙利亚、阿拉伯的地理状况；第十七卷论述埃及、埃塞俄比亚和利比亚的地理状况。

其中，在绪论部分，斯特拉波追溯地理学的源头，反驳埃拉托色尼

---

① 杨共乐：《罗马社会经济研究》，北京，北京师范大学出版社，1998，90 页。

② 对斯特拉波在《地理学》中所用史料来源的考察，是研究者们重视的基础性工作。有关这方面的分析可见：Pearl Elizabeth Yost, *the Commercial and Industrial Life of the Roman Provinces as Seen by Strabo*, A dissertation submitted to the Graduate faculty in candidacy for the degree of Master of Arts, Department of History, Chicago, Illinois, December, 1927, pp. 64-69. Daniela Dueck, *Strabo of Amasia: A Geek Man of Letters in Augustan Rome*, London and New York: Routledge, 2010, pp. 180-186. Katherine Clarke, *Between Geography and History: Hellenistic Constructions of the Roman World*, Oxford: Clarendon Press, 1999, pp. 375-378.

(Eratosthenes)①等人的攻击，捍卫荷马在地理学史上的奠基地位；论证他重新论述地理学的必要性与合理性：一方面，新的征服与探索活动，打开了人类活动的新区域，而这些区域是前辈地理学家所不熟悉，或不完全知晓的；另一方面，由于新的发现及学术进步，使纠正前辈地理学家作品中存在的缺陷成为可能。在绪论中，他还批判了埃拉托色尼、希帕库斯(Hipparchus)②、波塞冬尼乌斯(Posidonius)③和波利比乌斯(Polybius)等前人的著作与观点，探讨了《地理学》的目的、效用及服务对象，提出了地

---

① 埃拉托色尼(Eratosthenes)（约 285 B. C. —194 B. C.），出生于希腊在非洲的殖民地昔兰尼(Cyrene)。他曾在雅典求学，后来接受托勒密三世(Euergetes)的邀请，成为皇家家庭教师。之后，他担任亚历山大图书馆第四任馆长。他在地理学、文学批评、年代学、哲学和诗歌等方面都有建树，以杰出的地理学而著名。他的大部分地理学著作都已散佚，部分内容保留在斯特拉波的《地理学》中。Simon Hornblower, Antony Spawforth and Esther Eidinow, *The Oxford Classical Dictionary*, fourth edition, Oxford：Oxford University Press，2012，pp. 533-534.

② 希帕库斯(Hipparchus)，生活在公元前 2 世纪后半期，出生于比提尼亚(Bithynia)的尼卡亚(Nicaea)（斯特拉波：《地理学》，12，4，9），著名的天文学家、数学家。他一生的大部分时间在罗德岛度过。从公元前 147 年至前 127 年，他进行了长期的天文学观测。其仅存下来的一部天文学著作为《攸克多苏斯和阿拉图斯＜天文现象＞注疏》(*Commentary on the Φαινόμενα of Eudoxus and Aratus*)。他的地理学著作《反埃拉托色尼》(*Against Eratosthenes*)（斯特拉波：《地理学》，1，1，12），对埃拉托色尼的地理学观点进行了批判，不过，原书已经遗失，斯特拉波《地理学》中保留了部分内容。Simon Hornblower, Antony Spawforth and Esther Eidinow, *The Oxford Classical Dictionary*, fourth edition, Oxford：Oxford University Press，2012，pp. 685-686.

③ 波塞冬尼乌斯(Posidonius)（约 135 B. C. —51 B. C.），出生于叙利亚境内奥隆特斯河畔的阿帕美亚，是科学家、历史家和斯多葛派哲学家。他在雅典接受教育，但定居于罗德岛。公元前 87 年或前 86 年，他曾作为使团成员前往罗马。公元前 90 年代，他可能做过长途旅行，对西部地区进行了考察，游览过西班牙、南部高卢、罗马和意大利。此后，他在罗德岛的学院成为斯多葛学派的领导中心。他的研究范围广泛，包括天文学、气象学、数学、动物学和地理学等方面。他的《论海洋》(*On Ocean*)，是一部非凡之作，涵盖了天文学地理带、自然与气候状况、人文地理和人类学等诸多方面。他的52 卷本的《历史》(*History*)，时间上起公元前 146 年，下止公元前 80 年代中期，描述了地中海世界——从小亚细亚到西班牙，从埃及和阿非利加(Africa)到高卢与北部民族、罗马及希腊——的历史，他非常详细地描述了各地的事实、事件、社会及自然现象。这两部作品成为斯特拉波《地理学》的重要资料来源。不过它们都已遗失，正是斯特拉波对它们的征引，为我们保留了宝贵的信息。Simon Hornblower, Antony Spawforth and Esther Eidinow, *The Oxford Classical Dictionary*, fourth edition, Oxford：Oxford University Press，2012，pp. 1195-1196.

理学家的主要任务、主要关注点，论述了他所考察的对象、资料来源和创作原则。第三至第十七卷，斯特拉波分论当时西方人已知的世界各地区，包括各地的自然特征、地理沿革、道路里程、居民及其生活方式、风俗习惯、神话故事、物产、经济状况、城市和政治组织等内容。斯特拉波以欧罗巴为开端，进而以伊比利亚为起点展开描述，沿着人类居住世界的北部，由西向东至印度，而后沿着人类居住世界的南部，由东向西至利比亚。

在创作《地理学》的过程中，斯特拉波进行了广泛的旅行和实地考察。① 但由于描述对象是整个人类居住的世界，范围极广，所以他还利用了前人的大量资料。因此，有必要考察相关各卷的主要资料来源。

《地理学》的前两卷，除了作者提出地理学的研究对象、任务、效用以及一些总原则外，主要是对荷马、埃拉托色尼、希帕库斯、波塞冬尼乌斯和波利比乌斯等人的著作的分析与批判。因此，他们的资料就构成了《地理学》前两卷的主要资料来源。此外，他还引用了赫西俄德（Hesiod）、克拉泰斯（Crates）、阿里斯塔库斯（Aristarchus）、攸里庇底斯（Euripides）、埃弗鲁斯（Ephorus）、阿波罗多鲁斯（Apollodorus）、卡利玛库斯（Callimachus）等人的资料。

第三卷主要描述伊比利亚。在本卷中斯特拉波使用了波利比乌斯、阿尔特米多鲁斯（Artemidorus）②、波塞冬尼乌斯，埃拉托色尼等人提供的资料。在他的描述中，伊比利亚地区的腌鱼业，图尔德塔尼亚富饶的物产、丰富的矿产、便利的航运、发达的商业贸易，金银矿石的冶炼、提纯的方法，路西塔尼亚人的风俗习惯，元老行省和元首行省的治理情况，给我们留下了深刻的印象。斯特拉波在文中彰显的主题之一，就是罗马人在结束

---

① 斯特拉波：《地理学》，2，5，11。

② 阿尔特米多鲁斯（Artemidorus）（公元前2世纪末至前1世纪初），是出生于以弗所（Ephesus）的希腊人。他沿地中海海岸和外西班牙航行，在亚历山大里亚撰写了11卷的地理学著作（Περίπλους, Γὰ γεωγραφούμενα, Γεωγραφίας βιβλία）。他的记述，特别是对于西部地区里程的记述，比较准确，但也存在错误与混乱之处。关于东部的水域和埃塞俄比亚，阿尔特米多鲁斯依靠阿加塔契德斯（Agatharchides）的资料，增加了远至 Cape Guardafui 地区的里程及详细描述。关于印度，他主要依据亚历山大著作家美加斯提尼斯（Megasthenes）的资料。Simon Hornblower, Antony Spawforth and Esther Eidinow, *The Oxford Classical Dictionary*, fourth edition, Oxford：Oxford University Press, 2012, pp. 175-176.

纷争、带给当地居民安宁、和平与文明方面发挥着重要作用。

第四卷分述高卢、不列颠和阿尔卑斯山及其附近的地区。斯特拉波使用了恺撒、阿尔特米多鲁斯、波塞冬尼乌斯、波利比乌斯等人的资料。罗马人给当地居民带去文明的生活方式，仍是斯特拉波着力表现的一个主题，仅从他的如下表述中便可见一斑，"不过，由于罗马人的征服，随着时间推移，生活在玛西里亚人所在地区之外的蛮族人变得越来越温和，他们已经放弃战争，转向了市民和农耕生活……"①"……人们把那一地区的所有蛮族人都称为卡瓦里人。不，他们已不再是蛮族人，在很大程度上已成为典型的罗马人，无论在讲话方式上，还是在生活方式方面，甚至在某些人的公民生活方面，都是如此。"②

第五卷和第六卷是对意大利以及西西里的描述。在这2卷中，一部分资料来自斯特拉波的实地考察，一部分来自埃弗鲁斯③、阿尔特米多鲁斯和波塞冬尼乌斯。在对南部意大利描述中，叙拉古安提奥库斯（Antiochus）④的著作，也成为斯特拉波的一个重要资料来源。⑤

第七卷主要描述欧洲的北部、西部和中部地区，其中对辛布利人、盖塔人、潘诺尼伊人、奥塔里亚塔人、斯科尔狄斯西人和勒勒吉斯人等都进行了详细描述。在这一部分，作者主要运用了以前学者的资料，文中被直接提到的古典作家有阿波罗多鲁斯、埃拉托色尼、埃弗鲁斯、波利比乌

---

① 斯特拉波：《地理学》，4，1，5。

② 斯特拉波：《地理学》，4，1，12。

③ 埃弗鲁斯（Ephorus）（约405 B. C.—330 B. C.），塞玛（Cyme）人。他编撰了30卷的《历史》。这部史书上起赫拉克里斯族（Heraclidae）的回归，下至培林图斯（Perinthus）之围，他的儿子德摩菲鲁斯（Demophilus）撰述了第三次神圣战争（Third Sacred War）。他取材广泛，并且时常对材料进行甄别。在古代，它因其准确性而受到赞誉。他的著作被狄奥多罗斯、普鲁塔克广泛引用，也是斯特拉波《地理学》的主要资料来源之一。Simon Hornblower, Antony Spawforth and Esther Eidinow, *The Oxford Classical Dictionary*, fourth edition, Oxford：Oxford University Press, 2012, p. 510.

④ 叙拉古的安提奥库斯（Antiochus of Syracuse），是生活于公元前5世纪的希腊历史学家，其著作有《论意大利》（*On Italy*）（斯特拉波：《地理学》，6，1，4），主要描述了意大利南部的 Elea、Rhegium、Corton、Heraclea、Metapontum 和 Tarentum 等城市。Simon Hornblower, Antony Spawforth and Esther Eidinow, *The Oxford Classical Dictionary*, fourth edition, Oxford：Oxford University Press, 2012, p. 106.

⑤ 斯特拉波：《地理学》，6，1，1，4，6，15。

斯、赫西俄德、德米特里乌斯、塞奥波姆普斯等 40 余人。

第八至第十卷，主要描写希腊，其中包括马其顿、雅典、彼奥提亚、瑟萨利、埃托利亚、克里特及其他岛屿。对希腊的描述在全书中占有 3 卷内容。其描述具有以下特点：斯特拉波利用较大的篇幅为荷马的地理学观点辩护；所用史料来源广泛，既有他本人实地考察所得，又有前辈学者作品的丰富信息，在书中涉及的有名可考的古典作家近 70 人，这在对其他部分的描述中是没有过的；埃弗鲁斯的论述和资料占有突出地位，其中的缘由，诚如斯特拉波所言，"我使用埃弗鲁斯的资料比任何其他权威的资料都多，因为正如杰出作家波利比乌斯所证实的那样，对于这些问题，他非常谨慎。"①

第十一卷描述了小亚细亚北部远至巴克特里亚的地区。由于亚历山大远征经过了其中的部分地区，亚历山大史家的作品成为主要的史料来源之一。波塞冬尼乌斯、埃拉托色尼、阿尔特米多鲁斯、阿里斯托布鲁斯②、阿波罗多鲁斯等人的作品，也是其主要的资料来源。值得注意的是，斯特拉波利用了提奥发尼斯(Theophanes)和德里乌斯(Dellius)的报道。前者曾和庞培一起出征小亚细亚③，到过阿尔巴尼亚地区，后者则随安东尼远征帕提亚，并且还担任了一名指挥官。④ 由于他们曾亲自到过那些地区，其报道具有较高的可信性。此外，斯特拉波还使用了阿波罗尼德斯(Apollonides)⑤和欧尼西克里图斯等人的资料。

第十二卷描述小亚细亚的卡帕多西亚、本都、帕夫拉高尼亚、比提尼亚以及远至南部吕西亚(Lycia)的广大地区。斯特拉波的家乡就在这一地

---

① 斯特拉波：《地理学》，9，3，11。

② 阿里斯托布鲁斯(Aristobulus)，卡萨德莱亚人(Cassandreia)，是亚历山大史家。在伊普苏斯(Ipsus)大战(301 B. C.)之后，他撰写了一部有关亚历山大统治的历史，其中有涉及地理与植物的丰富资料，但仅有一些残篇留存，它们成为斯特拉波《地理学》，特别是关于印度地区描述的主要资料来源之一。Simon Hornblower, Antony Spawforth and Esther Eidinow, *The Oxford Classical Dictionary*, fourth edition, Oxford: Oxford University Press, 2012, p. 155.

③ 斯特拉波：《地理学》，11，5，1。

④ 斯特拉波：《地理学》，11，13，3。

⑤ 斯特拉波：《地理学》，11，13，2；11，14，4。

区。① 斯特拉波的实地考察，是其主要资料来源。② 除了实地考察外，埃弗鲁斯、阿波罗多鲁斯、希罗多德、荷马、德米特里乌斯（Demetrius）等人的作品构成了他的文献资料来源。③ 斯特拉波在这一卷的描述特点是：内容非常详细；穿插当地重大历史事件，如庞培在本都地区的征战及其管理；④ 彰显罗马人在这一地区的权威；⑤ 突出对城市的描述，如对科玛纳城的历史沿革、城市布局、管理方式、祭祀仪式及祭司职位、城市商业和服务业、城市周围地区物产的详细描述。⑥

第十三卷主要描述小亚细亚特洛伊周围的地区，斯特拉波的一个主要资料来源是荷马的作品；另一个主要资料来源是德米特里乌斯的作品，他是特洛伊附近斯塞普西斯（Scepsis）当地的学者。此外，斯特拉波还利用了其他人的资料，如柏拉图⑦和祖籍塞玛城的诗人赫西俄德的作品。⑧ 值得注意的是，斯特拉波在描述每一个地区和城市时，都会详细列举其历史上的著名人物。⑨

第十四卷主要描述与伊奥尼亚（Ionia）和潘菲里亚（Pamphylia）相邻的众多岛屿及沿海地区。这些地区也是斯特拉波所熟悉的区域，不过他也利

---

① 斯特拉波：《地理学》，12，3，39。

② 在行文中，处处显示着斯特拉波的实地考察经历，如参观埃尼奥（Eyno）神庙（斯特拉波：《地理学》，12，2，3），在塞德城（Sidê）文法学家苔拉尼昂（Tyrranion）门下求学（斯特拉波：《地理学》，12，3，16），对自己家乡的描述（斯特拉波：《地理学》，12，3，39）。

③ 当然还用到其他作家的资料，如赫卡泰（Hecataeus）的《大地环行》（*Circuit of Earth*），墨涅克拉特斯（Menecrates）的《赫勒斯旁特环行记》（*The Circuit of the Hellespont*）。见斯特拉波：《地理学》，12，3，22。

④ 斯特拉波：《地理学》，12，3，1。

⑤ 例如，斯特拉波：《地理学》，12，2，8；12，2，11；12，7，3；12，3，29 等。

⑥ 斯特拉波：《地理学》，12，3，32～36；辛诺普城（斯特拉波：《地理学》，12，3，11）；贝西努斯（Bessinus）（斯特拉波：《地理学》，12，5，3）；阿帕美亚（斯特拉波：《地理学》，12，8，15）；拉奥狄塞亚（Laodiceia）（斯特拉波：《地理学》，12，8，16），它们也都是当地的商业中心。

⑦ 斯特拉波：《地理学》，13，1，25。

⑧ 斯特拉波：《地理学》，13，3，6。赫西俄德：《工作与时日》，639～640。［古希腊］赫西俄德：《工作与时日》，张竹明、蒋平等译，北京，商务印书馆，2006，16 页。

⑨ 例如，帕里乌姆和拉姆普萨库斯（Lampsacus）的名人（斯特拉波：《地理学》，13，1，19），斯塞普西斯的众多名人，其中包括德米特里乌斯（斯特拉波：《地理学》，13，1，54），塞玛城的名人埃弗鲁斯、赫西俄德（斯特拉波：《地理学》，13，3，6）。

用了埃弗鲁斯、阿尔特米多鲁斯、阿波罗多鲁斯、荷马等人的资料。详述各个城市的名人，仍然是这一卷的特色。①

第十五卷是对印度、阿里亚纳(Ariana)和波斯地区的描述。显然，斯特拉波并未去过印度，对印度的描述，基本上借鉴了前人的资料。然而，他并非随意使用现成资料，而是对其进行了分析和甄别。他在印度一卷的开篇，明确指出，"迄今为止"所有关于它的描述，都无法提供准确的信息，只能选择那些最接近事实的信息。② 亚历山大史家③，尼阿库斯(Nearchus)④，美加斯提尼斯(Megasthenes)⑤，阿里斯托布鲁斯，欧尼西

---

① 例如，米利都、奈萨和罗德岛的名人。见斯特拉波：《地理学》，14，1，7，48。

② 斯特拉波：《地理学》，15，1，2～10。

③ 斯特拉波在行文中常常会以"亚历山大作家说""亚历山大史家认为"等模糊的形式引用他们的作品。

④ 尼阿库斯(Nearchus)，克里特人，亚历山大大帝的伙友。公元前334年至前329年，他任吕西亚和潘菲里亚总督。他指挥舰队在希达斯皮斯河(Hydaspes)及印度南部到底格里斯河的海岸航行。公元前317年至前312年，他追随安提贡纳斯(Antigonus)。他的关于亚历山大远征的传记非常流行，其部分内容保存在斯特拉波和阿里安的作品中。整部作品的题目、结构和规模，已经无法得知。留存下来的引文，主要是关于印度的事务，以及他本人在南部海域的航行。其中保存了有价值的资料，但也包含了许多想象的成分，他自己的重要性被夸大了。Simon Hornblower, Antony Spawforth and Esther Eidinow, *The Oxford Classical Dictionary*, fourth edition, Oxford：Oxford University Press，2012，p. 1005.

⑤ 美加斯提尼斯(Megasthenes)(约350 B. C.—290 B. C.)，是一名外交家和历史家。西比提乌斯(Sibyrtius)是亚历山大大帝任命的阿拉科西亚(Arachosia)和格德罗西亚(Gedrosia)地区的总督(他至少统治到公元前316年)。美加斯提尼斯一直追随西比提乌斯。公元前302年至前291年，美加斯提尼斯是外交使团成员，他的使团(也许不止一次)访问过印度北部孔雀帝国的开国君主旃陀罗笈多。他把自己的亲身经历记录在一部印度历史('Ινδικά)中，这部书涵盖了地理学的内容，其中包括印度的民族、城市、政府体制、居民等级、遗迹、历史和神话传说。美加斯提尼斯的大部分一手信息都是通过翻译人员获得的，不过，对于当地的神话，他会不加批判地接受。亚历山大大帝和他的后继者的征服，激起了西方人对于印度的兴趣，*Indik* 为希腊人提供了有关印度的最详细的描述。在长达几个世纪中，它和亚历山大史家的作品，成为西方世界认识这一地区的信息来源。美加斯提尼斯的作品为狄奥多罗斯、老普林尼所使用，同时，也是阿里安对印度描述的主要资料来源。Simon Hornblower, Antony Spawforth and Esther Eidinow, *The Oxford Classical Dictionary*, fourth edition, Oxford：Oxford University Press，2012，p. 925.

北京师范大学史学探索丛书

克里图斯(Onesicritus)①，埃拉托色尼等人的作品，构成了斯特拉波对印度描述的主要资料来源。对于阿里亚纳和波斯地区的描述，斯特拉波主要依据了尼阿库斯、欧尼西克里图斯、埃拉托色尼、波里克莱图斯和埃斯库罗斯的资料。

第十六卷主要是对亚述、叙利亚和阿拉伯地区的描述。其主要史料来源是阿里斯托布鲁斯、埃拉托色尼、波塞冬尼乌斯、阿尔特米多鲁斯和尼阿库斯的作品。斯特拉波的朋友埃利乌斯·加鲁斯(Aelius Gallus)曾奉奥古斯都之命，远征阿拉伯。斯特拉波在描述阿拉伯地区时，还利用了埃利乌斯·加鲁斯的相关报道。② 在对上述地区的描述中，亚历山大的活动，罗马人、帕提亚人在这些地区的行动，罗马人与帕提亚人之间的关系，阿拉伯地区的香料生产、香料贸易和交通路线，成为作者关注的重点。③

第十七卷是对埃及、埃塞俄比亚和利比亚的描述。斯特拉波在埃及进行过旅行和实地考察，他对埃及的许多地方做了详细描述，多处显示着他在当地的旅行经历。④ 在这一卷中，实地考察是他的主要资料来源。他还利用了埃拉托色尼、波塞冬尼乌斯、卡里斯提尼斯(Callisthenes)等人

---

① 欧尼西克里图斯(Onesicritus)，Astypalaea 人，第欧根尼(Diogenes)的学生，曾当过亚历山大大帝的舵手。约公元前325或前324年在海上航行时，他是尼阿库斯的副手。他撰写了一部赞颂亚历山大的作品，留存下来的引文，主要是关于印度，特别是关于波罗门哲学和穆西卡努斯(Musicanus)王国的描述。他是第一位详细描述锡兰(斯里兰卡)的作家。他对南部海洋的部分描述与尼阿库斯的描述一致。Simon Hornblower, Antony Spawforth and Esther Eidinow, *The Oxford Classical Dictionary*, third edition, Oxford：Oxford University Press，2012，p. 1039.

② 斯特拉波：《地理学》，16，4，21～24，斯特拉波还对这次远征的原因、过程及作用进行了报道与详细分析。

③ 对亚历山大行动的关注(如斯特拉波：《地理学》，16，1，11；16，2，23)。对罗马人行动的关注(如斯特拉波：《地理学》，16，1，24；16，2，3，10，40)。对帕提亚人的关注(如斯特拉波：《地理学》，16，1，26；16，2，8)。对帕提亚与罗马之间关系的关注(如斯特拉波：《地理学》，16，1，28)。对阿拉伯香料生产、贸易和交通线的关注(如斯特拉波：《地理学》，16，4，4，18～19，23～24；16，3，3)。

④ 斯特拉波：《地理学》，17，1，24，29，34，38，46。

的作品。① 在这一地区，斯特拉波重视对自然现象的探源；② 关注埃及行省的行政管理、政区划分、官职设置、驻军及税收状况；重视对城市和商业贸易的描述；③ 埃及独特的动植物也是他关注的对象。④ 对埃塞俄比亚和利比亚的描述，其资料主要来于希罗多德⑤、阿尔特米多鲁斯⑥、波塞冬尼乌斯⑦。此外，他还引用了罗马历史家加比努斯（Gabinus）的资料⑧。在这一部分，迦太基和迦太基战争是作者关注的重要对象。在全书末尾，斯特拉波首先简要回顾了罗马国家由小到大、由弱到强的发展历程，明确指出了它所控制的地区、它周围的邻居、它统治范围内辖区的类型；最后，他落笔于罗马行省，描述了行省的划分原则、行省的划分类型、历史沿革及每个行省所辖的区域。⑨

综上分析，斯特拉波在《地理学》中的描述，其资料来源可以分为以下几种。第一，来自作者本人的实地考察，这类资料可信性最高。在对意大利、小亚细亚和埃及的描述中，作者充分利用了这类资料。第二，来自作者同时代当事人的报道，这些资料也具有较高的可信性。斯特拉波描述阿拉伯时，使用了埃利乌斯·加鲁斯的报道；描述小亚细亚阿尔巴尼亚地区和帕提亚时，使用了提奥发尼斯和德里乌斯的报道。⑩ 第三，来自某一地区当地作家或史家的作品。例如，在对南部意大利描述时，他使用了当地

---

① 例如，使用埃拉托色尼的资料（如斯特拉波：《地理学》，17，1，2）；使用波塞冬尼乌斯的资料（如斯特拉波：《地理学》，17，1，21）；使用卡里斯提尼斯的资料（如斯特拉波：《地理学》，17，1，5，43）。

② 例如，他正确地认识了尼罗河泛滥的原因，并将"雨水导致尼罗河泛滥"的这一观点，从卡里斯提尼斯溯源至荷马。见斯特拉波：《地理学》，17，1，5。

③ 斯特拉波对于埃及亚历山大里亚做了详细描述（见斯特拉波：《地理学》，17，1，7~8）。他关注商业贸易。例如，他对埃及商业及税收的描述，直接反映了罗马统治下的亚历山里亚在世界商业中的地位，以及当时埃及与印度和埃塞俄比亚之间繁荣的商业贸易状况。见斯特拉波：《地理学》，17，1，13。

④ 斯特拉波：《地理学》，17，2，4~5。

⑤ 例如，斯特拉波：《地理学》，17，2，5。

⑥ 例如，斯特拉波：《地理学》，17，3，8。

⑦ 波塞冬尼乌斯曾乘船经过利比亚海岸。见斯特拉波：《地理学》，17，3，4。

⑧ 斯特拉波：《地理学》，17，3，8。

⑨ 斯特拉波：《地理学》，17，3，24~25。

⑩ 见对第十一卷的分析。

学者安提奥库斯的著作；描述特洛伊周围地区时，使用了斯塞普西斯人德米特里乌斯的作品。第四，前辈地理学家或历史家的作品。比如，埃拉托色尼、阿里斯托布鲁斯及亚历山大史家的作品。斯特拉波广泛使用前人的资料，对印度地区的描述尤为突出。但他并非简单照搬前人的资料，而是对其进行了批判与分析。[①] 不过，在《地理学》中，斯特拉波常常捍卫荷马的地理学观点，对其作品不加批判地引用，我们在使用相关资料时，需进行分析和甄别。

《厄立特里亚航海记》(*The Periplus of the Erythraean Sea*)。[②]《厄立特里亚航海记》是一部佚名著作，约成书于公元1世纪中期。一般认为，他的作者是一位埃及的希腊人，从事同印度的定期贸易。这里所说的厄立特里亚海，实际上不仅包括红海、阿曼海直到印度河区域，而且也包括从孟加拉湾直到桑给巴尔的印度洋。作者记述了他的航行经历。他首先从埃及穆塞尔港(Mussel harbor)开始，沿着非洲海岸行进，出曼德海峡，绕过瓜尔达菲尼角，一直到达拉普塔。此后，作者开始描述阿拉伯海岸。经过波斯湾入口处后，继续描述向东行进的航线，途经奥玛纳、印度河口、巴里伽扎港、马拉巴尔海岸、斯里兰卡，直到恒河河口。作者还描述了有关克里塞岛(马六甲半岛)的情况。

书中详细地记载了印度洋沿岸的红海、东非、阿拉伯和印度东海岸的港口、商业市场、抛锚地点、潮汐、信风、地方民族部落及其统治者、进出口货物、贸易管理及地方法规等。对商业贸易的关注是这部书的突出特点。例如，作者记述了巴巴里库姆(Barbaricum)市场上的进出口货物，"这一市场上输入大量的薄衣服，当然还有少量的仿造品，华丽的亚麻制品、黄玉、珊瑚、苏合香、乳香、玻璃器皿和金银器。从这里输出的有 costus、

---

① 例如，对亚历山大作家作品的批判和分析。见斯特拉波：《地理学》，11，5，5；11，6，4。

② *The Periplus of the Erythraean Sea*, *Travel and Trade in the Indian Ocean by A Merchant of the First Century*, translated from the Greek and annotated by Wilfred H. Schoff, New York, London, Bombay and Calcutta: Longmans, Green, And Co., 1912. 这是一个注释本，笔者已将《厄立特里亚航海记》正文译出，待时机成熟后，再将注疏译出。译文见本书附录11。

珍珠、枸杞、甘松香、绿宝石、天青石、中国的皮子、棉布、丝线、靛青。"[①]它反映了罗马人、阿拉伯人和印度人之间繁荣的海上商业贸易。尽管这部书成书于斯特拉波之后的时期，但它可以为我们研究斯特拉波时代，罗马埃及与阿拉伯、阿拉伯与印度，甚至罗马与更远东方的经济与贸易关系，提供重要的参照。

《自然史》(Natural History)。老普林尼（公元 23/24—79 年）是古罗马著名作家，也是一位元老级人物。他出生于意大利北部的科莫姆城，少年时代在罗马求学。在韦斯帕芗和提图斯时期，他曾在日尔曼行省的骑兵部队服役，还担任过西班牙与高卢的行政职务；此外，他还做过麦散拿舰队的司令。老普林尼在维苏威火山爆发后负责救援工作，不幸遇难。他一生著述颇丰，但只有 37 卷的《自然史》留存下来。《自然史》是一部百科全书式的著作，向人们提供了数学、地理学、人种学、人类学、生理学、植物学、农学和园艺学等许多方面的知识。《自然史》第三至第六卷是有关地理学的内容。老普林尼先概括"世界地理"的状况，而后详细展开对各地的描述。其中，他写到了埃及、叙利亚、犹太、小亚细亚等帝国东部行省，也描述了帕提亚、阿拉伯等罗马的东方邻居，还提到了印度和遥远的中国。老普林尼生活的时代晚于斯特拉波，这一时期，人们对于东方的认识进一步加深。老普林尼对东方各地的描述，为我们研究罗马人对东方的认识，罗马与行省埃及、叙利亚，罗马与帕提亚等东方邻居的关系，提供了重要参考。

波利比乌斯（约公元前 200—前 118 年）是一位杰出的罗马史家。他所著的《历史》，上起公元前 218 年第二次布匿战争爆发，下止公元前 146 年第三次布匿战争，是作者亲身经历的当代史。他的著作在史实记载上比较客观，具有珍贵的史料价值。全书共 40 卷，其中前五卷完整地保存下来，其余各卷仅剩残篇；第四卷和第五卷是同时代的希腊史和西亚史。波利比乌斯的著作，是斯特拉波《地理学》的主要资料来源之一，他的相关记载，

---

① *The Periplus of the Erythraean Sea*，*Travel and Trade in the Indian Ocean by A Merchant of the First Century*，translated from the Greek and annotated by Wilfred H. Schoff，New York，London，Bombay and Calcutta：Longmans，Green，And Co.，1912，p. 37.

可以作为研究《地理学》的参照。

普鲁塔克（约公元46—126年）生于中希腊的克罗尼亚。他的名著《传记集》收有50篇世界上古时期西方著名人物的传记。作者在传记中引用大量的原始史料，并对人物进行了评价。他的著作成为我们认识古希腊、罗马众多人物的基本史料来源之一。其中《卢库鲁斯传》《庞培传》《克拉苏传》《恺撒传》和《安东尼传》，涉及这些罗马将领在埃及、小亚细亚的征战活动，以及罗马人与帕提亚人的关系。它们为本文研究埃及的状况、罗马与小亚细亚的关系，罗马与帕提亚的关系，提供了重要的参考资料。而《传记集》中的《亚历山大传》，则是有关亚历山大远征的基本史料之一。

苏维托尼乌斯（约公元75—160年）是罗马帝国全盛时期著名的传记作家，曾任哈德良元首的侍从秘书。由于地位特殊，他熟悉宫廷内幕，披阅过皇家档案和各种典籍，这使他的记述具有历史真实性。他的代表作之一《十二帝王传》①，记述了从恺撒到图密善共计12位罗马元首的个人生活、政治活动、杰出成就等生平事迹。全书分8卷，其中第一卷和第二卷分别记述朱利乌斯·恺撒与奥古斯都。这是我们研究恺撒和奥古斯都及其活动的重要史料。可将它们与《奥古斯都自传》和普鲁塔克的《恺撒传》对照使用。

塔西佗（约公元55—120年）是古罗马伟大的史学家。他出身于骑士家庭，早年曾跟随名师学习雄辩术和法律，是著名教育家昆提良的学生。公元78年，他与执政官阿古利可拉的女儿结婚，此后历任财政官、行政长官、执政官等要职。他有著作多部，其中《编年史》代表了他的最高成就。书中所用材料，部分来自于他个人丰富的直接经验和公共档案，具有很高的可信性。《编年史》共18卷，记述时间起于奥古斯都末年，止于公元68年底。保存下来的有前四卷、第五卷开始部分、第六卷绝大部分、第十一至第十五卷的全部及第十六卷的前半部分。其中记述了帝国初期的史事，涉及到罗马帝国在小亚细亚、叙利亚、亚美尼亚的活动及罗马人与帕提亚

————————

① 又译《十二恺撒传》，张竹明等学者将之译为《罗马十二帝王传》，见［古罗马］苏维托尼乌斯：《罗马十二帝王传》，张竹明、王乃新、蒋平等译，北京，商务印书馆，1995。

人的关系。这些内容，不仅是我们了解帝国初年罗马东部行省状况的重要资料，而且也是我们研究罗马与东方邻居关系的重要信息来源。

阿庇安（约公元95—165年）是罗马帝国时期杰出的历史学家。他是希腊人，但享有罗马公民权并获得骑士身份，曾任元首金库检查官，以监督意大利及元首的税收，晚年担任过埃及总督等官职。他的《罗马史》共24卷，有11卷保存下来。其中《叙利亚战争》《米特里达梯战争》和《内战记》，是本文研究庞培等人在东方的活动、罗马与小亚细亚东部地区以及叙利亚地区关系的重要史料。

狄奥·卡西乌斯（约公元164—229年之后）出生于比提尼亚尼卡亚（Nicaea）的一个显赫家族。他在康茂德统治时期进入元老院，曾2次当选为执政官，还担任过阿非利加行省总督。他著有80卷的《罗马史》，其记述了从罗马建城一直到公元229年间的历史。不过，这部史书仅有第三十六至第六十卷留存下来，其余各卷均为残篇。它详述了有关奥古斯都时代的历史，其中有许多罗马东方事务的信息。第五十三卷和第五十五卷，涉及奥古斯都划分行省，治理帝国，入侵阿拉伯·菲里克斯等内容，还提到这一时期罗马在东方平定亚美尼亚叛乱，罗马人与帕提亚人之间的关系，罗马军团在东方的部署状况等信息。斯特拉波在《地理学》中，对这些方面也做了详细报道和描述。在研究中，我们可以将这些资料比照使用。

阿里安（Arrian）（约公元86—160年）出生于小亚细亚的比提尼亚，生活在哈德良、安东尼·庇护和马可·奥理略时期。哈德良曾委任他做卡帕多西亚总督（公元131—137年）。公元145/146年，他在雅典当执政官，又曾在军中服役。他以托勒密和阿里斯托布鲁斯二人的记述为基础，写成了远征记，再现了亚历山大远征的全过程。托勒密和阿里斯托布鲁斯都跟随亚历山大转战各地，是许多事件的参与者和见证者，他们的记载比较可靠，并且阿里安在用他们的史料时，进行了批判分析，因此，他的这部著作比较有根据。它的特点在于：其一，长于军事活动的描述；其二，对印度进行了专门论述，其中包括印度的概况、居民及其生活习俗、物产、城市等许多方面；其三，详述了尼阿库斯从印度南部到苏萨的探索航行。①

---

① 在印度一卷中，他主要利用了美加斯提尼斯、埃拉托色尼和尼阿库斯的资料。他们的资料也是斯特拉波描述印度的主要信息来源。

亚历山大远征，在西方人认识东方的过程中，具有开创性的作用。再现这一过程的《亚历山大远征记》，不仅是我们研究亚历山大远征的重要史料，而且为我们了解古代印度的状况、印度至波斯湾的海上航线提供了珍贵的资料。

西西里人狄奥多罗斯(约公元前1世纪)的《历史集成》，是通史性巨著，共40卷，为古希腊史的主要史料来源之一。现在完整保存下来第一至第五卷和第十一至第二十卷。其中第十七卷记述了亚历山大从继承王位、进行远征一直到返回巴比伦后的历史。它保存了亚历山大远征的一些重要资料，是我们研究亚历山大的资料来源之一。在研究亚历山大及其远征中，我们可以把它与普鲁塔克的《亚历山大传》、阿里安的《亚历山大远征记》，以及接下来将要谈到的尤斯廷努斯的相关记述，结合起来使用。

尤斯廷努斯(Marcus Junianus Justinus)(公元2—3世纪)的 *Epitome of the Philippic History of Pompeius Trogus*，是对罗马史家庞培乌斯·特劳古斯(Popmpeius Trogus)作品的摘录，沃特森(John Selby Watson)将拉丁文本翻译成英文，于1853年出版(London：Henry G. Bohn，York Street，Convent Garden，1853)。其中第十一、十二卷涉及亚历山大的事迹[①]，第四十一、四十二卷涉及帕提亚人的历史[②]，这为我们了解和研究亚历山大远征，帕提亚人的兴起、发展、习俗、军事与政治状况，提供了资料信息。

(三)资料汇编

奥斯丁(M. M. Austin)整理翻译的《从亚历山大到罗马征服的希腊化世界：史料选译》(*The Hellenistic World from Alexander to the Roman Conquest：A Selection of Ancient Sources in Translation*)，共收录了279条史料。每条史料都附有作者的注释，有的还有简短的分析与评论。其中有亚历山大的统治、亚历山大的继承者、塞琉古王朝与小亚细亚、托勒密王朝与埃及等专题。它为我们研究希腊化时代的东方，提供了参考资料。

斯坦德利·M·伯斯坦(Standley M. Burstein)整理的《从伊普苏斯战役

---

① 第十一、十二卷有了新注释本，见 Justin，*Epitome of the Philippic History of Pompeius Trogus* Books 11-12：*Alexander the Great*，Translation and Appendices by J. C. Yardley，Commentary by Waldemar Heckel，Oxford：Clarendon Press，2007.

② 见 http://www.forumromanum.org/literature/justin/english/index.html。

到克里奥帕特拉七世之死的希腊化时代》(*The Hellenistic Age from the Battle of Ipsos to the Death of Kleopatra Ⅶ*)，共选择了 112 条史料，涵盖的时间从公元前 300 年至前 30 年，主要是第一手的铭文及纸草史料。编者对每条史料都做了详细的注释，并进行了分析。全书分 6 章，其中涉及希腊化时期的塞琉古王国、巴克特里亚和印度的希腊人、帕伽马、托勒密时期的埃及等内容。这为我们研究希腊化时代、帝国初期东方的状况，提供了资料信息。

芭芭拉·利维克(Barbara Levick)整理的《罗马帝国的统治：史料集》(*The Government of the Roman Empire：A Source Book*)，是一部以罗马帝国早期统治为主题的史料集。作者收录的材料包括传统的著作文献、碑铭、纸草、硬币铭文，共 236 条。每段史料都有编者的详细分析及相关背景的介绍。全书共 12 个部分。其中有关于罗马帝国的结构、军事、交通运输与物资供应、财政等专题。并且，在帝国结构的专题中，含有一部分斯特拉波《地理学》的内容。这部资料集，为我们研究罗马帝国初期的历史提供了资料线索，为我们更准确地理解史料提供了帮助。

二、研究综述

前人的研究成果给予笔者很多启示，是笔者进一步研究的基础。下面就斯特拉波及其《地理学》和东西交通领域中，与本文研究相关的主要成果，做简单介绍。

(一)关于斯特拉波及其《地理学》的研究

在古典时期，斯特拉波的著作很少受到关注。① 尽管约瑟夫(Josephus)及随后的普鲁塔克，都曾征引过斯特拉波的历史著作，但没有明确证据表明，他们知道他的地理学论著。公元 2 世纪末，亚历山大里亚瓦勒

---

① 甚至生活在稍后时代的著名博物学家老普林尼都未曾提到斯特拉波及其作品。Ronald Syme, *Anatolica：Studies in Strabo*, edited by Anthony Birley, Oxford：Clarendon Press, 2003, p. 357; Aubrey Diller, *the Textual Tradition of Strabo's Geography, with appendix：the Manuscripts of Eustathius' Commentary on Dionysius Periegetes*, Amsterdam：Adolf M. Hakkert Publisher, 1975, p. 7.

北京师范大学史学探索丛书

里乌斯·哈尔波克拉提昂（Valerius Harpocration）的词典，最早明确地提到斯特拉波的地理学著作。公元 3 世纪左右，阿忒那奥斯（Athenaeus）也引用了斯特拉波《地理学》的内容。① 公元 6 世纪，拜占庭史家约旦尼斯（Jordanes）提及了斯特拉波的名字。公元 10 世纪时，拜占庭学者发现了斯特拉波《地理学》的手稿。到 14、15 世纪，《地理学》才正式出版。② 在古典时期和中世纪，学者们要么提到斯特拉波的名字，要么征引《地理学》的部分内容，还算不上真正的研究。从 18 世纪开始，斯特拉波及其《地理学》成为学者们关注的重要对象，相关研究取得了丰硕成果。

1. 对斯特拉波及其著作本身的研究

斯特拉波的出生时间及创作《地理学》的时间一直是西方学者关注的问题。以下对具有代表性的观点，进行简要回顾。

（1）关于斯特拉波的出生时间

19 世纪末期，尼瑟（Niese）提出，斯特拉波出生于公元前 64 年。他详细考察了斯特拉波在《地理学》中使用的时间短语"在我的时代之前不久"（a little before my time），"在我的时代"（in my time），把"在我的时代"解释为"在我的有生之年"（in my lifetime），并把这些表示时间的短语，与时间

① Aubrey Diller, *the Textual Tradition of Strabo's Geography*, *with appendix*: *the Manuscripts of Eustathius' Commentary on Dionysius Periegetes*, Amsterdam: Adolf M. Hakkert Publisher, 1975, pp. 8-9.

② Daniela Dueck, *Strabo of Amasia*: *A Greek Man of Letters in Augustan Rome*, London and New York: Routledge, 2000, pp. 151-152. 其中，普鲁塔克在《卢库鲁斯传》中提到："另一位哲学家斯特拉波在《历史评注》（*Historical Commentaries*）一文中说，罗马人自己也感到羞惭，彼此取笑说，对付这样的奴隶还要用武器，实在丢脸。"（普鲁塔克：《卢库鲁斯传》，28，7）；见 [古希腊] 普鲁塔克：《希腊罗马名人传》（上册），黄宏煦主编，陆永庭、吴彭鹏等译，北京，商务印书馆，1999，439 页。普鲁塔克在《苏拉传》中提及："当苏拉在雅典停留时，他感觉到脚麻痹而沉重，斯特拉波说，这是痛风的先兆。"（普鲁塔克：《苏拉传》，26，3）。在《约瑟夫与斯特拉波潜在的对话》一文中，Yuval Shahar 认为约瑟夫已经知道斯特拉波的《地理学》著作（Daniela Dueck, Hugh Lindsay and Sarah Pothecary, *Strabo' Cultural Gergraphy*: *The Making of a Kolossourgia*, Cambridge: Cambridge University Press, 2005, pp. 248-249），但作者的论断还需要有进一步的证据。关于斯特拉波《地理学》被后人征引、使用、重新发现及其版本的流传情况，可参考 Aubrey Diller, *the Textual Tradition of Strabo's Geography*, *with appendix*: *the Manuscripts of Eustathius' Commentary on Dionysius Periegetes*, Amsterdam: Adolf M. Hakkert Publisher, 1975.

确切的政治事件联系起来，从而确定斯特拉波的出生时间。在谈到帕夫拉高尼亚的政治形势时，斯特拉波说："在我的时代之前不久，这一地区由几个君主统治着，但现在，它们已归罗马人所有了。"①在征服小亚细亚的伊比利亚人（Iberians）和阿尔巴尼亚人（Albanians）之后，发动叙利亚和犹太（Judaea）战役之前，庞培部署了这一地区的管理。这一事件发生在公元前64年前半期。据此，尼瑟把斯特拉波出生的时间定在公元前64年。②

此后，关于斯特拉波的出生时间，许多学者都沿用了尼瑟的观点。③不过，在20世纪90年代末期，这一观点受到了挑战。在《斯特拉波〈地理学〉中"我们的时代"的表述》④一文中，莎拉·波提凯丽（Sarah Pothecary）重新考察了斯特拉波在《地理学》中，特别是在描述小亚细亚地区时，广泛使用的时间术语 καθ᾽ ἡμᾶς，她认为"καθ᾽ ἡμᾶς"（"在我们的时代""在我的时代"），并不能解释为"我的有生之年"（in my lifetime）。她把"我的时代"界定为斯特拉波同一代人的时间段。照作者的看法，斯特拉波的同一代人，指的是，在米特里达梯王朝统治结束，罗马人统治开始⑤之后的那一代人。

---

① 斯特拉波：《地理学》，12，3，41。

② 尼瑟有关斯特拉波出生时间的观点，见 Daniela Dueck, *Strabo of Amasia*：*A Greek Man of Letters in Augustan Rome*, London and New York：Routledge 2000, pp. 1-2.

③ 托泽（Tozer）[J. R. S. Sterrett, "Review：Tozer's Selections from Strabo", *The Classical Review*, Vol. 9, No. 5(Jun. , 1895), p. 268]，霍勒斯·伦纳德·琼斯（Horace Leonard Jones）（The Loeb Classical Library, Founded by James Loeb, Edited by G. P. Goold, *Strabo Geography*, with an English Translation by Horace Leonard Jones based on the Unfinisthed Version of John Robert Sitlington Sterrett, Cambridge, Massachusetts, London, England：Harvard University Press, Books 1-2, Introduction, xvi. ）和 G. C. 理查德[G. C. Richards, "The Anatolian Who Failed of Roman Recognition", *Greece & Rome*, Vol. 10, No. 29(Feb. , 1941), p. 80]都持这种观点。奥布里·迪勒认为斯特拉波出生的时间应在公元前66年至前60年之间，并且很可能是公元前63年，参见 Aubrey Diller, *the Textual Tradition of Strabo's Geography*, *with appendix*：*the Manuscripts of Eustathius' Commentary on Dionysius Periegetes*, Amsterdam：Adolf M. Hakkert Publisher, 1975, p. 3.

④ Sarah Pothecary, "The Expression 'Our Times' in Strabo's Geography", *Classical Philology*, Vol. 92, No. 3(Jul. , 1997), pp. 235-246.

⑤ 公元前66年，庞培在小亚细亚击败米特里达梯六世（Mithridate Ⅵ Eupator）；公元前65年至前63年，庞培在这一地区部署统治。它结束了一个延续两个多世纪王朝的统治，标志着罗马人统治时代的开始。

作者认为，根据现有信息，并不能准确判断斯特拉波的出生时间，它只能在一个时间段内，并将其定在公元前 65 年至前 50 年。卡提里纳·克拉克(Katherine Clarke)也认为，由于文本中出现的相关证据很少，无法准确判断斯特拉波的出生时间。① 关于斯特拉波出生的时间，尽管学者们有不同的看法，但它们都未超出公元前 65 年至前 50 年的范围。

(2)关于创作《地理学》的时间

与斯特拉波出生的时间问题一样，何时创作《地理学》的问题，也备受学者们关注。

尼瑟较早提出了斯特拉波撰写《地理学》的时间。他认为斯特拉波在公元 18 年至 19 年完成了这部著作。他的主要方法是，利用《地理学》中表示时间的术语确定写作年代。斯特拉波经常使用"现在"(now)、"近来"(recently)等表示时间的术语。他认为，这些术语透露了实际的写作时间。他的主要证据是，在《地理学》第六卷中，斯特拉波注意到日尔曼尼库斯(Germanicus)"现在"仍然活着。这表明，斯特拉波写这段内容的时间，是在日尔曼尼库斯去世之前，即在公元 19 年 10 月之前。他认为，如果斯特拉波在完成《地理学》之前，得知日尔曼尼库斯去世的消息，必定会在著作中提及此事。因此，他必定是在早些时候完成了著作。

在第十二卷中，斯特拉波记述了大卡帕多西亚的管理状况。在阿克尼劳斯(Archelaus)去世后，提比略和元老院将大卡帕多西亚变成了罗马的一个行省。② 对此，斯特拉波评论到，"目前，我们还不知道它的管理状况"。尼瑟据此认为，斯特拉波听说了阿克尼劳斯的去世，这件事发生在公元 17 年。③ 但他却不知道公元 18 年日尔曼尼库斯对行省的管理安排。而在同一卷的另一段中，斯特拉波又提到皮图多利斯(Pythodoris)和波莱蒙(Polemon)的儿子泽农(Zenon)"近来已担任大亚美尼亚的国王"。④ 而这件事发生

---

① Katherine Clarke, "In Search of the Author of Strabo's Geography", *The Journal of Roman Studies*，Vol. 87(1997)，p. 105.

② 斯特拉波：《地理学》，12，1，4。

③ [古罗马]塔西佗：《编年史》，王以铸、崔妙因译，北京，商务印书馆，1981，98 页。

④ 斯特拉波：《地理学》，12，3，29。

在公元18年。① 尼瑟得出结论，斯特拉波在公元18年的后半期，创作了《地理学》的第一部分，在公元19年，创作了它的第二部分。②

派斯(Pais)对这一观点提出了质疑，原因主要在于：其一，斯特拉波很少记述公元前6年至公元14年间有关奥古斯都的事件，利用每一次机会赞颂奥古斯都和提比略的斯特拉波，如果在公元18年创作《地理学》，绝不会错过这样的机会；其二，公元18年至19年，斯特拉波已年过八旬，他不可能在很短时间内完成这部巨著。由此，他提出，斯特拉波在公元前7年完成了第一版《地理学》；公元18年左右，斯特拉波修订原版，加入了击败瓦鲁斯(Varus)等新近发生的事件。这样意味着斯特拉波在写作《地理学》时，年仅五十六七岁，他能够有充沛的精力和体力完成这部巨著。③

派斯的这种解释并不能令学者们满意。丹妮拉·杜克认为，《地理学》不存在两个版本，不能把斯特拉波对某些事件的沉默，作为判断写作时间的标准；这与作者个人的关注点、选材、资料来源、政治原因和写作地点有密切关系。④ 她接受尼瑟关于斯特拉波开始写作《地理学》的时间，并把

————————————

① ［古罗马］塔西佗：《编年史》，王以铸、崔妙因译，北京，商务印书馆，1981，110页。

② 见 Daniela Dueck, "The Date and Method of Composition of Strabo's 'Geography'", *Hermes*, Vol. 127. No. 4(4th Qtr. , 1999), pp. 467－468. E. G. 西勒(E. G. Sihler)也认为斯特拉波在提比略时期，于公元19年之前完成了《地理学》，E. G. Sihler, "Strabo of Amaseia: His Personality and His Works", *The American Journal of Philology*, Vol. 44，No. 2 (1923), p. 135.

③ 见 The Loeb Classical Library, Founded by James Loeb, Edited by G. P. Goold, Strabo *Geography*, with an English Translation by Horace Leonard Jones based on the Unfinisthed Version of John Robert Sitlington Sterrett, Harvard University Press, Books 1-2, Introduction, xxvii-xxviii. 在这一问题上，G. C. 理查德的观点，与派斯的观点相似。不过，他把最后的修订时间定在了公元23年，其证据是斯特拉波提到了朱巴的去世。见 G. C. Richards, "The Anatolian Who Failed of Roman Recognition", *Greece & Rome*, Vol. 10，No. 29(Feb. , 1941), pp. 89-90. 著名罗马史家罗纳德·塞姆(Ronald Syme)则在批判尼瑟和派斯观点的基础上提出，斯特拉波的《地理学》原稿可能成书于公元前4年至公元6年之间，而在公元18年，对原稿进行了修订和补充。之后，作者由于种种原因，除修改原稿的个别细节外，就未再进行修改。见 Ronald Syme, *Anatolica: Studies in Strabo*, edited by Anthony Birley, Oxford: Clarendon Press, 2003, pp. 356-357.

④ Daniela Dueck, "The Date and Method of Composition of Strabo's 'Geography'", *Hermes*, Vol. 127. No. 4(4th Qtr. , 1999), p. 473.

写作过程推延至公元 24 年。之所以有这种观点，作者指出，首先，朱巴国王于公元 23 年去世，而斯特拉波记述了这一事件①，因此，《地理学》的完成日期在这一时间之后。其次，这能够使斯特拉波在足够长的时间内完成这部巨著。再次，斯特拉波对后期的资料非常熟悉。例如，他使用了阿格里巴的世界地图，知道帕提亚送往罗马的人质②，详细描述了罗马城新近的建筑和场所等。最后，在编撰上，《地理学》在许多地方安排得当，前后照应，作者对写作的内容成竹在胸，因此，作者可能是在相对较为集中的时间内完成了著作，不可能存在长时间后的修改。③

莎拉·波提凯丽则试图从政治形势方面，探讨斯特拉波写作《地理学》的时间。在《提比略时期的作家斯特拉波：斯特拉波〈地理学〉中的过去、现在和沉默》④一文中，她开篇旗帜鲜明地提出自己的观点：在罗马第二位元首统治时期，斯特拉波写作了《地理学》，写作时间始于公元 17 年或 18 年，终于公元 23 年。作者认为，当时的政治形势，影响着斯特拉波对资料的处理，他未提及奥古斯都时代的许多事件，是因为提比略统治时期的政治压力；没有谈到提比略时期的事务，是因为他要避开当时敏感、尴尬和危险的话题。

在文章的最后，作者指出，"文本的写作是一个创造过程，从最初概念的形成，到作者收笔杀青，传给后人，期间经历了许多阶段。我们无法准确判断斯特拉波何时开始构思他的《地理学》，然而，他留给后人的这部巨著，却见证了他在提比略统治时期的生活，以及在这一时期创作的艰辛。是公元 17 年至 23 年之间的政治形势，而并非创作的过程，诠释了斯特拉波的沉默。"⑤显然，作者试图从政治的角度，解释斯特拉波对没有提及一些事件的原因。她赞同并支持斯特拉波的著作完成于公元 17 年至 23

---

① "最近朱巴去世了，他的儿子托勒密（其母亲是安东尼和克里奥帕特拉的女儿）已经继承了王位。"见斯特拉波：《地理学》，17，3，7。

② 斯特拉波：《地理学》，6，4，2。

③ Daniela Dueck, "The Date and Method of Composition of Strabo's 'Geography'", *Hermes*, Vol. 127. No. 4(4ᵗʰ Qtr., 1999), pp. 469-470.

④ Sarah Pothecary, "the Tiberian Author: Past, Present and Silence in Strabo's 'Geography'", *Mnemosyne*, Fourth Series, Vol. 55, Fasc. 4(2002), pp. 387-438.

⑤ Sarah Pothecary, "the Tiberian Author: Past, Present and Silence in Strabo's 'Geography'", Mnemosyne, Fourth Series, Vol. 55, Fasc. 4(2002), p. 435.

年之间的观点。

斯特拉波何时创作《地理学》，关系到我们了解他创作的时代背景，关系到理解斯特拉波及其对当时历史和世界的观点与看法。自 19 世纪以来，学者们连续不断地探讨这一问题，就显示了它的重要性。

2. 以地区为考察对象的研究

学者们对《地理学》的研究，常常以斯特拉波描述的单位地区或某一具体地点为探讨对象。他们研究的内容广泛，涉及诸多方面。既有就斯特拉波对某一地区描述的分析与研究，也有对斯特拉波在某一区域活动范围的探讨与争辩，还有对其描述的具体事件的考释。尽管它们属于不同的主题，但都可以归为以地区为考察对象的研究范围之中。

阿玛塞亚是斯特拉波出生的城市，阿玛塞亚所在的本都是他最熟悉的地区之一。因此，斯特拉波对阿玛塞亚及本都的描述，是学者们关注的问题。休·林德塞(Hugh Lindsay)的《阿玛塞亚和斯特拉波在本都的故乡》①一文，就斯特拉波对这一地区的描述进行了分析研究。他主要探讨了四个方面的内容：第一，斯特拉波在奈萨接受的教育。作者认为，斯特拉波的老师阿里斯托德摩斯(Aristodemus)及其弟弟索斯特拉图斯(Sostratus)培养了他对荷马和地理学的兴趣，为其今后在地理学领域的发展奠定了基础。第二，斯特拉波对阿玛塞亚城的描述。斯特拉波祖上的军事背景②，使他关注这座城市的军事特征。第三，斯特拉波对本都自然资源和经济潜力的关注。他详述了每个地区的自然资源、特色产品和手工业状况。第四，斯特拉波对本都地区政治和历史事件的关切。米特里达梯王朝和皮图多利斯的统治，在这一地区的描述中占重要地位。作者认为，这源于斯特拉波的希腊文化背景和家族荣耀感。在历史上，斯特拉波的家族曾与米特里达梯王朝存在密切关系。他与皮图多利斯具有共同的希腊文化背景，关系紧密。斯特拉波《地理学》中有关东部各地区的经济状况，罗马人与这些地区的关系，是笔者研究斯特拉波视野下东方世界的重要内容。作者

① Hugh Lindsay, "Amasya and Strabo's *Patria* in Pontus", Daniela Dueck, Hugh Lindsay and Sarah Pothecary, *Strabo's Cultural Gergraphy*: *the Making of a Kolossourgia*, Cambridge: Cambridge University Press, 2005, pp. 180-199.

② 斯特拉波的母系一方的祖上多里劳斯(Dorylaus)，是米特里达梯五世(Mithridates V Euergetes)一位将军。见斯特拉波：《地理学》，10，4，10。

对斯特拉波有关本都地区自然资源、产品和手工业状况描述的梳理，对其所记述的米特里达梯王朝和皮图多利斯的统治、与罗马人关系的分析，为笔者研究这一地区的经济状况、罗马人与这一地区的关系，提供了帮助。

在《斯特拉波视野下的卡帕多西亚》①一文中，西尔维亚·帕尼基(Silvia Panichi)详细考察了斯特拉波对卡帕多西亚地区的描述，其中包括卡帕多西亚的地理沿革、与罗马人的关系、斯特拉波家族的历史、安那托利亚部落的起源、地理景观和商业状况。作者指出，斯特拉波对卡帕多西亚的描述，有以下两个方面值得关注：首先，斯特拉波为我们详细展现了阿克劳斯及其家族的历史，这是其他资料所无法提供的；其次，他再现了从阿卡美尼德(Achaemenid)时期到罗马时代，卡帕多西亚的政治管理沿革和政区划分，为我们提供了有关这一地区行政管理的一手信息。依照作者的看法，"阿卡美尼德时期，在希腊化的海岸地带和安那托利亚东部地区之间，存在着复杂的中间地带。其中包括特洛伊、迈西亚(Mysia)、吕底亚、卡里亚(Caria)、吕西亚(Lycia)、潘菲里亚、比提尼亚的大部分地区、帕夫拉高尼亚、本都北部和西里西亚南部。亚历山大远征之后，它也许还包括卡帕多西亚。如果我们在这里能清晰地看到希腊文明与伊朗文明的交汇，那要归功于斯特拉波。他的个人经历，他实地考察所获的资料信息，他的同时代人的视角，共同为我们绘就了卡帕多西亚明晰而生动的画卷。"②作者的研究，使我们明晰了斯特拉波在描述卡帕多西亚地区上的贡献。

古代作家在使用前人的资料时，常常不注明资料来源。在他们的作品中，不同时代的资料常会交织在一起。斯特拉波的《地理学》也存在同样的问题。杰埃夫·萨弗莱(Ze'ev Safrai)的《斯特拉波对科勒·叙利亚、腓尼

---

① Silvia Panichi, "Cappadocia through Strabo'eyes", Daniela Dueck, Hugh Lindsay and Sarah Pothecary, *Strabo's Cultural Gergraphy*: *The Making of a Kolossourgia*, Cambridge: Cambridge University Press, 2005, pp. 200-215.

② Silvia Panichi, "Cappadocia through Strabo'eyes", Daniela Dueck, Hugh Lindsay and Sarah Pothecary, *Strabo's Cultural Gergraphy*: *The Making of a Kolossourgia*, Cambridge: Cambridge University Press, 2005, pp. 214-215.

基和犹太描述中的时间分层》①，以斯特拉波对腓尼基、犹太和科勒·叙利亚的描述为研究个案，详细考察了斯特拉波的史料来源。作者追述了腓尼基、犹太地区的历史沿革，分析了斯特拉波对叙利亚的区域划分，分类研究了斯特拉波对上述三个地区的描述。作者发现斯特拉的描述使用了三类不同时期的资料：第一，使用了希腊化时代早期的资料；第二，使用了斯特拉波同时代的资料；第三，使用了斯特拉波自己所获的一手信息。三类不同时期的资料交织在一起，作者对其进行了详细区分。史料在我们的研究中居于核心地位，权威的一手史料，对我们的研究至关重要。杰埃夫·萨弗莱的研究，不仅使我们对斯特拉波在描述腓尼基、犹太地区时所使用的资料有了更清晰的认识——哪些描述反映了斯特拉波以前时代的状况，哪些内容反映了他同时代的信息，而且为我们研究《地理学》提供了借鉴——要分析他的资料来源，分清它们反映的是哪一时代的状况，从而为我们的研究提供更准确的信息。

在《斯特拉波论安条克：对其写作方式的阐释》②一文中，格兰维尔·多尼研究了斯特拉波对安条克城创建与发展的描述③，以及他在描述中传达给人们的信息。斯特拉波对安条克城的描述，与玛拉拉斯（Malalas）④和

① Ze'ev Safrai, "Temporal layers within Strabo's description of Coele Syria, Phoenicia and Judaea", Daniela Dueck, Hugh Lindsay and Sarah Pothecary, *Strabo's Cultural Gergraphy: The Making of a Kolossourgia*, Cambridge: Cambridge University Press, 2005, pp. 250-258.

② Glanville Dwoney, "Strabo on Antioch: Notes on His Method", *Transactions and Proceedings of the American Philological Association*. Vol. 72(1941), pp. 85-95.

③ 斯特拉波：《地理学》，16，2，4。"安提奥卡亚同样是一座特拉波利斯，因为它包含四个部分。在四个居住地中，每一个居住地都由公共围墙和它自己的围墙护卫。尼卡特创建了第一个居住地，并把此前不久安提贡纳斯（Antigonus）在它附近创建的安提高尼亚（Antigonia）的居民迁移至那里。第二个居住地由众多的居住者创建。第三个居住地，由塞琉库斯·卡林尼库斯（Seleucus Callinicus）创建。第四个居住地由安提奥库斯·埃皮发尼斯（Epiphanes）所建。"

④ 玛拉拉斯（Malalas）（约 480—570 年），叙利亚安条克人，撰写有 18 卷的编年史，涵盖了上起创世纪，下至公元 563 年的历史。这部著作基本完整保存下来（Simon Hornblower, Antony Spawforth and Esther Eidinow, *The Oxford Classical Dictionary*, fourth edition, Oxford: Oxford University Press, 2012, pp. 889-890）。

北京师范大学史学探索丛书

利巴尼乌斯(Libanius)①的描述存在差别。其主要表现在两个方面：其一，安提奥库斯·埃皮发尼斯并没有在他创建的居住地周围修筑围墙，它的围墙由提比略修筑；其二，斯特拉波把塞琉库斯·卡林尼库斯作为城市一部分区域的创建者，但并没有提到构成城市的岛屿，而利巴尼乌斯则说，伟大的安提奥库斯把岛屿建成了城市的一个居住区域。近现代学者多认同斯特拉波的观点。② 但作者认为要把斯特拉波对安条克城的描述置于文本背景中进行考察和理解。他提出，斯特拉波并没有严格按照实际状况描述安条克城的发展，他对这座城市的描述服务于对塞琉西斯(Seleucis)地区的整体写作安排。无论是他未曾提及城市的岛屿，还是模糊地谈到安条克的第二个居住地，或是认为埃皮发尼斯修筑了居住地的城墙，都是为了与塞琉西斯地区的描述相对应，相一致。他指出，"简单几句话，不可能将长期过程准确而完整地描述出来(毫无疑问，斯特拉波自己也意识到了这一点)，显而易见，赋予超过斯特拉波简要描述本身所具有的任何价值，都存在问题。斯特拉波无意歪曲事实，但我们不能从他的描述中引申出超过其原意的内容。"③

斯特拉波在希腊的旅行，是学者们感兴趣的问题。在希腊，他的活动范围有多大，他到过哪些地方，是否去过雅典，学者们都发表了自己的观点。查理斯·赫尔德·韦勒在《斯特拉波在希腊旅行的范围》④一文的开篇，对此前学者们的观点，进行了详细梳理。这里做简要回顾。利科(Leaker)认为，"一般而言，与内陆地区相比，他对于海岸地区的描述，更为准确、

---

① 利巴尼乌斯(Libanius)(314—约393年)，希腊修辞学家，出生于一个安条克元老家庭，受过良好的教育，曾在雅典求学(336—340年)，在安条克去世。他留下了许多演说词，其中包括对安条克的赞美诗，还留下了大量的书信。这些演说词和书信，蕴含着有关公元4世纪罗马帝国东部社会、政治和文化生活的丰富信息。Simon Hornblower, Antony Spawforth and Esther Eidinow, *The Oxford Classical Dictionary*, fourth edition, Oxford: Oxford University Press, 2012, p. 829.

② Glanville Dwoney, "Strabo on Antioch: Notes on His Method", *Transactions and Proceedings of the American Philological Association*. Vol. 72 (1941), p. 86.

③ Glanville Dwoney, "Strabo on Antioch: Notes on His Method", *Transactions and Proceedings of the American Philological Association*. Vol. 72(1941), p. 93.

④ Charles Heald Weller, "The Extent of Strabo's Travel in Greece", *Classical Philology*, Vol. 1, No. 4(Oct., 1906), pp. 339-356.

详细，我们倾向于认为，他访问过很少的内陆地区，其旅行主要在海岸地带进行。"依照利科的看法，斯特拉波至少到过希腊的海岸地区。邦伯里（Bunbury）的观点是，在希腊地区，斯特拉波到过雅典、科林斯和美加拉（Megara）。法尔科纳（Falconer）则认为，斯特拉波到过雅典、科林斯、阿哥斯（Argos）以及与它们相邻的地区。尽管缺乏有力的证据，但黑伦（Heeren）坚持认为，斯特拉波考察过整个希腊地区。托泽（Tozer）认为，除了科林斯之外，没有证据表明，斯特拉波到过希腊的其他地方。弗雷泽（Frazer）所持观点与此相似。[①]

鉴于存在多种争论，查理斯·赫尔德·韦勒对这一问题进行了重新探讨。通过详细考察斯特拉波对希腊地区的描述[②]，他认为，斯特拉波的描述在以下几个方面存在问题：第一，在对重要地点和重要事物的描述上仅使用二手资料；第二，他所描述的地方常常在他那个时代之前已经废弃；第三，对许多地区的描述不够准确；第四，在描述时遗漏重要内容，其中包括重要城市、建筑和雕像。从整体上看，"大量的引文和错误描述表明，斯特拉波对希腊的整个描述，缺少实地考察者的一手资料。简略的细节和枯燥的表述处处显示着缺乏亲身考察的知识。这与波桑尼亚斯对希腊的描述和斯特拉波自己对所访问地区（如罗马和埃及）的描述，形成了巨大反差。"而斯特拉波对科林斯描述的篇幅远远超过对阿哥斯、雅典、美加拉和斯巴达描述的篇幅。由此，作者认为，"（在希腊）除科林斯之外，斯特拉波并没有明确表示，他实地考察过其他地区。事实证明，科林斯是他唯一访问过的地区。"查理斯·赫尔德·韦勒的论证支持了托泽和弗雷泽的观点。但有一点值得注意，韦勒在论证斯特拉波遗漏重要内容时，往往把他的描述与波桑尼亚斯的描述做比较，而波桑尼亚斯生活在斯特拉波之后一个多世纪。在此期间发生的变化，有可能导致波桑尼亚斯与斯特拉波的描述差异。

斯特拉波在希腊活动的范围问题，他是否到过雅典的问题，并没有结束。在半个多世纪之后，劳伦斯·沃迪就斯特拉波是否到过雅典的问题进

---

① Charles Heald Weller, "The Extent of Strabo's Travel in Greece", *Classical Philology*, Vol. 1, No. 4(Oct. , 1906), pp. 339-340.

② 斯特拉波《地理学》中的第八卷、第九卷和第十卷。

行了再探讨。他在《斯特拉波到过雅典吗?》①一文中，对《地理学》中有关斯特拉波旅行范围和对前人资料的态度②进行了分析。作者认为，斯特拉波的实地考察，有时他会表示"看到某地或某事"，但他也常常没有这种明确表述。这对于解决他是否到过雅典的问题十分重要。作者认为，除了在描述斯特拉波生活过的阿玛塞亚、亚历山大里亚、罗马和奈萨之外，他很少明确提到自己"看到某地或某事"。照作者的看法，"绝大多数情况下，斯特拉波在讨论某一地区时，没有必要明确表示他访问过这里。"有些地方，他虽然没有明确表示曾到过那里，但却描述得非常详细[如士麦纳(Smyr-na)]，显然他对那里十分熟悉。在作者看来，斯特拉波是一位严谨的观察者，唯有那些重要的事件[如处决塞卢鲁斯(Selurus)]、自然现象[如皮拉穆斯(Pyramus)峡谷或者犀牛]和个人会面[如与塞维里乌斯·伊萨里库斯Servilius Isauricus 的会面]才值得记述，否则，他仍然采用前人的资料。

尽管斯特拉波对雅典的描述非常模糊，有许多事情都未提及，尽管他没有明确谈到他曾到过这里，但作者认为，斯特拉波很可能到过雅典。除了上述原因外，他认为还在于：第一，斯特拉波在描述雅典之前说："我一旦开始描述城市中受到广为称颂、赞扬的众多事物，我恐怕会做得过火，我的作品会偏离我所预设的主题。"③他自己决定不对雅典做详尽的描述。第二，斯特拉波在讨论埃拉托色尼作品的可信性时说："(此前)他从未这样受到攻击，以至于我们断言，他不曾到过雅典。"④这意味着，在斯特拉波看来，没有到过雅典而去描述地中海世界，将会受到严厉批判。"如果他多次穿过爱琴海而没有到过雅典，他怎么会说出这样的话。"作者由此得出结论，斯特拉波是一位可靠的实地考察者，但他考察的范围有限。就希腊而言，可以证实，他到过科林斯；但他也极有可能到过雅典。劳伦斯·沃迪对于斯特拉波是否到过雅典，提出了自己的看法，提供了一种解释。

在《地理学》中，有时斯特拉波提供的历史信息并不明晰。对具体事件

① Lawrence Waddy, "Did Strabo Visit Athens?" *American Journal of Archaeology*, Vol. 67, No. 3(Jul., 1963), pp. 296-300.

② 斯特拉波：《地理学》，2，5，11。

③ 斯特拉波：《地理学》，9，1，16。

④ 斯特拉波：《地理学》，1，2，2。

的考证与阐释，也是学者们的兴趣所在。简·威廉·德里维尔斯(Jan Willem Drijvers)的《Strabo 17.1.18(801C)：伊纳罗斯，米利都人和纳克拉提斯》①一文，对斯特拉波《地理学》中，有关米利都人(Milesians)创建纳克拉提斯(Naucratis)的历史信息进行了考释。关于米利都人创建纳克拉提斯的信息，在罗布古典丛书中的译文为：

> 因为在帕萨米提库斯(Psammitichus)时代[他们生活在米底(Mede)的塞亚克萨勒斯(Cyaxares)统治时期]，米利都人率领30艘舰船，驶入波尔比提纳(Bolbitine)河口，而后，在那里登陆，并在上述居住地周围修筑围墙，加强防御。不久，他们沿河逆流而上，进入萨提克诺姆(Saitic Nome)，通过一次海战，击败了伊纳罗斯(Inaros)城，在斯克迪亚以下不远处，创建了纳克拉提斯。②

作者认为，在这段译文中，琼斯错将人名"伊纳罗斯"翻译为了城市名。随后，他对米利都人是否可能率舰船前往埃及，伊纳罗斯为何人，米利都人为何必须用武力才能入驻纳克拉提斯等问题，进行了详细的考证与阐释。他指出，帕萨米提库斯以亲希腊而著名，他渴望与希腊人建立友好关系。在位期间，帕萨米提库斯与许多希腊城邦建立了商业联系。米利都人率领30艘舰船前往埃及，显然得到了国王的允许。他们既可能是为国王服务的雇佣兵，也可能是商人，或者两者兼而有之。这些米利都人定居于河口附近。后来，他们希望定居于纳克拉提斯。不过，其他的希腊人已经定居于那里，并在与埃及人的贸易中获得了丰厚的利润，因为在埃及，那里是希腊人唯一可以公开贸易的场所。从商业的角度来看，入驻纳克拉提斯对于米利都人有重要意义。不过由于种种原因，帕萨米提库斯否认他们有权定居于纳克拉提斯。显然，米利都人并不是非常受欢迎，他们不得不靠武力强行入驻。文中出现的伊纳罗斯，很可能代表了埃及王国的利益。伊纳罗斯对米利都人的激烈反对表明，帕米萨提库斯的亲希腊主义是有一

---

① Jan Willem Drijvers, "Strabo, 17.1.18 (801C)：Inaros, the Milesians and Naucratis", *Mnemosyne* Fourth Series, Vol. 52, Fasc. 1(Feb., 1999), pp.16-22.

② 斯特拉波：《地理学》，17，1，18。

定限度的。

3. 以《地理学》整体为考察对象的专题研究

除了以斯特拉波描述的单位地区为研究对象外，学者们还以《地理学》整体为考察对象，进行专题研究。

珀尔·伊丽莎白·约斯特在其硕士论文《斯特拉波视野中的罗马行省商业与工业生活》①中，以斯特拉波的描述顺序为序，考察了《地理学》中所涉及的西班牙、高卢与不列颠、阿尔卑斯山地区、山南高卢、意大利、西西里、萨丁岛、科西嘉、下多瑙河地区、黑海东部与北部地区、小亚细亚、埃及、北非等罗马统治区域内各地的物产、经济、手工业、与商业状况，并在最后一章分析了斯特拉波所用史料的来源、对史料的解释，探讨了他的政治立场问题，突出了他在《地理学》中对经济因素的重视，认为在某种程度上，斯特拉波是一位"经济决定论者"。

有关荷马的问题一直受到西方学者的重视。在《斯特拉波论荷马》一文中，D. M. 申克瓦尔德（D. M. Schenkeveld）研究了斯特拉波对荷马史诗中地理学资料的态度、阐释方法及其具体运用。② 对于荷马史诗，埃拉托色尼认为它纯粹是为了娱乐，不具有教导功用。其中描述地理的内容，尽管有正确之处，但更有许多错误和遗漏，荷马算不上真正的地理学家。与此相反，玛罗斯（Mallos）的克拉泰斯则把荷马史诗看成是各种准确地理知识信息的来源。照斯特拉波的看法，作为地理学家，荷马描述的内容具有可信性，但对于一些描述，需要进行批判；荷马的史诗不仅仅是为了娱乐，更为重要的是，它具有教育功能。作者认为，斯特拉波持折中态度，他使用"历史注释"（historical exegesis），即剥去神话外衣，寻求历史真实的方法，为荷马史诗中地理学内容③的真实性辩护，捍卫他"地理科学奠基者"

---

① Pearl Elizabeth Yost, *the Commercial and Industrial life of the Roman Provinces as Seen by Strabo*, A dissertation submitted to the Graduate faculty in candidacy for the degree of Master of Arts, Department of History, Chicago, Illinois, December, 1927.

② D. M. Schenkeveld, "Strabo on Homer", *Mnemosyne*, Fourth Series, Vol. 29, Fasc. 1(1976), pp. 52-64.

③ 例如，奥德修斯漫游（Wandering）的地点，埃及发罗斯岛（Pharos）在尼罗河口的位置等。

的地位。

　　现代学者对斯特拉波解释荷马史诗的方式进行了批判，认为"他耗费了大量的笔墨，为荷马想象的知识进行辩护"。作者提出，这一批判过于苛刻。他更倾向于认为，斯特拉波对荷马史诗"历史注释"的解释方式存在不足，他没有考虑到口头诗歌、史诗传统和其他方面存在的问题。作者认为，斯特拉波之所以使用这种解释模式，是因为荷马对希腊生活的各个方面都产生了影响，荷马史诗在希腊生活中占据统治地位，荷马被认为是许多艺术和科学的开创者，人们都乐意把它们的源头追溯至荷马时代。斯特拉波也试图去证明，在地理学方面，荷马同样是知识渊博和值得信赖的，是"地理科学的奠基者"。①

　　威廉·卡利斯在题为《斯特拉波与荷马：斯特拉波〈地理学〉中荷马的引文》②的博士论文中，由《地理学》第一卷开始至第十七卷结束，细致地考察、分析斯特拉波在每一卷中对荷马作品内容征引的情况。他认为斯特拉波对荷马作品的广泛引用，有多方面的原因：这既在于斯特拉波是一位斯多葛派学者，一位热衷于研究荷马的帕加马学派（school of Pergamum）的成员，也在于斯特拉波之前所有地理学都以这种或那种方式与荷马相关联，他只是遵循了这一传统，更在于荷马的作品能为他的读者——统治者和将领——提供有价值的信息，而这正是斯特拉波创作《地理学》的动机所在。斯特拉波在《地理学》中既有为荷马在诗中所述寻找历史根据、为荷马辩护的方面，并且内容占有很大的分量，但同时也有对荷马的批判。斯特拉波把荷马的作品作为自己的重要史料来源，但并非毫无保留地完全接受荷马的观点，他根据自己创作《地理学》的需求与目的来权衡和选择材料。斯特拉波在《地理学》中对荷马作品内容的引用是一个复杂问题，不能简单

　　① D. M. Schenkeveld, "Strabo on Homer", *Mnemosyne*, Fourth Series, Vol. 29, Fasc. 1(1976), p. 64.

　　② William Kahles, *Strabo and Homer: Homeric Citations in the Geography of Strabo*, a dissertation submitted to the faculty of the Graduate School of Loyola University of Chicago in partial fulfillment of the requirements for the degree of Doctor of Philosophy, May, 1976.

地进行批评和否定。①

克里斯蒂娜·霍斯特·罗斯曼(Christina Horst Rosman)的《哲学反思：斯特拉波和地理学源头》②一文，探讨了斯特拉波《地理学》中的哲学传统。作者通过考察斯特拉波受教育的背景，分析他选取材料的方法，指出斯特拉波深受逍遥派和斯多葛派哲学的影响。斯特拉波对人类居住世界北部边界和海洋的描述，对前辈地理学家埃拉托色尼、希帕库斯和皮西亚斯等人的批判，都体现着逍遥派和斯多葛派的哲学传统。

斯特拉波的《地理学》包含了许多民族学信息，是研究古代民族的一个重要资料来源。在《谁是蛮族人？斯特拉波民族与文化分类中的蛮族人》③一文中，埃兰·阿尔玛格(Eran Almagor)从民族学的角度，对《地理学》中斯特拉波使用的"蛮族人"(barbarians)一词进行了详细考察。他指出，斯特拉波的这一概念，与希腊传统的"蛮族人"概念并不相同，它包含了不同层面，具有不同的衡量标准。以语言为标准，斯特拉波把非希腊语民族，或讲述语言的方式不同于希腊人的民族，界定为"蛮族人"；按照民族学的标准，他把非希腊血统的民族称为"蛮族人"；以文化为标准，他把与文明民族相对的民族，定义为"蛮族人"。不过，不同的分类之间并无严格的界限，他们常常会具有双重甚至三重特征。依照作者的看法，产生这种不同

---

① 有关斯特拉波《地理学》中荷马问题的研究，还可见 Anna Maria Biraschi，"Strabo and Homer: a chapter in cultural history", Daniela Dueck, Hugh Lindsay and Sarah Pothecary, *Strabo's Cultural Gergraphy: The Making of a Kolossourgia*, Cambridge: Cambridge University Press, 2005., pp. 73-85; Lawrence Kim, "The Portrait of Homer in Strabo's *Geography*", *Classical Philology*, Vol. 102, No. 4 (October 2007), pp. 363-388; Lawrence Kim, *Homer between History and Fiction in Imperial Greek Literature*, Cambridge: Cambridge Uinversity Press, 2010; 陈莹：《继承与重塑——试析斯特拉波笔下的荷马形象》，载《四川大学学报》(哲学社会科学版)，2014(3)。

② Christina Horst Roseman, "Reflections of philosophy: Strabo and geographical sources", Daniela Dueck, Hugh Lindsay and Sarah Pothecary, *Strabo's Cultural Gergraphy: The Making of a Kolossourgia*, Cambridge: Cambridge University Press, 2005, pp. 27-41.

③ Eran Almagor, "Who is a Barbarian? The barbarians in the ethnological and cultural taxonomies of Strabo", Daniela Dueck, Hugh Lindsay and Sarah Pothecary, *Strabo's Cultural Gergraphy: The Making of a Kolossourgia*, Cambridge: Cambridge University Press, 2005, pp. 42-55.

层面的原因在于斯特拉波自身所处的文化环境。一方面，由于在希腊传统中成长，深受其价值观影响，他继承了典型的民族两分法，并反对希腊化修正者(Hellenistic revisionist)的做法，因为他们试图把古老的划分方式，适应正在变化的民族现实。另一方面，斯特拉波又吸收了他们的一些方法。同时，他还表达了作为一名希腊人，在罗马生活的情感。他赞成同时代人的观点，把文明民族与野蛮人区别开来。在这篇文章中，作者研究了斯特拉波对"其他民族"的态度，并从他的文化背景的角度进行了阐释。这对我们进一步理解斯特拉波，研究他对东方世界的看法与态度，提供了参考和帮助。

希腊殖民地是希腊传统的重要载体，斯特拉波的《地理学》中包含了丰富的希腊殖民地信息。在《斯特拉波作品中希腊殖民地的创建及其主要特征：不均衡的描述?》①一文中，弗兰切斯科·特罗塔(Francesco Trotta)详细分析了斯特拉波对希腊殖民地的描述。作者认为，斯特拉波对希腊殖民地的描述详略不同，有的殖民地非常重要，但内容仅寥寥数笔，② 而对于有些殖民地，他的描述则非常详细[如玛西里亚(Massilia)③]。在作者看来，之所以有这种差别，一方面是因为斯特拉波撰写作品时受到限制，不可能在各个部分均衡用力；另一方面，则在于斯特拉波的兴趣关注点，并且后一原因更为重要。具有优越的地理环境，在罗马帝国中居于战略位置的希腊殖民地，成为他首要关注的对象，玛西里亚正是如此。那些拥有重要的地理位置，在罗马帝国统治下依然繁荣，并且赢得了进一步发展机会的希腊殖民地，对于身为希腊作家的斯特拉波来说，具有特殊的吸引力。而对于这些希腊殖民地的详细描述和展现，则是对罗马帝国新的政治因素、战略因素和经济因素的反映，饱含着对罗马的赞扬。作者试图通过分析斯特拉波对希腊殖民地的描述，来探察他对奥古斯都时代罗马帝国的看法。

北京师范大学史学探索丛书

32

---

① Francesco Trotta, "The foundation Greek colonies and their main features in Strabo: a portrayal lacking homogeneity?", Daniela Dueck, Hugh Lindsay and Sarah Pothecary, *Strabo's Cultural Gergraphy*: *The Making of a Kolossourgia*, Cambridge: Cambridge University Press, 2005, pp. 118-128.

② 例如，对昔兰尼(Cyrene)的描述。见斯特拉波：《地理学》，17，3，21。

③ 法国马赛旧称。

丹尼斯·艾琳·麦科斯基（Denise Eileen McCoskey）从妇女史的角度，对斯特拉波的《地理学》进行了研究。在《帝国转型时期的性别：斯特拉波〈地理学〉中的妇女定位》[①]中，作者试图通过研究斯特拉波在《地理学》中对妇女的描述，以确定她们在斯特拉波所描述世界中的地位，从而绘出她们在帝国转型时期的形象。在详细考察有关伊比利亚妇女、萨姆尼特妇女、著名人物克里奥帕特拉和皮图多利斯之后，作者认为，斯特拉波对妇女的态度是复杂的，既承袭了希腊传统，对妇女的认识依然存在着性别错位，又关注新形势下妇女在经济和政治中的作用与地位。照作者的看法，在帝国新秩序下，一种用于描述性别差异的语言系统，还未完全建立起来。

古代西方世界中的亚马孙人传说，是现代古典学者感兴趣的问题。塔米·乔·埃克哈特在博士论文《以作者为中心理解古代世界中的亚马孙人》[②]中，专辟一章探讨斯特拉波《地理学》中有关亚马孙人传说的问题。作者集中论述了斯特拉波如何展现和利用亚马孙人的传说，如何批评希罗多德、赫拉尼库斯（Hellanicus）、攸多克苏斯（Eudoxus）、品达（Pinda）、埃弗鲁斯等古典作家在关于亚马孙人传说上的错误观点。斯特拉波重在批判前辈作家的错误观点，而少对传说本身进行叙述。并且，他批判的对象有选择性，他有选择地使用克莱塔尔库斯（Cleitarchus）等部分古典作家有关亚马孙人传说的资料，而却抛弃了他有可能获得的狄奥多罗斯、贺拉斯（Horace）、普罗佩提乌斯（Propertius）、奥维德（Ovid）、希吉努斯（Hyginus）的有关亚马孙人传说资料。埃克哈特认为应在罗马帝国早期的大背景下，理解斯特拉波展现亚马孙人传说的模式。在作者看来，斯特拉波之所以这样做，与他作品的阅读对象、与他"纠正他人，提升自我影响力，为荷马辩护"的目的紧密相联。尽管斯特拉波的名字在之后的很长一段时间

① Denise Eileen McCoskey, "Gender at the crossroads of empire: locating women in Strabo's Geography", Daniela Dueck, Hugh Lindsay and Sarah Pothecary, *Strabo's Cultural Gergraphy: The Making of a Kolossourgia*, Cambridge: Cambridge University Press, 2005, pp. 56-72.

② Tammy Jo Eckhart, *An Author-Centered Approach to Understanding Amazons in the Ancient World*, submitted to the faculty of the University Graduate School in partial fulfillment of the requirements for the degree of Doctor of Philosophy in the Department of History of Indiana University, November, 2007.

内很少被提及，他的《地理学》也未被广泛使用，他最终没有达到提升自己及作品影响力的目的，但斯特拉波的作品确实流传下来了，它对于认识罗马帝国早期世界的地理与历史有着重要价值。

文化认同问题，近些年来一直是西方研究者们关注的热点问题。[①] 爱德华·M. 丹德罗在其博士论文《斯特拉波与奥古斯都时代的希腊认同：记忆、传统和民族志描述》[②]中，以斯特拉波的《地理学》为研究对象，探讨奥古斯都时代希腊认同问题。作者在前四章主要讨论"希腊文化""社会政治制度""教育制度""记忆传统"等斯特拉波用以界定"希腊人"的概念，以及"自我认知""记忆与传统""民族文化认同"等主题。最后两章，作者以本都和埃及为研究个案，通过详细考察斯特拉波对这两个地区的相关描述，进一步分析、阐述《地理学》中的希腊认同问题。作者认为，对斯特拉波而言，希腊人有自己的文化规定性，而这种规定性是希腊人区别于非希腊人的本质特征。不过，希腊人与非希腊人之间存在着人口流动和文化交流。希腊认同总在变动之中，也总处在成为"他者"的过程中。每个共同体发展的条件不同，其实践与信仰也"因地而异"。因此，每个共同体认同自己为"希腊人"的方式亦不同。像其他地志学家一样，斯特拉波试图从成为希腊人的单一视角，依一套理想化的、固定的文化形式和实践去展现希腊共同体，难以成功。

4. 对斯特拉波及其《地理学》的综合研究

莎拉·波提凯丽在博士论文《斯特拉波与"人类居住的世界"》[③]中，集中探讨了以下几方面的问题：其一，对《地理学》的文本、流传的版本、译

———

① 在国内，这方面的问题同样受到学者们的关注和重视。近年来，具有代表性的作品是瞿林东先生主编的五卷本的《历史文化认同与中国统一多民族国家》。见瞿林东主编：《历史文化认同与中国统一多民族国家》，石家庄，河北人民出版社，2013。

② Edward M. Dandrow, *Strabo and Greek Identity in the Age of Augustus: Memory, Tradition and Ethnographic Representation*, A dissertation submitted to the faculty of the division of the humanities in candidacy for the degree of Doctor of Philosophy, Department of Classical Languages and Literatures, Chicago, Illinois, December, 2009.

③ Sarah Pothecary, *Strabo and the "Inhabited World"*, a thesis submitted in conformity with the requirements for the degree of Doctor of Philosophy, Graduate Department of Classical Studies, University of Toronto, 1995.

本的优缺点及注疏本，斯特拉波的"人类居住世界"地图的演变，斯特拉波的前辈地理学家，以及《地理学》对后世的影响等问题进行了详细阐释。其二，对"人类居住世界"的范围、边界、大小、位置，"人类居住世界"中的大陆、海岸、河流、大海等，进行了系统的分析与研究。其三，勾勒了斯特拉波的家族世系，在细致论证的基础上，对斯特拉波出生的时间、创作《地理学》的时间等问题提出了自己的观点，这一部分是该文的最精彩之处。有关斯特拉波出生的时间、创作《地理学》的时间问题，作者在随后公开发表的两篇论文中作了进一步的阐发。对此，我们在前文中已经作了阐述。①

丹妮拉·杜克(Daniela Dueck)的《阿玛塞亚的斯特拉波：一位生活在奥古斯都时代罗马的希腊知识分子》②，是一部研究斯特拉波及其《地理学》的专著，它具有突出的传记特色。作者在认真研读《地理学》的基础上，对有关斯特拉波的诸多问题提出了自己的见解。全书共分6章。第一章，考察斯特拉波的家庭背景、受教育的历程和旅行经历。在这一章中，作者并

---

① 其核心观点见本书"研究综述"部分"关于斯特拉波的出生时间""关于创作《地理学》的时间"中的相关论述。需要注意的是，莎拉·波提凯丽在博士论文中将斯特拉波出生的时间定在了公元前64年至前50年之间(Sarah Pothecary, *Strabo and the "Inhabited World"*, 1995, p. 231, p. 280)，而在随后发表的论文中将这一时间限定在了公元前65年至公元前50年之间[Sarah Pothecary, "The Expression 'Our Times' in Strabo's Geography", *Classical Philology*, Vol. 92, No. 3(Jul., 1997), p. 245]。在博士论文中，作者确定了《地理学》最终完成的时间，对于何时开始的问题并未给出明确答案，而在随后发表的文章中，他将创作《地理学》的时间限定在了公元17年至23年之间[Sarah Pothecary, "The Tiberian Author: Past, Present and Silence in Strabo's 'Geography'", *Mnemosyne*, Fourth Series, Vol. 55, Fasc. 4(2002), pp. 387-435]。莎拉·波提凯丽在有关斯特拉波的研究领域一直进行着探索。近些年中，她通过个案研究，试图解读斯特拉波在元首制早期的政治态度[Pothecary, Sarah, "'The Chambers of the Dead and the Gates of Darkness': A Glimmer of Political Criticism in Strabo's 'Geography' (Strabo 14.5.4.670C.11.22-3 ed. Radt)", *Mnemosyne*, Fourth Series, Vol. 62, Fasc. 2(2009), pp. 206-220.]通过考察斯特拉波的交往对象、交往活动，构建其受教育及年轻时生活的经历，探求斯特拉波对自己所生活时代历史巨变和希腊知识传统的态度[Pothecary, Sarah, "'When I was young and He was old': the significance of overlap in Strabo's 'Geography'", *Phoneix*, Vol. 65, No. 1/2(Spring-Summer/printemps-été 2011), pp. 39-52]。她的研究成果值得我们关注。

② Daniela Dueck, *Strabo of Amasia: A Greek Man of Letters in Augustan Rome*, London and New York: Routledge, 2000.

非简单地叙述，而是对斯特拉波出生的时间、旅行经历等问题进行了讨论，提出了自己的看法。第二章，考察斯特拉波与希腊文化传统之间的关系。她分别探讨了荷马、波利比乌斯、希腊文化中"人类居住的世界"的概念、科学地理学、斯多葛派哲学、希腊历史传统以及希腊人的"蛮族人"概念对斯特拉波的影响。第三章，主要考察斯特拉波在罗马的活动及与罗马上层的联系。由于长期旅居罗马，他成为在罗马的希腊知识分子群体中的一员，并与几位罗马上层人物（如埃及长官埃利乌斯·加鲁斯）建立了友好关系。生活于罗马城中、与罗马上层的交往、奥古斯都创造的繁荣局面都影响着斯特拉波的政治观点。并且，在此期间，斯特拉波还受到罗马文化的影响。① 斯特拉波对奥古斯都的看法，也是本章探讨的主要内容。作者详细分析了《地理学》中斯特拉波对奥古斯都的记述和描写，认为在斯特拉波看来，奥古斯都是一位伟大的征服者、和平与繁荣的缔造者、稳健与明智政策的制定者、罗马城的建设者；他具有无上的权威，虔诚而道德高尚，深受希腊文化影响；唯有亚历山大可以与他比肩而立。② 第四章，主要考察斯特拉波对奥古斯都时代帝国的征服、地理和政治的观点。值得注意的是，作者提出，斯特拉波拥有的希腊文化传统和生活在罗马统治之下的现实，深刻影响着他对于帝国征服和政治行为的判断。第五章，主要考察了希腊知识分子向罗马的流动，希腊知识分子群体在罗马的形成，以及他们与罗马上层的联系。这些知识分子，包括希腊的历史学家、演说家、哲学家、诗人和医生等。作者对于在罗马知识分子群体的考察，主要在于强调希腊文化传统对于希腊知识分子（当然，其中包括斯特拉波）的影响。第六章，主要是对《地理学》著作本身的研究，包括它的创作时间、创作目的、写作方法、对后世的影响、资料来源和地理学家的理想等方面。

丹妮拉·多克以认真研读《地理学》为基础，以斯特拉波为中心，考察他的背景、经历和创作方法，探讨有关斯特拉波及其作品的诸多问题；从

北京师范大学史学探索丛书

---

① 丹妮拉·杜克在这部书的 89～91 页，详细列举了在《地理学》中出现的拉丁词语，见附录7。

② 斯特拉波常常将奥古斯都时代，罗马取得的政治功绩和促进地理学发展方面的成就，与亚历山大在这方面的成就相比，把亚历山大作为衡量罗马人成就的标尺。

斯特拉波的希腊文化背景和生活于罗马帝国统治之下的现实两个方面，审视斯特拉波个人和他对罗马世界的看法。这部著作对笔者的帮助在于：首先，它为笔者提供了斯特拉波的一些基本信息。其次，作者考察生活于罗马的希腊人及深受希腊文化影响的知识分子群体，在于关注希腊文化传统；而当时希腊、亚历山大里亚和小亚细亚知识分子涌向罗马，其本身就是一种人员与文化的交流，是文明交流与互动的重要形式，这给予笔者以启示。再次，作者从希腊文化传统和罗马统治现实两个方面来理解斯特拉波，审视他对于罗马世界的认识，为笔者研究斯特拉波视野下的东方世界，提供了新的思考角度。最后，作者书中提供了相关研究的参考书目，为笔者的研究提供了资料信息来源。①

　　罗马人在共和国时代的对外扩张，使其版图空前广阔。波利比乌斯、波塞冬尼乌斯和斯特拉波等古典作家都对这一历史现实做出了反映。凯瑟琳·克拉克的《地理与历史之间：罗马世界的希腊构建》②，试图通过对上述三位古典作家作品的分析，来探讨古代地理学与历史学的分野。斯特拉波的《地理学》是作者重点探讨的对象。全书分 6 章。其中，第四章研究"斯特拉波与空间"，第五章分析"斯特拉波与时间"，第六章探讨"斯特拉波的普遍主义"。凯瑟琳·克拉克认为，在空间上，斯特拉波的描述以罗马为中心，将整个人类居住的世界联系起来。斯特拉波关注"现在"，但他同样重视"过去"。他用"过去"彰显"现在"，用"历史"来确定空间位置。在时间问题上，作者认为罗马世界决定了斯特拉波的时间观；斯特拉波没有采用精确的编年时间，未构建一致的时间表述系统，也没有以时间顺序来描述各个地区。地理与历史、空间与时间常常相互影响。其中，罗马与意大利优越的地理位置促进罗马霸权的形成，便是地理对历史进程影响的很好体

---

　　① 之后，丹妮拉·杜克在《阿玛塞亚斯特拉波的地理叙事》一文中对相关问题作了进一步阐发和提炼。她主要探讨了斯特拉波《地理学》的"描述特性"、创新性；作者的创作目的、选材原则，对希腊人、罗马人和蛮族人的看法及其成因；作者的政治观点，《地理学》的价值以及作者是否使用地图、编制地图等一系列问题。参见 Daniela Dueck, "The Geographical Narrative of Strabo of Amasia", Kurt A. Raaflaub and Richard J. A. Talbert, *Geography and Ethnography：Perceptions of the World in Pre-Modern Societies*, Chichester, U. K；Malden, MA：Wiley-Blackwell, 2010, pp. 236-251.

　　② Katherine Clarke, *Between Geography and History：Hellenistic Constructions of the Roman World*, Oxford：Clarendon Press, 1999.

现。斯特拉波以"人类居住的世界"为研究对象，他的"普遍主义"是罗马版图空前广阔的历史现实的反映。① 作者对斯特拉波《地理学》中空间与时间、地理与历史关系的探讨，为笔者在更深层次上理解《地理学》，总结斯特拉波撰写的东方世界的特征，提供了帮助。

《斯特拉波的人文地理学》②是由丹妮拉·杜克、休·林德塞和莎拉·波提凯丽等人编写的一部论文集，由剑桥大学出版社 2005 年出版。全书共收录了 16 篇文章，它们分别从不同的视角，探讨了《地理学》中文化、历史、政治和地理等方面的问题。其中的一些成果，笔者已经在前面的综述中提及。这些成果拓展了斯特拉波及其《地理学》的研究领域，为学术界的研究提供了新的视角。③

5. 地理学史中的一章

斯特拉波的《地理学》在西方地理学史上占有重要地位，是西方地理学史上无法避开的一章。因此，在有关古代地理学的著作中，斯特拉波和他的《地理学》就成为被关注的重要对象。在地理学史中，学者们对它的介绍和研究经历了一个由简单到详细、由浅入深的过程。

阿尔夫雷德·赫特纳在他的《地理学——它的历史、性质和方法》④一书中，对斯特拉波《地理学》的价值和"主要特点"进行了介绍和评论。作者

北京师范大学史学探索丛书

---

① 威廉·A. 凯尔奇在《回顾斯特拉波》一文中，曾对前述丹妮拉·杜克的《阿玛塞亚的斯特拉波》和凯瑟琳·克拉克的这部作品进行过重点介绍。此外，在这篇文章中，作者还论述了斯特拉波《地理学》研究的"学科发展史"，阐释了斯特拉波的创作方法和《地理学》的现实价值与意义。不过，在威廉·A. 凯尔奇构建的"学科发展史"中，莎拉·波提凯丽、威廉·卡利斯、玛丽·奈特等人有分量的博士论文并不在其中。William A. Koelsch，"Squinting Back at Strabo"，*Geographical Review*，Vol. 94. No. 4（Oct.，2004），pp. 502-518.

② Daniela Dueck，Hugh Lindsay and Sarah Pothecary，*Strabo's Cultural Gergraphy：The Making of a Kolossourgia*，Cambridge：Cambridge University Press，2005.

③ 近年来，学者们不断探索研究斯特拉波及其《地理学》的新方法、新视角。Lee E. Patterson 就是其中的一个代表。他在《斯特拉波、当地神话和亲缘外交》一文中，试图提供理解斯特拉波《地理学》的新方法，阐释《地理学》在"亲缘外交"研究领域的重要史料价值。见 Lee E. Patterson，"Strabo，Local Myth，and Kinship Diplomacy"，*Hermes*，138. Jahrg.，H. 1（2010），pp. 109-118.

④ ［德］阿尔夫雷德·赫特纳：《地理学——它的历史、性质和方法》，王兰生译，张翼翼校，北京，商务印书馆，1983，36～37 页。

认为，"这部著作所以特别有价值，是由于它是完整地保存下来的唯一的上古时代的地理学巨著，并包含着其他地理学作家的许多报告和片段，尤其是关于埃拉托色尼的。"照作者的看法，《地理学》中斯特拉波的旅行和实地考察并不占重要地位，从主要特点来看，这部著作仍然是根据文献资料所写。斯特拉波写作的重心在各地区的内容上，人文因素占据着重要地位；在地理学的描述中，时常穿插历史和考古学的讨论。作者认为它"是一部偏向于历史的地志"，其"叙述是地区和民族的颇为枯燥的描写"。但作者并不主张人们因此就可以对斯特拉波进行苛刻的谴责。阿尔夫雷德·赫特纳仅就斯特拉波《地理学》的价值和"主要特点"做了简要介绍和评论，没有谈及《地理学》的具体内容。

苏联学者波德纳尔斯基编写的《古代的地理学》，是对古希腊罗马著名作家在地理学领域重要作品的节译。在每部分译文之前，译者都会对该作品的作者、内容与特色进行介绍。其中，Ф. Г. 米申科选译了斯特拉波《地理学》的部分内容，并对斯特拉波及其作品进行了简要介绍。① 其中包括斯特拉波《地理学》的研究对象、本质、对自然规律的论述、陆地的形状及大小、人类居住世界的划分、在地貌学方面的贡献、描述地区的顺序。他认为"斯特拉波所报道的知识，使他的《地理学》成为现今地理学的非常重要的源泉，因为他陈述了罗马帝国初期的地理状况。"对于斯特拉波的《地理学》，Ф. Г. 米申科也仅停留在介绍的层面。

H. F. 托泽在《古代地理学史》②中，对斯特拉波的《地理学》进行了综合性介绍。斯特拉波《地理学》各卷的内容当然是作者重点介绍的对象。此外，他还对斯特拉波生活的时代背景、受教育情况、旅行范围、哲学及政治学思想，作品的写作时间、创作地点、服务对象、论述的主题、描述方法及斯特拉波《地理学》的价值，进行了初步探讨。这对于我们从整体上了解与把握斯特拉波的《地理学》很有益处。

如果说以上三部作品主要是对斯特拉波《地理学》作介绍的话，那么保

---

① ［苏联］波德纳尔斯基编：《古代的地理学》，梁昭锡译，赵鸣岐校，齐思和审，北京，商务印书馆，1997，167～170 页。

② H. F. Tozer, *A History of Ancient Geography*, second edition with additional notes by M. Cary, Cambridge：Cambridge Uninversity Press, 1935, pp. 236-260.

罗·佩迪什在《古代希腊人的地理学——古希腊地理学史》①中，则对其进行了较为详细的分析和阐释。他既指出了《地理学》存在的不足，又突出了它的贡献。在作者看来，斯特拉波的旅行相当有限；他在绪论中"冗长而不全面的论述，其唯一价值，是为我们无意中留下了一些已经散佚的作品"；在第三至第十七卷的描述中，他使用了大量的间接资料，第一手资料很少，而有些资料则没有及时更新；对于有些地区的描述（如对多瑙河以北中欧地区的描述）内容贫乏；使用了大量的神话，为荷马的辩护占据了过多篇幅。不过，作者也看到了斯特拉波在地理学领域的贡献，认为其不仅表现在他给地理学下了一个确切的定义，即"地理学就是对人们居住的世界的描述"，从而使在这一原则指导下写就的《地理学》为真正的描述地理学奠定了基础，而且表现在推进和扩展地理学知识方面，最后，还表现在他对于山志学、城市地理、城市之间独特地形及植被的地域空间，尤其是居民及其生活方式和经济方面的关注上。这给笔者以思想上的启示。尽管作者对斯特拉波《地理学》不足之处的批评过于苛刻，但他还是给予了它很高的评价，"如果说他并没有开创什么新的方向，但他著作内容之丰富是任何一位古代地理学家所望尘莫及的"，在奥古斯都时代，"没有出现任何一部著作，能同斯特拉波的不朽巨著相提并论，无论是从概念的广泛还是从资料的丰富来看都是这样"。②

国外学者们从地理学发展史的角度，对斯特拉波及其《地理学》做出了评判，肯定了斯特拉波《地理学》的地位。

在国内，学者们对于斯特拉波及其《地理学》的专门研究较少。较早关注斯特拉波《地理学》并对相关内容进行研究的是张星烺先生。他在《中西交通史料汇编》第一编中，谈及西方人对中国的记载时对斯特拉波进行了介绍，并对他记述中国的内容做了分析和研究。

斯脱拉波（Strabo），希腊人，地理学者，生于公元前五十四年，

---

① ［法］保罗·佩迪什：《古代希腊人的地理学——古希腊地理学史》，蔡宗夏译，葛以德校，北京，商务印书馆，1983，151～161 页。

② ［法］保罗·佩迪什：《古代希腊人的地理学——古希腊地理学史》，蔡宗夏译，葛以德校，北京，商务印书馆，1983，160～161 页。

北京师范大学史学探索丛书

卒于公元后二十四年，著有游记，其中亦引用上条克泰夏斯之记载。据云借自俄内锡克立突斯（Onesicritus），而俄则为马其顿亚历山大之部将。斯脱拉波之书又记拔克脱利亚（Bactria，即大夏）诸王事情曰：……诸王拓其疆宇至赛里斯及佛利尼国（Phryni）而止。（见亨利·玉尔《古代中国见闻录》第1卷第17页）

张星烺先生对这一史料进行了分析，"此一节为真确史事，盖希腊王朝在拔克脱利亚者，汉文景之时，已为大月氏所灭，月氏人一时颇振势力，东至葱岭，与汉之西域都护所治境相接。斯脱拉波沿用拔克脱利亚之旧名以称月氏人也。"张先生节录斯特拉波《地理学》的内容，源自于亨利玉尔的作品。他不仅介绍了斯特拉波的基本信息，而且还结合中国史书的记载对这段史料的准确性做出了判断，认为斯特拉波所说的巴克特里亚人，实指中国史书所记的月氏人。[①]

刘家和先生在《论黑劳士制度》一文中，对斯特拉波《地理学》中有关斯巴达的内容进行了引用，并做了精当分析。[②] 刘家和先生运用和分析史料的方法，为我们的研究提供了借鉴。

在《世界通史资料选辑·上古部分》中，谢义伟先生将斯特拉波对亚历山大里亚城的描述译为中文。[③] 苏联学者波德纳尔斯基编的《古代的地理学》[④]一书，节选了斯特拉波《地理学》第一卷、第二卷、第三卷、第十一卷、第十五卷和第十七卷的部分内容，梁昭锡先生将其由俄文译为中文，为我们提供了参考资料。法国学者戈岱司编有《希腊拉丁作家远东古文献辑录》一书，其中收录了斯特拉波《地理学》有关赛里斯人的记述。耿昇先生将这部书由法文译为中文，也为我们提供了斯特拉波《地理学》的部分

---

① 张星烺编注：《中西交通史料汇编》，第一册，朱杰勤校订，北京，中华书局，2003，120页。

② 刘家和：《古代中国与世界》，武汉，武汉出版社，1995，82、84、91、97、104、112页。

③ 林志纯主编：《世界通史资料选辑·上古部分》，北京，商务印书馆，1974，315～316页，选译内容为斯特拉波：《地理学》，17，1，7～10。

④ ［苏联］波德纳尔斯基编：《古代的地理学》，梁昭锡译，赵鸣岐校，齐思和审，北京，商务印书馆，1997，170～222页。

信息。①

郭小凌先生在《世界古代文明史研究导论》②中，李雅书先生、杨共乐先生在《古代罗马史》③中，都对斯特拉波及其《地理学》的主要内容进行了详细介绍，并对其史料价值做出了评判。在《古典作家对埃及学的贡献》一文中，王海利先生就斯特拉波《地理学》中有关埃及的资料进行了梳理，认为"斯特拉波广泛利用了前人的著作，非常详细地记述了尼罗河的情况，包括泛滥、自然灌溉和人工灌溉系统，甚至整个北非地区的地理状况，提供的资料非常详尽。"④石高俊在《区域地理学发展进程之简略回顾》一文中，从地理学的角度，简略地提到了斯特拉波及其《地理学》在区域地理学发展中的地位和贡献。⑤

国内学者对于斯特拉波及其《地理学》的研究，处于起步阶段，还缺乏较为系统的探讨。

(二)关于东西交通的研究

古代西方与东方的交通往来，是文化交流与互动的重要方面，也是学者们关注的重要问题。它与本文的研究密切相关。在罗马帝国初期或更早的时代，西方特别是罗马国家对东方的认识如何，与东方的关系怎样，其影响力达到何处，与中国是否存在联系、是否有经济和文化的交流，对于这些问题的探讨，有助于本文研究的展开。因此，有必要回顾中西交通史领域中与本文研究相关的重要成果。

亨利·玉尔（Henry Yule）是著名的汉学家。他的《契丹及通往契丹

---

① ［法］戈岱司编：《希腊拉丁作家远东古文献辑录》，耿昇译，北京，中华书局，1987。这部书中收录了斯特拉波《地理学》中，11，2，1；11，2，7；15，1，20；15，1，34；15，1，37等章节的部分内容，见该书4～6页。

② 刘家和、廖学盛主编：《世界古代文明史研究导论》，北京，高等教育出版社，2001，195页。

③ 李雅书、杨共乐：《古代罗马史》，北京，北京师范大学出版社，2004，356页。

④ 王海利：《古典作家对埃及学的贡献》，载《内蒙古民族大学学报》（社会科学版），2004(2)。

⑤ 石高俊：《区域地理学发展进程之简略回顾》，载《南京师大学报》（自然科学版），1993(1)。

之路》①再现了中世纪以前西方人对中国的认识过程，是中西交通史领域的一部代表作。它于1866年出版，之后，亨利·考迪埃(Henri Cordier)对其进行了修订。其中第一卷分为两个部分：第一部分是对中世纪末叶之前，西方人对有关东方特别是中国材料的分析与论述；第二部分是西方作家关于中国的原始记述。作者不只是简单地收集材料，他还对其进行了详细地考证和阐释。关于公元1世纪左右东西方交往的状况，作者的贡献在于：首先，他考察了希腊人和罗马人对于中国的认识，其中包括对中国的名号"秦""赛里斯人"及有关丝织品认识的探讨。其次，考察了中国对于希腊、罗马的认识。通过上述两方面的分析研究，作者认为，远古时代，西方人对中国的认识是一个由模糊到逐步清晰的过程，不过在这个过程中，古代人的地理学知识、特别是关于远东地区的认识起伏波动非常明显，对于东方的认识存在着暂时退步的现象。再次，他研究了中国与中亚的交流，指出了中原通向西域的四条路线。最后，他节录了这一时期西方学者对中国的记述，其中包括《厄立特里亚航行记》、梅拉的《世界志》、老普林尼的《自然史》等，并且每篇节录都有作者详细的注释与考证。《契丹及通往契丹之路》成为中西交通史研究中无法避开的一部著作。张星烺先生的《中西交通史料汇编》就以其为主要参考资料。作者在这方面的探讨，不仅使我们对早期时代西方人对于东方的认识，以及中国人对于西方的认识有了较为明晰的了解，而且为我们的研究提供了资料信息，为我们更加准确地理解相关史料提供了帮助。

　　在国内，谈到中西交通史，我们不能不提到这一领域的奠基者之一张星烺先生及其著作。他的《中西交通史料汇编》将古代中外史籍中关于中西交通的史料按地区、年代先后汇集，并加以注释和考证，创见甚多。其中与本文研究相关的有两汉时期中国与欧洲、中国与阿拉伯、中国与印度、中国与伊斯兰交通之内容。这一时期有关中国与欧洲的交通，张星烺先生所用外国史料主要来自亨利·玉尔。相较而言，《中西交通史料汇编》收录的中国史料更为丰富，亨利·玉尔的著作则偏重于收录西方的记述。两部

---

　　① Henry Yule, *Cathay and the way thither*: *being a collection of medieval notices of China*, 4v., new edition, revised throughout in the light of recent discoveries by Henri Cordier, New Delhi: Asian Educational Services, 2005.

作品虽以资料汇编的形式出现，但编者都对收录的材料做了详细的考证与阐释。这既为我们提供了丰富的资料，又有利于我们对史料的理解和运用，方便了我们的研究。

如果说以上两部作品偏重于对史料的搜集、整理与考释，那么赫德逊的《欧洲与中国》①，则较为系统地探讨了 1800 年以前欧洲与中国之间的交往关系。其中，作者考察了丝绸之路开通之前西方人对于东方的认识，两汉政府向西方拓展的行动以及张骞在凿通西域中的作用。他对于丝绸贸易的论述尤其值得注意。作者在以下几方面有重要贡献：(1)详述了丝绸贸易在陆上的运输路线，并把它们分为四个"控制阶段"，分析了政治形势的变化对每一段商路的影响；(2)探讨了罗马与东方之间的沿海航线及罗马直通中国全海航线的开辟，并分析了丝路贸易由陆路向海路转变的原因，即摆脱中间商对于丝路贸易的控制，寻求直接与东方进行贸易；(3)考察了中国与罗马相互输出的商品②，对罗马与东方的贸易逆差问题提出了自己的见解。他认为："罗马出口的贵重金属并不曾以金条或硬币的形式大量到达中国。考古学在中国的进步仍可以大大修改有关钱币发现的证据，但是撇开这些证据，根据一般的理由，货币金属是倾向于留在从事间接商业贸易的中间人手里。目前，我们有根据暂时说，这就是丝绸贸易中所发生的情况。"③赫德逊的研究成果受到学者们的关注，成为李约瑟在《中国科学技术史》中描述古代中西陆路交通部分的主要参考书。

李约瑟对我国科学技术的发展进行了广泛深入的研究，《中国科学技术史》④是他的重要研究成果。作者征引大量文献，对我国各门学科在各个历史时期的成就进行了详细叙述，其中涉及中西之间的文化交流。在第一

---

① G. F. Hudson, *Europe & China : a survey of their relations from the earliest times to* 1800, Boston：Beacon Press, 1961. [英] 赫德逊：《欧洲与中国》，李申、王遵仲、张毅译，何兆武校，北京，中华书局，2004。

② 中国输出的商品，除了丝绸外，还有毛皮、肉桂、大黄等；罗马人经营的商品主要是琉璃、纺织品、珊瑚、珍珠、石棉、苏合香等。

③ G. F. Hudson, *Europe & China：a survey of their relations from the earliest times to* 1800，Boston：Beacon Press, 1961. pp.101-102. [英] 赫德逊：《欧洲与中国》，李申、王遵仲、张毅译，何兆武校，北京，中华书局，2004，69 页。

④ Joseph Needham, *Science and Civilisation in China*，volume 1，with the research assistance of Wang Ling，Cambridge：Cambridge University Press，1979.

卷的《中国和欧洲之间科学思想与技术传播的状况》中，他论述了中西文化的联系，中西陆路与海上商路的发展，古代的丝绸之路，中国史家所记载的中西文化及科学的交流（其中包括魔术师、杂技演员、"夜光壁"、假宝石、海西布、苏合香等），中国与印度、中国与阿拉伯之间的文化与科学交流。其中，在阐述中西陆路和海上商路的形成与发展、古代丝绸之路等主题时，他大量利用了赫德逊的研究成果。李约瑟的考察表明，在公元前后的几个世纪里，中国和西方之间存在着广泛的贸易联系和文化交流。

　　弗雷德里克·J·梯加特则用比较的方法，把同一时期不同地域的重大历史事件联系起来综合考察。在《罗马与中国——历史事件的关系研究》①中，他征引广博的资料，研究了公元前 60 年至公元 107 年罗马、帕提亚、中国之间发生的大事，以及它们之间的相互关系。依作者的看法，在罗马帝国的盛、衰时期，其本土及北境、东境经常遭受蛮族的侵扰，而这类侵扰和罗马帝国主动发起与被动接受的诸多战争，又往往直接或间接地受到中国对西域的经营和当地政局变化的影响；从而在理论上将古代东西方的交往，由简单的经济关系上升到复杂的政治关系，使当时的世界形势展现出一种全新的景象：每当中国西域地区政局平稳、各部族向汉廷称臣纳贡、商路畅通时，西亚及欧洲境内大多宁静无事，罗马帝国与四邻也相安无扰；一旦天山南北发生动荡、东西方交通阻断，帕提亚的骚乱便随之而起，继而就会在罗马史家笔下出现一系列的战争和蛮族入侵事件。尽管作者的观点还需要进一步的和直接的证据证明，但他把古代东西方世界建立联系并纳入一个有机联系整体的考察方法，为我们的研究提供了借鉴。作者对罗马帝国与帕提亚关系的探讨，为笔者研究斯特拉波视野下罗马与帕提亚的关系提供了帮助。

　　上述研究，或是对相关史料的收集、整理与考证，或是对西方与中国之交通进行系统的研究，或是用比较的方法探讨东西方重大事件间的联系。它们对本文研究的帮助在于：第一，它们使笔者对公元前后东西方交

---

　　① Frederick J Teggart, *Rome and China：A Study of Correlations in Historical Events*, reprinted, Westport, Connecticut：Greenwood Press, 1983.［美］弗雷德里克·J·梯加特：《罗马与中国——历史事件的关系研究》，丘进译，北京，人民交通出版社，1994。

往的状况有了更进一步的认识。在这一时期，人们对世界的认识能力已大大提高，东西方不同地域的民族之间存在着广泛的交流和交往，并且已经达到相当高的程度。第二，学者们不仅收集了大量的一手资料，而且还对其进行了详细而有价值的考证，这既为我们的研究提供了资料信息，又为我们较为准确地理解和运用史料提供了帮助。第三，他们的研究还为笔者提供了方法和思考角度上的借鉴，并坚定了笔者前进的方向。

综观以上对学术史的回顾，一方面，18世纪以来，斯特拉波及其《地理学》一直受到学者们的关注。他们从不同的角度对其进行了广泛研究。斯特拉波出生的时间及创作《地理学》的时间至今仍然是学者们感兴趣的问题，并且不断有新作品问世。以地区为对象的研究，以《地理学》整体为考察对象的专题研究（跨地区的专题研究），新成果不断涌现。在这些研究中，包含有许多不同的主题。有对斯特拉波所用史料的探源，有对其写作方式的分析，有对《地理学》中具体问题、具体事件的考证与阐释，有对希腊学术传统的追溯，有对斯特拉波及《地理学》的全方位考察。近年来，还有学者从民族学、妇女史的视角对其进行研究。而国内学术界在这方面的研究还比较薄弱。另一方面，学者们对罗马帝国初期东西方的交往和交流进行了探讨，并取得了丰富的成果。笔者的着眼点在于，从文明交流与互动的角度去审视《地理学》，考察罗马东方的民族和区域，探讨帝国与东方民族的关系，研究罗马影响力向东方的扩展；在历史进程中，研究斯特拉波视野下的东方世界，并总结他所撰写的东方世界之特征。

北京师范大学史学探索丛书

第二章　西方人认识东方的新纪元：亚历山大远征

亚历山大远征在世界历史上占有重要地位。它不仅打断了东方社会的进程，改变了东方社会的政治发展轨迹，而且开阔了西方人的视野，丰富了他们的地理学知识，拓展了他们对东方世界的认识。它不仅在世界历史上意义重大，而且在探知人类未知地域方面做出了划时代贡献。正如斯特拉波所说："亚历山大为我们打开了亚细亚的广阔领域和远至伊斯特河(Ister River)的整个欧罗巴北部地区。"①亚历山大远征，成为西方人较为准确地认识东方的基础，因此，有必要论述亚历山大远征的过程。

一、亚历山大远征

(一)亚洲西部的征战

公元前334年春，亚历山大率领约30000名步兵和5000名骑兵越过赫勒斯旁特海峡②进入亚洲，开始远征波斯帝国。同时，命安提培特率领

---

①　斯特拉波：《地理学》，1，2，1。

②　阿里安：《亚历山大远征记》，i，11，3；［古希腊］阿里安：《亚利山大远征记》，［英］E. 伊利夫·罗布逊英译，李活译，北京，商务印书馆，2007，29页。为读者查阅便利，有关阿里安《亚历山大远征记》的征引内容出处，笔者将英文出处与中译本出处同时列出。其中英文以罗布丛书版本为依据(Arrian, *Anabasis of Alexander*, With an English translation by P. A. Brunt, Cambridge Massachusetts, London, England：Harvard University Press, 1996. 第一版由 E. Iliff Robson 从希腊文翻译，并在1933年出版。这个英译本是李活先生中译文的底本。P. A. Brunt 在1983年对英译本进行了修订，由哈佛大学出版社出版，并在1996年重印)；中文译本采用李活先生的译文(《亚历山大远征记》，北京，商务印书馆，2007)。为方便起见，在本文注释中，笔者按西方古典作品通行方法标注英文出处，而在后面的括号中标注与之相应的中译本页码，省去中译本的详细出版信息。

12000 名步兵和 1500 名骑兵留守欧洲。①

　　越过赫勒斯庞特海峡后，亚历山大率军向格拉尼库斯河(Granicus)挺进。波斯的总督和将领们在获悉亚历山大已渡过海峡后，率军在泽雷亚(Zeleia)城外扎营，召开作战会议。罗德岛人迈农(Memnon)提出避免与马其顿人交战，转移部队，用骑兵践踏粮草，焚烧庄稼，甚至毁掉城市的"焦土"策略，以断绝马其顿军的给养，阻止他们进一步推进；同时，派海军与陆军进攻马其顿，把战争的影响推向欧罗巴。②但他的建议并未被波斯将领采纳。③波斯将领阿尔西提斯(Arsites)说："决不允许自己属民的一间房屋被烧毁。"④于是，他们向格拉尼库斯河岸调集军队，防御马其顿人的进攻。格拉尼库斯河战役是亚历山大与波斯军的第一次正面交战。结果，马其顿军获胜，波斯军队战败，损失严重。"这次战役立刻使亚历山大的处境变得十分有利。波斯帝国沿海地区重镇萨地斯和这一地区其余的地方都归顺于他。"⑤

　　格拉尼库斯河战役之后，亚历山大在福瑞吉亚进行管理上的部署，"他任命卡拉斯(Calas)为原来由阿西提斯管辖的那个州(赫勒斯旁特·福

（接上页注释②）

　　亚历山大进入亚洲时所率领部队的数目，有不同的说法，只有狄奥多罗斯的记述给出了亚历山大远征军每支部队的详细人数，他给出步兵总数为 32000 人，骑兵总数为 4500 人，但是将他所列各支骑兵合计起来，总数为 5100 人(狄奥多罗斯：《历史集成》，xvii，17，3～5)。普鲁塔克在《亚历山大传》中给出步兵为 30000～43000 人，骑兵为 4000～5000 人(普鲁塔克：《亚历山大传》，xv，1)，他还在《论亚历山大的命运与德行中》(Plutarch's *Moralia*, *On the Fortune or the Virtue of Alexander*，i，3)中指出，阿里斯托布鲁斯(Aristobulus)记述有 30000 名步兵和 4000 名骑兵，托勒密记述有 43000 名步兵和 5500 名骑兵。尤斯廷努斯记述亚历山大出征时，有 32000 名步兵和 4500 名骑兵[尤斯廷努斯：《庞培乌斯·特劳古斯腓力比历史摘要》(*Epitome of the Philippic History of Pompeius Trogus*)，xi，6，1]。

　　① 狄奥多罗斯：《历史集成》，xvii，17，5。在传统史料中，只有狄奥多罗斯给出了留在欧洲的军队数目。

　　② 阿里安：《亚历山大远征记》，i，12，8～9(32～33 页)；狄奥多罗斯：《历史集成》，xvii，18，2～3。

　　③ 阿里安：《亚历山大远征记》，i，12，10(33 页)；狄奥多罗斯：《历史集成》，xvii，18，3～4。

　　④ 阿里安：《亚历山大远征记》，i，12，10(33 页)。

　　⑤ 普鲁塔克：《亚历山大传》，xvii，2(Plutharch, *Alexander*, xvii，2)。

瑞吉亚)的总督。命令当地居民交纳与过去交给大流士的同样数量的捐税"
"对泽雷亚城,他免于追究,因为他知道他们是被迫帮助波斯打仗的。"[1]卡
拉斯成为福瑞吉亚总督,而收税标准没有变化,当地居民仍然要交纳和过
去同样数量的捐税。在行政管理方面,除了总督由马其顿人取代波斯人之
外,亚历山大很可能沿用了波斯人在这一地区的管理体制。对于在格拉尼
库斯河战役中站在波斯一方作战的泽雷亚城,亚历山大免于追究责任。这
一方面可能是因为他们被迫参与了战争,是不得已而为之;另一方面,可
能是亚历山大争取亚洲希腊人支持的举措。

完成部署后,亚历山大率军向萨地斯挺进。萨地斯卫城指挥官米色
瑞尼斯主动献出卫城和财宝。[2] 亚历山大对这一地区做出如下安排:"他
允许萨地斯人和其他吕底亚人保持他们原有的风俗习惯,让其自治"[3],
"把地方部队军官鲍散尼亚斯(Pausanias)留下当堡垒司令,尼西亚斯
(Nicias)当税务、捐献和贡品督察,阿散德(Asander)(菲罗塔斯之子)任
吕底亚和斯皮色瑞达提斯原辖地区其余部分的总督,并拨给他当时需要
的一部分骑兵和轻装部队","把阿高斯人(Argives)留在萨地斯守卫堡
垒"。[4]

以弗所是希腊城市。守卫该城的雇佣军听到波斯人在伊苏斯之战中败
北的消息,弃城而逃。亚历山大到达以弗所后,"取消寡头政治,恢复民
主。让居民为阿尔忒米斯庙捐款,数目跟他们过去捐给波斯人的一样
多。"[5]他禁止当地人进一步追究和惩办追随波斯人者,以免伤及无辜。[6]
通过展示仁慈宽厚,他赢得了以弗所人的支持。此后,马格尼西亚(Mag-
nesia)和特拉利斯(Tralles)两地代表向亚历山大献城。他派帕曼纽带领联
军步兵和马其顿部队各 2500 人及地方骑兵 200 人前去接管;又派阿基马卡
斯(Alcimachus)(阿伽索克利斯之子)率领同样数量的一支部队,去埃奥利

---

① 阿里安:《亚历山大远征记》,i,17,1~2(38 页)。

② 阿里安:《亚历山大远征记》,i,17,3(38 页);狄奥多罗斯:《历史集成》,xvii,
21,7;普鲁塔克:《亚历山大传》,xvii,1。

③ 阿里安:《亚历山大远征记》,i,17,4(38 页)。

④ 阿里安:《亚历山大远征记》,i,17,7~8(39 页)。

⑤ 阿里安:《亚历山大远征记》,i,17,10(39 页)。

⑥ 阿里安:《亚历山大远征记》,i,17,12(40 页)。

亚(Aeolian)各城镇以及伊奥尼亚(Ionian)地区仍然臣服波斯的各城镇，命令他们摧毁各地的寡头政权，建立民主政权，免除交纳过去交给波斯的捐税；各地可以自己制定法律。①

随后，亚历山大进入卡里亚(Caria)，攻破并夷平哈利卡纳苏斯城(Hallicarnassus)，占领卡里亚全境。② 在波斯帝国境内，卡里亚具有相对的独立性，赫卡托诺斯(Hecatomnos)的女儿艾达掌握着这一地区的统治权。她的弟弟皮克索达拉斯曾经取而代之夺取王位。但在他死后，欧戎巴提斯以波斯王使者的身份继位，艾达被迫退守阿林达(Alinda)要塞。亚历山大前往卡里亚地区时，她曾拜会亚历山大，献出要塞，并认亚历山大为干儿子。占领哈利卡纳苏斯和卡里亚其余地区之后，他任命艾达为总督，统辖全境。但同时，又派托勒密率领3000名雇佣兵和200名骑兵驻守卡里亚地区。③ 卡里亚女王艾达被亚历山大任命为这一地区的总督，但军权却掌握在托勒密手中。托勒密成为监视和牵制艾达的有力手段。通过控制军权，亚历山大把卡里亚地区掌控在手中。

至于艾达认亚历山大为干儿子，后者尊艾达为"母亲"，在很大程度上是一种政治行为。对艾达来说，至少在形式上，她获得了对这一地区的统治权；对亚历山大来说，他可以以此来赢得当地人的支持。事实证明，他达到了目的。正如狄奥多罗斯所说："通过对艾达的帮助，他(亚历山大，笔者注)赢得了卡里亚人忠实的支持。不久，所有卡里亚城市都派代表团去觐见亚历山大，赠给他金制王冠，并许诺在所有事情上，他们都会同他合作。"④

---

① 阿里安：《亚历山大远征记》，i，18，1～2(40页)。

② 阿里安：《亚历山大远征记》，i，23，6，8(48页)；普鲁塔克：《亚历山大传》，xvii，1。

③ 阿里安：《亚历山大远征记》，i，23，6～8(48页，略有改译。此处，中文译本译文为："派托勒密率领三千雇佣兵和二百骑兵到福瑞吉亚去。"英文原文为"... left three thousand mercenary foot and two hundred horse under Ptolemaeus, while he set out for Phrygia"，根据上下文判断，英文中的"he"指的是亚历山大)；狄奥多罗斯：《历史集成》，xvii，24，2～3；普鲁塔克也记述他尊艾达为"母亲"(普鲁塔克：《亚历山大传》，xxvii，4)。

④ 狄奥多罗斯：《历史集成》，xvii，24，2～3。

北京师范大学史学探索丛书

亚历山大继续向前推进，他降服并派人接管了利夏、潘菲利亚、发西利斯等许多地区。在离开坡伽时，阿斯潘达斯城派全权代表向亚历山大献城，但祈求不要在城内驻军。亚历山大应允他们的请求，但强制他们献出50塔兰特军费，还要他们把准备贡给波斯国王的马匹都交出来。他们许诺后返回。① 但随后，他们违反诺言，不但不交出马匹和50塔兰特，而且还修缮城墙，准备抵抗进攻。不过，在马其顿军的军事压力下，他们被迫投降，受到亚历山大的严厉惩罚，既要交出人质，"献出马匹"，又要付双倍罚金，接受马其顿总督的管辖，还要每年向马其顿人进贡。② 在福瑞吉亚境内，他们曾经过阿斯卡尼亚湖(Lake Ascania)。湖边产天然食盐，可供当地人取用。③

亚历山大在前往伽拉提亚安塞拉的途中，接受帕夫拉高尼亚人的请求，不派大军入境，但让他们服从福瑞吉亚总督卡拉斯的管理。率部推进至卡帕多西亚时，亚历山大"接受了哈利斯(Halys)河这边整个地区和彼岸广大地区的归顺，任命萨比克塔斯(Sabictas)为卡帕多西亚总督"。④ 随后，亚历山大率军越过关口，进入西里西亚，到达索利城。他"向阿斯克利皮亚斯献祭，检阅全军，并举行火炬接力赛，体育和文艺竞赛"。⑤

亚历山大继续找寻大流士作战，同时，大流士也急于寻找对手交战。公元前333年秋，亚历山大与波斯王大流士三世战于伊苏斯。由于战场地理位置的限制，波斯军队的优势难以发挥。在激战中，大流士弃阵而逃，波斯军溃败；大流士的母亲、妻子、孩子及朋友被俘。⑥ 此后，亚历山大

---

① 阿里安：《亚历山大远征记》，i，26，2～3(51页)。

② 阿里安：《亚历山大远征记》，i，27，4(52页)。

③ 阿里安：《亚历山大远征记》，i，29，1(54页)。

④ 阿里安：《亚历山大远征记》，ii，4，1～3(60页)；库尔提乌斯：《亚历山大史》，iii，1，22～24；iii，4，1。但在库尔提乌斯的文本中，任命阿比斯塔墨涅斯(Abistamenes)为卡帕多西亚的总督，而不是萨比克塔斯。普鲁塔克只是说亚历山大征服了帕夫拉高尼亚和卡帕多西亚(普鲁塔克：《亚历山大传》，xviii，3)。

⑤ 阿里安：《亚历山大远征记》，ii，5，8(62页)。

⑥ 阿里安：《亚历山大远征记》，ii，11(70～71页)；普鲁塔克：《亚历山大传》，xxi，1；狄奥多罗斯：《历史集成》，xvii，35；xvii，36，1～4；库尔提乌斯：《亚历山大史》，iii，11，24；尤斯廷努斯：《庞培乌斯·特劳古斯腓力比历史摘要》，xi，9。

多次拒绝大流士的议和请求。①

亚历山大南下进攻腓尼基，比布鲁斯(Byblus)和西顿归降。② 但在推罗，马其顿军队遇到了顽强抵抗。推罗是通往埃及途中的一座重镇，占领推罗对于亚历山大的整个战局都有重要作用。③ 推罗人拒绝任何波斯人和马其顿人入城。"鉴于战局未定，他们认为他们的这个决定在当时来讲是最光荣的，对于将来的命运也是最妥善的。"④ 不过，狄奥多罗斯则说，"他们想满足大流士的愿望并忠诚于他，认为，这样的支持会从大流士那里获得丰厚的回报。他们将会使亚历山大陷入困境，从而拖延他向前推进，为大流士进行军事准备赢得时间。"⑤ 推罗城，四周环水，城墙高耸坚固，攻

北京师范大学史学探索丛书

---

① 古典材料记载，大流士曾经三次向亚历山大请求和平，但都被拒绝。第一次是在伊苏斯大战之后。尤斯廷努斯(《庞培乌斯·特劳古斯腓力比历史摘要》，xi，12，1～2)、阿里安[《亚历山大远征记》，ii，14(74～76 页)]和库尔提乌斯(《亚历山大史》，iv，1，7～14)都对此有叙述。大流士写信给亚历山大，要求用赎金(阿里安说，大流士要求亚历山大归还他的家人)赎回他的家人，并让亚历山大撤出亚洲。第二次是在征服推罗岛时。大流士提出要把他的女儿嫁给亚历山大，并且以哈利斯河以西的领土(库尔提乌斯：《亚历山大史》，iv，5，1～8)或者国土的一部分(尤斯廷努斯：《庞培乌斯·特劳古斯腓力比历史摘要》，xi，12，3～4)为嫁妆，来争取同亚历山大的和平。狄奥多罗斯(《历史集成》，xvii，39，1～2)提到大流士在伊苏斯大战后写信向亚历山大请求和平的条件，同库尔提乌斯和尤斯廷努斯第二次提到的条件基本相似。阿里安提到在征服推罗时，大流士向亚历山大提出的和平条件，和其他古典作家第三次提到的条件相似。第三次是在高伽米拉战役之前。由于亚历山大对大流士的妻子十分仁慈，他决定再次向亚历山大请求和平。狄奥多罗斯(《历史集成》，xvii，54，1～6)、库尔提乌斯(《亚历山大史》，iv，11，1～22)和阿里安(《亚历山大远征记》，ii，25)说大流士派去了代表团。尤斯廷努斯(《庞培乌斯·特劳古斯腓力比历史摘要》，xi，12，7～16)和普鲁塔克(《亚历山大传》，xxix，4)说他写了信。大流士这次提供了更为丰厚的条件，将他的另一个女儿也嫁给亚历山大，把幼发拉底河以西的所有领土让与他，并且提供 30000 塔兰特(据狄奥多罗斯、库尔提乌斯、尤斯廷努斯的文本是 30000 塔兰特，但是，阿里安和普鲁塔克说是 10000 塔兰特)以赎回他的家人，争得同亚历山大的和平。亚历山大对于大流士的三次请求，都予以拒绝。

② 阿里安：《亚历山大远征记》，ii，15，6(77 页)；库尔提乌斯：《亚历山大史》，iv，1，15～26。

③ 阿里安：《亚历山大远征记》，ii，17，1～4(79～80 页)。

④ 阿里安：《亚历山大远征记》，ii，16，7(79 页)。

⑤ 狄奥多罗斯：《历史集成》，xvii，40，3。

城器械难以发挥作用；推罗人海军强大，握有制海权；① 并且，迦太基承诺给予他们帮助，使他们信心倍增；② 他们还把城市的保护神阿波罗的雕像用锁链固着在基座上，以寻求精神上的支持。③ 这都给亚历山大攻城造成了困难。对此，亚历山大修筑通往推罗城的防波堤，调集优势海军，封锁推罗城的两座港口，切断外界的给养供应。④ 经过 7 个月的围困后，亚历山大攻陷城池，推罗城被毁，城内有 8000 人战死，约 30000 人被卖为奴隶。⑤ 推罗人勇敢但不明智地抵抗了马其顿人的围攻，给自己带来灭顶之灾。此后，亚历山大又攻占通向埃及的最后一座城市加沙⑥，为前往埃及扫清了障碍。

(二)征服埃及

亚历山大未遇抵抗就占领了埃及，因为"波斯人不但对埃及进行残暴统治，而且还亵渎他们的神灵"。⑦ 亚历山大表示保护和支持埃及神庙，埃及祭司便宣布亚历山大为阿蒙神之子、古代法老的继承人。从精神上控制埃及人，使政权具有合法性，这也是亚历山大不畏艰险穿越沙漠，拜访阿蒙神庙，询问神谕的目的所在。

亚历山大在尼罗河口建造了闻名于世的亚历山大城。⑧ "在随后的时代

---

① 阿里安：《亚历山大远征记》，ii，18，2(80 页)；库尔提乌斯：《亚历山大史》，iv，2，8～9。

② 库尔提乌斯：《亚历山大史》，iv，2，10～11；尤斯廷努斯：《庞培乌斯·特劳古斯腓力比历史摘要》，xi，10。

③ 库尔提乌斯：《亚历山大史》，iv，3，22；普鲁塔克：《亚历山大传》，xxiv，3～5。

④ 阿里安：《亚历山大远征记》，ii，20，10(84 页)。

⑤ 阿里安：《亚历山大远征记》，ii，24，4，5(88～89 页)。古典作家对此有不同的记载，库尔提乌斯说有 6000 人战死，被俘的 2000 多男子被钉死(库尔提乌斯：《亚历山大史》，iv，4，16，17)；狄奥多罗斯说有 7000 多人战死，把被俘的所有成年男子(不少于 2000 人)钉死，把被俘的妇女和儿童卖为奴隶(狄奥多罗斯：《历史集成》，xvii，46，3～4)。

⑥ 阿里安：《亚历山大远征记》，ii，27，7(91～92 页)。

⑦ 狄奥多罗斯：《历史集成》，xvii，49，1～2；库尔提乌斯：《亚历山大史》，iv，7，1，有相似的描述。

⑧ 阿里安：《亚历山大远征记》，iii，1，5；狄奥多罗斯：《历史集成》，xvii，52，1～3；库尔提乌斯：《亚历山大史》，iv，8，1～2；普鲁塔克：《亚历山大传》，xxvi，2～6。

中，它发展速度越来越快，以至于被认为是文明世界的头号大城市。在城市的规模，在典雅、富饶和繁华方面，它远远超出其他所有城市。它的人口也超过其他任何一座城市的人口。"①

在孟菲斯，亚历山大周密地部署政务。古典作家阿里安为我们提供了详细信息。② 他任命不同人担任留驻埃及的陆军与海军将领，使他们互相牵制。在陆军中，最高指挥官由朴塞斯塔斯和巴拉克拉斯两人担任，雇佣军被分离出来，由专人指挥。由此，亚历山大用雇佣军牵制马其顿军的同时，又加强了对雇佣军的控制。他不仅派伙友攸格诺斯托斯担任雇佣军的书记官，而且让埃斯库拉斯和埃菲帕斯作雇佣军总监，对其进行层层监督。

在与埃及相邻的两个地区，亚历山大任命了独立的行政长官阿波罗米尼亚斯和克利欧米尼斯。他仅指示克利欧米尼斯，在其辖地内让地方官按传统统治。从库尔提乌斯的记述中可以清楚地看到，他掌握税收大权，在包括埃及在内的整个被征服地区征税。③ 亚历山大把埃及分成两个行政区域，分别由两名埃及人担任长官。由于坡提西斯不愿担任长官，亚历山大让多劳斯皮斯统辖全境。不过，他既不控制军权，也不掌握税权，即便是行政权，也很可能是在驻军将领和税务官的监视下行使，因此，并不会对亚历山大的统治构成威胁。亚历山大还把埃及政府分派给许多军官掌握。"因为这个国家的特点和实力使他吃惊，他认为把全埃及委托给一个人掌握似乎不稳妥。"④这道出了亚历山大分权的实质：通过分离军权、财权和行政权，以及军事将领之间、军队之间的相互牵制，来保证埃及的安全与

---

① 狄奥多罗斯：《历史集成》，xvii，52，5～6。

② 阿里安：《亚历山大远征记》，iii，5，2～7(98页)；库尔提乌斯：《亚历山大史》，iv，8，4。

③ 对于埃及政务的安排，库尔提乌斯有不同的记载，"他分派给罗德岛人埃斯库拉斯和马其顿人朴塞斯塔斯4000名步兵，让他们管理埃及。他分派给坡莱蒙(Polemon)30艘三层桨座之战船以警戒尼罗河口，他委派阿波罗尼亚斯去管理同埃及相邻的部分。克利欧米尼斯将从非洲的那一部分地区和埃及征税。"(库尔提乌斯：《亚历山大史》，iv，8，4)这里只是说让阿波罗尼亚斯去管理与埃及相邻的部分，而在阿里安的记述中，把与埃及相邻的区域分成了两部分。究竟把与埃及相邻的区域分成几部分来管理，我们不做探讨，但在库尔提乌斯的记述中，明确指出克利欧米尼斯将从"非洲的那一部分和埃及征税"，很明显，他掌管着包括埃及在内的整个地区的税收权。

④ 阿里安：《亚历山大远征记》，iii，5，7(98页)。

稳定，并把它掌控在自己手中。

(三)进入波斯腹地

公元前331年春，亚历山大返回腓尼基，并向波斯帝国内陆推进。是年9月，亚历山大与大流士三世决战于高伽米拉。① 尽管波斯军队在数量上占据优势，并做了充分准备，② 但仍然不敌马其顿军队。高伽米拉战役摧毁了波斯帝国的主要军事力量，从此，大流士彻底失去了与亚历山大相抗衡的能力。失败后，大流士向东部行省逃跑。亚历山大没有乘胜追击，而是攻入两河流域和波斯腹地。

巴比伦是波斯帝国的古都之一。波斯贵族马扎亚斯向亚历山大投诚，献出了巴比伦。③ 亚历山大"让市民把薛西斯破坏的庙宇，特别是巴比伦人最崇敬的拜尔神(Baal)④神庙，重新修建起来"。⑤ 在巴比伦献祭时，他还采用迦勒底人(Chaldaeans)提出的祭礼建议。⑥ 这些措施使亚历山大在当地备受欢迎。亚历山大指派马扎亚斯为巴比伦总督，阿波罗多拉斯(安菲坡利斯人)为留给马扎亚斯的部队的指挥官，阿斯克利皮欧多拉斯(菲罗之子)负责税收。⑦ 在巴比伦，亚历山大第一次任用波斯贵族担任总督。不过，阿波罗多拉斯与巴比伦要塞指挥官亚加松(Agathon)⑧是亚历山大控制总督的有效力量。阿斯克利皮欧多拉斯负责税收，也因此掌握了财政权。作为总督，马扎亚斯很可能只负责民事，并且他的行动会受到军事长官和税务官的监视与限制。亚历山大一方面任用波斯贵族为总督，另一方

---

① 阿里安对于双方的战阵部署及交战作了精彩的描述(阿里安：《亚历山大远征记》，iii，11～15)(105～111页)；狄奥多罗斯对于双方的战前准备，人员状况，战阵部署，双方最高指挥官的激情讲演，交战情况，也有详细描述(狄奥多罗斯：《历史集成》，iv，12～16)。

② 狄奥多罗斯：《历史集成》，xvii，39，3。

③ 在高伽米拉战役失败后，马扎亚斯率领着残余部队逃到了巴比伦城(库尔提乌斯：《亚历山大史》，iv，16，7)，当亚历山大进军至巴比伦时，他向亚历山大献出了巴比伦城(库尔提乌斯：《亚历山大史》，v，1，17)。

④ 巴比伦最崇拜的神。

⑤ 阿里安：《亚历山大远征记》，iii，16，4(112页)。

⑥ 阿里安：《亚利山大远征记》，iii，16，5(112页)。

⑦ 阿里安：《亚历山大远征记》，iii，16，4～5(112页)。

⑧ 狄奥多罗斯：《历史集成》，xvii，64，5；库尔提乌斯：《亚历山大史》，v，1，43。

面实行分权，将其行动限制在自己的利益范围之内。

之后，亚历山大率军推进至苏萨。苏萨总督阿布莱提斯（Abulites）主动献城。① 亚历山大"入城后接管了财宝和所有皇家珍藏，前者价值达 5 万塔兰特白银。此外，还俘获了许多东西，包括薛西斯以前从希腊劫走的东西，其中著名的有哈摩狄乌斯（Harmodius）和阿里斯托格敦（Aristogeiton）的铜像。亚历山大已将之送还给雅典人"。② 在苏萨，亚历山大任用波斯贵族阿布莱提斯担任总督，命令克塞诺菲罗斯（Xenophilus）率领 1000 名经验丰富的马其顿士兵守卫要塞，让阿科雷亚斯（西欧多拉斯之子）率领 3000 名士兵守卫苏萨城，卡里奥拉提斯（Calliorates）则管理存放在这里的财富。③亚历山大在苏萨的管理政策，是在巴比伦管理政策的继续。他仍然任用波斯贵族担任行政长官，继续用军权和财政权来限制总督的行动。

亚历山大率军进入攸克亚西人（Uxians）所在地区时，平原的攸克西亚人主动向亚历山大投诚，山地攸克西亚人则被亚历山大武力征服。狄奥多罗斯描述了这一地区的富饶，"攸克西地区河流众多，水源充足；这里富饶而盛产各种水果"。"在底格里斯河上经营生意的商人会把各种优质果子送到巴比伦尼亚。"④此后，亚历山大过波斯关口，进入波斯首都波塞波里

---

① 库尔提乌斯：《亚历山大史》，v，2，8；狄奥多罗斯：《历史集成》，xvii，65，5。狄奥多罗斯说，阿布莱提斯主动献城，是遵照大流士的命令行事，以此来使亚历山大沉浸在苏萨的富丽堂皇之中，从而延迟亚历山大的行动，为大流士重整军备赢得时间。库尔提乌斯则认为阿布莱提斯献城，既有可能是遵照大流士的命令献城以迟缓亚历山大的行动，也有可能是自己的主意。在狄奥多罗斯的文本中，苏撒总督的名字为"Abuleutes"，在库尔提乌斯的文本中其名字为"Abulites"。

② 阿里安：《亚历山大远征记》，iii，16，7～8(113 页)；关于在苏萨获得的财富，古典作家有不同的说法。普鲁塔克说，亚历山大从王宫中获得了 4 万塔兰特铸币，无数的财宝和储存物，其中有 5000 塔兰特重的赫尔米诺伊（Herminoe）紫色衣料(普鲁塔克：《亚历山大传》，xxxvi，1)；狄奥多罗斯说，王宫储存着 4 万多金条和银条，此外，还有 9000 塔兰特金币(狄奥多罗斯：《历史集成》，xvii，66，1～2)；库尔提乌斯则记述，亚历山大得到了 5 万塔兰特白银(库尔提乌斯：《亚历山大史》，v，2，11～12)；尤斯廷努斯的摘录中说，获得了 4 万塔兰特的财富(尤斯廷努斯：《庞培乌斯·特劳古斯腓力比历史摘要》，xi，14)。

③ 库尔提乌斯：《亚历山大史》，v，2，16～17；阿里安：《亚历山大远征记》，iii，16，9(113 页)。在阿里安的文本中，被任命的苏萨要塞指挥官为马扎拉斯。

④ 狄奥多罗斯：《历史集成》，xvii，67，3。

斯。他进行了野蛮的洗劫和掠夺①，并烧毁王宫②。他任用波斯人福拉索提斯(Phrasaortes)（罗米色拉斯之子）担任当地总督③，命令尼卡克迪斯(Nicarchides)率领 3000 名马其顿士兵驻守波塞波里斯要塞。④

　　由于大流士向米底亚方向逃跑，亚历山大一路追击，到达艾克巴特纳。此时，他把"瑟萨利骑兵和联军其余各部解散回国。按照原来规定发给每个人全饷，亚历山大本人还额外赠给他们 2000 塔兰特。他还下令，如果有人自愿留下继续服役挣钱，都可以留用。这样留下的人有很大一批"。⑤ 亚历山大率部从艾克巴特纳出发，急行军至拉伽。他任命波斯人欧克索达提斯为米底亚总督。⑥ 随后，他进入帕提亚，渡过里海关口。亚历山大获悉以柏苏斯为首的波斯将领劫持了大流士，掌握了政权。但当亚历山大赶到时，大流士已被处死。⑦ 亚历山大命令把大流士的尸体送到波塞波里斯，与波斯以前的帝王埋葬在一起。他任命帕提亚人阿明纳斯皮斯为(Amminaspes)总督，让特莱坡利姆斯(Tlepolemus)（伙友皮索芬尼斯之子）

---

　　① 库尔提乌斯：《亚历山大史》，v，6，3～10；狄奥多罗斯：《历史集成》，xvii，70，1～6；xvii，71，1～3。狄奥多罗斯和库尔提乌斯都一致记述亚历山大在这里掠夺了 12 万塔兰特的财富，普鲁塔克说他在这里掠夺了不少于在苏萨得到的财富（普鲁塔克：《亚历山大传》，xxxvii，2）。对于这些财富，狄奥多罗斯说亚历山大准备把其中一部分用作军费，把其余的运往苏萨，并派人看守（狄奥多罗斯：《历史集成》，xvii，71，2）；库尔提乌斯则说亚历山大准备把这些财富都用作军费（库尔提乌斯：《亚历山大史》，v，6，9）；斯特拉波记载这些财富最终都被运到了艾克巴特纳（斯特拉波：《地理学》，15，3，9），阿里安也记载，亚历山大命令帕曼纽把从波斯获得的财富运送到艾克巴特纳交给哈帕拉斯（亚历山大曾把他留在后方保管钱财），并派马其顿军队负责警卫[阿里安《亚历山大远征记》，iii，19，7（118～119 页）]。但是阿里安对于亚历山大在波塞波里斯的洗劫与掠夺只是一笔带过。
　　② 阿里安：《亚历山大远征记》，iii，18，11～12（117 页）；库尔提乌斯：《亚历山大史》，v，7，3～8；狄奥多罗斯：《历史集成》，xvii，72，2～6；普鲁塔克：《亚历山大传》，xxxviii，1～4。
　　③ 阿里安：《亚历山大远征记》，iii，18，11（117 页）。
　　④ 库尔提乌斯：《亚历山大史》，v，6，11。
　　⑤ 阿里安：《亚历山大远征记》，iii，19，5～6（118 页）。
　　⑥ 阿里安：《亚历山大远征记》，iii，20，3（119 页）。
　　⑦ 阿里安：《亚历山大远征记》，iii，21，10（121 页）。

担任帕提亚和赫尔开尼亚总监。① 在奥卡斯（Ochus）统治时期，阿明纳斯皮斯曾经流亡马其顿；② 亚历山大进攻埃及时，他又和马扎库斯（Mazacus）一起把埃及献给亚历山大。③ 基于此，他被亚历山大任命为总督。

亚历山大等后面的部队赶上，就挺进赫尔开尼亚。他征服了塔普瑞亚人（Tapurians）和玛尔地亚人（Mardians），委任奥托夫拉达提斯为他们的总督。④ 期间，先有大流士的骑兵将领那巴赞斯（Nabarzanes），赫尔开尼亚和帕提亚两地的总督福拉塔弗尼斯（Phrataphernes）以及大流士其他一些高级将领前来归顺；⑤ 随后，又有阿塔巴扎斯和大流士的雇佣军代表向他投诚。⑥ 亚历山大部署政务后向赫尔开尼亚最大的城市、赫尔开尼亚人王宫所在地扎德拉卡塔（Zadracarta）进军。他在那里休整军队，按传统向众神献祭，举行体育竞赛。⑦

赫尔开尼亚地区多产而富饶，狄奥多罗斯提到："他们说这里不但出产许多大蛇，而且产出各种鱼，不过，其颜色与他们那里的相当不同……这片土地盛产粮食，比其他任何地方都更为丰产。他们说每个葡萄树能产出一米里提斯（Meretes）葡萄酒，这里的无花果树，每棵能产出十麦狄姆努斯（Medimni）的干无花果。收获谷物时，落在土壤中的谷粒，会发芽并苗壮成长，人们不用播种，就能获得丰产。当地还有一种树，外形与橡树类似，它的叶子滴着蜂蜜。一些人收集蜂蜜，从中获得了无穷的乐趣。这里还有一种被叫作安特勒敦（Anthredon）的昆虫，其外形比蜜蜂小，但却非常有用。它们飞舞于山中，采集各种花蜜；栖息在中空的岩石里和被雷电击毁的树上；搭建蜡状巢穴，酿制出无比甜蜜的汁液。它们毫不逊色于我

北京师范大学史学探索丛书

---

① 阿里安：《亚历山大远征记》，iii，22，1（121 页）。在库尔提乌斯的文本中，只提到阿明纳斯皮斯被任命为赫尔开尼亚一个地区的总督，没有提到特莱坡利姆斯为总监（库尔提乌斯：《亚历山大史》，vi，4，25）。

② 库尔提乌斯：《亚历山大史》，vi，4，25。

③ 阿里安：《亚历山大远征记》，iii，22，1（122 页）。

④ 阿里安：《亚历山大远征记》，iii，24，3（123 页）。

⑤ 阿里安：《亚历山大远征记》，iii，23，4～5（123 页）。

⑥ 阿里安：《亚历山大远征记》，iii，23，6（124 页）。

⑦ 阿里安：《亚历山大远征记》，iii，25，1（125 页）。

们的蜂蜜。"①

　　亚历山大由扎德拉卡塔经过帕提亚，进入阿瑞亚境内，到达苏西亚(Susian)城。阿瑞亚人总督萨提巴赞斯主动投诚。② "亚历山大批准他继续担任总督，并派伙友阿那克西帕斯(Anaxippus)带领四十来名马上标枪手配属给他，在各地站岗，以便后续部队路过时，阿瑞亚人不致受侵犯。"③此时，亚历山大获悉，柏苏斯已自称阿太薛西斯和亚洲之王。④ 于是，他率军向巴克特里亚进发，但在途中得知，萨提巴赞斯杀死马其顿守军发动叛乱，逃往阿塔考那(Artacoana)。⑤ 亚历山大回师镇压，并"任命波斯人阿尔萨塞斯(Arsaces)为阿瑞亚总督"。⑥ 随后，他从阿塔考那移师扎兰加亚地区(Zarangaeans)。正是在这里，他发现了菲罗塔斯(Philotas)的阴谋，将之处决；还派人返回米底，处死菲罗塔斯的父亲帕曼纽。

(四)进军中亚

　　亚历山大向巴克特里亚追击柏苏斯。他沿途征服了德兰吉亚人(Drangians)、伽德罗西亚人(Gadrosians)和阿拉科提亚人(Arachotians)，并派米农担任他们的总督。⑦ 亚历山大途经"高加索山"时，在那里修建了一座亚历山大城。⑧ 他任命波斯人普罗科西斯(Proexes)为当地总督，伙友内劳克西尼斯(Niloxenes)(萨提拉斯之子)为总监，指挥留守的部队。⑨

　　亚历山大越过高加索山，向巴克特里亚最大的城市阿尔诺斯和巴克特拉推进。攻下这两座城市后，巴克特里亚其余地区都相继归顺。亚历山大在阿尔诺斯留下驻军，命伙友阿科雷亚斯指挥；任命波斯人阿塔巴扎斯为

---

　　① 狄奥多罗斯：《历史集成》，xvii，75，3~7。

　　② 阿里安：《亚历山大远征记》，iii，25，1(125页)。

　　③ 阿里安：《亚历山大远征记》，iii，25，1~2(125页)；库尔提乌斯：《亚历山大史》，vi，6，13，但在库尔提乌斯的文本中，并没有提到伙友阿那克西帕斯。

　　④ 阿里安：《亚历山大远征记》，iii，25，3(125页)。

　　⑤ 阿里安：《亚历山大远征记》，iii，25，5(126页)；库尔提乌斯：《亚历山大史》，vi，6，20~21；狄奥多罗斯《历史集成》，xvii，78，1。

　　⑥ 阿里安：《亚历山大远征记》，iii，25，7(126页)。

　　⑦ 阿里安：《亚历山大远征记》，iii，28，1(129页)。

　　⑧ 阿里安：《亚历山大远征记》，iii，28，4；iv，22，4(129、165页)；库尔提乌斯：《亚历山大史》，vii，3，23；斯特拉波：《地理学》，15，2，10。

　　⑨ 阿里安：《亚历山大远征记》，iii，28，4(129页)。

巴克特里亚总督。他在率军越过奥克苏斯河之前,"派伙友斯塔萨诺(Stasanor)到阿瑞亚去,把那里的总督阿尔萨塞斯抓起来,因为他对亚历山大不怀好意,让斯塔萨诺接替他的职务"。① 斯塔萨诺成功地完成了使命。② 由于表现出色,后来他还获得了对德兰吉亚(Drangiae)地区的统治权。③

此后,亚历山大率部推进至塔内斯河,在河畔建造了一座亚历山大城。库尔提乌斯明确指出:"亚历山大在塔内斯河畔选址建城,它既可作为限制已被征服民族的屏障,又可作为进攻已经决定稍后要征服的民族的基地。"④由于沿河地区的部族、大批索格地亚人和部分巴克特里亚人杀死马其顿驻军,发动叛乱,亚历山大率军攻破伽扎、西罗波里斯等七座城市。他还渡过塔内斯河,驱散并追击进行骚扰的西徐亚人。⑤ 攻克索格地亚山后,亚历山大迎娶当地贵族欧克西亚提斯的女儿罗克珊娜为妻。

巴克特里亚是柏苏斯原来的总督辖地,这里地域广阔,资源丰富。⑥占领这一地区后,亚历山大"任命波斯人阿塔巴扎斯(Artabazus)为总督"。⑦ 在巴克特里亚和索格地亚地区,亚历山大遇到了顽强抵抗。他虽然平息了叛乱,但这里仍是不安定因素的潜在发源地。⑧ 巴克特里亚总督阿

北京师范大学史学探索丛书

----

① 阿里安:《亚历山大远征记》,iii,29,5(131 页)。

② 阿里安:《亚历山大远征记》,iv,7,1(143 页)。

③ 阿里安:《亚历山大远征记》,iv,18,3(160 页);库尔提乌斯:《亚历山大史》,viii,3,17。

④ 库尔提乌斯:《亚历山大史》,vii,6,13;vii,6,25~27。阿里安[《亚历山大远征记》,iv,1,3(135 页)]和尤斯廷努斯(尤斯廷努斯:《庞培乌斯·特劳古斯腓力比历史摘要》,xii,5)也对这座亚历山大城有描述。

⑤ 阿里安:《亚历山大远征记》,iv,4(138~140 页);普鲁塔克:《亚历山大传》,xlv,4。

⑥ 库尔提乌斯:《亚历山大史》,v,10,3~4。

⑦ 阿里安:《亚历山大远征记》,iii,29,1;iv,15,5(131、156 页)。库尔提乌斯:《亚历山大史》,vii,5,1。

⑧ 在马拉坎达,克里图斯对亚历山大进行了抱怨:"你安排我管理索格迪亚行省,那里经常发生叛乱,不但难以驾驭,甚至不能够被征服。我正被派去对付那些难以驯化的野兽。"(这里的索格迪亚,应该是巴克特里亚)(库尔提乌斯:《亚历山大史》,viii,1,35~36)如果他的记述可信的话,那么,这在一定程度上也反映了巴克特里亚地区严峻的形势。

塔巴扎斯因年迈提出辞职，亚历山大批准了他的请求，① 并让阿明塔斯(尼克劳斯之子)接替阿塔巴扎斯的职务。② 与此同时，亚历山大命令科那斯率部在索格迪亚驻守。③ 进军印度时(公元前 327 年春末)，亚历山大则命令阿明塔斯率领 3500 名骑兵和 10000 名步兵留守巴克特里亚。④ 此前，亚历山大还通过与索格地亚贵族罗克珊娜订立合法婚姻⑤来联合当地贵族，巩固统治。通过任命马其顿人担任总督，大规模驻军和与当地贵族联姻，亚历山大较为稳固地控制了这一地区，为进军印度建立了稳定的后方。

(五)入侵印度与率部返回

亚历山大从巴克特里亚翻越帕拉帕米萨斯山进入印度。与其他地区不同的是，印度河流域存在着许多相对独立的王国和部族。对此，亚历山大采取的策略是：对于主动投诚的王国或部族，把统治权交还给原来的统治者；对于抵抗者，在武力征服后，把统治权交给归顺他的当地统治者。与此同时，他还派驻马其顿或希腊总督，留驻军队，在重要地区建立要塞或亚历山大城，以加强对整个地区的监控与管理。

在科芬河与印度河之间，亚历山大征服阿斯帕西亚、古拉亚和阿萨西尼亚地区，降服部族，攻克阿尔诺斯山，夺取或接管了阿瑞伽亚斯、马萨伽、欧拉、朴西劳提斯、埃博利马和奈萨城。亚历山大为控制这一地区，把马萨伽和欧拉建为要塞，将巴济拉、欧罗巴提斯建为城市，并在后者驻军。⑥ 在政务管理方面，他任命伙友尼卡诺为印度河这一侧地区的总督。⑦

在希达斯皮斯河畔，亚历山大击败了强大的印度国王波鲁斯。出于统

---

① 阿里安：《亚历山大远征记》，iv，17，3(158~159 页)；库尔提乌斯：《亚历山大史》，viii，19，1。

② 库尔提乌斯：《亚历山大史》，viii，2，14；阿里安：《亚历山大远征记》，iv，17，3(159 页)。

③ 阿里安：《亚历山大远征记》，iv，17，3(159 页)。

④ 阿里安：《亚历山大远征记》，iv，22，3~4(165 页)。

⑤ 普鲁塔克：《亚历山大传》，xlvii，4；库尔提乌斯：《亚历山大史》，viii，4，26；阿里安：《亚历山大远征记》，iv，19，4~7(162 页)；斯特拉波：《地理学》，11，11，4。

⑥ 阿里安：《亚历山大远征记》，iv，28，4~5(173~174 页)。

⑦ 阿里安：《亚历山大远征记》，iv，28，6(174 页)。

治策略考虑，他把王国还给波鲁斯，并让他统治更广大的地区。① 随着亚历山大不断胜利，波鲁斯的统治区域也不断扩大。② 亚历山大率军从希发西斯河回到希达斯皮斯河畔时，"把诸伙友以及当时正来谒见的印度各地使节召集在一起，宣布波鲁斯为他迄今占领的全部印度领土上的国王，属他治理的共有七个民族以及属于这些民族的共计二千余城镇。"③

亚历山大在希达斯皮斯河战役的胜利，不但征服了印度河流域实力强大的波鲁斯，而且威慑了其他印度部族。此后，亚历山大势不可挡，渡过阿塞西尼斯河与希德拉欧提斯河，进抵希发西斯河畔。但长年累月的征战耗尽了士兵们的精力，加之当地严酷的地理和气候条件，当亚历山大号召士兵们越过希发西斯河继续东征时，遭到他们的拒绝。④ 亚历山大被迫决定班师回国。在返回前，他"把全军分为十二部分。让每一部分都修一座祭坛，作为对诸神的感恩礼，因为众神曾保佑他一直战无不胜，同时也纪念他艰苦卓绝的伟业。这些祭坛建成后，他亲自登坛按惯例献祭；还举行了体育竞赛和骑兵操练"。⑤ 这标志着亚历山大向东推进的结束，而这里也成为他所达到的最远的地方。

---

① 阿里安：《亚历山大远征记》，v，19，3(200 页)；库尔提乌斯：《亚历山大史》，viii，14；普鲁塔克：《亚历山大传》，lx，8。

② 与波鲁斯王国相邻的格劳塞(Glausae)(阿里斯托布鲁斯称为格劳干尼开，Glauganicae)部族[阿里安：《亚历山大远征记》，v，20，2~4(202 页)]，另一个波鲁斯的王国和希达斯皮斯河两岸其他独立的印度部族(阿里安：《亚历山大远征记》，v，21，5)，以及直到希发西斯河的领土[阿里安：《亚历山大远征记》，v，29，2(215 页)]先后都交给波鲁斯管理。

③ 阿里安：《亚历山大远征记》，vi，2，1~2(218 页)；普鲁塔克：《亚历山大传》，lx，8。普鲁塔克则说，归属波鲁斯治理的有 15 个民族和 5000 多座大城市及数量众多的村庄。

④ 阿里安：《亚历山大远征记》，v，25，26，27，28(208~215 页)；狄奥多罗斯：《历史集成》，xvii，94，3~5；库尔提乌斯：《亚历山大史》，ix，2；ix，3，1~19；普鲁塔克：《亚历山大传》，lxii，1~4；但在狄奥多罗斯、库尔提乌斯和普鲁塔克的文本中，不是希发西斯河，而是"恒河"。

⑤ 阿里安：《亚历山大远征记》，v，29，1~2(215 页，略有改译)；普鲁塔克：《亚历山大传》，lxii，3~4；狄奥多罗斯：《历史集成》，xvii，95，1~2；库尔提乌斯：《亚历山大史》，ix，3，19；尤斯廷努斯：《庞培乌斯·特劳古斯腓力比历史摘要》，xii，8。其中，普鲁塔克，狄奥多罗斯和库尔提乌斯，除了提到建立祭坛外，还谈及建造了比实际规模更大的军营和军事用具；而尤斯廷努斯则没有提到建立祭坛。

亚历山大率军返回至希达斯皮斯河岸，顺流而下，水陆并进，抵达印度河三角洲地区帕塔拉。他下令在帕塔拉城修筑工事，修建港口和船坞，[1]并打算在城市附近留下一支舰队。[2] 亚历山大还分别沿印度河的两个河口驶入大海，查看航道，并在大海中献祭。[3]

马其顿军队兵分三路，返回波斯腹地。一路由克拉特鲁斯率领，包括阿塔拉斯、迈立杰旅和安提格尼斯所部各旅、弓箭手一部，以及正在被遣送回马其顿的超过服役年龄的伙友和其他官兵。他们途经阿拉科提亚人和扎兰伽亚人的地区，前往卡尔曼尼亚。[4] 亚历山大率领主力部队从帕塔拉出发，由陆路返回。[5] 尼阿库斯率领海军舰队，由海路沿岸航行至波斯湾幼发拉底河与底格里斯河河口。[6]

亚历山大从帕塔拉出发后，沿着距离大海不远的地区行进。这使他能够在沿海岸地区挖掘水井，清理场所，准备抛锚的地点，向海边运送食物，为舰队返航创造有利条件。他降服欧瑞坦人，把他们最大的村庄拉木巴西亚建为城市；[7]"派阿波罗发尼斯（Apollophanes）当他们的总督；还派近卫军官利昂那塔斯（Leonnatus）跟他一起留下，在欧瑞坦人的地区驻军。"[8]

此后，亚历山大率军进入伽德罗西亚。这一地区，由于气候炎热，缺乏给养，水源匮乏，再加上偶有狂风暴雨的袭击，使马其顿军队损失惨重。[9] 阿里安说："大多数亚历山大史家都认为，把亚历山大的部队在亚洲所经历的一切苦难加在一起，也比不上他们在这一地区所受的苦难。"[10]不过，值得注意的是，阿里斯托布鲁斯为我们留下了关于这一地区物产与植

---

① 阿里安：《亚历山大远征记》，vi，18，1～2(237页)。

② 阿里安：《亚历山大远征记》，vi，20，1(239页)。

③ 阿里安：《亚历山大远征记》，vi，19，5；vi，20，2～5(239～240页)。

④ 阿里安：《亚历山大远征记》，vi，17，3(236页)。

⑤ 阿里安：《亚历山大远征记》，vi，21，3(241页)。

⑥ 阿里安：《亚历山大远征记》，vi，19，5；vi，21，3(239、241页)。

⑦ 阿里安：《亚历山大远征记》，vi，22，5(241页)。

⑧ 阿里安：《亚历山大远征记》，vi，22，2～3(242页)。

⑨ 阿里安：《亚历山大远征记》，vi，24，1～2(244页)。

⑩ 阿里安：《亚历山大远征记》，vi，24，1～2(244页)。

物的详细信息。① 没药和甘松香引起了古典作家的特别注意。随军的腓尼基商人就采集没药树胶和甘松香。②

在进入卡尔曼尼亚时，克拉特鲁斯所率部队和大象也都到达这里，与亚历山大会师。③ 卡尔曼尼亚沿海地区比较容易通行，并且有伙友和总督给亚历山大送来给养，④ 所以，他的行军顺利。在这一地区，尼阿库斯向亚历山大汇报了航海情况。之后，马其顿军队安全返回波斯腹地。

二、尼阿库斯海路返回

马其顿军队从印度返回时，亚历山大的将领尼阿库斯率部沿海路返回。他探知了从印度河口到波斯湾沿岸一带的航道信息与物产状况，给后人留下了珍贵的资料。

尼阿库斯率领的舰队由马其顿人、希腊人、塞浦路斯人和波斯人组成。他们从印度河口出发，沿海岸向波斯湾航行。经过阿拉比亚人（Arabies）的海岸地区、伽德罗西亚海岸地区、卡尔曼尼亚海岸地区、波斯海岸地区和苏西亚沿岸，最后到达苏萨与亚历山大会师。尼阿库斯不仅把亚历山大的军队成功带回苏萨，而且也完成了对从印度河口到幼发拉底河口之间海岸的考察。

在阿拉伯半岛附近，对于是否继续沿海岸航行的问题上，尼阿库斯显

---

① "这一带沙漠里生长许多没药树，比普通的没药树高得多。这种树的树干上产一种树胶。因为生长在这一带的这种树很粗大，而且从来没有人采过树胶，所以采起来特别丰富。随军做生意的腓尼基人把这种树胶采集起来，放在骡背上驮着。沙漠里还产一种甘松根，又多又香。腓尼基人也采集它。这种甘松根很多，大部队经过时，脚下踩踏的就不少。从这些踩踏过的甘松根上发出扑鼻的芳香，随风飘散，老远的地方都能闻到。沙漠里还生长别的树木，其中有一种，叶子长得好像月桂，生长在海水冲得到的地方。潮水一退，它们就都露在地面上；潮水回来，它们又都泡在水里。好像在海里也能生长。有些还长在海水总也退不走的空隙的地方，虽然树根老泡着，海水也伤害不了它。这一带长的这种树有的有三十库比特高。部队路过时，树正开花，很像白色的紫罗兰，不过它的香味可清甜得多了。还有一种高杆的蓟树从土里长出，树干上的刺特别厉害。"见阿里安：《亚历山大远征记》，vi，22，4～8(242～243 页)。
② 阿里安：《亚历山大远征记》，vi，22，4～8(242～243 页)。
③ 阿里安：《亚历山大远征记》，vi，27，3(248 页)。
④ 阿里安：《亚历山大远征记》，vi，27，6(249 页)。

然不同意欧尼西克里图斯的看法。尼阿库斯说他愚蠢，"忘记了亚历山大起初派舰队的用意。他原先派舰队运兵时，并不是因为他没有本领率领全军由陆路行军，安全走完全程，而是为了让舰队一路考察沿岸情况，抛锚地点和岛屿情况，遇到海湾就要彻底调查，还要了解沿岸城镇，什么地方物产丰富，什么地方荒凉等，这些都要搞清楚"。[1] 考察大海沿岸的港口、抛锚地点、岛屿、海湾，了解沿岸的城镇、物产等是亚历山大派舰队由海路返回的目的所在。尼阿库斯的航行记录通过阿里安等人保存下来。它们清晰地为我们展现了这一过程，留下了关于沿岸地区的丰富信息。

公元前 326 年 10 月（或 9 月），海洋上的夏季风停止，尼阿库斯肩负着这样的重任启碇航行。他们首先进入阿拉比亚人的海岸地区。这段海岸上的居民，主要是印度部族阿拉比亚人。他们沿阿拉比海岸航行了约 1000 斯塔迪亚[2]，此后，驶入欧瑞坦海岸地区。这段海岸的航程约为 1600 斯塔迪亚。[3] 正是在这段沿岸航行中，舰队遭遇了海上风暴，损失了 3 艘舰船。[4] 他们从陆地获得了 10 天的给养[5]，期间，曾进攻岸上的土著居民，并记录了有关他们生活方式与习俗的资料。这些居民"披头散发、满脸胡子，浑身都长毛。他们的指甲简直就像野兽的爪子。据说他们拿指甲当铁器使用，可以撕开鱼肉，甚至能把不太坚硬的木头劈开。对别的东西，他们用很尖的石头劈开，因为他们还无铁器。穿的是兽皮，有的甚至还穿大鱼的厚皮。"[6]他们以长矛为武器，长矛的尖端经过淬火变得非常锐利。[7] 内陆的欧瑞坦人，衣着、装备与印度人相仿，但他们的语言和风俗则与印度人的不同。[8]

由此向西继续航行，就进入"食鱼者"所生活的沿岸地区。与之相对的内陆则是伽德罗西亚地区。在这一海域，航行艰难，给养严重缺乏，兵士们经

---

① 阿里安：《印度记》，32，10～11（328 页）；阿里安：《亚历山大远征记》，vii，20，9～10（282 页）有相似的描述。

② 阿里安：《印度记》，25，3（320 页）。

③ 阿里安：《印度记》，25，3～4（320 页）。

④ 阿里安：《印度记》，23，3（318 页）。

⑤ 阿里安：《印度记》，23，7～8（318 页）。

⑥ 阿里安：《印度记》，24，9（320 页）。

⑦ 阿里安：《印度记》，24，3（319 页）。

⑧ 阿里安：《印度记》，25，2（320 页）。

常面临饥饿的威胁，以至于有时尼阿库斯因担心士兵们心情沮丧，可能离船逃跑，而特意让船只在海面抛锚，不在岸边停泊。① 这一带的居民以鱼为食，由此被称为"食鱼者"。值得注意的是，尼阿库斯对于他们捕鱼的方法，主要物产和生活状况作了详细描述。② 正是在此地，他们在返航中第一次见到了果树③与吃熟食的居民④。对于此前从未见过的鲸鱼，尼阿库斯给予了详细描述。⑤ "食鱼者"所在地区的沿岸航程有1万多斯塔迪亚。⑥

越过"食鱼者"生活的海岸，就进入了卡尔曼尼亚沿岸地区。"从那里再往前走，一直到波斯湾，都不存在困难。"⑦"与欧瑞坦人和食鱼者所在的海岸相比，卡尔曼尼亚有更多的树木，产出更多的水果，拥有更多的草地，灌溉条件也不错。"⑧尼阿库斯率舰队沿卡尔曼尼亚海岸航行了3700斯塔迪亚。⑨ 沿岸地区种植各种果树和其他作物，产出葡萄、椰枣和粮食。⑩不过，在荒凉的地区，仍有居民以鱼为食。⑪ 值得注意的是，在尼阿库斯的记述中含有商业信息。航行途中，他们获悉，亚述人从阿拉伯半岛的马

① 阿里安：《印度记》，29，3～4(324页)。

② "他们当中只有少数人下海捕鱼，因为有适用渔船又会捕鱼的人是很少的。大部分人都是趁退潮时捕鱼。有些人为这种捕鱼方法织了一种网。这类渔网多数长达2斯塔迪亚，是用椰枣树的皮搓成像麻线似的东西织成的。退潮后，光地上一般无鱼。但在一些洼地里积存一些水，水里有很多鱼，但多数是小鱼，也有少量大鱼。他们的网就撒在这些水洼子里捞鱼。捞上来的那又小又嫩的鱼，当时就吃。那些大的、咬不动的鱼就晒起来，直到晒得干透，就砸成面做成面饼。有人甚至还用这种鱼粉做成糕点。甚至他们的羊群也是以食鱼为生，因为这个地区无草地，不长草。他们还到处捕捉蟹、牡蛎和贝类。这一带还产天然食盐。从这些鱼里提炼食油。那些住在既无树木又无庄稼的荒地上的土人，只能靠捞鱼维持生活。但也有少数人种一点地。用出产的粮食作为下饭的佳肴，而以食鱼为主。他们当中最富裕的人盖小屋子居住。把从大海里冲到岸上的大鱼骨头搜罗起来做栋梁，门是用拣来的扁平的鱼骨作的。大多数穷人都住在用鱼脊骨造的小屋里。"见阿里安：《印度记》，29，9～16(324～325页)。

③ 阿里安：《印度记》，27，2(322页)。

④ 阿里安：《印度记》，28，1(323页)。

⑤ 阿里安：《印度记》，30(325～326页)。

⑥ 阿里安：《印度记》，29，8(324页)。

⑦ 阿里安：《印度记》，27，1(322页)。

⑧ 阿里安：《印度记》，32，3～4(327页，略有改译)。

⑨ 阿里安：《印度记》，38，1(334页)。

⑩ 阿里安：《印度记》，32，5(328页)；33，2～3(329页)；37，2(333页)。

⑪ 阿里安：《印度记》，37，8(333页)。

北京师范大学史学探索丛书

塞塔进口肉桂和其他香料。① 这说明，在当时，亚述与阿拉伯地区之间已经存在着商业联系。

舰队继续航行，就进入了波斯海岸地区。沿波斯海岸的航程共有4400斯塔迪亚。② 不过，波斯沿岸的航路并不优越，"事实上，整个波斯沿岸都是这样，不是浅滩就是拍岸的大浪，再不就是环礁挡路"。但沿岸时有果园，生长着各种果树；③ 也偶有人口众多的城市和良港④。在波斯沿岸地区，有人捕捞珍珠；⑤ 在幼发拉底河口的小村狄里多提斯(Diridotis)，"商人们搜集格拉(Gerrha)的乳香和阿拉伯半岛产的各种香料"。⑥

尼阿库斯率舰队从波斯海岸航行至苏西亚海域，并通过帕西底格里斯河河口上溯至苏萨，与亚历山大胜利会师，从而完成了对从印度河河口至波斯湾的沿岸考察。

尼阿库斯率舰队从印度河河口至波斯湾的沿岸航行，是一次伟大的航路探险。这次航行证明，至少在公元前4世纪末期，从印度河河口到波斯湾沿岸能够通航，尽管其间困难重重。在某种程度上可以说，它是探索海上交通的一次尝试，客观上为后来东西方之间海上交通的形成与发展作了准备。

亚历山大远征不仅在政治与历史方面对世界产生了重要影响⑦，而且在扩展西方人的认识空间上，在促进东西方之间的交流上，也发挥了重要作用。著名希腊史家格罗特就认为，亚历山大远征为希腊人开辟了更为广阔的天地，使帝国中不同地域的人们可以通过海路和陆路进行更大规模的交往，使人们之间的交流增加，使道路更加畅通，使商业贸易更加繁荣，

---

① 阿里安：《印度记》，32，7(328页)。

② 阿里安：《印度记》，40，1～2(336页)。

③ 阿里安：《印度记》，39，2(335页)；38，6(334页)。

④ 如希拉提斯城(Hieratis)[阿里安：《印度记》，39，1(335页)]；罗格尼斯河(Rogonis)中的一座良港。见阿里安：《印度记》，39，6(335页)。

⑤ 阿里安：《印度记》，38，3(334页)。

⑥ 阿里安：《印度记》，41，7～8(337页)。

⑦ 伯瑞(J. B. Bury)就认为，亚历山大远征不仅开辟了"希腊化时代"，促进了科学与文化发展，转移了希腊过剩人口，而且为罗马在东部建立霸权铺平了道路，为后来宗教的传播创造了环境。J. B. Bury, *A History of Greece to the Death of Alexander the Great*, London：Machmillan. 1975, pp. 492-493.

并且还大大丰富了人们的地理学知识，促进了科学与文化的发展。① 亚历山大远征使西方人对世界，尤其是对东方世界的认识变得清晰起来，使人们的认识空间空前广阔。亚历山大远征探知的东方世界的信息，促进了地理学的蓬勃发展，也成为随后希腊化时代，以至罗马帝国初期人们对东方世界认识的基础。亚历山大史家留下的有关远征的著作，是西方人在很长一段时期内认识东方所倚重的资料，是他们信息的源头。亚历山大史家留下的资料，也成为斯特拉波对东方世界部分地区，尤其是对印度描述的重要信息来源。正是从上述意义上说，亚历山大远征开辟了西方人认识东方世界的新纪元。

在亚历山大之后的时代中，外交使节的出访②，商人的行商活动，旅行家的考察与探索实践，也为西方人认识东方世界做出了贡献。正是在这些活动的基础上，希腊化时代出现了埃拉托色尼、希帕库斯、波塞冬尼乌斯、阿尔特米多鲁斯和阿波罗多鲁斯等一批著名的地理学家，将人们对世界的认识推向前进。罗马在共和国时代的扩张，帕提亚帝国的崛起，则进一步拓展了人们的认识空间。

亚历山大远征，希腊化时代外交使节的出访，商人的行商实践，罗马与帕提亚帝国崛起的历史现实，地理学科本身的发展积淀，共同构成了斯特拉波对东方世界认识的前提与基础。

北京师范大学史学探索丛书

---

① George Grote, *A History of Greece: from the Earliest Period to the Close of the Generation Contemporary with Alexander the Great*, Bristol: Thoemmes Press, volume 10, 2000, p. 211.

② 塞琉古王国使节美加斯提尼斯出访印度孔雀帝国，在西方人对印度的认识中发挥着关键作用。

第三章　罗马的统治区域（上）：
斯特拉波视野下的埃及

公元前 31 年，奥古斯都在亚克兴战役中击败安东尼和克里奥帕特拉。翌年，他率军攻入埃及，安东尼和克里奥帕特拉被迫自杀，托勒密王朝在埃及的统治正式结束。斯特拉波称赞罗马人结束了埃及"醉酒般的暴力统治"。① 埃及被并入罗马版图，成为一个行省。② 奥古斯都在《自传》中夸耀这一功绩，"我为罗马国家增加了埃及行省"③。正是在这样的背景下，斯特拉波追随他的朋友埃利乌斯·加鲁斯前往埃及，以尼罗河三角洲为起点，逆流而上至埃及与埃塞俄比亚的边界地区，考察沿途的居民、城市、村庄、圣地、物产与风俗等。他以此为基础，对罗马的这一统治区域做了全景式的描述。斯特拉波在行文中体现埃及地区的政治变迁和罗马人的权威，在与托勒密王朝的对比中，彰显和歌颂罗马的伟大。

一、埃及的地理范围

由于历史因素的影响，埃及所辖的范围不断变化。托勒密埃及曾盛极一时，领有库拉纳亚(Cyrenaea)、塞浦路斯等地，但后来逐渐被罗马削弱。④

---

① 斯特拉波：《地理学》，17，1，11。

② 斯特拉波：《地理学》，17，1，12；[古罗马]苏维托尼乌斯：《罗马十二帝王传》，张竹明、王乃新、蒋平等译，北京，商务印书馆，1995，56 页 (Suetonius, *the Deified Augustus*, xviii, 2)。

③ 奥古斯都：《奥古斯都自传》，27。见李雅书选译：《罗马帝国时期》（上），北京，商务印书馆，1985，12 页。

④ 公元前 96 年，罗马人使库拉纳亚成为"同盟国家"(allied state) (*civilas foederaia*)；公元前 88 年，使它成为罗马的一个行省；随后（斯特拉波：《地理学》，17，3，25）将之并入克里特。公元前 47 年，塞浦路斯被并入西里西亚行省；公元前 32 年，安东尼将之送给克里奥帕特拉；公元前 27 年，它成为一个元首行省；公元前 22 年，它成为元老院行省。

斯特拉波追述了埃及地理范围概念的演变历程。在历史上,"早期的作家仅称这一地区中有人居住和尼罗河浸润的地区为埃及,它以塞纳地区为起点,一直延伸到大海。"①但在后来,埃及的地理范围扩大了,"但是直至现在的随后时代的作家,(在原来的基础上)曾加了东部大致位于阿拉伯湾和尼罗河之间的所有地区(埃塞俄比亚人根本不用红海的概念),西部延伸至'绿洲'的地区,以及大海沿岸从卡诺比克河口到卡塔巴特姆斯(Catabathmus)与库拉纳亚人(Cyrenaeans)领地的部分。"②

不过,斯特拉波在描述埃及时,使用的是早期作家定义的地理范围。他明确表示,"在尼罗河与阿拉伯湾之间的地区属于阿拉伯。"③"从赫里乌波里斯出发,你接着就到了位于德尔塔以上地区的尼罗河。沿河逆流而上时,位于右侧的地区被称为利比亚,亚历山大里亚和玛里奥提斯湖周围的地区也被称为利比亚;然而位于左侧的地区被称为阿拉伯。现在赫利乌波里斯位于阿拉伯境内,而位于攸多克苏斯天文台附近的科尔克苏拉城(Cercesura)则在利比亚境内。"④他把孟菲斯之后的阿坎图斯城(Acanthus)置于利比亚境内,而将阿芙洛狄忒城置于阿拉伯境内。⑤ 他概括说:"简而言之,埃及仅由河谷地带构成。在这里我所指的是尼罗河两侧最后一段河谷地带;它以埃塞俄比亚的边界地区⑥为起点,一直延伸至德尔塔的顶点地区,其间很少有宽达300斯塔迪亚连绵不断的适合居住的地方。因此,当它变干时,除了尼罗河巨大的转向以外,它犹如一条纵向的腰带(girdle-band)。我所谈到的河谷地带的形状,以及这一地区的形状,由尼罗河两岸的山脉形成,它们从塞纳地区向下一直延伸到埃及海。依据河流两侧山脉之间距离的远近,河流相应地收缩或变宽,从而也形成了可居住区域不同的形状。不过,山脉之外,是无人居住的广阔区域。"⑦

---

① 斯特拉波:《地理学》,17,1,5。
② 斯特拉波:《地理学》,17,1,5。
③ 斯特拉波:《地理学》,17,1,21。
④ 斯特拉波:《地理学》,17,1,30。
⑤ 斯特拉波:《地理学》,17,1,35。
⑥ 指塞纳和埃勒发提纳。见斯特拉波:《地理学》,17,1,3。
⑦ 斯特拉波:《地理学》,17,1,4。

总体来看，就斯特拉波描述的埃及而言，它包括尼罗河三角洲地区，以塞纳为起点延伸至三角洲顶点的河谷地带，以及归属埃及管辖的三座绿洲①。

二、尼罗河

希罗多德说："希腊人乘船前来的埃及，是埃及人由于河流的赠赐而获得的土地，不单是国家的下部，就是溯上述的湖而上三日行程间的地带也同样是如此，虽然他们并没有附带提到这一点，但这一部分和前一部分的情况是完全一样的。"②尼罗河在古埃及人民的生活中扮演着十分重要的角色，起着非常特殊的作用。尼罗河决定了埃及的生产和生活区域，在一定意义上说，尼罗河创造了埃及。尼罗河给埃及带去了肥沃的土地，使埃及具有发达的农业。尼罗河的泛滥关系到农业是否丰产，财政收入是否增加，甚至事关国家统治是否稳定。尼罗河在埃及的地位，使许多到过埃及或描述埃及的古典作家都对它高度关注。作为地理学家的斯特拉波尤其如此。

斯特拉波借助埃拉托色尼的信息，展现了尼罗河的流程、各河段的具体里程与尼罗河的支流。"根据埃拉托色尼的说法，尼罗河位于阿拉伯湾以西约900或1000斯塔迪亚，其形状与倒写的'N'相似。他说，尼罗河发源于麦罗埃(Meroê)，向北奔流约2700斯塔迪亚之后折回南方和太阳落山的方向，向前奔流大约3700斯塔迪亚；在几乎达到与麦罗埃平行的地区、深入利比亚、做第二次转向之后，它向北奔流5300斯塔迪亚到达大瀑布；之后，略向东转向，奔流1200斯塔迪亚到达塞纳的小瀑布；接着，又奔流5300多斯塔迪亚到达大海。"③斯特拉波提供的这些信息，基本上准确地呈现了尼罗河的流程。

尔后，他又详细描述尼罗河三角洲地区的状况。"尼罗河从埃塞俄比

---

① "埃及人称四周被广阔沙漠环抱的适宜居住的地区为'oases'，它们犹如大海中的岛屿。在利比亚，有许多绿洲，其中有三座绿洲靠近埃及，被划归埃及管辖。"见斯特拉波：《地理学》，17，1，5。

② 希罗多德：《历史》（上册），王以铸译，北京，商务印书馆，2001，111页。

③ 斯特拉波：《地理学》，17，1，2。

亚的边界地区呈直线向北奔流至'德尔塔'地区；然后，如柏拉图所说'在头部分开'，使这个地方仿佛成了三角形的顶点，向两个方向奔流至大海的支流构成了三角形的两条边。位于右侧的一条支流在贝鲁西乌姆（Pelusium）流入大海，位于左侧的一条支流在卡诺布斯（Canbus）和与之毗邻的所谓赫拉克莱乌姆注入大海。贝鲁西乌姆和赫拉克莱乌姆之间的海岸构成了三角形的底边。因此，大海与尼罗河的两条支流形成了这座岛屿，因其形状与'Δ'（Delta）①相似而被称为'德尔塔'。位于顶点的地区因是上述轮廓的起点而被赋予了相同的名字。"②

尼罗河每年的定期泛滥，给河谷与尼罗河三角洲地区的土壤带去了丰富的养料，从而保证了耕作、播种与农业的丰收。"在尼罗河涨水时，除了居住地之外，整个地区都被水淹没，形成了一座湖泊。这些居住地位于天然的山岗或人造的土丘上。居住地中有规模相当大的城市和农村，从远处望去，有似岛屿。在夏季，洪水持续40多天的时间，之后，正像是涨水时那样，逐渐退去。在六十天内，平原完全裸露出来并开始变干。土地变干得越早，耕作与播种得就越早。温度较高的地区变干得较早。尼罗河以同样的方式浸润着德尔塔以上的地区。"③尼罗河泛滥，土地受到河水的滋养，就更为丰产；而河水大幅度上涨，则能够浸润更多的土地，④从而有可能使更大范围的地区获得丰收。

当然，人们不缺乏改造自然的能力，不会完全受制于尼罗河。"即使大自然没有给予恩赐时，勤劳也常常有利于使河水在涨得较少时，与河水大幅上涨时灌溉的土地一样多，也即通过修筑堤坝和开凿运河进行灌溉。

---

① "Δ"，古希腊字母表中第四个字母的大写形式。

② 斯特拉波：《地理学》，17，1，4。

③ 斯特拉波：《地理学》，17，1，4。希罗多德对此有更直接的描述："现在必须承认，他们比世界上其他任何民族，包括其他埃及人在内，都易于不费什么劳力而取得大地的果实，因为他们要取得收获，并不需要用犁犁地，不需要用锄掘地，也不需要做其他人所必需做的工作。那里的农夫只需要等河水自行泛滥出来，流到田地上去灌溉，灌溉后再退回河床，然后每个人把种子撒在自己的土地上，叫猪上去踏进这些种子，此后便只是等待收获了。"见希罗多德：《历史》（上册），王以铸译，北京，商务印书馆，2001，115页。

④ 斯特拉波：《地理学》，17，1，3。

无论如何，在佩特罗尼乌斯(Petronius)①的时代之前，当尼罗河上涨至14腕尺达到最高值时，庄稼产量最大；当它仅涨至8腕尺时，饥荒就会接踵而至。但是在他统治这一地区时，当尼罗河水位测量标尺(Nilometer)显示的河水高度仅有12腕尺时，庄稼的产量依然最大，而当它显示的河水高度仅为8腕尺时，也并未发生饥荒。"②无法被尼罗河泛滥浸润的地区，也可以通过运河导引尼罗河水进行灌溉。③

尼罗河泛滥与埃及农业的紧密关系，使古典作家对尼罗河泛滥现象格外关注，并进行了不断探究。希罗多德对尼罗河之所以在夏季上涨进行了探讨。希腊人曾提出三种解释：其一，"认为季节风阻止尼罗河河水入海，故而使河水高涨起来"；④ 其二，"尼罗河所以有这样奇异的现象发生，因为它的河水是从欧凯阿诺斯流出来的，而欧凯阿诺斯又是周流于全世界的"；⑤ 其三，"尼罗河的河水是由于雪的溶化而产生的"。⑥ 希罗多德对这三种观点进行批驳，并提出太阳运动导致尼罗河夏季泛滥。"凡是离日神最近的地方，或日神直接通过的地方，那里便最缺水，而那里的河水也便最少。""在冬季的时候，太阳被暴风吹出它原来的轨道而转移到利比亚的上方。"⑦"在夏天，它(尼罗河)和所有其他的河流一样，河水同样为太阳所吸收，但是在冬天，只有它的水才被太阳所吸收。"⑧这也就导致了尼罗河在夏季上涨、泛滥，而在冬季水位较低的状况。

显然，希罗多德及其前人对尼罗河在夏季泛滥原因的认识并不正确。关于这一问题，到斯特拉波时代已经有了明晰的认识，并有了确凿的证据。在《地理学》中，斯特拉波正确地指出是尼罗河上游的降雨导致了河水上涨。他把"夏季雨水导致尼罗河水上涨"这一观点，一直从波塞冬尼乌斯追溯至荷马。⑨ 关于尼罗河的泛滥，斯特拉波说："古人主要依靠推测认识

① C. Petronius(斯特拉波：《地理学》，17，1，54)。
② 斯特拉波：《地理学》，17，1，3。
③ 斯特拉波：《地理学》，17，1，4。
④ 希罗多德：《历史》(上册)，王以铸译，北京，商务印书馆，2001，118页。
⑤ 希罗多德：《历史》(上册)，王以铸译，北京，商务印书馆，2001，118页。
⑥ 希罗多德：《历史》(上册)，王以铸译，北京，商务印书馆，2001，118页。
⑦ 希罗多德：《历史》(上册)，王以铸译，北京，商务印书馆，2001，119页。
⑧ 希罗多德：《历史》(上册)，王以铸译，北京，商务印书馆，2001，120页。
⑨ 斯特拉波：《地理学》，17，1，5。

到尼罗河因夏季雨水而充溢，但后来的人则亲眼见证了这种状况。当上埃塞俄比亚，特别是它最遥远的山区洪水泛滥时，尼罗河河水充溢；当降水停止时，它的洪水也逐渐停止。航行到阿拉伯湾远至出产肉桂地区的那些人，被派去猎捕大象的那些人，或者因吸引埃及托勒密国王们的其他事务而被他们派到那里去的人，对这一事实尤其清楚。"①

尼罗河在埃及的交通运输和商业贸易中起着重要作用。在三角洲地带，尼罗河形成许多支流，加之人们开凿了很多运河，航行非常便利，"以至于有人使用陶器摆渡"。② 有大量的货物通过尼罗河及其运河运抵贸易中心亚历山大里亚。③ 尼罗河成为交通运输的重要通道。

尼罗河在保持亚历山大城空气清新方面也发挥着作用。斯特拉波称，亚历山大城的优点之一就是有益健康的空气。照他的说法，尼罗河切合时宜的涨水，是保证亚历山大城空气清新、有益健康的关键因素。④

尼罗河泛滥还促成了几何学的产生。"由于尼罗河水冲走和带来泥土，改变土地结构，总是覆盖区分彼此土地的田间标识，涨水时接连不断地导致边界混淆，因此，有必要准确而仔细地划分土地，也有必要不断地重新丈量。"这就促进了几何学的诞生。⑤

由于尼罗河对埃及农业和生活的重要性，在埃及，建有测量尼罗河水位的水位计，有专人负责观测，并及时把水位变化情况告诉人们。提前预知尼罗河水位的状况，"不仅在水量分配、筑堤、运河与其他这类事情上对农民有利，而且在税收方面也对长官（Praefects）有利。河水大幅度上涨，就意味着税收也会有大幅度的增加。"⑥斯特拉波详细记述了埃勒发提纳岛水位计的情况："水位计是位于尼罗河岸边的一口井，由接合紧密的石头建成，井中有显示最高水位与最低水位的标志，可以表示出尼罗河河水的上涨。这是因为，井水随着河水的上涨或下落而相应变化。因此，井壁上的标志可以测量上涨的完整值和其他状况。观测者查看这些标志后，

---

① 斯特拉波：《地理学》，17，1，5。

② 斯特拉波：《地理学》，17，1，4。

③ 斯特拉波：《地理学》，17，1，7。

④ 斯特拉波：《地理学》，17，1，7。

⑤ 斯特拉波：《地理学》，17，1，3。

⑥ 斯特拉波：《地理学》，17，1，48。

北京师范大学史学探索丛书

向其余的人发布消息，结果他们也就知道了水位的情况。他们通过这些标志与天数，之前很久就可以知道水位将来会上涨多高，并提前发布消息。"①

斯特拉波在埃及长期停留，并沿着尼罗河进行了大量实地考察。② 在对尼罗河认识的问题上，他既能够利用亚历山大里亚图书馆中有关尼罗河的文献资料，③ 又可以根据考察所获资料对已有信息进行判断。斯特拉波对尼罗河泛滥的原因已有正确而明晰的认识，这也代表着他所生活的时代人们的认识水平。它在一定程度上，反映了人们认识世界水平的提高。

三、埃及的居民及其社会生活

埃及的居民与他们的社会生活，是斯特拉波描述埃及的重要组成部分。不同历史时期，不同的居民构成；埃及人倾向于"和平"的特征；独特的社会习俗；对神的虔诚，对信仰的包容，都给斯特拉波留下了深刻的印象。

埃及与埃塞俄比亚都处于尼罗河流域，但它们的居民却有着不同的生活状况："事实上，埃塞俄比亚人因土地贫瘠，气候不适宜，且与我们相距遥远，在很大程度上过着游牧和贫困的生活。然而，埃及人在所有这些方面的情况恰好与之相反。他们从一开始就过着市民和有教养的生活，定居在著名的地区。"④在前托勒密时代的某些时期，他们精心地管理国家，委托国王治理，将居民分成不同的阶层。"当他们委任一位国王时，他们把居民分为三个阶层，称一个阶层为战士，一个阶层为农民，第三个阶层

---

① 斯特拉波：《地理学》，17，1，48。

② 在埃及，斯特拉波具有特殊的身份，他是埃及长官埃利乌斯·加鲁斯的朋友，这无疑给他的考察带来了许多便利。在斯特拉波对埃及的描述中，常常透露出他陪同加鲁斯一起考察的信息（如斯特拉波：《地理学》，17，1，38，46，49）。

③ 在亚历山大里亚，斯特拉波曾对攸多鲁斯（Eudorus）和逍遥派哲学家阿里斯敦（Ariston）关于尼罗河的作品，进行过比较分析。见斯特拉波：《地理学》，17，1，5。

④ 斯特拉波：《地理学》，17，1，3。

为祭司。"①战士阶层与农民阶层主管世俗之事。前者负责战争事务；后者负责和平之事，既从事耕作播种，又进行贸易交换。国王则从农业与贸易交换活动中获取税收。祭司阶层负责神事，他们专注于哲学和天文学；他们是国王的同伴。②

　　斯特拉波谈到，托勒密埃及时期，"由于国王们对政府的拙劣管理，城市繁荣因违法盛行而不复存在"，曾拜访过亚历山大里亚的波利比乌斯对这座城市的事务非常反感。波利比乌斯在列举城市"糟糕"的状况时，谈到了亚历山大里亚的居民，他说："城中生活着三个阶层：第一个阶层是埃及人或是具有当地血统的人，他们性情暴躁，不喜爱过市民生活。第二个阶层，是雇佣兵，他们严酷，人数众多，难以驾驭（因为依照古代传统，他们维持有外国雇佣兵，由于国王们的无能，雇佣兵被训练进行统治而不是接受统治）。第三个阶层，是亚历山大里亚人的部落。由于相同的原因，他们也并非很喜爱过市民生活，但是依然要比那些人③好，即使他们是一个混合的民族，但就血统而论是希腊人，仍然没有忘记希腊人共同的习俗。不过后来，这一阶层主要被攸格提斯·菲斯冈（Euergetes Physcon）④摧毁⑤"。⑥ 按照上述信息，在托勒密埃及时期，亚历山大里亚生活着希腊人、埃及当地人和外邦人（雇佣兵），他们分属不同的阶层，具有不同的社会地位和生活方式，从事不同的职业。在埃及其他城市和地区，很可能也共同生活着不同民族的居民。

　　到托勒密王朝末期，随着埃及与罗马关系的加强，罗马人也逐渐进入埃及。恺撒在亚历山大里亚战争后，就曾在埃及部署罗马军队。⑦ 在埃及被奥古斯都并入罗马版图后，有更多的罗马人涌入那里。可以肯定，斯特拉波到埃及考察时，这里不仅生活着罗马人、希腊人和埃及当地人，还存

---

　　①　斯特拉波：《地理学》，17，1，3。

　　②　斯特拉波：《地理学》，17，1，3。

　　③　指第一个阶层。

　　④　在他统治时期，波利比乌斯曾前往亚历山大里亚。

　　⑤　斯特拉波解释说，由于遭到其他派系的反对，菲斯冈常常派这一阶层去对抗士兵，因此，被摧毁。见斯特拉波：《地理学》，17，1，12。

　　⑥　斯特拉波：《地理学》，17，1，12。

　　⑦　[古罗马]苏维托尼乌斯：《罗马十二帝王传》，张竹明、王乃新、蒋平等译，北京，商务印书馆，1995，38 页（Suetonius, *The Deified Julius*, lxxvi, 3）。

在其他外邦人。不过，在罗马的统治之下，外邦人已不可能是雇佣兵了。斯特拉波在埃及时，亚历山大里亚、孟菲斯等城市依然混居着不同的民族。无论如何，他在谈到孟菲斯时说："这座城市规模巨大，人口众多，仅次于亚历山大里亚。许多民族混居在这里，就像许多民族一起居住在亚历山大里亚一样。"①在埃及，希腊人或具有希腊血统的居民依然活跃，希腊式的统治模式仍然存在，托勒迈斯城就有一个模仿希腊人统治模式的政府。②

在斯特拉波的笔下，在历史上，埃及地区倾向于和平，埃及人也倾向于和平，在斯特拉波生活的当代同样如此。斯特拉波认为，之所以有这种状况，主要在于：埃及资源丰富，能够"自给自足"；地理环境优越，易守难攻，外部人很难侵入；"它的北部由没有海港的海岸和埃及海护卫；西部与东部由利比亚和阿拉伯的荒山保护。"③埃及地区周围的部落、居民数量不多，无法形成强大的实力群体，且并不好战。无论是生活在朝向南方地区的特罗格罗戴提斯人、布勒迈斯人（Blemmyes）、努巴人（Nubae）、美加巴里人（Megabari），以及居住在塞纳地区以上的埃塞俄比亚人，还是居住在向南方与麦罗埃延伸地区的埃塞俄比亚人，都是这样。④

在成为罗马的行省后，埃及与周围的整个地区都倾向于和平。罗马人仅在埃及部署三个并不完整的军团，就足以镇守这一地区；并且在埃及，罗马人并未因一次事件而调用部署在那里的所有军队。⑤ 尽管埃及人数量众多，但他们自身并不好战。其明显的例子便是：埃及被并入罗马版图后，赫罗恩波里斯（Heroonpolis）发生反叛，恺撒任命的第一任长官科涅里乌斯·加鲁斯（Cornelius Gallus）仅用很少的士兵就攻陷了它；底比斯因税收问题发生叛乱时，科涅里乌斯·加鲁斯在很短的时间内就平定了叛乱。而当无数亚历山大里亚群众冲向佩特罗尼乌斯，用石块攻击他时，他仅用

---

① 斯特拉波：《地理学》，17，1，32。
② 斯特拉波：《地理学》，17，1，42。
③ 斯特拉波：《地理学》，17，1，53。
④ 斯特拉波：《地理学》，17，1，53。
⑤ 斯特拉波：《地理学》，17，1，53。

自己的护卫就顶住了他们的进攻。① 埃及周围的部落也倾向于和平，埃利乌斯·加鲁斯率军侵入阿拉伯半岛时，并不好战的阿拉伯人给他留下了深刻的印象。②

至于习俗，在希罗多德时代埃及人的习俗，到了斯特拉波时代依然存在并流行。长期在埃及旅居的斯特拉波认为，关于埃及人的习俗，"希罗多德的论述同样真实"。③ 埃及人"用手来搓揉泥巴，而用脚来踩踏用于制作面包的板油。"④他们的名为卡凯斯（Kakeis）的面包可以用于检查肠道；他们用田中出产的果实 Kiki 榨油。"在这个地区，几乎所有人都用它来点灯照明，并且贫穷阶层和从事繁重劳动的男子与妇女都用它来涂抹身体。"⑤他们"以特殊的方式酿制啤酒，它是（埃及）许多民族共同的饮料，但不同地区的酿制方法不同。"⑥斯特拉波认为，在埃及人中最狂热的习俗是，他们抚养所生育的每个孩子，对男婴进行环切，对女婴实行切除⑦。⑧

在斯特拉波眼中，埃及居民虔诚信神。托勒密埃及时代及奥古斯都时期，埃及地区不同民族混居，五方杂处，这使得信仰又具有包容精神。无论是埃及当地的神明，还是外来的神灵，都能获得埃及居民的崇拜。阿蒙神、萨拉皮斯神（Sarapis）、奥西里斯神、伊西斯神受到人们的崇敬；宙斯、阿波罗、波塞冬、阿芙洛狄忒同样受到人们的重视与信仰。对动物神的崇拜是埃及居民信仰的一个特色。有些动物是他们共同敬拜的对象，而有的则是某一些地区崇拜的神明。斯特拉波说，"事实上，某些动物受到所有埃及人共同敬拜，例如三种陆地动物，公牛、犬和猫；两种飞禽，鹰和朱鹭；两种水生动物，有鳞鱼（scale－fish）和奥克西林库斯

北京师范大学史学探索丛书

---

① 斯特拉波：《地理学》，17，1，53。

② 斯特拉波：《地理学》，17，1，53。

③ 斯特拉波：《地理学》，17，2，5。

④ 斯特拉波：《地理学》，17，2，5。

⑤ 斯特拉波：《地理学》，17，2，5。

⑥ 斯特拉波：《地理学》，17，2，5。

⑦ 这一习俗，以及埃及人"用手来搓揉泥巴，而用脚来踩踏用于制作面包的板油"的习俗，在希罗多德著作中都有相关的信息。见希罗多德：《历史》（上册），王以铸译，北京，商务印书馆，2001，125～126 页。

⑧ 斯特拉波：《地理学》，17，2，5。

(oxyrynchus)。但其他的动物，则受到单独群体的敬拜。①"②

在埃及，几乎每一座埃及城市都有自己崇拜的神明，许多地区以当地所敬拜神的名字命名诺姆和城市。③ 民族混居，人们心中各个神的不同职责与功能，使得同一城市、同一地区会崇拜多个神灵。④ 而不同地区居民的特性，可能会使在一个地区受到敬拜的圣物，在其他地区成为人们憎恨的对象。

在古代埃及，牛占有重要地位。它是整个埃及崇拜的对象。其中，摩孟菲特人(Momemphitae)的圣牛，孟菲斯的阿皮斯(Apis)和赫里乌波里斯的穆努伊斯(Mneuïs)，被人们敬为神灵。但在其他地方的牛⑤，尽管它们受到敬拜，但并不被敬为神灵。⑥ 斯特拉波为我们详细描述了孟菲斯阿皮斯神庙中公牛的供养状况。孟菲斯"有一些神庙，其中一座是阿皮斯的神庙。公牛阿皮斯就养在一座圣所中，如我所说，它被奉为神灵。它的前额及身体的其他某些小部分区域点缀着白色，而其余的部分则呈黑色。当受

---

① 例如，斯特拉波说："塞塔人(Saitae)和底比斯人(Thebans)敬拜绵羊；拉托波里塔人(Latopolitae)敬拜尼罗河中的拉图斯鱼(latus)；吕科波里塔人(Lycopolitae)敬拜莱库斯(Lycus)；赫尔摩波里塔人(Hermopolitae)敬拜库诺克法鲁斯(cynocephalus)；生活在孟菲斯附近的巴比伦尼亚人(Babylonians)敬拜科布斯(cebus)(科布斯长着科特一样的面庞，在其他方面介于犬和熊之间，栖息在埃塞俄比亚)；底比斯人敬拜鹰；利昂托波里塔人(Leontopolitae)敬拜狮子；曼德西亚斯人(Mendesians)敬拜雌雄山羊；阿塔里比塔人(Athribitae)敬拜形如耗子一样的动物；其他一些民族则崇拜另外一些动物。不过，关于这种崇拜，他们给出的原因并不一致。"见斯特拉波：《地理学》，17，1，40。

② 斯特拉波：《地理学》，17，1，40。

③ 例如，利奥托波利特诺姆，利奥托波利斯("狮子之城")(斯特拉波：《地理学》，17，1，20)；阿芙洛狄忒波利特诺姆，阿芙洛狄忒城(斯特拉波：《地理学》，17，1，20，40~41，47)；狄奥斯波里斯("宙斯之城")(斯特拉波：《地理学》，17，1，19)；赫尔姆波里斯("赫尔墨斯之城")(斯特拉波：《地理学》，17，1，18，20)；莱库波里斯(Lycupolis)，莱库斯城(莱库斯，是埃及的豺)(斯特拉波：《地理学》，17，1，19)；塞诺波里特诺姆，塞诺波里斯("犬之城")(斯特拉波：《地理学》，17，1，39)；奥克西林库斯诺姆，奥克西林斯城(斯特拉波：《地理学》，17，1，40)。

④ 无论如何，孟菲斯城既有阿皮斯神庙、赫发斯苔乌姆神庙，又存在阿芙狄忒神庙。斯特拉波说，有人也称这座神庙为塞勒纳(Selene，月亮女神)神庙。见斯特拉波：《地理学》，17，1，31。

⑤ 斯特拉波说，在埃及，在尼罗河三角洲及其以外的许多地方都供养着一头公牛或母牛。见斯特拉波：《地理学》，17，1，22。

⑥ 斯特拉波：《地理学》，17，1，22。

到崇敬的牛死去时,他们总是通过这些标记来挑选适合继任的公牛"。① 与孟菲斯的阿皮斯圣牛一样,赫里乌波里斯赫里俄斯(Helios)神庙的公牛穆努伊斯也被供养在庇护所中。②

在埃及,鳄鱼的特殊性在于,在部分地区它被奉为圣物;但与此同时,它却是另一些地区居民痛恨的对象。阿尔西诺城(Arsinoe)敬拜鳄鱼。在早期,它也因此被称为科罗克戴隆波里斯(Crocodeilonpolis)。斯特拉波在埃及时,曾参观了这座城市供养的鳄鱼。③ 尽管这里的人们"敬畏它们,并禁止伤害它们"④,但特提拉城(Tentyra)的居民认为鳄鱼是最可恨的动物。他们追踪鳄鱼,想尽一切办法消灭它们。⑤ 阿波罗诺斯波里斯(Apollonospolis)居民"也和鳄鱼作战"⑥。

神庙被人们赋予了医病功效,卡诺布斯城中的萨拉皮斯神庙就是如此。"城中有一座萨拉皮斯的神庙。它深受崇敬,医病效果很好,甚至最有名望的人都信任它,并睡在其中","有些作家还进一步记述了医病情况,一些作家则记录了那里神谕的诸多优点"。⑦

庆祝公共节日,是人们社会生活的一个组成部分,而神庙所在地是他们进行庆祝活动的场所。萨拉皮斯神庙所在地就是人们庆祝节日的重要场所之一。斯特拉波说:"成群的饮酒狂欢者从亚历山大里亚经运河航行至那里(萨拉皮斯神庙,笔者注)参加公共节日。船上挤满了男男女女,他们

① 斯特拉波:《地理学》,17,1,31。
② 斯特拉波:《地理学》,17,1,27。
③ "他们在一座湖泊中单独供养着一只神圣的鳄鱼。它对祭司非常驯顺,被称为苏库斯(Suchus),以谷物、肉和葡萄酒为食,前去观赏它的外邦人总会提供这些食物。无论如何,带我们访问那里的奥秘的主人(一位官员)和我们一起来到湖边,他从宴会上带去了饼干、一些烤肉和一大罐掺有蜂蜜的葡萄酒。我们发现鳄鱼匍匐在湖边。当祭司们走近它时,其中的一些人掰开它的嘴巴,另一些人先把饼干,接着把烤肉放入它的口中,然后再把蜂蜜混合物倒入其中。之后,鳄鱼会窜入湖中,快速地游到湖的对岸。当另一些外邦人到了那里时,同样会带去初次收成(first-fruits)进行奉献,祭司们带着这些食物,围着湖泊奔跑,捉住鳄鱼并以同样的方式喂它。"见斯特拉波:《地理学》,17,1,38。
④ 斯特拉波:《地理学》,17,1,38,44。
⑤ 斯特拉波:《地理学》,17,1,44。
⑥ 斯特拉波:《地理学》,17,1,47。
⑦ 斯特拉波:《地理学》,17,1,17。

日日夜夜演奏笛子，肆意狂舞，放纵至极。卡诺布斯当地人也参与其中，他们把娱乐场所建在运河附近，以适应这种放松与狂欢。"①靠近亚历山大里亚和尼考波里斯、位于卡诺比克运河河畔的埃鲁西斯（Eleusis），则为参加狂欢的男女提供居所，狂欢者还可以在那里俯瞰风景，以至于"它仿佛是卡诺比克（Canobic）生活和那里流行的'伤风败俗'的起点"。②

　　神庙是人们敬拜神灵的地方，是人与神沟通的场所。它集中反映着当地民族的文化与传统。在埃及的旅行中，斯特拉波详细观察过许多埃及风格的神庙。它们给他留下了深刻的印象。斯特拉波对埃及神庙的详细描绘③，便说明了这一点。

---

　　①　斯特拉波：《地理学》，17，1，17。
　　②　斯特拉波：《地理学》，17，1，16。
　　③　斯特拉波为我们呈现了埃及风格神庙的结构与它们的一般特征。"神庙的建筑设计如下：在通往圣地的入口，路面由石头铺就，宽度约有 1 普勒特鲁姆（Plethrum），或略小于这一距离；长度为宽度的三或四倍，在某些情况下甚至更长。它被称为多罗姆斯（Dromus），如卡里玛科斯（Callimachus）所说，'这是奉献给阿努比斯（Anubis）的多罗姆斯。'在长度方向上，多罗姆斯的两侧都是依次排开的狮身人面石像，每一侧两尊石像间相距约 20 腕尺或更远一些。结果，一排石像位于右侧，一排石像位于左侧。在狮身人面像之后，你就到了一座巨大的普罗皮鲁姆（propylum）。此后，继续前进，就到了另一座普罗皮鲁姆；接下去，则是下一座普罗皮鲁姆。但无论是普罗皮鲁姆还是狮身人面像都没有固定的数量。在不同的神庙，它们有不同的数目。多罗姆斯的长度和宽度同样如此。在通廊之后，你就到了内殿和一座规模与之相称的圣殿。内殿有一个巨大而显著的前殿，圣殿中没有雕像，更确切说是没有人形雕像，仅有一些无理性动物的雕像。前殿两侧有所谓的'双翼'。它们是与内殿等高的两堵墙。起初，它们之间的距离略大于内殿地基的宽度。之后，你可以沿着收缩的道路向前行进 50 或 60 腕尺。这些墙上刻着巨大的浮雕，就如伊特鲁里亚人的石像和希腊人中非常古老的艺术作品一样。神庙中还有一种大厅，其中有许多石柱，以非常粗糙的方式建造。若非巨大而众多的石柱排列成多行，大厅没有任何优美和悦人之处，只不过是徒劳的展示。"斯特拉波：《地理学》，17，1，28。托泽注释说，斯特拉波对神庙的描述，并非特指在赫里奥波里斯的神庙，而是指埃及的一般神庙；根据斯特拉波的描述，托泽绘制了埃及风格神庙的复原图。H. F. Tozer, *Selections from Strabo with an Introduction on Strabo's Life and Works*, Oxford：Clarendon Press, 1893, p. 356. 对埃及神庙的相关注解，可参见 Mary Knight, *A Geographic, Archaeological, and Scientific Commentary on Strabo's Egypt* (*Geographika*, Book 17, Sections 1-2), A dissertation submitted in partial fulfillment of the requirements for the degree of Doctor of Philosophy Department of Classics, New York University, May, 1998, pp. 229-232.

四、亚历山大里亚

埃及的亚历山大里亚无论在希腊化时代，还是在罗马帝国初期，在"人类居住的世界"中都占有重要地位，对当时及后世的世界产生了深刻影响。正是它在地理交通、经济贸易和文化教育等方面的突出地位，引起了斯特拉波的高度关注。在亚历山大里亚的亲身经历，使他对这座城市进行了详细而精彩的描述。

亚历山大里亚由亚历山大创建。古典作家对于这座城市的起源多有描述。斯特拉波提到："亚历山大视察这里时，看到它的地理条件优越，就决定对海港附近的城市筑防加固。作家们记述了在划定地基时发生的一件事情，把它作为这座城市好运的征兆。当建筑师用白垩圈定城市的范围时，白垩耗尽。此时国王到了这里，他的随从提供了为工人准备的一部分大麦粉。建筑师用这些大麦粉划出了街道（数量比以前的更多）。据说他们把发生的这件事解释为好征兆。①"②

显然，优越的地理条件成为亚历山大在此修建亚历山大里亚的重要因素。在三个多世纪之后，它在地理方面的优越性依然给"拜访者"留下了深刻印象。斯特拉波对此进行了细心观察："这座城市地理位置优越。首先，它两面临海，北濒所谓的埃及海，南临玛莱亚湖（Mareia）（又称玛里奥提斯湖）。湖水由与尼罗河相连的众多运河供给。这些运河，既有来自上部地区的，也有来自两侧地区的……除了从两个方向上运抵海滨和湖畔港口货物的巨大价值外，还应提到那里有益健康的空气。这同样源于以下情况：该地两侧濒临大海及尼罗河切合时宜的涨水。""在亚历山大里亚，初夏时尼罗河河水涨满，从而也使湖泊充溢，它不会产生沼泽一样的物质以污染升腾的蒸汽。那时，还从北方和广阔的大海上吹来季风，结果亚历山大里

---

① 根据普鲁塔克的说法，各种鸟落在那里，吃光了所有用以划定范围的大麦粉，结果，亚历山大对这一征兆深感不安。但预言家向他保证说，这是好征兆（普鲁塔克：《亚历山大传》，xxvi）。

② 斯特拉波：《地理学》，17，1，6。关于亚历山大里亚城的建设，还可见普鲁塔克：《亚历山大传》，xxvi；狄奥多鲁斯：《历史集成》，xvii，52；阿里安：《亚历山大远征记》，iii，1，5；iii，2，1~2。

亚的居民在夏季度过了最令人心旷神怡的时光。"①便利的水陆交通、健康怡人的环境，使亚历山大里亚在埃及独具优势。

亚历山大里亚作为地中海世界的名城，其城市布局历来受到古典作家的关注。② 斯特拉波长期旅居亚历山大里亚，对城市布局的描述最为详细。"这座城市的形状像一件斗篷。它的两条长边临水，直径约 30 斯塔迪亚。它的较短的两边是地峡，每一边约有七八斯塔迪亚宽，其中一边以大海为界，另一边以湖泊为界。整座城中，街道纵横，道路可以容下骑马或驾战车通过；两条宽度超过 1 普勒特鲁姆(Plethrum)的大道垂直相交。城中有许多最为优美的公共区域和王宫。它们占据了整座城市四分之一甚至三分之一的区域。正如每一位国王因钟情于辉煌，习惯于对公共纪念碑增添装饰一样，除了那些已有的居所之外，他们还以私人资财增建住处，因此，用诗人的话说就是'这里房屋鳞次栉比'。③ 然而，所有这些建筑都彼此相接，并与港口甚至是港口以外的建筑相连。博物馆也是王宫的一部分。它有一个公共的行道，一个带有坐席的对话间(Exedra)和一所巨大的房子。房中有一座博学者的公共饭堂，他们共用博物馆。这个团体不仅共有财富，而且还有一位祭司负责博物馆。先前，他由国王任命，而现在则由恺撒指定。所谓的塞玛(Sema)同样也是王宫的一部分。这一区域有国王们和亚历山大的墓地……"④"总之，这座城市中到处是公共和神圣的建筑。不过，最为优美的是体育馆，它有长度超过一个运动场的柱廊。在(城市的)中央，是一座法庭和一片树林。这里还有潘尼乌姆(Paneium)，⑤ 它宛如

---

① 斯特拉波：《地理学》，17，1，7。

② 斯特拉波之前的狄奥多罗斯，斯特拉波之后的普林尼及阿里安，都有关于亚历山大里亚城市布局的描述。狄奥多罗斯："这座城市的形状，与斗篷非常相似，一条宽阔而美丽的大道把城市分成两部分。从一个城门到另一个城门有 40 弗隆(Furlongs)远，道路有一普勒特隆(Plethron)宽，它两旁店面和神庙林立。亚历山大下令在这里建造一座非常雄伟的官殿。"(狄奥多罗斯：《历史集成》，xvii，52，3)。阿里安："亚历山大亲自把城市草图标画出来：什么地方修建市场，盖多少庙，供什么神——有些是希腊的，还有些是埃及的埃西斯(埃及神话中司繁殖的女神)等，以及四周的城墙修在何处。"见阿里安：《亚历山大远征记》，iii，1，5(94 页)。

③ *Homer*，*Odyssey*，17.266(关于奥德修斯的官殿)。

④ 斯特拉波：《地理学》，17，1，7。

⑤ 潘神的圣所。

一块'高地'，由人工建造而成。它有冷杉球果的外形，与一座多岩石的小山相似。有一条盘旋的道路通向它的顶部，从那里可俯瞰位于它下方的整座城市。宽阔的道路从尼克罗波里斯沿纵向经过体育馆到达卡诺比克之门（Canobic Gate）……"①斯特拉波的描述，使那一时代的亚历山大城清晰地呈现在我们面前。

亚历山大城具有优越的地理位置和自然条件，因此，自建立之后，无论在希腊化时代，还是在罗马埃及时期，都是地区乃至世界经济、贸易和文化中心。斯特拉波说："在这座城市出众的优势之中，最有利的条件是，在整个埃及它是唯一一个地理位置天然优越、适合两方面贸易的地方——不仅适合海上贸易，也适于陆上贸易；前者是因为具有良港，而后者则由于通过尼罗河可以便利地把各种货物运抵这里——它是人类居住世界最大的商业中心。"②"在很大程度上，唯独亚历山大里亚不仅是这类货物的储存地，而且也是外部世界的（货物）供应地。"③狄奥多罗斯也说："在随后的时代中，它的发展速度越来越快，以至于被认为是文明世界中的头号大城市。在城市的规模，在典雅、富饶和繁华方面，它远远超出其他所有城市。它的人口也超过其他任何一座城市的人口。"④在罗马帝国初期，它成为东西方贸易的枢纽和中心。斯特拉波称，在他生活的时代，有庞大的船队，到遥远的印度和埃塞俄比亚的尽头，把最为贵重的货物从那里运抵埃及，再从埃及转运至其他地区。⑤ 显然，在这一过程中，亚历山大里亚发挥着至关重要的作用。

荣耀的城市起源，优越的地理位置，希腊化时代的经济与文化中心地位，使亚历山大里亚成为斯特拉波《地理学》中描述最详细的城市。

五、埃及的物产与经济

埃及被奥古斯都并入罗马版图后，成为一个特殊的行省，在帝国中占

---

① 斯特拉波：《地理学》，17，1，10。
② 斯特拉波：《地理学》，17，1，13。
③ 斯特拉波：《地理学》，17，1，13。
④ 狄奥多罗斯：《历史集成》，xvii，52，5～6。
⑤ 斯特拉波：《地理学》，17，1，13。

有重要地位。它物产丰富，经济潜力巨大，斯特拉波对此进行了详细的调查与描述。

纸草是埃及人的书写载体，是传递埃及文明的重要媒介。比布鲁斯（byblus）则是埃及人用以制作书写载体的植物，是埃及的特殊产品，自然会受到斯特拉波的关注。他为我们描绘了比布鲁斯的生长和经营状况。它们生长于埃及的沼泽和湖泊中，尼罗河三角洲较低地区的产量最大。比布鲁斯有光秃的树干，顶部成簇状。制成的纸草有上乘与次等之分。有人希望提高收入，禁止大量种植比布鲁斯，控制产品数量，卖出更高价格，以增加收入。不过，斯特拉波认为这种做法损害了它们的公共用途。①

埃及塞亚姆斯（cyamus）（埃及豆）也生长在沼泽与湖泊中，西波里乌姆（ciborium）②就由它制成。塞亚姆斯的茎大约有10罗马尺高，长满了叶子，开满了花。它结的果实，与我们的塞亚姆斯相似，只不过大小和味道不同。豆田的景象令人愉悦，还为在那里享用宴席的人带去快乐。他们在船舱中享用宴席，游船③驶入浓密的塞亚姆斯中和叶子的荫凉下。叶子非常大，它们可以用来制作酒杯和碗，这些叶子甚至有适合于这种用途的凹度。事实上，在亚历山大里亚的工场中到处是这种叶子，农庄也以此作为他们收入的一个来源。④

狄拜克·阿卡塔（Thebaic acantha）的树林产出树胶。⑤ 赫拉克里奥特（Heracleote）诺姆，"无论在它的外形、它的肥沃，还是在它的原料生产方面都最为有名。因为唯独这里种植橄榄树，并且树木巨大，发育完全，产出优良的果实，如果细心采集橄榄的话，它能够产出上乘的橄榄油。⑥ 可

---

① 斯特拉波：《地理学》，17，1，15；17，2，4。

② 即"果皮酒杯"，酒杯由果皮制成。

③ 托泽注释说，这些船只归属政府。H. F. Tozer, *Selections from Strabo with an Introduction on Strabo's Life and Works*, Oxford: Clarendon Press, 1893, p. 353, 注释 17。

④ 斯特拉波：《地理学》，17，1，15；17，2，4。

⑤ 斯特拉波：《地理学》，17，1，35。

⑥ 在一些地区，一般是在小亚细亚，"用棍棒击落或者通过摇曳树枝使其落地，或者甚至让其自然落地，它们常常被扔在地面上，直到所有者方便的时候才将它们捡起来；大部分次等的橄榄油，质量低劣，是由树木所有者的粗心造成的。"英译者琼斯提供的注释，见 Strabo, *Geography*, Loeb Classical Library, Vol. 8, p. 97 注释 5。

是由于他们忽视这一问题，尽管压榨了许多橄榄油，但它的气味难闻（埃及其余的地区，除了亚历山大里亚附近的花园之外，不种植橄榄树；花园中产出的橄榄，供应充足，但却并不产出橄榄油）。这里还出产大量的葡萄酒、谷物、豆类植物和其他各类种子植物。"① 与阿比都斯相对的绿洲，水源丰富，葡萄酒充裕，其他各类物品供应充足。②

海枣则是一种重要的经济作物。"底比斯的海枣更为坚硬，但味道更令人惬意。""有一座岛，岛上尤其盛产最优质的海枣，这给长官带来了巨额税收。过去它归皇家所有，私人无法分享，但现在它归属于长官。"③埃及的贝尔塞亚（Persea）是一种大树，其果实大而甜蜜。塞卡米努斯（Sycaminus）结的果实被称为塞科摩鲁斯（sycomorus），与塞库姆（sycum）相似④，但它不以味道取胜。埃及还产出科尔西乌姆（corsium），其味道与胡椒粉有些相似，但体型比胡椒略大。⑤ 埃及也存在矿产资源，在摩孟菲斯以上的地区，就有储量丰富的硝石矿。⑥

尼罗河不仅给埃及带去了肥沃的土地和丰产，而且其本身还产出丰富的鱼类和贝类。斯特拉波进行了详细报道。尼罗河中的鱼类"数量众多，种类各异，并且具有本地特点，其中最有名的是奥克西林库斯（oxyrynchus）、勒比多图斯（lepidotus）、拉图斯（latus）、阿拉贝斯（alabes）、科拉西努斯（coracinus）、科埃鲁斯（choerus）和发格罗鲁斯（phagrorus）[也称为发格鲁斯（phagrus）]。除此之外，还有西卢鲁斯（silurus）、科塔鲁斯（citharus）、特里萨（thrissa）、科斯特鲁斯（cestreus）、莱克努斯（lychnus）、菲萨（physa）和博斯（bos）。"⑦贝类"有巨大的考克里亚（conchliae），它发出的声音有似呱呱的叫声。"⑧苦水湖（Bitter Lakes）也丰产鱼类，且到处是水鸟。⑨

---

① 斯特拉波：《地理学》，17，1，35。
② 斯特拉波：《地理学》，17，1，42。
③ 斯特拉波：《地理学》，17，1，51。
④ 即"无花果"。
⑤ 斯特拉波：《地理学》，17，2，4。
⑥ 斯特拉波：《地理学》，17，1，23。
⑦ 斯特拉波：《地理学》，17，2，4。
⑧ 斯特拉波：《地理学》，17，2，4。
⑨ 斯特拉波：《地理学》，17，1，25。

北京师范大学史学探索丛书

如前所述，鳄鱼既是埃及部分地区敬拜的对象，又成为一些地方痛恨的目标，还是人们观赏的对象。斯特拉波在朋友的陪同下，参观了阿尔西诺城供养的神圣鳄鱼。① 而鳄鱼在罗马也受到人们的欢迎，它曾被运往罗马进行展出。② 埃及产出獴和角蝰。獴是埃及一些地区崇拜的对象。③ 与其他地区的角蝰相比，埃及角蝰有自身特点。"这里有两种角蝰，其中一种仅有一跨距长，它能更快地致使被它伤及者丧命；另一种角蝰其长度接近一发图姆（fathom）。"④

在埃及，朱鹭、夜啼鸟和希拉克斯（hierax）也具有独特性。斯特拉波常将它们与自己熟知的同类动物相比，审视它们的特点。他说："与其他地区的希拉克斯相比，埃及的希拉克斯很驯顺，就像猫一样。"⑤"夜啼鸟是一个特殊的种类，因为在我们的地区，它有鹰一样大小，有乌鸦一般的声音，但在埃及，它与寒鸦大小相当，其声音与乌鸦的叫声不同。"⑥朱鹭"是最温顺的飞禽；它的大小和形体与鹳相似，但有两种颜色，一种与鹳的颜色相似，一种则周身黑色。亚历山大里亚的每个十字路口，都是它们的'天堂'。"⑦

埃及地区产酒，其种类相异，质量也存在差别，不同地区酒的酿造方法也不同。⑧ 从帕拉托尼乌姆到亚历山大里亚的整个地区，"没有好酒……他们称这种酒为'利比亚'（Libyan）酒，亚历山大里亚人的大部分部落饮这种酒和啤酒"，而安提发拉（Antiphrae）因劣质酒而最受奚落。⑨ 玛莱亚湖周围的滨湖地带，非常适合居住。这一地区的美酒优良，以至于玛莱提克（Mareitic）酒被储存起来，以使之成为陈年佳酿。⑩ 不过，埃及也从外地进

———

① 斯特拉波：《地理学》，17，1，38。
② 斯特拉波：《地理学》，17，1，44。
③ 例如，赫拉克利斯城的居民就把獴作为崇拜的对象。见斯特拉波：《地理学》，17，1，39。
④ 斯特拉波：《地理学》，17，2，4。
⑤ 斯特拉波：《地理学》，17，2，4。
⑥ 斯特拉波：《地理学》，17，2，4。
⑦ 斯特拉波：《地理学》，17，2，4。
⑧ 斯特拉波：《地理学》，17，2，5。
⑨ 斯特拉波：《地理学》，17，1，14。
⑩ 斯特拉波：《地理学》，17，1，14。

口美酒，在斯特拉波时代，叙利亚的拉奥狄塞亚就是亚历山大里亚所需葡萄酒的供应地。①

充裕的物产，巨大的经济潜力，使埃及在并入罗马版图后很快成为罗马帝国的原料基地和粮仓，而后者对罗马来说更具有战略意义。尽管斯特拉波没有明确表述，但从帝国初期其他古典作家的论述中，我们看得非常清楚。

塔西佗说："人们证实了这样一点：首都的粮食只够十五天的食用了。只是由于上苍开恩和冬天气候不冷，罗马才免遭一场大灾难。过去，意大利确实把粮食运给最边远的行省的军团，土地的瘠薄现在也不成问题；但是我们的农业重点已经是阿非利加和埃及了。这样一来，罗马人民的生命便有系于海上航运的安危了。"②提比略在写给元老院的信中明确指出，"罗马是靠着国外的粮食来维持的，而且罗马人每天都是要看着暴风和海浪的眼色过日子的。如果行省的粮食不来支援这里的主人和奴隶，看来我们自己的田地，我们自己的森林和庄园就非得养活我们不可了。"③在另一处，塔西佗又谈到，得到克雷莫纳战役的消息后，维斯帕西亚努斯迅速向亚历山大推进，"这样他就能够把饥馑的重担加到维提里乌斯的被击溃的军队和永远需要外界支援的罗马城身上。原来他这时正在准备从陆海两方面进攻实际上处于同一地区的阿非利加，他的目的则是切断意大利的粮源，从而在他的敌人中间造成匮乏与不和。"④显然，在帝国时期，埃及肩负着供应罗马城和意大利粮食的重任，它的安全与否直接关系到帝国首都的安危。

丰富的物产既是经济潜力的表征，又为发展对外贸易提供了条件；优越的地理位置，便利的水陆交通，使埃及成为罗马发展东方贸易的基地和桥梁。斯特拉波为我们展现了他所生活的时代，罗马埃及与东方贸易繁荣

---

① 斯特拉波：《地理学》，16，2，9。

② ［古罗马］塔西佗：《编年史》（下册），王以铸、崔妙因译，北京，商务印书馆，2005，382 页。

③ ［古罗马］塔西佗：《编年史》（上册），王以铸、崔妙因译，北京，商务印书馆，2005，176～177 页。

④ ［古罗马］塔西佗：《历史》，王以铸、崔妙因译，北京，商务印书馆，2005，204 页。

的盛况。① 在斯特拉波生活的时代，除了亚历山大里亚之外，科普图斯和米乌斯·霍尔姆斯同样是享有盛誉的商业中心，"现在所有印度货物，所有的阿拉伯货物，以及所有经阿拉伯湾运来的埃塞俄比亚货物，都要运到科普图斯，它是所有这些货物的商业中心。"②

对外商贸发展，是经济发达的重要表现，又促使埃及税收的增加。斯特拉波满怀激情地告诉我们："至于埃及的税收，西塞罗在某一篇演讲词中谈到了它们。③ 他说克里奥帕特拉的父亲奥勒提斯（Auletes）每年可以获得12500塔兰特④的贡税。如果一个人以最糟糕、最粗心的方式管理王国就能获得如此巨额的税款，那么，非常勤劳地进行管理，且当与印度人和特罗格罗戴提斯人的商业发展至这样高的程度时，你想现在的税收会是多少呢？"⑤尽管斯特拉波没有告知我们他所生活时代罗马埃及每年税收的具体数额，但按照他的看法，可以肯定，将远远高于奥勒提斯统治时期每年所获的数额。⑥

富饶的物产，巨大的经济发展潜力，优越特殊的地理位置，使埃及在罗马帝国行省中具有重要地位。罗马人的到来，促动了经济发展，税收增加与对外贸易的繁荣。而这正是斯特拉波所赞颂的主题。

六、罗马埃及的军事与行政管理

埃及在罗马帝国中占有特殊地位，对罗马帝国具有战略意义。奥古斯都对于它的行政管理及军事部署非常重视。作为当时许多事务的见证者，斯特拉波在《地理学》中提供了罗马在埃及行政及军事管理的一手信息。

---

① 斯特拉波：《地理学》，17，1，13。

② 斯特拉波：《地理学》，17，1，45。

③ 现在已经不复存在。

④ 狄奥多罗斯说是6000多塔兰特。见狄奥多罗斯：《历史集成》，xvii，52。

⑤ 斯特拉波：《地理学》，17，1，13。

⑥ 对埃及物产、经济、商业的专门论述，可参见：Pearl Elizabeth Yost, *The Commercial and Industrial Life of the Roman Provinces as Seen by Strabo*, a dissertation submitted to the Graduate faculty in candidacy for the Degree of Master of arts, Department of History, Chicago, Illinois, December, 1927, pp. 53-57.

奥古斯都征服埃及后，对它的行政管理与军事部署作了安排，将之变成一个特殊的行省。① 在管理方面，斯特拉波提供了这样的信息："现在，埃及是一个行省。它不仅要缴纳相当多的税款，而且还要由精明的人——我指的是时常派去的长官（praefects）——进行管理。被派去的长官与国王同级。他的下属司法长官，对于大部分诉讼案件具有最高权威。另一个下属是被称为 Idiologus 的行政官员②，他调查所有无主财产和应归恺撒的财产。这些事情由恺撒的自由人和管家协助处理；他们常常被委以或多或少有些重要的事务。"③

从中可以看出，作为罗马的一个行省，埃及要向罗马上交大量的税款。它由罗马——实质上是恺撒——派去的长官治理。在埃及，恺撒派遣的长官与托勒密时期国王的地位相当，拥有最高管理权。司法方面，司法长官负责诉讼，"对大部分诉讼案件具有最高权威"，其地位仅次于埃及长官。罗马在埃及的另一位重要长官被称为 Idiologus，其主要负责"调查所有无主财产和应归恺撒的财产"，由恺撒的自由人或者被委以重要事务的随从充任。实质上，他是恺撒在埃及的特殊代理人。

对于埃及的管理，古典作家有进一步的阐释。塔西佗说，作为牢固掌控埃及的手段之一，"奥古斯都曾禁止任何元老或高级骑士进入埃及，除非是得到了他的许可。他通过这种做法，封锁了埃及，以便不使任何一个人（在这里不管他的守卫的力量何等小，而他要抗击的兵力又有多么强大）企图通过控制这一行省以及海上和陆上的枢纽地点而陷意大利于饥饿之地。"④在《历史》中，他又谈道："由军队来维持秩序的埃及从圣奥古斯都的

---

① 斯特拉波：《地理学》，17，1，12；[古罗马]苏维托尼乌斯《罗马十二帝王传》，张竹明、王乃新、蒋平等译，北京，商务印书馆，1995，56页（Suetonius, *The Deified Augustus*, xviii, 2）。

② 恺撒的"特殊代理人"（Special Agent）或者"代理人"（Procurator）。关于"Idiologus"，可参见 Mary Knight, *A Geographic, Archaeological, and Scientific Commentary on Strabo's Egypt* (*Geographika*, Book 17, Sections 1-2), A dissertation submitted in partial fulfillment of the requirements for the degree of Doctor of Philosophy Department of Classics, New York University, May, 1998, p. 141.

③ 斯特拉波：《地理学》，17，1，12。

④ [古罗马]塔西佗：《编年史》（上册），王以铸、崔妙因译，北京，商务印书馆，2005，118页。

时代起便由罗马骑士代替那里先前的国王进行统治。把埃及这个行省置于皇室的直接控制之下看来是一个明智的办法，因为要到这个地方去，交通不便，但该地盛产粮食，又常常发生内哄和出其不意的骚乱；原来该地居民性格狂热，又很迷信，他们既不懂得我们的法律，又不习惯我们的民主制度。"①

熟谙军事的阿里安，在描述了亚历山大在埃及的军事部署后，说道："我想后来罗马人从亚历山大学到了经验，对埃及防范很严，从来没有从元老院派任何人去埃及当总督，只有被评为骑士的人才能去进行治理。"②狄奥·卡西乌斯则说："鉴于城市和乡村的人口众多，当地居民性格的脆弱与无常，谷物供应的程度和财富，奥古斯都不敢将土地授予任何元老，甚至没有允许元老在那里居住。"③

由于埃及对罗马帝国具有战略意义，因此，奥古斯都及其随后的元首对埃及的控制都非常严密。埃及长官、司法长官和 Idiologus 是罗马在埃及进行统治的主要高层官员，显然，担任这些官职的都是罗马公民。

斯特拉波谈到了前托勒密埃及时期埃及地区的行政管理状况："这一国家首先划分成诺姆（Nomes），底比斯包含10个诺姆，尼罗河三角洲地区有10个诺姆，在它们之间的地区有16个诺姆（根据有些人的说法，诺姆的总数与迷宫中大厅的数目相等，不过这些数目小于30）。诺姆又分成其他部分，在这些部分中，大多数被分成了小王国。这些小王国又分成更小单位。最小的单位是 arourae。④"⑤这一时期，埃及有多层行政机构，其中诺姆、小王国与阿鲁拉是重要组成部分。斯特拉波说，罗马人统治埃及后，

---

① ［古罗马］塔西佗：《历史》，王以铸、崔妙因译，北京，商务印书馆，2005，10～11页。

② 阿里安：《亚历山大远征记》，iii，5，7(98～99页)。

③ 狄奥·卡西乌斯：《罗马史》，51，17。

④ 斯特拉波说"arourae"，指的是埃及的土地单位(land-measure)，100埃及腕尺见方(Aegyptian cubits square)(Herodotus 2.168)，也即约相当于我们的十一分之七英亩。每个士兵可以无偿使用12阿鲁拉的免税土地(Herodotus 2.168)。英译者琼斯提供的注释。

⑤ 斯特拉波：《地理学》，17，1，3。

"在整个地区任命了被称为 Epistrategi①，Nomarchs② 和 Ehtnarchs③ 的官员，他们能够管理不太重要的事务。"④Nomarchs 是诺姆的长官，Ehtnarchs 则是诺姆之下部落的管理者。罗马人统治埃及时期，诺姆及其以下的行政机构仍在使用；很可能，埃及从前托勒密时代、托勒密时代，一直到奥古斯都统治时期，诺姆及其以下的行政机构一直沿用，变化不大。

罗马人统治埃及后，建设了城市。⑤ 斯特拉波描述了亚历山大里亚的官僚体系。"在城市（根据上下文判断，这里指的是亚历山大里亚）的当地官员中，一个为解释者（Interpreter），他身着紫衣，拥有世袭特权，负责城市的利益。另一个是书记官（Recorder）。第三个是主司法官（Chief Judge）。第四个则是夜间指挥官（Night Commander）。"⑥显然，从斯特拉波提供的信息中可以判断，解释者、书记员、主司法官和夜间指挥官是负责亚历山大里亚正常运转的主要官员。他们的职责不同，各司其职，其中解释者拥有世袭特权。这些官员从当地人中任命。不过，斯特拉波说，"这些官员在国王统治时代就已经存在。"⑦罗马人沿用了托勒密时期亚历山大里亚的城市管理机构，只不过官员的人选和任免权掌握在他们手中。此外，斯特拉波还提到，托勒迈斯城具有模仿希腊人统治模式的政府。⑧ 遗憾的是，在对埃及的描述中，除亚历山大里亚外，尽管斯特拉波涉及几十座城市，但并未提供它们城市管理的详细信息，这使我们无法准确判断其他城市的管理状况。不过，虽然亚历山大里亚作为埃及行省的首府，具有特殊性，其管理方式与官员设置不能完全代表所有城市的管理状况，但在

北京师范大学史学探索丛书

---

① 英译者琼斯注释说，"斯特拉波似乎并不知道 Epistrategus 之职早在公元前 181 年已经存在。不过，在托勒密王朝时期，仅在底比斯有一位 Epistrategus，如它的名字所显示的那样，它是一位军事长官（Military Governor）。罗马人任命了几个 Epistrategi，但他们完全被剥夺了军事权力，仅被授予了管理权。"见 Strabo, *Geography*, Loeb Classical Library, Vol. 8, pp. 52-53，注释 1。

② 诺姆的统治者（Rulers of Nomes）。

③ 部落的统治者（Rulers of Tribe）。

④ 斯特拉波：《地理学》，17，1，13。

⑤ 斯特拉波：《地理学》，17，1，13。

⑥ 斯特拉波：《地理学》，17，1，12。

⑦ 斯特拉波：《地理学》，17，1，12。

⑧ 斯特拉波：《地理学》，17，1，42。

一定程度上也反映了罗马人对于埃及其他城市的统治与管理方式：它们很可能也设有与亚历山大里亚相应的管理官员；在希腊人聚集的城中，存在模仿希腊人统治模式的政府。

在埃及驻军，既是罗马人统治权威的象征，又是他们维护统治秩序，防御外敌入侵的依靠力量与坚强后盾。斯特拉波提供了奥古斯都在埃及部署军队的一手史料。在埃及，"有三个罗马军团，其中一个军团驻扎在城市，其余两个军团驻扎于乡村。除了这些力量之外，这里还有九个罗马步兵队。其中三个步兵队驻守在城市；三个驻守在埃塞俄比亚边境的塞纳[1]，以防卫那一地区；另外三个则驻扎在其余地区。这里还有三支骑兵队，它们同样被部署在关键的地点。"[2]奥古斯都在埃及行省共部署了三个军团，九个罗马步兵队和三支骑兵队。它们分别驻扎在城市、农村和边境地区的战略要地。其中尼罗河畔的巴比伦要塞，就驻守着一个军团。[3]

驻军是维护罗马统治秩序的支柱力量。在罗马统治之初，希罗恩波里斯发生叛乱，底比斯也因税收问题引起骚乱，埃及长官科涅里乌斯·加鲁斯(Cornelius Gallus)，率守军平定叛乱，维护了罗马的权威。[4] 这些驻军是防御外部入侵的坚强后盾。"当埃利乌斯·加鲁斯从埃及抽调一部分罗马守军进攻阿拉伯人时，埃塞俄比亚人趁机攻击底比斯和驻守在塞纳的三个步兵大队。他们出其不意地攻占了塞纳、埃勒发提纳(Elephantine)和菲拉伊(Philae)，把当地居民贬为奴隶，还推倒了恺撒的雕像。"[5]佩特罗尼乌斯(Petronius)[6]率埃及守军[7]

---

① 斯特拉波：《地理学》，17，1，48。

② 斯特拉波：《地理学》，17，1，12。

③ 斯特拉波：《地理学》，17，1，30。不过，玛丽·奈特认为，斯特拉波提到的部署在埃及的军团数目可能存在问题。罗马部署在埃及的是两个军团。部署三个军团可能是最初的情况。见 Mary Knight, *A Geographic, Archaeological, and Scientific Commentary on Strabo's Egypt* (*Geographika*, Book 17, Sections 1-2), A dissertation submitted in partial fulfillment of the requirements for the degree of Doctor of Philosophy Department of Classics, New York University, May, 1998, p. 142.

④ 斯特拉波：《地理学》，17，1，53。

⑤ 斯特拉波：《地理学》，17，1，54。

⑥ 罗马在埃及的第三任长官。见 Livea Capponi, *Augustan Egypt: the Creation of a Roman Province*, Routledge, New York and London: Routledge, 2005, p. 186.

⑦ 斯特拉波说，所率兵力步兵不足 10000 人，骑兵 800 人。见斯特拉波：《地理学》，17，1，54。

将埃塞俄比亚人逐出国境，并攻陷其首都纳帕塔（Napata），迫使他们议和。① 在埃及的驻军，还是罗马人对外扩张的工具。埃及长官埃利乌斯·加鲁斯率兵入侵阿拉伯时，埃及驻军就是主要力量。②

税收管理是罗马人在埃及行政管理的重要组成部分。在斯特拉波的描述中，货物税是罗马埃及的重要税收来源。埃及有许多对货物征税的站点。亚历山大里亚作为贸易中心，"既对进口货物征税，又对出口货物征税"；③ 税额的高低取决于货物的价值，"货物的价值越高，所征的税也越重"④。赫尔摩波利提克（Hermopolitic）要塞是一个收税站点，它主要负责对来自于底比斯的货物征税。⑤ 距离亚历山大里亚 4 斯考埃努斯（schoeni）的斯克迪亚也有一个征税站点，它负责对过往这里的货物征税。⑥ 斯特拉波认为，罗马人勤政而善于组织管理，随着埃及与外部世界贸易交往的发展，他们从埃及行省获得的税收，其额度势必要远远高于托勒密埃及时期所获的税额。⑦

斯特拉波在埃及被并入罗马版图后，前往埃及旅行考察。他对埃及的描述，体现着从托勒密埃及向罗马埃及的政治转变。埃及，是罗马人的埃及，是元首控制的埃及。奥古斯都在埃及任命行省长官、司法长官，派遣特殊代理人，派驻军队；埃及人要向罗马缴纳税款。这无疑直接体现了以元首为代表的罗马国家对埃及的统治权威。斯特拉波在描述各个地区时，仍不时地表达埃及在政治归属与政治地位上的变化。例如，他在谈到亚历山大里亚的博物馆时说，"博物馆也是王宫的一部分"，由一位祭司负责；"先前，负责人由国王任命，而现在则由恺撒指定"。⑧ 博物馆负责人的任命权发生了转移，先前由托勒密王朝的国王们任命，现在则由恺撒任命。在另一处，他又谈到，底比斯地区"有一座岛，岛上尤其盛产最优质的海枣，这给长官带来了巨额税收。过去它归皇家所有，私人无法分享，但现

---

① 斯特拉波：《地理学》，17，1，54。
② 斯特拉波：《地理学》，16，4，23；17，1，53，54。
③ 斯特拉波：《地理学》，17，1，13。
④ 斯特拉波：《地理学》，17，1，13。
⑤ 斯特拉波：《地理学》，17，1，41。
⑥ 斯特拉波：《地理学》，17，1，14。
⑦ 斯特拉波：《地理学》，17，1，13。
⑧ 斯特拉波：《地理学》，17，1，8。

在它归属于长官".① 岛上的海枣,过去归属托勒密王室所有,而现在则归埃及长官所有,并给他带来了巨额收入。斯特拉波在描述的细微之处,也不忘表现埃及在政治地位和政治归属上的转变。

展现罗马带给被征服地区的和平与繁荣,彰显罗马的伟大,是斯特拉波《地理学》中蕴含的主体思想之一。在对埃及的描述中,斯特拉波通过将罗马时期与托勒密时期埃及状况的对比,来突出这一主体思想。在斯特拉波眼中,托勒密王朝的大部分国王对埃及统治懈怠,疏于管理。他说:"在第三位托勒密国王之后,其余所有国王都沉迷于奢侈的生活,政府事务管理非常糟糕,其中第四、第七和最后一位国王统治时期,管理状况最为糟糕。"②谈到罗马人对亚历山大里亚的管理时,他指出,"这些官员③在国王统治时代就已经存在,但由于国王们对政府的拙劣管理,城市的繁荣因违法盛行而不复存在。"④他把托勒密国王拙劣的管理,违法盛行,看作是亚历山大里亚繁荣"不复存在"的主要原因。他还以到过亚历山大里亚的波利比乌斯对"那里事务的状况非常反感"⑤为例,证明自己的观点;并且直言"在后来国王的统治下,⑥ 其状况如果没有上述情况糟糕,也与它相似。"⑦

与此相反,对于罗马人,斯特拉波旗帜鲜明地赞美:"但是我可以说,罗马人以其最卓越的才能拨乱反正。如我以前所言,他们组织了城市,在整个地区任命了被称为 Epistrategi,Nomarchs 和 Ehtnarchs 的官

---

① 斯特拉波:《地理学》,17,1,51。

② 斯特拉波:《地理学》,17,1,11。

③ 指的是亚历山大里亚城中的解释者、书记官、主司法官和夜间指挥官(斯特拉波:《地理学》,17,1,12)。如上所述,奥古斯都沿用了托勒密埃及时期亚历山里亚的管理机构。

④ 斯特拉波:《地理学》,17,1,12。

⑤ 斯特拉波:《地理学》,17,1,12。

⑥ 在伙格提斯·菲斯冈(Euergetes Physcon)统治时期,波利比乌斯曾前往亚历山大里亚。(见斯特拉波《地理学》,17,1,12)。他是托勒密八世(伙格提斯二世),斯特拉波指的是在他之后埃及国王的统治状况。关于这位伙格提斯·菲斯冈,参见 Mary Knight, *A Geographic, Archaeological, and Scientific Commentary on Strabo's Egypt* (*Geographika*, Book 17, Sections 1-2), A dissertation submitted in partial fulfillment of the requirements for the degree of Doctor of Philosophy Department of Classics, New York University, May, 1998, pp. 126-127.

⑦ 斯特拉波:《地理学》,17,1,13。

员。"①罗马人勤于管理，精心经营带来的效果之一，便是税收的增加。②

罗马征服埃及后，奥古斯都对尼罗河的治理，③保证了农业的丰产与丰收，而这与"前朝"农业深受尼罗河泛滥影响形成了对照。"无论如何，在佩特罗尼乌斯的时代之前，当尼罗河上涨至 14 腕尺达到最高值时，庄稼产量最大；当它仅涨至 8 腕尺时，饥荒就会接踵而至。但是在他统治这一地区时，当尼罗河水位测量标尺显示的河水高度仅有 12 腕尺时，庄稼的产量依然最大，而当它显示的河水高度仅为 8 腕尺时，也并未发生饥荒。"④

斯特拉波用托勒密国王们统治懈怠，管理拙劣，反衬罗马人精心经营，勤于管理，成效显著。两者之间的对比，凸显了罗马征服埃及给埃及带来的生机、活力与繁荣。

斯特拉波生活的时代，见证了埃及由托勒密埃及向罗马埃及的历史性转变。斯特拉波曾长期在埃及旅居，实地考察，收集资料。他与埃及总督埃利乌斯·加鲁斯的亲密关系，给他在埃及的考察旅行创造了便利条件，我们能够从他对埃及的描述中，不时发现埃利乌斯·加鲁斯在场的信息。也正是他与总督的这种关系，使他获得了有关埃及政治与军事方面的诸多信息，也使他对埃及产生了更多关注。这是斯特拉波对埃及全景式描述的基础。斯特拉波力求展现多方面的内容。无论是埃及居民的生活习俗与宗教信仰，物产资源与经济状况，还是罗马人在埃及的行政管理与军事部署，以及在埃及发挥特殊作用的尼罗河与亚历山大里亚，都是他着力表现的内容。

斯特拉波所展现的埃及，其居民信仰虔诚，爱好和平。肥沃的土地，丰富的物产，巨大的经济潜力，表明埃及实力强大。罗马的行省，罗马的驻军，罗马人的绝对权威，展现了它是罗马人的埃及。与"前朝"相比，埃及秩序井然，政府运行良好，对外商贸发展繁荣，税收增加，这是罗马统治带来的显著成效。

---

① 斯特拉波：《地理学》，17，1，13。

② 见本书第 89、94 页。

③ "为了使它（埃及，笔者注）更富饶更适应供给罗马粮食，他派士兵去疏浚尼罗河泛滥时流到的所有运河，因为在许多年里，这些运河被泥沙淤塞了。"见［古罗马］苏维托尼乌斯《罗马十二帝王传》，张竹明、王乃新、蒋平等译，北京，商务印书馆，1995，56 页（Suetonius, *The Deified Augustus*, xviii, 2）。

④ 斯特拉波：《地理学》，17，1，3。

第四章 罗马的统治区域(中)：
斯特拉波视野下的叙利亚

　　庞培在东方的征战，将叙利亚地区直接或间接地置于罗马的统治之下，[①] 从而使罗马国家的版图向东推进至幼发拉底河，与帕提亚帝国直接接壤。作为罗马国家的统治区域，它是罗马人应对帕提亚人的前沿阵地，也是罗马发展对东方贸易的重要基地和中转站。斯特拉波对这一地区的描述，不仅提供了它的居民、风俗、物产与经济状况等信息，还不时展现它在政治上的变迁，彰显罗马人在这一地区的统治权威。

一、对叙利亚地理范围的界定

　　斯特拉波笔下的叙利亚是一个宽泛的地理概念。它不仅包括北部的科玛吉纳(Commagenê)，中部的塞琉西斯地区，还包括南部的腓尼基与犹太。斯特拉波在地理上对其进行了界定。在北方，叙利亚与西里西亚和阿玛努斯山相邻。从大海到幼发拉底河上的桥梁(从伊苏斯湾到科玛吉纳的渡桥)一线，构成了那一侧的边界，其长度不少于1400斯塔迪亚。在东方，它以幼发拉底河与它的这一侧阿拉伯·斯塞尼塔人所在的地区为界。在南方，它与阿拉伯·菲里克斯和埃及接壤。在西方，它濒临埃及海、叙利亚海，以及远至伊苏斯的大海。[②] 对这一区域，斯特拉波又将之分为科玛吉纳地区、

---

　　① 公元前64年，庞培率军进入叙利亚，设置叙利亚行省，将其直接置于罗马人的统治之下。他还征服犹太，监禁犹太国王阿里斯托布鲁斯(Aristobulus)，扶植傀儡国王；他重建一些城市，惩治一些城市的专制暴君，并赋予它们自由；他审判案件，处理城市与国王之间的争执(普鲁塔克：《庞培传》，xxxix，2～3)。公元前61年，犹太国王阿里斯托布鲁斯、科玛吉纳国王交付的人质，都作为战利品出现在庞培的凯旋式中(普鲁塔克：《庞培传》，xl，4)。这无疑标志着犹太与科玛吉纳处在罗马人的控制之下。

　　② 斯特拉波：《地理学》，16，2，1。

塞琉西斯地区、科勒·叙利亚、腓尼基和犹太。① 这里所说的科勒·叙利亚，是狭义上的地理概念。广义的科勒·叙利亚则包括了腓尼基和犹太。② 斯特拉波以由北向南、由沿海到内陆的顺序，展开了对叙利亚的描述。

二、叙利亚的居民及其习俗

居民及其生活习俗是斯特拉波描述人类居住世界的重要内容之一。在对罗马统治区域描述时，这些内容更是他重点关注的对象。对叙利亚地区的描述就是如此。

在奥古斯都时代，叙利亚地区五方杂处，生活着许多民族。在谈及对叙利亚地区的划分时，斯特拉波提到了其他作家的划分方法，其中谈到在叙利亚生活的七个不同民族，科勒·叙利亚人、叙利亚人、腓尼基人、犹太人、伊都玛亚人(Idumaeans)、加扎亚人(Gazaeans)和阿兹提亚人(Azotians)。这些民族从事不同的行业，腓尼基人从事商业，叙利亚人和科勒·叙利亚人则以农业为生。③ 阿帕梅亚以南的地区，则是斯塞尼塔人(Scenitae)的栖息地。他们与美索不达米亚地区的游牧民相似。④

阿拉都斯城居民获取生活用水有其独特的方式，这引起了斯特拉波的注意。"他们的供水部分来自雨水和蓄水池，部分来自大陆地区。战争时期，他们从城市前方不远的水渠获得供水。这条水渠有一口水量丰富的水泉。人们从取水船上把铅制广口漏斗倒置入水泉中，它的上端收缩成粗细适中的导管。他们在导管上绑上皮管(若非如此，我应该称它为风箱)，水通过漏斗被压入皮管中。最先被压上来的是海水，船夫等待着流出纯净而

① 斯特拉波：《地理学》，16，2，1。斯特拉波还提供了其他作家对叙利亚地区的划分方式，见斯特拉波：《地理学》，16，2，2。

② 斯特拉波：《地理学》，16，2，21。斯特拉波说，"俯瞰着塞琉西亚地区、大体延伸至埃及和阿拉伯的整个区域被称为科勒·叙利亚。不过，由里巴努斯山和安提里巴努斯山所形成的地区，是特殊意义上的科勒·叙利亚。在剩余的部分(即宽泛意义上科勒·叙利亚剩余的部分)中，从欧尔图西亚(Orthosia)到贝鲁西乌姆的滨海地区被称为腓尼基。它是一个沿着大海延伸的狭窄的地区，地势平坦。然而，俯瞰着腓尼基延伸远至阿拉伯人、介于加沙(Gaza)和安提里巴努斯山之间的内陆地区被称为犹太地区。"

③ 斯特拉波：《地理学》，16，2，2。

④ 斯特拉波：《地理学》，16，2，11。

适合饮用的水，把它们全部装入事先准备好的容器中带回城去。"①

玛西亚斯平原的山区部分被伊图拉亚人（Ituraeans）和阿拉伯人占据着。他们以抢劫为业。而平原上的居民则以农业为生，他们常常受到强盗的侵袭。山区的伊图拉亚人与阿拉伯人以要塞为据点进行抢劫。盘踞在里巴努斯山的强盗控制着山上的辛纳（Sinna）、波拉玛（Borrama）及其他要塞；山下的波特里斯（Botrys）、吉加图斯（Gigartus）、靠海的洞穴和建于特普罗索旁（Theuprosopon）之上的城堡，也在他们的掌控之中。不过，在斯特拉波生活的时代，这些据点都已被庞培摧毁。②

伊都玛亚人生活在犹太的最西部地区，他们原是生活在阿拉伯的纳巴塔亚人，但因暴乱而被流放。之后，他们与犹太人生活在一起，并与其形成了共同的习俗。③ 与西尔波尼斯湖（Sirbonis）相接并延伸至耶路撒冷的地区，主要生活着埃及人、阿拉伯人与腓尼基人部落混合血统的居民；每一个地方的情况都是如此。④ 他们占据着加利利（Galilee）、希里库斯（Hiericus）、菲拉德尔菲亚（Philadelphia）和撒玛利亚（Samaria）。

在叙利亚地区的居民中，犹太人禁吃肉食，实行切除及其他类似习俗。斯特拉波认为，这些习俗主要因迷信造成。⑤ 集体活动是古代居民生活的一部分，而神庙往往成为活动的场所。安提奥卡亚人和附近的民族，在达弗尼的庇护所、阿波罗与阿尔忒弥斯神庙庆祝共同的节日。⑥

在叙利亚生活着许多民族，他们有不同的生活方式，有的以抢劫为业，有的以农业为生，有的从事商业，有的则过着游牧生活。这些民族习俗不同，各有特色，既相互区别，又杂居生活，相互通婚。

三、叙利亚的经济与城市

与对其他地区的描述一样，斯特拉波关注叙利亚的经济与城市。物产

---

① 斯特拉波：《地理学》，16，2，13。
② 斯特拉波：《地理学》，16，2，18。
③ 斯特拉波：《地理学》，16，2，34。
④ 斯特拉波：《地理学》，16，2，34。
⑤ 斯特拉波：《地理学》，16，2，37。
⑥ 斯特拉波：《地理学》，16，2，6。

与资源是经济潜力的重要表现。叙利亚地区具有较为丰富的物产。海滨城市拉奥狄塞亚所领属的地区，出产优良的庄稼，盛产葡萄酒。它供应亚历山大里亚人所需的大部分葡萄酒。① 奥隆特斯河流经的广阔而肥沃的地区，为阿帕梅亚提供了充足的供应。② 里巴努斯山与安提里巴努斯山之间的平原河流纵横，约旦河流经的地区肥沃而丰产。平原上还有一座湖泊和许多沼泽。湖中出产芳香的灯芯草和芦苇，平原则产出香脂树。③

希里库斯（Hiericus）平原的物产也很丰富，不仅有棕榈树和多产的果树，而且还有可以入药的香脂树。斯特拉波称，平原上的弗尼孔（Phoenicon）④"尽管主要由棕榈树构成，但其中也有其他种类栽培的树木和多产的果树"。那里还有"一座香脂树公园。香脂树是一种灌木，有似 cytisus⑤ 和 terminthus⑥，有一种芳香的气味。人们割开树皮，把汁液装入容器。汁液是乳白色粘性物质。当少量这种物质被贮存时，它会凝固。这种汁液对医治头痛、初期白内障和夜间视力微弱有很好的疗效。因此，它非常昂贵。当然，它的昂贵还由于其他地方不出产这种物质。"弗尼孔产出鱼尾葵（caryotic）棕榈树，每年可以带来巨额的税收。当地人以香脂树（xylo-balsam）做香料。⑦ 死海则蕴藏着丰富的沥青。⑧ 在塔里克亚（Taricheae），湖泊中产出用于腌制的优良的鱼。湖岸上生长着果树，与苹果树相似。⑨

经济和商业与城市密切相关，城市常常是工业的集中地，而不同的城市有不同的优势工业。腓尼基人的特色工业，给斯特拉波留下了深刻印象。推罗人的染色业发达，他们拥有大量的染色工场。斯特拉波说，推罗紫被证明是最美丽的紫色。他们在海岸附近可以捡到海贝，染色所需要的其他原料也很容易获得。发达的染色业与推罗人高超的航海技能，是推罗

---

① 斯特拉波：《地理学》，16，2，9。

② 斯特拉波：《地理学》，16，2，10。

③ 斯特拉波：《地理学》，16，2，16。

④ 即棕榈树林。

⑤ 木本苜蓿（Medicago Arborea）。

⑥ 笃耨香树（Pistacia terebinthus）。

⑦ 斯特拉波：《地理学》，16，2，41。

⑧ 斯特拉波：《地理学》，16，2，41。

⑨ 斯特拉波：《地理学》，16，2，45。

北京师范大学史学探索丛书

在数次灾难中得以恢复、发展的支柱力量。① 斯特拉波评论说，"尽管大量的染色工场，使城市并非为怡人的居住之地，然而，它却通过居民们高超的技艺让城市变得富有起来。"② 在罗马帝国时代早期罗马与中国的商业交往中，罗马人所获取的中国丝绢，正是首先在腓尼基的城市中进行分解、纺织、染色，而后再运往罗马各地。③ 阿科与推罗之间海岸地带的沙子可以用来制造玻璃；西顿人不仅拥有适于熔化的玻璃沙，而且还有玻璃制造业。据说上述海岸地带的沙子就运往西顿熔化、浇铸。④ 小镇阿斯卡隆尼塔（Ascalonitae）则是一座优良的洋葱市场。⑤ 莱库斯河（Lycus）与约旦河在地区性商业交往中发挥着作用，活跃的阿拉伯商人正是沿着这两条河将货物运往内陆。⑥

城市不仅是工业与经济中心，还常常是文化中心，是学者云集之地。希腊人杰出的文化成就，斯特拉波的希腊出身和深厚的希腊文化背景，使他在文化方面尤为关注希腊学者。对于所述及的希腊或希腊化地区，斯特拉波都会详细展现它们的重要学者与名人。对叙利亚地区的描述，就体现了这一特点。阿帕梅亚是波塞冬尼乌斯的故乡。⑦ 波塞冬尼乌斯是斯特拉波的学术前辈，其作品是斯特拉波《地理学》的重要史料来源之一。斯特拉波称，"在我所生活时代的哲学家中，他最为博学。"⑧ 在西顿，有与斯特拉波同时代的著名哲学家波埃图斯（Boethus）及其弟弟狄奥多图斯（Diodotus）。斯特拉波说，"我曾与波埃图斯一起研究亚里士多德哲学。"⑨ 推罗则有哲学家安提帕特（Antipater）和阿波罗尼乌斯（Apollonius）。前者与斯特拉波所处时代相同；后者则生活于斯特拉波的时代之前不久，曾出版芝诺

---

① 斯特拉波：《地理学》，16，2，23。

② 斯特拉波：《地理学》，16，2，23。

③ ［德］夏德：《大秦国全录》，朱杰勤译，北京，商务印书馆，1964，55 页；［英］赫德逊：《欧洲与中国》，李申、王遵仲、张毅译，何兆武校，北京，中华书局，2004，46 页。

④ 斯特拉波：《地理学》，16，2，25。

⑤ 斯特拉波：《地理学》，16，2，29。

⑥ 斯特拉波：《地理学》，16，2，16。

⑦ 斯特拉波：《地理学》，16，2，10。

⑧ 斯特拉波：《地理学》，16，2，10。

⑨ 斯特拉波：《地理学》，16，2，24。

学派哲学家及其著述的图表。^① 小镇阿斯卡隆尼塔是哲学家安提奥库斯的家乡。^② 伊壁鸠鲁学派的菲罗德姆斯(Philodemus),讽刺作家美勒亚格(Meleager)和美尼普斯(Menippus),以及与斯特拉波同时代的修辞学家提奥多鲁斯(Theodorus),则是加达里斯(Gadaris)当地人。^③

肥沃的土地,富饶的物产,发达的城市,具有特色的城市工业,^④ 城市的学者名人,构成了斯特拉波对叙利亚描述的重要内容。

四、罗马人在叙利亚的统治权威

在描述人类居住世界的过程中,展现罗马的统治与主导地位,一直是斯特拉波竭力表现的主题。他撰写《地理学》时,叙利亚地区已由各个独立的王国或自由城市变成了罗马帝国的版图或势力范围。再现罗马人在叙利亚的事迹,暗示这一地区在政治归属上的变迁,成为斯特拉波彰显罗马统治权威的重要方面。

在谈到科玛吉纳时,斯特拉波说,科玛吉纳过去是叙利亚北部地区的一个王国^⑤,萨摩萨塔城是王宫所在地,而现在它则成为一个行省。^⑥ 在历史上,阿拉狄亚人及其他腓尼基城市,都曾由独立的国王统治。但无论是阿拉都斯还是腓尼基的其他城市,在经历了波斯人与马其顿人的统治之后,现在处于罗马人的统治之下。^⑦ 按照斯特拉波的说法,推罗城

---

① 斯特拉波:《地理学》,16,2,24。

② 斯特拉波:《地理学》,16,2,29。

③ 斯特拉波:《地理学》,16,2,29。

④ 对叙利亚经济资源和商业的专门叙述,可参见 Pearl Elizabeth Yost,*the Commercial and Industrial Life of the Roman Provinces as Seen by Strabo*, a dissertation submitted to the Graduate faculty in candidacy for the Degree of Master of arts, Department of History, Chicago, Illinois, December, 1927, pp. 48-49.

⑤ 在庞培的第三次凯旋式(公元前 61 年 9 月 28—29 日)上,有东方的伊比利亚人和阿尔巴尼亚人送来的人质,也有科玛吉纳国王送来的人质(普鲁塔克:《庞培传》,xl,4)。从普鲁塔克的记述来看,庞培在征服东方时并未将科玛吉纳王国直接变成罗马的领土,国王依然存在,不过他受到罗马人的控制。到斯特拉波写这部分内容时,它已经成为罗马的一个行省。

⑥ 斯特拉波:《地理学》,16,2,3。

⑦ 斯特拉波:《地理学》,16,2,14。

北京师范大学史学探索丛书

在罗马人统治时期，仍然享有自治权。当然这存在前提条件，即推罗城国王们的政策要经过罗马人的批准和认可，这种自治权需要由罗马人授予。①

罗马人的统治权威还体现在对当地统辖范围的改变上。庞培将美索不达米亚平原上的塞琉西亚要塞，划入科玛吉纳境内。② 阿格里巴不仅向贝里图斯派驻两个军团，还把"远至奥隆特斯河源头的玛西亚斯的大片地区划归于它。"③

庞培在进军犹太时攻克耶路撒冷，破坏所有城墙；竭尽所能摧毁匪徒的巢穴和专制君主的财库④，为罗马人树立在这一地区的权威奠定了基础。罗马人对犹太地区宗教与政治领袖的任命和授衔，也是其统治权威的重要表现。斯特拉波有这样的描述：

> 庞培夺取了被犹太人强行侵吞的地区，任命希律王（Herod）担任祭司。后来，某一个希律王（上面提到的希律王的后裔，是这一地区的当地人）攫取了祭司之职，但他超越自己的所有前任，在与罗马人交往和管理国家事务方面，尤其如此，他因此获得了国王的头衔；先是安东尼，后来是奥古斯都·恺撒，授予了他这样的权力。至于他的儿子们，他亲自处死了一些，因为他们阴谋反对他。他去世时，让其余的儿子作继承者，并把王国分给了他们。恺撒也授予希律王的儿子们、

---

① 斯特拉波：《地理学》，16，2，23。不过，这些城市的自治权随时会被剥夺。"某些与罗马有过条约关系的城市，由于已缺少法制约束而趋于腐败，他（奥古斯都，作者注）就取缔它们的独立。"[古罗马]苏维托尼乌斯：《罗马十二帝王传》，张竹明、王乃新、蒋平等译，北京，商务印书馆，1995，77 页（Suetonius, *The Deified Augustus*, 47）。公元前 20 年，西顿和推罗由于若干罗马公民在当地被杀而被剥夺了自治权。见[古罗马]苏维托尼乌斯：《罗马十二帝王传》，张竹明、王乃新、蒋平等译，北京，商务印书馆，1995，77 页，注释 3。

② 斯特拉波：《地理学》，16，2，3。

③ 斯特拉波：《地理学》，16，2，19。

④ 斯特拉波：《地理学》，16，2，40。在这一地区存在许多匪徒的巢穴：特勒克斯（Threx）、陶鲁斯（Taurus）、亚历山大里乌姆（Alexandrium）、赫尔卡尼乌姆（Hyrca-nium）、玛卡鲁斯（Machaerus）、吕西亚斯（Lysias）、斯塞图波里斯（Scythopolis）以及菲拉德尔菲亚（Philadelphia）附近的那些巢穴。见斯特拉波：《地理学》，16，2，40。

他的妹妹萨罗梅(Salomê)、他的女儿贝勒妮塞(Berenicê)头衔。①

从上述材料来看，当时庞培并未直接将犹太并入罗马帝国版图，而是剪除它的扩张所得，限制它的势力。庞培任命希律王担任祭祀。而这位希律王的某一后裔因担任祭司时表现卓越，获得了"国王"的头衔。当然，这是由罗马人授予的，"先是安东尼，后来是奥古斯都·恺撒，授予他这样的权力"。他去世后，他的儿子们继承了王国，恺撒授予他的妹妹与他的子女们头衔。自庞培征服犹太后，当地统治者的正统性和合法性需要得到罗马人的承认。罗马人的权威地位显而易见。

罗马人的控制与统治带来了自由、和平与安定。在斯特拉波对这一地区的描述中，以庞培为代表的罗马人以"解放者"、安定的恢复者与重建者的姿态出现。海滨城市塞琉西亚被庞培宣布为自由城市。② 庞培斩杀比布鲁斯(Byblus)的暴君，将它从暴政中解放出来。③ 他摧毁了强盗用以抢劫的要塞据点。④ 曾被特里奉(Tryphon)夷为平地的贝里图斯(Berytus)，现在已经由罗马人重建起来。⑤

在斯特拉波眼中，罗马人不仅是自由的赋予者，城市的重建者，而且也是商业安全、地区社会稳定的保障者。在罗马控制叙利亚地区以前，大马士革人总受到来自许多地方的攻击。罗马人的到来使这种状况得到明显改善。"事实上，蛮族人在很大程度上从阿拉伯·菲里克斯抢劫商人，但现在这种情况已很少发生，因为罗马人建立的良好的政府，驻扎在叙利亚的罗马士兵构筑的安全保障，使芝诺多鲁斯(Zenodorus)控制下的匪帮土崩瓦解了。"⑥斯特拉波通过将当地过去与现实状况的对比，来展现罗马人的征服与统治带来的和平与安定。

①　斯特拉波：《地理学》，16，2，46。
②　斯特拉波：《地理学》，16，2，8。
③　斯特拉波：《地理学》，16，2，18。不过，这些获得"自由"的城市，很可能要以向罗马缴纳税款为代价。见 Kevin Butcher, *Roman Syria and the Near East*, London: the British Museum Press, 2003, p. 22.
④　斯特拉波：《地理学》，16，2，18。
⑤　斯特拉波：《地理学》，16，2，19。
⑥　斯特拉波：《地理学》，16，2，20。

北京师范大学史学探索丛书

庞培在东方的征战，将广义的叙利亚地区置于罗马人的控制之下。这里既有罗马人的行省，也存在受他们控制的附属王国，还有他们设立的自治城市。在这三类区域内罗马人都具有统治权威。他们的权威不仅体现在按照自己的意愿改变辖区与统治范围、驻守军团上，而且也表现在他们能够赋予或剥夺城市自由，任命附属国国王与宗教祭司上。而罗马人统治带来的结果便是安全与稳定。

第五章　罗马的统治区域（下）：
斯特拉波视野下的小亚细亚

　　小亚细亚是欧亚大陆交往的纽带与桥梁。经过罗马将领卢库鲁斯、庞培和安东尼的征服，到公元前1世纪末为止，它基本上已处于罗马人的统治之下，成为罗马的统治区域。同时，小亚细亚是斯特拉波的故乡，是他熟悉的地区；在罗马人的统治之前，它还是"希腊化"米特里达梯王朝的势力范围。斯特拉波的祖上与该王朝存在紧密联系。米特里达梯王朝的属地，变成了罗马人的版图。这种政治归属上的变化，在斯特拉波对小亚细亚的描述中有明确体现。本章主要以小亚细亚东部地区的卡帕多西亚、本都、帕夫拉高尼亚、加拉提亚与拉高尼亚等地区为重点，展现斯特拉波的描述。之所以选择对这些地区的描述为研究对象，是因为它们要么是斯特拉波的出生地①，要么是斯特拉波受教育的地方②，要么是他所考察和参观的地方③。亲身经历使斯特拉波提供了关于这一地区的一手信息；故乡政治归属上的变化，使他展现了对罗马征服与罗马帝国的态度。

一、地理范围与居民

　　在斯特拉波的描述中，小亚细亚东部主要包括卡帕多西亚、本都、帕夫拉高尼亚、加拉提亚、福瑞吉亚和皮西底亚等地区。斯特拉波常常以地区来命名居民。他称居住在帕夫拉高尼亚地区的居民为帕夫拉高尼亚人，生活在卡帕多西亚地区的居民为卡帕多西亚人。以此类推，有福瑞吉亚人、比提尼亚人、迈西亚人、皮西底亚人等。不过，在每一地区又生活着

---

①　斯特拉波：《地理学》，12，3，15，39。本都的阿玛塞亚是斯特拉波的出生地。

②　斯特拉波：《地理学》，12，3，6。斯特拉波在本都阿米苏斯师从文法学家苔拉尼昂（Tyrranion）学习。

③　斯特拉波：《地理学》，12，2，3，4，7。斯特拉波的描述明确显示，他到过卡帕多西亚的许多地方。

不同的部落。其中有的居住在平原，有的生活在山区。他们因所在地区不同而有相异的生活方式。生活在山区的居民常常以抢劫为生，平原地区的居民则经常遭受前者的掠夺。小亚细亚地区还生活着罗马人。斯特拉波描述小亚细亚时，罗马人已经在那里获得了统治权威。除了罗马驻军外，那里还有罗马移民。就斯特拉波对这一地区的描述来看，在赫拉克莱亚①、辛诺普②和皮西底亚的安提奥卡亚③都有罗马移民。而科勒纳本身就是罗马殖民者占据的地区。④

斯特拉波在描述每一地区时，首先会确定它的地理范围。他所界定的卡帕多西亚，实际上包括大卡帕多西亚与本都。它南部以"西里西亚"陶鲁斯山为界；东部以亚美尼亚、科尔契斯和介于其间讲述不同语言的民族为界；北部以远至哈里斯河河口的攸克塞因海为界；西部以帕夫拉高尼亚人的部落和加拉太人（Galatae）为界。⑤

至于帕夫拉高尼亚人，在东部，它以哈里斯河为界；在南部，与福瑞吉亚人和居住于他们之间的加拉太人相邻；在西部，与比提尼亚人和玛里亚戴尼人（Mariandyni）相接；在北部则以攸克塞因海为界。⑥ 加拉太人在帕夫拉高尼亚人之南。⑦ 比提尼亚东临帕夫拉高尼亚人、玛里亚戴尼人和一部分埃皮克特提人（Epicteti）；北部与本都海相接，从萨加里乌斯河（Sangarius）出口延伸至拜占庭和卡尔西登海（Chalcedon）海口；西部与普罗旁提斯（Propontis）相邻；南部与迈西亚（Mysia）和福瑞吉亚·埃皮克特图斯（Epictetus）⑧接壤。⑨

不过，斯特拉波认为，明确划分某些地区的边界存在困难。比如，比提尼亚人、福瑞吉亚人和迈西亚人之间的边界就是如此。他说："很难确定比提尼亚人、福瑞吉亚人和迈西亚人之间的边界，甚至确定塞兹库斯

---

① 斯特拉波：《地理学》，12，3，6。
② 斯特拉波：《地理学》，12，3，11。
③ 斯特拉波：《地理学》，12，8，14。
④ 斯特拉波：《地理学》，12，6，5。
⑤ 斯特拉波：《地理学》，12，1，1。
⑥ 斯特拉波：《地理学》，12，3，9。
⑦ 斯特拉波：《地理学》，12，5，1。
⑧ 也被称为赫勒斯旁特·福瑞吉亚。
⑨ 斯特拉波：《地理学》，12，4，1。

(Cyzicus)周围的多里奥尼斯人(Doliones)、迈格多尼亚人(Mygdonians)和特洛伊人之间的边界也非常困难。人们都认为每一个部落都与其他部落不同,但我们很难确定他们之间的边界线。"之所以会出现这种状况,主要"是因为前往那里的外邦人,是蛮族人或战士,他们无法牢牢控制被征服的地区,对于其中的大部分人来说,他们是'漫游者',赶走了别人,又被其他人驱逐。"①

在谈及迈西亚地区时,斯特拉波说:"不同的统治者在不同时期统治这一地区,他们合并了一些部落,而又把另一些部落分割开来。在攻下特洛伊后,福瑞吉亚人和迈西亚人都曾统治过这一地区。随后,吕底亚人掌握了这里的统治权,与他们一起统治这一地区的还有埃奥里亚人和伊奥尼亚人。后来波斯人和马其顿人统治着这里。最后统治这里的是罗马人。在他们的统治之下,大部分民族都丧失了自己的方言和名字,因为罗马人对这一地区进行了重新划分。"②

历史上各个部落之间的彼此征伐,不同时期、不同统治者对这一地区的合并与重新划分,致使很难确定各个地区与部落的准确边界。

每一地区的居民又分为不同的部落,不过他们往往具有某些共同特征,比如使用同一种语言。就加拉太人来说,他们"分为三个部落,其中的两个部落是特罗克米人(Trocmi)和托里斯托波吉人(Tolistobogii),它们以各自统治者的名字命名;然而第三个部落特克托萨吉斯人(Tectosages)以凯尔特(Celtica)部落的名字命名……三个部落使用同一种语言。"③卡帕多西亚地区的居民使用同一种语言。④ 但古人认为卡塔奥尼亚人与其他卡帕多西亚人是不同的部落。不过,在斯特拉波生活的时代,作为卡帕多西亚十个辖区之一的卡塔奥尼亚,其居民与其他卡帕多西亚人相比,无论在语言上,还是在其他习俗上,都没有任何不同。⑤

生活在山中的居民常常以抢劫为生。斯特拉波说:"生活在山[帕里德勒斯山(Paryadres)]中的所有民族完全处于野蛮状态,赫普塔考米塔伊人

---

① 斯特拉波:《地理学》,12,4,4。
② 斯特拉波:《地理学》,12,4,6。
③ 斯特拉波:《地理学》,12,5,1。
④ 斯特拉波:《地理学》,12,1,1。
⑤ 斯特拉波:《地理学》,12,1,2。

尤其如此。他们生活在树林中或塔楼里……以野兽肉和坚果为生。他们攻击行人"。庞培率军从这一地区经过时，就曾遭受他们的袭击。[①] 生活在陶鲁斯山中的潘菲里亚人，也进行抢劫。他们"继承了西里西亚人血统的特性，他们并没有完全停止抢劫活动，也不会使位于他们边境的民族安宁地生活"。[②] 而"居住在山中的皮西底亚人，形成了独立的部落，由当地的统治者统治，就像西里西亚人那样，他们接受进行抢劫的训练"。[③] 陶鲁斯山山顶中部"有一座山谷平原，非常肥沃，它被分成几个谷地。尽管居民在平原上耕作，但却居住在大山的峭壁上或洞穴中。他们中的绝大部分人被武装起来，以大山为屏障，常常侵入其他民族的领地"。[④]

在小亚细亚东部，各个地区虽有大致边界，但由于历史原因，准确划定彼此间的界限存在困难。这一地区平原与山地相间，居民有不同的生活方式，平原居民多从事农业耕作；山区部落常常以抢劫为生。

二、信仰与神庙

小亚细亚地区神庙众多。无论是希腊神，还是小亚细亚当地的神明都受到敬拜。在对小亚细亚的描述中，神庙是斯特拉波关注的重要对象。他曾实地参观过一些神庙[⑤]，并在著作中对它们进行了详细描述。

埃尼奥神庙位于卡帕多西亚的科玛纳城。城中居民"主要包括受神明启示的人和生活于其中的神庙侍者。它的居民主要是卡塔奥尼亚人。尽管一般而言他们是国王的臣民，然而在许多方面要受到祭司的支配。祭司是神庙的主人，也是神庙侍者的主人，我在那里停留时，男女侍者共有6000多人。并且神庙还有相当大的一块属地，祭司可以享用土地上的收益。在卡帕多西亚，他的地位仅次于国王，一般而言，祭司与国王同属一个家族。"[⑥]从斯特拉波的描述中，我们可以了解到神庙的构成与规模，祭司的

---

① 斯特拉波：《地理学》，12，3，18。
② 斯特拉波：《地理学》，12，7，2。
③ 斯特拉波：《地理学》，12，7，3。
④ 斯特拉波：《地理学》，12，6，5。
⑤ 卡帕多西亚科玛纳城的神庙便是其中之一。
⑥ 斯特拉波：《地理学》，12，2，3。

地位和职能等诸方面的信息。埃尼奥神庙具有小亚细亚地区神庙的一般特征。①

神庙拥有众多的侍者、圣地和附属土地。斯特拉波到访埃尼奥神庙时，那里有"男女侍者6000多人"，它还"有相当大的一块属地，祭司可以享用土地上的收益"。在摩里美纳（Morimene）的维纳萨（Venasa），维纳西亚人（Venasian）的宙斯神庙，"有一块能容纳3000名神庙侍者的居住地和一块非常富庶的圣地，这每年可以为祭司提供15塔兰特的收益"。② 本都科玛纳的神庙祭司，除了掌控圣地之外，还统治着庞培划分给他的周围两斯考埃努斯的地区，神庙侍者的"数量也不少于6000名"。③ 泽拉城中的阿纳提斯神庙（Anaitis）在早期时代，"大量的神庙侍者和祭司居住在这里，祭司握有充足的资源。圣区与祭司的圣地都由他及无数的服侍者享用。"④

神庙的祭司具有很高的地位，不同神庙的祭司存在等级差别。从斯特拉波的记述中不难看出，在卡帕多西亚的科玛纳，祭司的"地位仅次于国王"。宙斯达西乌斯（Dacieus）神庙的祭司位居第三等级。⑤ 维纳西亚人宙斯神庙的祭司，等级地位也在卡帕多西亚科玛纳祭司之后。⑥ 在罗马人到来之前，祭司们不仅是神庙和神庙侍者的主人，而且在许多方面支配着城市居民。卡帕多西亚埃尼奥的神庙最为典型。⑦ 在本都科玛纳，祭司阿克劳斯既是生活在城中的神庙侍者的主人，也是部分居民的统治者。⑧

神庙是敬拜神灵的场所，同时也是庆祝公共节日和做出重大决定的地方。本都科玛纳的神庙，在敬拜女神时，"男男女女从各处、从城市与农村聚集到这里庆祝节日。"⑨泽拉的阿纳提斯神庙，以"举行的仪式伟大、圣

---

① 本都科玛纳城的神庙在献祭、敬拜神灵和祭祀仪式等方面，都与卡帕多西亚科玛纳神庙的基本相同，在此前国王们统治的时期尤其如此。见斯特拉波：《地理学》，12，3，32。

② 斯特拉波：《地理学》，12，2，6。

③ 斯特拉波：《地理学》，12，3，34。

④ 斯特拉波：《地理学》，12，3，37。

⑤ 斯特拉波：《地理学》，12，2，5。

⑥ 斯特拉波：《地理学》，12，2，6。

⑦ 斯特拉波：《地理学》，12，2，3。

⑧ 斯特拉波：《地理学》，12，3，34。

⑨ 斯特拉波：《地理学》，12，3，36。

洁而著称。所有本都人正是在这里对他们最为重要的事务进行宣誓。"①

不过，罗马人进入小亚细亚后，掌控了神庙祭司的任免，能够扩充或减少祭司的统治区域。可以说，他们控制了神庙。庞培就任命了科玛纳的祭司，扩大了他的统治范围。"在国王统治的时代，科玛纳的事务以已经描述过的方式进行管理，但当庞培掌控这一地区时，他任命阿克劳斯为祭司，除了圣地之外，还把周围两斯考埃努斯的地区划在他的治下，并且让居民服从他的统治。"②后来，科玛纳神庙祭司人选需要得到奥古斯都·恺撒的认可。③

泽拉城的阿纳提斯神庙，在国王统治的时代，祭司和神庙侍者占有重要地位，享有荣耀，"但目前一切都在皮图多利斯的掌控之下。许多人滥用并缩减了大量的神庙侍者和其余的神庙资源。与其毗邻的土地也遭到缩减，被分成几个统治区域"。庞培扩大了泽里提斯的区域，宣布泽拉为一座城市，并把它与库鲁培纳（Culupene）和卡米塞纳（Camisene）联合为一个城邦。后来，罗马的地方长官把这两个统治区域中的一部分划归科玛纳祭司；一部分划归泽拉祭司；而把另一部分置于阿特波里克斯（Ateporix）的统治之下。④ 贝西努斯（Bessinus）的"众神之母"神庙，"在古代，祭司是当权者，他们获有祭司之职的丰厚收益，但目前，这些特权大大地缩

---

① 斯特拉波：《地理学》，12，3，37。
② 斯特拉波：《地理学》，12，3，34。
③ 斯特拉波：《地理学》，12，3，35。斯特拉波记述了阿克劳斯之后祭司职位任免的情况，"他的儿子继承了祭司之职；随后吕科米底斯（Lycomedes）又继承了这一职位，还得到了400斯考埃努斯的领土，但现在他已经被免职，其职位由阿底亚托里克斯（Adiatorix）的儿子戴提乌图斯（Dyteutus）接任。人们认为他因优秀的品质而得到了奥古斯都·恺撒的赏识，获得了这一荣耀的职位。恺撒在凯旋式中展示阿底亚托里克斯和他的妻子与孩子后，决定把他与长子（戴提乌图斯是长子）一起处死。但当阿底亚托里克斯的次子告诉带他们去受刑的士兵他才是长子时，兄弟两人之间发生了长时间的争执，这种状况一直持续到他的父母劝服他向弟弟屈服。他们说他更为年长，更适合去保护他的母亲和其余的兄弟。因此，人们说次子和父亲一起被处死，哥哥得以幸免，并获得了荣耀的祭司之职。在父子被处决后，恺撒了解到这些情况，非常悲伤，认为幸免者应当受到他的恩宠与照顾，并赋予他上述荣誉。"从中我们可以看到，恺撒在任免祭司方面的权威。
④ 斯特拉波：《地理学》，12，3，37。

减了。"①

在罗马人控制小亚细亚东部以前，神庙在当地具有很大势力，神庙祭司拥有很大权力。神庙领有面积相当广大的圣区和附属土地，祭司享用附属土地的收益。神庙有数量众多的侍者；祭司既负责神庙，又掌控神庙侍者，还在很大程度上支配神庙所在城市的居民。罗马人进入小亚细亚东部后，掌握了神庙祭司的任免权，限制了祭司与神庙的权力，并且可以按照自己的意志改变神庙所属的区域。这成为斯特拉波展现罗马人统治权威的重要方面。

三、物产与经济

北京师范大学史学探索丛书

小亚细亚东部地区平原与山峦相间，河流众多，水量充裕。平原土地肥沃；山区植被茂盛，矿藏丰富；城市手工业繁荣，商业发达。描述这一地区资源与经济潜力，是斯特拉波展示故乡优越性的重要方面。而他的亲身经历与实地考察，为我们提供了小亚细亚东部地区物产与经济状况的一手信息。

在斯特拉波笔下，小亚细亚东部地区多产而富饶。卡帕多西亚地区的美里特纳，果林茂密，不仅出产橄榄，而且酿制摩纳里特（Monarte）葡萄酒；它可以和希腊的葡萄酒相媲美。② 卡塔奥尼亚"是一座宽广的谷地平原，除了常青树，这里生长各类植物"。③ 玛扎卡城附近地区盛产木材和粮草。④ 卡帕多西亚地区非常富庶，不仅出产水果，而且还盛产谷物和各种牛。⑤ 阿玛斯特里斯境内，特别是塞托鲁姆周围的地区，产出最多、最优质的黄杨树。⑥ 辛诺普附近有优良的狐鲣渔场。⑦ 辛诺普提斯（Sinopitis）和延伸至比提尼亚、位于海岸以上的所有山区，都出产造船用的木材，它们

---

① 斯特拉波：《地理学》，12，5，3。
② 斯特拉波：《地理学》，12，2，1。
③ 斯特拉波：《地理学》，12，2，2。
④ 斯特拉波：《地理学》，12，2，9。
⑤ 斯特拉波：《地理学》，12，2，10。
⑥ 斯特拉波：《地理学》，12，3，10。
⑦ 斯特拉波：《地理学》，12，3，11。

非常优良且便于运输。辛诺普提斯还出产枫木和山中坚果（mountain-nuts），人们用取自于这些林木的木材制造桌子。海岸附近的耕作区种植橄榄。① 加兹罗尼提斯（Gazelonitis）地势平坦，土地肥沃，物产富饶，产出瞪羚。②

提米斯库拉平原，"水分充足，绿草如茵，为牛马等牧群提供牧草，并且这里可以大量甚至是无限量种植黍与高粱。事实上，充足的水分抵消了干旱的侵袭，因此这里的居民从未遭受过一次饥荒。沿山地带产出大量的果子……无论何时深入森林都会获得充足的供应。""在这里还能捕捉到各种野生动物。"③法尔纳西亚（Pharnacia）有天然的狐鲣渔场。当地居民还捕获海豚，把丰富的海豚油应用于各个方面。④ 法纳罗亚（Phanaroea）是本都最富饶的地区，这里"不仅橄榄树如茵，盛产葡萄酒，而且它拥有一个村庄能够具备的所有其他美好品性。"⑤本都科玛纳城附近的所有地区都种植葡萄。⑥ 发泽蒙尼提斯（Phazemonitis）地区的斯特发纳（Stephanê）湖，面积广大，盛产鱼类，周围是各种丰美的草场，其余的部分则产出丰富的谷物。⑦ 阿玛塞亚整个地区树林茂密，它的部分地区为马儿提供了丰美的草场，并且适宜畜养其他动物。⑧

皮西底亚人所在的陶鲁斯山山顶，"有一个地区可以供养成千上万的居民，那里土地肥沃，许多地方都种植橄榄和优质葡萄，并且还为牛儿提供各种丰富的牧草。"⑨在这一地区附近，出产香料。斯特拉波对香料的生产过程，非常感兴趣，留下了详细的描述："这里的安息香树产量最大。这种树并不高大，但树干径直，可用以制造安息标枪，能够与山茱萸制成的标枪相媲美。食木头的蠕虫隐藏在树干中，它由里到外蚕食树木，一直达树木的表面。起初，它吐出木末，木末堆积在树根。树木流出液体，它

---

① 斯特拉波：《地理学》，12，3，12。
② 斯特拉波：《地理学》，12，3，13。
③ 斯特拉波：《地理学》，12，3，15。
④ 斯特拉波：《地理学》，12，3，19。
⑤ 斯特拉波：《地理学》，12，3，30。
⑥ 斯特拉波：《地理学》，12，3，36。
⑦ 斯特拉波：《地理学》，12，3，38。
⑧ 斯特拉波：《地理学》，12，3，39。
⑨ 斯特拉波：《地理学》，12，7，3。

很容易凝结成像树胶一样的物质。一部分液体沿着树干流到树根部的木末上，并与它们和土壤混合，有许多凝结于木末表面，非常纯洁，还有部分液体在下流过程中凝结于树干表面，也很洁净。人们用并不纯洁的木末与土壤制成一种混合物，它们比纯洁的物质更为芳香，但在效力方面不如纯洁的物质(大部分人都忽视了这一事实)。人们在敬拜众神时大量使用这种乳香。人们还称赞塞尔吉克伊里斯(Selgiciris)①，油膏就由它制成。"②辛纳达(Synnada)城前方的平原，则种植橄榄。③

除了丰富的植物、农作物外，小亚细亚东部地区还有大量的矿藏。斯特拉波说，玛扎卡(Mazaca)附近有采石场，玛扎塞尼人可以从中获得丰富的石料。④ 卡帕多西亚"出产名为'辛诺皮亚'(Sinopean)的代赭石，尽管伊比利亚的代赭石可以与其相媲美，但这里的代赭石在世界上最为优良。""据说阿克劳斯的矿工还在加拉太人的地区附近发现了水晶和缟玛瑙石层。这里的某一地区还出产象牙色石头，有小磨石状大小。人们用这些石块镶饰短剑的剑柄。另一个地区还产出透明巨石，用于出口。"⑤发尔纳西亚地区拥有铁矿，矿工可以从开采矿藏中获取生计。⑥ 卡贝拉(Cabeira)附近也有矿山。⑦ 阿玛塞亚的克西美纳有"盐矿"。⑧ 皮摩里塞纳(Pimolisene)地区也具有丰富的矿藏，不过，那里因开采矿山已经把萨达拉库吉乌姆山挖空。斯特拉波说，税务官经常开采矿藏，矿工是因犯罪而被出售的奴隶。那里工作艰苦，矿井条件恶劣，矿工疾病与伤亡不断，开采经常无法正常运转。⑨ 辛纳达城附近，有一座"辛纳狄克"(Synnadic)大理石采石场。"起初，这个采石场仅出产小块大理石，但由于罗马人奢华的需要，这里才开始开采巨大的独块儿大理石石柱。这里的大理石色彩斑斓，可以和白色大理石相媲美。尽管把这些沉重的大理石运至大海非常困难，但巨大而美丽

---

① 鸢尾根，可以用作香料，也可以入药。
② 斯特拉波：《地理学》，12，7，3。
③ 斯特拉波：《地理学》，12，8，14。
④ 斯特拉波：《地理学》，12，2，8，9。
⑤ 斯特拉波：《地理学》，12，2，10。
⑥ 斯特拉波：《地理学》，12，3，19。
⑦ 斯特拉波：《地理学》，12，3，30。
⑧ 斯特拉波：《地理学》，12，3，39。
⑨ 斯特拉波：《地理学》，12，3，40。

的大理石石柱与石板还是被源源不断地运往罗马。"①

至于手工业和商业，玛扎卡附近平原地区可以进行木材加工，熟悉那里的人还可以经营木材生意。② 在这一地区的日常生活中，商人发挥了重要作用。③ 因为，这里到处是火山与火山坑，"生活必需品要从很远的地方运到这里"④。辛诺普提斯的居民则用当地的林木制造桌子。⑤ 加兹罗尼提斯地区"拥有绵羊饲养工业，居民畜养绵羊，获取柔软的羊毛，这在整个卡帕多西亚和本都都非常罕见。"⑥拉高尼亚的索亚特拉（Soatra），也盛产绵羊，商人能够从经营羊毛中获取高额利润。斯特拉波说，"有些人仅从这项生意中就聚集了丰厚财富。"⑦拉奥狄塞亚周围的地区盛产优良的绵羊，出产的羊毛不仅柔软，而且又黑又亮，结果拉奥狄塞亚人从中获得了丰厚的收益。与之相邻的科罗塞尼人（Colosseni）也从同名的羊毛中获益颇丰。"⑧

从农耕土地到畜牧草场，从动物到植物，从林木、水果到资源矿藏，斯特拉波对小亚细亚东部地区的经济潜力，进行了详细的调查与描绘。丰富的物产、巨大的经济潜力，是斯特拉波展现故乡小亚细亚优越性的重要方面。这种展现为我们留下了关于小亚细亚经济状况的一手信息。⑨

---

① 斯特拉波：《地理学》，12，8，14。

② 斯特拉波：《地理学》，12，2，7。

③ Silvia Panichi, "Cappadocia through Strabo'eyes", Daniela Dueck, Hugh Lindsay and Sarah Pothecary, *Strabo's Cultural Gergraphy*：*The Making of a Kolossourgia*, Cambridge：Cambridge University Press，2005，p. 213.

④ 斯特拉波：《地理学》，12，2，7。

⑤ 斯特拉波：《地理学》，12，2，12。

⑥ 斯特拉波：《地理学》，12，3，13。

⑦ 斯特拉波：《地理学》，12，6，1。

⑧ 斯特拉波：《地理学》，12，8，16。

⑨ 对小亚细亚地区物产、经济资源和商业状况的专门描述，可参见 Pearl Elizabeth Yost, *the Commercial and Industrial Life of the Roman Provinces as Seen by Strabo*, a dissertation submitted to the Graduate faculty in candidacy for the Degree of Master of arts，Department of History，Chicago，Illinois，December，1927，pp. 37-46.

四、小亚细亚东部的城市

小亚细亚东部地区有数量众多的城市。① 之所以要呈现斯特拉波笔下的城市，不仅因为城市本身在当地发挥着重要作用，而且也在于他在这一地区进行了实地考察，提供了丰富的一手资料。探寻城市的源头，追述城市的沿革发展，描述城市的现实状况，凸显城市的个性特征，斯特拉波自古及今，由历史到现实，为我们描绘了小亚细亚地区部分城市的发展历程。在这一过程中，我们也可以窥见小亚细亚东部地区在政治上的变化。

小亚细亚东部地区城市众多，类型不同，特点鲜明。有的城市是宗教中心，有的是政治中心，有的是商业中心，有的则多种角色兼而有之。卡帕多西亚的科玛纳是当地的宗教中心。神庙在城市中占据重要地位，祭司具有特殊影响。神庙侍者是城市居民的组成部分，既受国王统治，又受祭司支配。② 泽里提斯境内的泽拉城，因阿纳提斯神庙而成为本都的宗教中心，"所有本都人，正是在这里对他们最为重要的事务进行宣誓"。③ 在庞培时代，本都的科玛纳既是当地的宗教中心，也是政治中心。庞培任命的祭司阿克劳斯，不仅掌控神庙侍者，而且还统治当地居民。④ 在历史上，辛诺普曾是米特里达梯·攸帕特王国的首府，自然是那个时代的政治中心。阿帕梅亚则是小亚细亚巨大的商业中心，是"来自于意大利和希腊商品的集散地"。⑤ 斯特拉波撰写《地理学》时，本都的科玛纳还成为著名的商业中心，那里人口稠密，生活富裕，服务业发达。斯特拉波认为，"在某种程度上，它成了缩小版的科林斯。"⑥

小亚细亚地区城市的军事特征是斯特拉波尤为关注的内容。辛诺普是自然与人类远见卓识的完美结合。"并且，半岛四周由隆起的海岸护卫，海岸上许多地方被挖空，仿佛岩洞，人们将其称之为'科埃尼西德斯'

---

① 笔者对《地理学》中小亚细亚的东部地区城市做了统计，见附录3。
② 斯特拉波：《地理学》，12，2，3。
③ 斯特拉波：《地理学》，12，3，37。
④ 斯特拉波：《地理学》，12，3，34。
⑤ 斯特拉波：《地理学》，12，8，15。
⑥ 斯特拉波：《地理学》，12，3，36。

(choenicides)。大海涨潮时，海水漫过海岸，因此，那里很难接近，这不仅仅因为上述原因，而且还在于岩石的整个表面棱角锋利，赤脚难以涉越。"①

斯特拉波的故乡阿玛塞亚也具有明显的军事特征。他说故乡城市阿玛塞亚防守坚固②，"无论从人的远见卓识还是从自然条件而言，它的设计都令人称赞，因为它同时具备了城市与要塞的优点。""它是高峻陡峭的岩石，岩石脚下是河流，一侧是滨河的城墙，而另一侧是山峰两侧的围墙。有两座山峰，它们自然地连接起来，并形成了两座高塔。在这一地区，既有国王们的宫殿，也有他们的纪念碑。山峰之间有非常狭窄的狭长地带连接，当你从河岸或者是郊区向上攀爬时，两侧的高度有五六斯塔迪亚；从狭窄地带到达山峰处，还有1斯塔迪亚的上坡路，它非常陡峭，难以攀爬。在要塞中还有水库，城市因此可以获得充足的水源，这里开挖了两条管状水渠，其中一条通向河流，另一条通往狭窄地带。在河上修建有两座桥梁，一座桥梁连接着城市与郊区，另一座则成为郊区与外界的通道；这座桥梁的所在地，正是位于岩石上方山脉的尽头。"③在斯特拉波的笔下，阿玛塞亚地势险要，防守坚固，供应充足，难以攻破，其军事特征显现无疑。④

斯特拉波对小亚细亚地区城市描述的特色之一，是呈现它们的优秀人物。辛诺普城有"许多杰出人物，其中哲学家有犬儒学派(Cynic)的第欧根尼，提谟修斯·帕特里昂(Timotheus Patrion)；诗人有狄菲鲁斯(Diphilus)；历史家有巴敦(Baton)，他撰写了《波斯史》(The Persica)。"⑤阿米苏斯城则"出了许多以学识闻名的人物，其中有拉提努斯(Rhathenus)的儿子德米特里乌斯(Demetrius)，数学家狄奥尼索多鲁斯(Dionysodorus)[他与美里亚(Melian)的几何学家同名]和文法学家苔兰尼昂，我曾在他的门下求学。"⑥拉奥狄塞亚"名人辈出"，"首先是希隆(Hieron)，他留给人们2000

---

① 斯特拉波：《地理学》，12，3，11。
② 斯特拉波：《地理学》，12，3，15。
③ 斯特拉波：《地理学》，12，3，39。
④ 休·林德塞认为，斯特拉波对于故乡阿玛塞亚军事特征的关注，在很大程度上由其家族的军事背景所致。Hugh Lindsay，"Amasya and Strabo's *patria* in Pontus"，Daniela Dueck，Hugh Lindsay and Sarah Pothecary，*Strabo's Cultural Gergraphy：The Making of a Kolossourgia*，Cambridge：Cambridge University Press，2005，p.187.
⑤ 斯特拉波：《地理学》，12，3，11。
⑥ 斯特拉波：《地理学》，12，3，16。

多塔兰特的遗产，用许多奉献物装点了城市；随后是修辞学家芝诺和他的儿子波莱蒙①。"②

尽管斯特拉波不止一次表示，地理学家所要关注的是"现在"，③ 但为了更好地认识"现在"，他在描述每一地区时，仍重视它的历史，关注它的历史沿革。这也成为他描述城市的一种方式。赫拉克莱亚城在经历了"自治""专制统治""自由"，罗马人授权下的"国王统治"后，被直接并入罗马的版图。④ 它的现状当然是处在罗马人的统治之下。在斯特拉波的笔下，辛诺普、阿米苏斯等城市的历史与现状也清晰地呈现在我们面前。⑤

斯特拉波对城市的描述并非均衡用力。对有的城市仅提及名字⑥，对有些城市则进行全方位描述。辛诺普、阿米苏斯和阿玛塞亚等城市，就是斯特拉波所青睐的对象。这些城市，要么具有显赫的历史，与重要历史事件相连，如辛诺普，它曾是米特里达梯大帝成长的地方，是他的王宫所在地，是罗马人与米特里达梯战争的"见证"者；要么在他生活的时代发挥着重要作用，如本都的科玛纳，福瑞吉亚的拉奥狄塞亚，前者不仅是当地的政治与宗教中心，而且在后来还成为商业中心，后者则是小亚细亚巨大的商业中心；要么是斯特拉波熟悉的区域和为之感到自豪的地方，如本都的阿玛塞亚，它是斯特拉波的故乡。

斯特拉波对小亚细亚城市的描述，重视城市的军事特征，关注城市的杰出人物，描述城市的政治沿革；探寻城市的源头，追溯城市的历史，收笔于罗马统治的"当今"世界。这些城市或是"现在"处于罗马人的统治之下⑦，或是在罗马人的统治下"秩序井然"。⑧ 这从一个侧面反映了罗马人在小亚细亚地区的统治权威，以及他们统治所带来的和平。

---

① 波莱蒙一世，本都和波斯普鲁斯国王，皮图多利斯的丈夫。

② 斯特拉波：《地理学》，12，8，16。

③ 例如，在论述小亚细亚地区时，斯特拉波就强调："如果我遗漏了有关古代历史的任何事情，我不进行增补，因为地理学家的职责不在于此，我必须论述事情现在的状况。"见斯特拉波：《地理学》，12，8，7。

④ 斯特拉波：《地理学》，12，3，6。

⑤ 斯特拉波：《地理学》，12，3，11，14。

⑥ 例如，皮西底亚的部分城市。见斯特拉波：《地理学》，12，7，2。

⑦ 斯特拉波：《地理学》，12，3，11，39。

⑧ 斯特拉波：《地理学》，12，3，14。

五、罗马人在小亚细亚东部的统治权威

在希腊化时代中期，罗马人已与小亚细亚东部有接触。随后，他们的势力逐渐向这一地区渗透。而卢库鲁斯、庞培等罗马将领在东方的征战，对罗马人与小亚细亚东部的关系具有决定性意义。斯特拉波撰写《地理学》时，这里已处在罗马人统治之下。尽管罗马人的具体统治方式不同，或设置行省，或保留附属王国，或设置自治城市，但他们具有绝对统治权威。斯特拉波对这一地区的描述，展现了它们在政治归属上的转变，凸显了罗马人的统治权威。

设置行省是罗马人统治权威的直接表现。庞培击败米特里达梯·攸帕托后，把本都的部分地区分成十一个小邦，与比提尼亚组建了本都行省①，直接将这些地区划入罗马的版图。

设立附属王国是罗马人的统治方式之一。而掌握附属国国王的任免权，是罗马人统治权威的表现。在描述卡帕多西亚时，斯特拉波这样说道："在征服安提奥库斯之后，罗马人就开始管理小亚细亚事务，与部落和国王建立友谊，结成同盟，在其他所有情况下，他们会把这一荣誉给予个别国王，但是他们把它一起给予了卡帕多西亚的国王和部落。当王室家族世系断绝后，罗马人根据他们与部落签订的友好同盟协约，让他们使用自己的法律。但他们使团的使节，不仅谢绝这种自由（他们说无法享用这种自由），而且恳请罗马人给他们派去一位国王。罗马人非常吃惊会有民族如此厌恶自由——无论如何，罗马人允许他们从自己中间选出中意的国王。他们选举阿里奥巴尔赞斯（Ariobarzanes）担任国王。不过，到第三代时，国王家系断绝。阿克劳斯被任命为国王，尽管他与这个民族没有亲缘关系，但还是被安东尼任命为国王。"②在"阿克劳斯死后，恺撒③和元老院宣布它为罗马的一个行省。"④从上述材料中可以看出，一方面，设立附

---

① 斯特拉波：《地理学》，12，3，1。
② 斯特拉波：《地理学》，12，2，11。
③ 指提比略元首。
④ 斯特拉波：《地理学》，12，1，4。

属王国，授予当地部落自治权，掌控附属王国王位的任免权，是罗马人在小亚细亚经常使用的统治方式；另一方面，这种方式是罗马人实现直接统治的过渡形式，其最终目的是将王国或部落变成罗马人的版图。上述罗马人对卡帕多西亚的处理方式就是典型的实例。

帕夫拉高尼亚的内陆地区同样如此，斯特拉波指出，"帕夫拉高尼亚内陆其余地区，向西延伸至比提尼亚。尽管这一地区很小，但在稍靠前的时代，它由几个统治者治理。不过，现在国王的家族已经灭绝，它由罗马人进行统治。"①罗马的地方长官曾把库鲁培纳和卡米塞纳的部分地区置于加拉提亚王室君主阿特波里克斯（Ateporix）的统治之下。在阿特波里克斯去世后，罗马人直接控制了这一区域。②

斯特拉波说，在历史上，加拉提亚曾有自己的统治体系。③但在他生活的时代，"权力分给了三个统治者；之后，它被分给了两个统治者；接着，又被置于一个人手中；先是戴奥塔鲁斯（Deiotarus）享有这里的统治权，尔后他的继承者阿明塔斯掌控这里。不过现在，罗马人不仅拥有这一地区，而且还占据阿明塔斯治下的所有地区，他们把这些地区组成一个行省。"④无论是帕夫拉高尼亚地区，还是加拉提亚，它们都经历了与卡帕多西亚相同的命运。

罗马人不仅掌握着附属王国王位的任免权，而且还控制着神庙祭司人选。对本都科玛纳城神庙祭司之职的控制，便是典型代表。庞培掌控这一地区时，任命阿克劳斯担任神庙祭司。⑤后来，阿底亚托里克斯的儿子戴提乌图斯之所以能获得祭司之职，则是因为他以优秀的品质赢得了奥古斯都·恺撒的赏识。⑥与斯特拉波同时代的科勒昂（Cleon），曾是劫匪头目。

---

① 斯特拉波：《地理学》，12，3，41。

② 斯特拉波：《地理学》，12，3，37。

③ 加拉太人"分为三个部落……每个部落又分为四个统治区域，被称之为四分领地（tetrarchies），每一个统治区域都有自己的长官（tetrarch），还有一名法官和一名军事指挥官（他们都归长官管辖），此外还有两名次一级的指挥官。十二个统治区域的议会（Council）由300名男子组成，他们在人们所说的德里尼米图姆（Drynemetum）召开会议。议会审理裁决谋杀案件，长官和法官处理其他所有案件。"见斯特拉波：《地理学》，12，5，1。

④ 斯特拉波：《地理学》，12，5，1。

⑤ 斯特拉波：《地理学》，12，3，34。

⑥ 斯特拉波：《地理学》，12，3，35。

但他因帮助过安东尼与奥古斯都·恺撒，而成为宙斯阿布勒提努斯（Abretenus）（迈西亚神）的祭司，并且最后还获得了本都科玛纳的祭司之职。① 即便是劫匪，在罗马人的支持下也能获取祭司之职。

划分与重新划分管理区域，既是罗马人巩固统治的手段，也是他们统治权威的表现。他们可以按照自己的意愿与需要，经常调整管理区域。斯特拉波在对小亚细亚东部的描述中不时展现这类信息。

斯特拉波说，在阿克劳斯及其之前的国王统治时期，卡帕多西亚被分为 10 个辖区，②随后，罗马人分给阿克劳斯的前任统治者 11 个辖区，其中一个是从西里西亚分出来的辖区③。罗马人还进一步把西里西亚·特拉契亚（Cilicia Tracheia）在埃拉乌萨（Elaeussa）附近的部分和组织海盗贸易的所有地区都划在阿克劳斯治下。④

庞培在击败米特里达梯时，已对本都及其周围的地区进行划分与重组。⑤ 后来的"罗马长官不时地调整管理区域，不仅任命国王和君主，而且在城市方面，他们解放一些城市，把另一些城市置于当地君主的统治之下，使部分城市受罗马人支配。"⑥

无疑，从斯特拉波提供的信息中我们可以看出，罗马人在小亚细亚地

---

① 斯特拉波：《地理学》，12，8，9。

② 陶鲁斯山附近有 5 个辖区，它们是美里提纳（Melitenê）、卡塔奥尼亚（Catao-nia）、西里西亚，提亚尼提斯（Tyanitis）和加尔萨里提斯（Garsauritis）；剩余的 5 个辖区为拉维安塞纳（Laviansenê）、萨尔加劳塞纳（Sargarausenê）、萨拉维纳（Saravenê）、卡曼尼纳（Chamanenê）和摩里美纳（Morimenê）。见斯特拉波：《地理学》，12，1，4。

③ 斯特拉波指的是卡斯塔巴拉（Castabala）和库比斯特拉（Cybistra）附近的地区。见斯特拉波：《地理学》，12，1，4。

④ 斯特拉波：《地理学》，12，1，4。

⑤ 斯特拉波：《地理学》，12，3，1。"他把朝向亚美尼亚地区和科尔契斯附近的地区分给与其并肩作战的当地统治者（Poenates），但将其余的地区分成 11 个小邦，划归比提尼亚，并将两部分组成一个行省。"庞培把加兹罗尼提斯"一部分地区划给了戴奥塔鲁斯；还把法尔纳西亚和特拉培祖西亚（Trapezusia）远至科尔契斯和小亚美尼亚的地区归于他的治下。他拥有祖传的加拉提亚四分之一的统治区域——托里斯托波吉人所在的地区。除此之外，庞培还任命他担任所有这些地区的国王。"见斯特拉波：《地理学》，12，3，13。庞培还"扩大了泽里提斯（Zelitis）的范围，宣布泽拉为一座城市，正如他对美加罗波里斯所做的那样。他把后者与库鲁培纳和卡米塞纳联合成一个城邦。"见斯特拉波：《地理学》，12，3，37。

⑥ 斯特拉波：《地理学》，12，3，1。

区具有绝对权威。他们可以按照自己的需要任意调整辖区范围及归属，决定是增加或减少当地管理者辖区的面积。

拥有仲裁权也是罗马人在小亚细亚地区统治权威的重要表现。斯特拉波说："米拉斯河通过狭窄通道汇入幼发拉底河，[①]国王阿里亚拉提斯（Ariarathes）修筑水坝阻塞通道，使附近的平原变成了大海一样的湖泊，并且隔绝了某些小岛——如基克拉泽斯群岛——与外界的联系，在那里进行着幼稚的消遣。但水坝突然崩塌，'海水'再次奔流而出，幼发拉底河[②]泛滥，淹没了卡帕多西亚的大片土地，冲毁无数居住地和良田，还损毁了控制着福瑞吉亚的加拉太人的许多土地。居民为求得遭受损害的赔偿，把这件事交由罗马人裁决，向他索要了300塔兰特的罚金。"[③]在罗马人的仲裁下，当地居民最终获得补偿。

斯特拉波还通过比较来彰显罗马人的强大。他说，皮西底亚人的塞尔吉城，由于地势天然险峻，无论在早期还是在随后的时代中，他们从未臣服于其他民族。他们曾向亚历山大派出使节，作为友好的地区，主动服从亚历山大的命令。但现在，他们完全臣服于罗马人。[④]由此，罗马人的强大不言而喻。

斯特拉波在描述中展现了罗马人在小亚细亚东部地区的统治权威，而他们的统治给这一地区带来了什么结果呢？或许阿米苏斯城的历史演变是一个很好的说明。"国王们也曾占据这座城市。攸帕托（Eupator）扩建这座城市，并在城中修建神庙。它也曾被卢库鲁斯围困，后来又遭到从博斯普鲁斯渡海而来的发尔纳塞斯（Pharnaces）的围困。在神圣恺撒[⑤]赋予它自由后，安东尼将其置于国王们的统治之下。接着专制君主斯特拉敦（Stra-

---

① 在斯特拉波的描述中，"幼发拉底河"是"哈里斯河"的讹误。

② 同样是"哈里斯河"的讹误。

③ 斯特拉波：《地理学》，12，2，8。

④ 斯特拉波：《地理学》，12，7，3。

⑤ 这涉及他与发尔纳塞斯在泽拉附近的战争，朱利乌斯·恺撒以"我来，我见，我胜"（Veni, Vidi, Vici）这样的豪言告知他在罗马的朋友阿曼提乌斯（Amantius）。普鲁塔克：《恺撒传》，1，2。不过，苏维托尼乌斯则说"我来，我见，我胜"，是恺撒在本都的凯旋式上打出的标语。见[古罗马]苏维托尼乌斯：《罗马十二帝王传》，张竹明、王乃新、蒋平等译，北京，商务印书馆，1995，20页（Suetonius, *The Deified Caesar*, 37, 2）。

北京师范大学史学探索丛书

ton)使它陷入水深火热之中。在阿克提乌姆战役之后，奥古斯都·恺撒再次赋予它自由，现在那里秩序井然。"①虽然阿米苏斯城经历多次被围，遭受过许多磨难与不幸，但在奥古斯都治下，它再次获得了自由，并且城市"秩序井然"。在斯特拉波眼中，当然是新的统治带来了这种"井然"的秩序。

重建城市也是斯特拉波展示罗马人统治效果的重要方面。在谈及小亚细亚的地震时，斯特拉波说："在我们生活的时代，位于山脚下的玛格涅西亚被地震削减，同时，不仅萨尔迪斯(Sardeis)，而且其他最著名的城市许多地方都遭到严重破坏。但元首通过拨款对其进行重建。②正如在早期时代，当特拉莱斯人(Tralleis)遭受不幸时(当他们的体育馆以及城市的其他部分坍塌时)，他的父亲重建他们的城市一样，他还重建了拉奥狄塞亚人的城市。"③在斯特拉波的笔下，罗马人，尤其是罗马元首，以城市重建者、灾难救助者的形象出现。不过，与罗马人形象相并列的米特里达梯国王，也曾积极重建城市。阿帕梅亚城经常遭到地震的袭击，"米特里达梯国王来到这一地区时发现城市已经被毁，于是拨款 100 塔兰特进行重建。"④

本都是米特里达梯王朝的统治区域，也是斯特拉波的故乡。在历史

---

① 斯特拉波：《地理学》，12，3，14。

② 指提比略元首。对于小亚细亚城市遭受地震之灾，以及提比略元首的救济行动，塔西佗在《编年史》中有详细记述："这一年，小亚细亚有十二座重要的城市在一次地震中被摧毁了。地震是在夜里发生的，所以灾害更加使人感到突然，而且造成的损失也更加惨重。通常在遇到地震时，人们可以赶忙逃到平地上去，但这种做法这次并不能对他们有什么帮助，因为裂开的大地把逃跑的人吞没了。据记载，大山沉陷，平原隆起，火焰喷射，周围是一片废墟。撒尔迪斯人受害最重，因而也就得到最大的同情。凯撒答应赐给他们一千万谢司特尔提乌斯，并且在五年间免除了他们向国家以及向皇室缴纳的租税。西皮路斯河畔的玛格涅喜人在损失方面以及所得的补偿都占第二位。至于铁姆尼人、披拉德尔佩涅斯人、埃吉亚提斯人、阿波洛尼迪人和所谓莫司提尼人和叙尔卡尼亚的马其顿人，以及希耶洛凯撒利亚、米利纳、库美和特莫路斯诸城市，则决定在同样的时期中间豁免他们的租税，并且决定由元老院派一名要员去进行视察和给予救济。"见[古罗马]塔西陀：《编年史》(上册)，王以铸、崔妙因译，北京，商务印书馆，2005，103 页。

③ 斯特拉波：《地理学》，12，8，18。

④ 斯特拉波：《地理学》，12，8，18。

上，斯特拉波的家族与米特里达梯王朝有着紧密联系。① 在描述小亚细亚东部地区时，斯特拉波涉及许多与米特里达梯王朝相关的历史，一直称王朝统治者为"国王""国王们"。在描述的过程中，他并未流露明显的感情。对于罗马人的征服，他也并未有明显的排斥之情。② 他以"中立"的态度呈现这一地区的历史。对于小亚细亚东部地区政治归属上的变化，从他对家乡阿玛塞亚的描述中可见一斑。在详陈家乡优越的地理位置、明显的军事特征、优美怡人的生活环境后，他以"冷眼旁观"的态度说道："阿玛塞亚过去由国王们统治，不过，现在它成为了一个行省。"③

　　罗马人到来之前，小亚细亚东部地区在很大程度上是米特里达梯王朝的统治范围。罗马将领卢库鲁斯与庞培等人在东方的征战，使它处于罗马

北京师范大学史学探索丛书

---

　　① 斯特拉波在描述本都地区时，追述了他的家族与米特里达梯王室的关系渊源："此前（斯特拉波：《地理学》，10，4，10）我已经谈到过战术家多里劳斯（Dorylaus），他是我母亲的曾祖父，也是第二个多里劳斯。他是前一个多里劳斯的侄子，菲勒塔鲁斯的儿子。尽管他从攸帕托那里得到了所有最至高无上的荣誉，尤其是获得了科玛纳的祭司之职，然而他在策动王国版投罗马人时被俘。当他被推翻时，他的家族和他一起变得声名狼藉。不过在此之后，我母亲的叔叔摩亚菲涅斯（Moaphernes）恰好在王国崩溃之前变得显赫起来，他们再次同国王一起遭受了不幸，其中包括摩亚菲涅斯和他的亲属，当然事先脱离国王者除外，我的外祖父就是其中之一。鉴于在同卢库鲁斯的战争中，国王的事业每况愈下，并且因对国王近来处死他的侄子提比乌斯（Tibius）和提奥菲鲁斯（Theophilus）（提比乌斯的儿子）感到愤怒而遭到疏远，他决定为他们也为自己复仇。从卢库鲁斯那里获得许诺后，他策动15座要塞叛投卢库鲁斯。尽管这些'服务'或许以丰厚回报，但是，当庞培接替卢库鲁斯指挥战争后，他把所有以任何方式支持卢库鲁斯的人都视为敌人，因为他与卢库鲁斯之间有私人恩怨。庞培结束战争返回罗马时，完全说服了元老院，以至于元老院对卢库鲁斯承诺给某些本都人的荣誉不予批准。因为，他说，当一个人把战争引向胜利时，奖赏与战果却落入另外一个人手中，这是不公平的。"见斯特拉波：《地理学》，12，3，33。

　　② 不过，斯特拉波也提到罗马人在东方的"掠夺"：卢库鲁斯攻陷辛诺普城后，"尽管完好地保存了城中其余的装饰品，但他还是带走了比拉鲁斯（Billarus）的地球仪（globe）和史提尼斯（Sthenis）的作品奥托里库斯（Autolycus）的雕像。"（斯特拉波：《地理学》，12，3，11）。庞培从米特里达梯那里获取了大量珍宝，并把它们奉献给卡皮托神庙（斯特拉波：《地理学》，12，3，31）。关于卢库鲁斯攻破辛诺普城，在城中的行动，及所获得的雕像，还可见[古希腊]普鲁塔克：《希腊罗马名人传》（上册），黄宏煦主编，陆永庭、吴彭鹏等译，北京，商务印书馆，1999，432 页（普鲁塔克：《卢库鲁斯传》，xxiii，2～4）。

　　③ 斯特拉波：《地理学》，12，3，39。

的统治之下。这一地区，既有罗马直接统治的行省，也存在罗马人控制下的附属王国与自治城市。① 这里还是斯特拉波的故乡，是他生活、成长与受教育的地方，也是他最熟悉的地区之一。他的家族与米特里达梯王朝有着紧密联系。米特里达梯·攸帕托被推翻后，他们与当地希腊化王朝的女王皮图多利斯关系密切。② 斯特拉波对这一地区的描述极为详细，他描述山川河流、村庄城市、物产资源、居民生活，关注与当地有关的重大历史事件与地区政治沿革。当然，他对这一地区的认识建立在实际考察的基础之上，他提供的资料尤具价值。在亲身实践的基础上，斯特拉波不仅为我们提供了关于小亚细亚东部地区的一手史料信息，而且为我们呈现了这一地区自古至今的动态历史画卷。

---

① 斯特拉波在回顾罗马崛起的过程时，谈到罗马人对于帝国的治理方式："在臣属于罗马人的整个区域内，一些地区实际上由国王们进行统治，不过，罗马人自己保留了其他的地区，将它们称为行省，向那里派遣长官（praefects）和税务官（collectors of tribute）。还存在一些自由城市，其中，一些从一开始就前去投靠罗马人，成为他们的朋友，然而一些则是罗马人自己作为荣誉的象征而解放的城市。还存在臣属于罗马人的君主（potentates）、部落首领（phylarchs）和祭司。这些人生活在他们传统的法律之下。"（斯特拉波：《地理学》，17，3，24）。这一普遍原则当然适合于小亚细亚东部地区。其实，斯特拉波在描述意大利的末尾，再现罗马人崛起的过程时，有关于罗马人统治方式的进一步解释。"至于利比亚，那些不属于迦太基的地区，已经交给臣服于罗马人的国王管理，如果他们发生叛乱，那必将被免职。但是目前，朱巴已经接受委任，不仅统治玛鲁西亚（Maurusia），而且还要统治利比亚其余的许多地区，之所以如此，是因为他对罗马人的忠诚和友谊。亚细亚的情况与利比亚的情况相似。起初，它由臣服于罗马人的国王代理统治。但从那时开始，当他们的世系断绝时，与阿塔里克（Attalic）、叙利亚、帕夫拉高尼亚、卡帕多西亚和埃及国王们的状况一样，或者在他们发生反叛后被免职，正如米特里达梯·攸帕托和埃及的克里奥帕特拉的情况一样。"（斯特拉波：《地理学》，6，4，2）。对罗马人的服从与忠诚，是附属王国首领获得统治权的前提，否则"必将被免职"。从中还可以看出，附属王国是罗马人进行直接统治的过渡形式。

② 有学者甚至认为，斯特拉波的《地理学》就是为皮图多利斯而作。

第六章　罗马的竞争对手：
斯特拉波视野下的帕提亚

帕提亚在中国古书中被称为安息。东西方交往开通后，帕提亚既是陆上丝绸之路南道在西方的终点，又是新的起点。① 它控制着当时罗马与中国之间的丝绸贸易，在古代东西方贸易中占有重要地位。由于帕提亚地理位置重要，实力强大，它在东西方文献中都留下了信息。在斯特拉波生活的时代，帕提亚作为在实力上与罗马帝国并列的大国，深受他的关注。生活在罗马帝国强盛时代的斯特拉波，以其独特的视角描述了帕提亚。帕提亚的历史与现况，居民与风俗，政治与军事；帕提亚人所起的作用；帕提亚人与罗马人的关系，成为斯特拉波展现的内容。

一、帕提亚的历史与现况

斯特拉波高度概括了帕提亚地区在政治上的沿革。"至于帕提亚地区，它的面积并不大。无论如何，在波斯时代，它与赫尔开尼亚人一起交纳贡税。在随后的时代中，帕提亚长期处在马其顿人的统治之下。除了面积较小之外，这里森林浓密，多山，也很贫穷，因此，国王们都急急匆匆地让自己的军队通过这里，这是由于该地区总是对他们不友好。然而，现在它的范围得以扩大。"②在波斯、马其顿帝国和希腊化时代，帕提亚地区包括科米塞纳（Comisene）和科尔纳（Chorene）两个部分，整个地区甚至延伸到

---

① 在《汉书》中，班固提供了中国由陆路通向西方的两条线路，"自玉门、阳关出西域有两道。从鄯善傍南山北，波河（颜师古注，波河，循河也。）西行至莎车，为南道；南道西逾葱岭则出大月氏、安息。自车师前王廷随北山，波河西行至疏勒，为北道；北道西逾葱岭则出大宛、康居、奄蔡焉（耆）。"见班固，《汉书》，卷九十六上，西域传第六十六上，三八七二页。班固所提供的由玉门和阳关出西域的路线，实际上是丝绸之路的南北二道。而安息（西方文献中称之为帕提亚）在南道上占有重要地位。它既是丝绸之路在西方的终点，又是新的起点。丝绸等中国产品通过南道，经由安息转手给罗马人。

② 斯特拉波：《地理学》，11，9，1。

卡斯皮亚门户、拉加埃(Rhagae)和先前属于米底的塔皮里(Tapyri)地区。在拉加埃的附近有两座城市阿帕迈亚和赫拉克莱亚。① 按照阿波罗多鲁斯所说，从卡斯皮亚门户到拉加埃的距离为 500 斯塔迪亚，从卡斯皮亚门户到帕提亚王室所在地赫卡托姆皮鲁斯(Hecatompylus)的距离为 1260 斯塔迪亚。②

帕提亚的崛起始于希腊化时代。巴克特里亚的攸提狄姆斯(Euthydemus)和他的追随者发生叛乱。西徐亚人阿尔萨塞斯(Arsaces)和一部分达埃人(Daae)③入侵并征服了帕提亚。从此帕提亚开始了发展强大的历程。斯特拉波以简洁概括的方式回顾了帕提亚由小到大、由弱到强的历史。"起初，阿尔萨塞斯非常弱小，无论在他还是他的后继者统治时期，与被他剥夺领土的那些人之间不断发生战争。但后来，他们逐渐强大起来，总是通过战争的胜利从邻邦夺取领土。最后，他们建立起对幼发拉底河内侧整个地区的霸权。他们还夺取了巴克特里亚纳的一部分领土，迫使西徐亚人甚至更早时期的攸克拉提狄斯人(Eucratides)臣服于自己。现在，他们统治着如此广大的地区，如此众多的部落，拥有庞大帝国，以至于在某种程度上成了罗马人的竞争对手。"④在斯特拉波看来，帕提亚帝国成了与罗马帝国相匹敌的大帝国。不过，与罗马帝国崛起的原因不同，斯特拉波把帕提亚国家的发展强大，归结于蛮族人的生活方式和传统。他说："出现

---

① 斯特拉波：《地理学》，11，9，1。

② 斯特拉波：《地理学》，11，9，1。

③ 斯特拉波指的是阿帕尼亚人(Aparnians)，他们是生活在奥库斯河沿岸的游牧民族。

④ 斯特拉波：《地理学》，11，9，2。在中国古书中，也有关于帕提亚(安息)状况的记述。《史记》云："安息在大月氏西可数千里"，"临妫水"，"其西则条枝，北有奄蔡、黎轩"，"城邑如大宛。其属小大数百城，地方数千里，最为大国"。见司马迁：《史记》，第一百二十三卷，大宛列传第六十三，三一六二至三一六三页。《汉书》记述："安息国，王治番兜城，去长安万一千六百里。不属都护。北与康居、东与乌弋山离、西与条支接"，"其属小大数百城，地方数千里，最大国也"。见班固：《汉书》，卷九十六上，西域传第六十六上，三八八九页。《后汉书》记载："安息国居和椟城，去洛阳二万五千里。北与康居接，南与乌弋山离接。地方数千里，小城数百，户口胜兵最为殷盛。其东界木鹿城，号为小安息，去洛阳二万里。""自安息西行，三千四百里至阿蛮国。从阿蛮西行三千六百里至斯宾国。从斯宾南行度河，又西南至于罗国，九百六十里，安息西界极矣。自此南乘海，乃通大秦。其土多海西珍奇异物焉。"见范晔：《后汉书》，卷八十八，西域传第七十八，二九一八页。

这种状况，既在于他们的生活方式，也在于他们的传统；在这两方面之中，包含着许多蛮族人和西徐亚人的特征，然而，这有利于他们在战争中取胜，有利于他们建立霸权。"①

经过阿尔萨塞斯王朝的长期征战，到斯特拉波时代，帕提亚已发展成为西起幼发拉底河，东到巴克特里亚，南抵波斯湾沿岸，北达里海的庞大帝国，与罗马帝国分庭抗礼。

二、帕提亚的居民与风俗

在《地理学》中，民族起源与居民风俗是斯特拉波关注的重要问题。帕提亚的阿尔萨塞斯王朝作为斯特拉波时代罗马帝国的有力竞争者，其创建者的起源，势必受到他的关注。

关于帕提亚人的起源，斯特拉波提供了这样的信息："阿帕尼亚达埃人(Aparnian Daae)是玛埃奥提斯湖以上地区的达埃人(Daae)的移民，他们也被称为科萨狄人(Xandii)或者帕里人(Parii)。但达埃人是生活在玛埃奥提斯湖周围的西徐亚人的一部分，这种观点我们难以完全接受。无论如何，有人说阿尔萨塞斯具有西徐亚人的血统，然而另一些人则说，他是巴克特里亚人。他从狄奥多图斯(Diodotus)和他的追随者的强权中逃出来时，促使帕提亚发生了叛乱。"②关于帕提亚人的起源，斯特拉波提供了前人的两种观点，即源自西徐亚人或者巴克特里亚人。不过，特劳古斯则明确表示，帕提亚人是西徐亚人的一部分，在西徐亚语中，遭到放逐者被称为帕提(Parthi)，这部分人因内部纷争而被迫离开。③

斯特拉波对于帕提亚人的风俗有详细的记述，如他所说，"既然我在《历史概要》第 16 卷和关于波利比乌斯之后事件的作品《历史》的第 2 卷中，详细论述了帕提亚人的习俗，对此，这里就不再赘述，以免有重复的嫌疑。"④但是，由于《历史概要》和《历史》已经失传，我们难得其详。不过，

---

① 斯特拉波：《地理学》，11，9，2。
② 斯特拉波：《地理学》，11，9，3。
③ 尤斯廷努斯：《庞培乌斯·特劳古斯腓力比历史摘要》，xli，1。
④ 斯特拉波：《地理学》，11，9，3。

罗马作家特劳古斯留下的作品，弥补了这方面的不足。

特劳古斯对帕提亚人的语言、服饰、婚丧、生活习惯和性格特点都有描述。"帕提亚人的语言是西徐亚语与米底语的混合。以前，他们的衣服有独特的式样；后来，衣服的式样变得与米底人的式样相似，轻盈且宽大平滑。"①"为满足欲望，每个男子会娶几个妻子。他们对通奸行为惩处最为严厉。因此，他们不仅不许妇女参加娱乐活动，而且甚至禁止她们出现在男子的视野中。他们只食狩猎获得的兽肉。在所有场合，他们都骑马，骑马作战，骑马赴宴，骑马履行公私职责；集会，运输，交流，前往国外，都会用到马匹。事实上，奴隶与自由人的不同，就在于奴隶步行，而自由人骑马。在帕提亚人中，一般的丧葬方式是让鸟或犬去食尸体，最后，仅把骨头埋入地下。在敬拜的众神中，他们最崇拜河流。帕提亚人妄自尊大，喜爱争论，背信弃义，傲慢无礼。他们把行动粗野看作是真正男子汉的标志，而把温和看成是女人的气质。无论在家中，还是在户外，他们都精力充沛，时刻准备着行动。他们天生沉默寡言，轻言重行，因此，无论成功与失败，他们都沉默不语。他们遵从王子，但并非出于谦卑，而是因为恐惧。他们生活放荡，但饮食节俭。除非符合自身利益，否则，他们不会遵守诺言。"②

---

① 尤斯廷努斯：《庞培乌斯·特劳古斯腓力比历史摘要》，xli，3。克拉苏率罗马军团与帕提亚人作战时，他们发现，"苏雷那是他们之中最高大最英俊的人物，尽管他的女性般的美貌与英勇的名声颇不协调，但他的穿戴更像米底人的式样，涂画着脸，头发分开。其他的安息人则穿着西徐亚人式样的服装，长长的头发在额前束成一簇，这使得他们看上去阴森可怖。"见[古希腊]普鲁塔克：《希腊罗马名人传》（上册），黄宏煦主编，陆永庭、吴彭鹏等译，北京，商务印书馆，1999，605页（普鲁塔克：《克拉苏传》，xxiv，2～3）。在帕提亚人中，米底人和西徐亚人式样的衣服，在克拉苏时代依然存在。

② 尤斯廷努斯：《庞培乌斯·特劳古斯腓力比历史摘要》，xli，3。在中国古书上，还有对其风俗、物产、商业、货币及书写习惯的记述。"其俗土著，耕田，田稻麦，葡萄酒"，"有市，民商贾用车及船，行旁国或数千里。以银为钱，钱如其王面，王死则更钱，效王面焉。书革旁行以为书记。"见司马迁：《史记》，第一百二十三卷，大宛列传第六十三，三一六二至三一六三页。《汉书》不但谈到了上述情况，而且还提及安息与汉朝的往来。"土地风气，物类所有，民俗与乌弋、罽宾同。亦以银为钱，文独为王面，幕为夫人面。王死辄更铸钱。有大马爵"，"临妫水商贾车行旁国。书革，旁行为书记。武帝始遣使至安息，王令将将二万骑迎于东界。东界去王都数千里，行比至，过数十城，人民相属。因发使随汉使者来观汉地，以大鸟卵及犁轩眩人献于汉，天子大悦。"见班固，《汉书》，卷九十六上，西域传第六十六上，三八八九至三八九零页。

从特劳古斯的描述来看，在帕提亚人中，很可能实行一夫多妻制的婚姻。马匹在他们的生活中具有重要作用，甚至成为他们等级的标志。他们崇尚行动，轻言重行。

三、帕提亚人的政治与军事

如上所述，因在两部历史作品中已经描述过帕提亚人的风俗，斯特拉波在《地理学》中就"不再赘述，以免有重复的嫌疑"。不过，他根据波塞冬尼乌斯的材料，特别补充了帕提亚人的议会组织。他说："我将特别提到帕提亚人的议会（Council）。根据波塞冬尼乌斯的说法，它由两个部分组成，其一是亲属①团体，其二是由智者与玛吉（Magi）组成的团体，他们从这两个团体中选出国王。"②显然，帕提亚人的议会由两部分组成，即国王的亲属团体和由智者与玛吉组成的团体。至于"他们从这两个团体中选出国王"，很可能，国王是由第二团体的成员从第一团体中选出的。不过，由于缺乏进一步的详细信息，具体的选举细节，我们并不清楚。例如，他们通过何种程序、何种方式、什么样的手段进行选举，表决方式如何等。

强大的军事力量是帕提亚帝国崛起的重要支柱，也是他们能够与罗马帝国抗衡的重要因素。帕提亚帝国正是依靠这支军队多次击败罗马的入侵。他们军队的武器装备怎样，如何构成，有何战术，有何特色，是值得注意的问题。特劳古斯同样为我们提供了帕提亚人的军事信息："他们的武器，部分是自己发明的，部分来自于西徐亚人。与其他民族的军队由自由民组成不同，帕提亚人的军队主要由奴隶构成。他们禁止释放任何奴隶。奴隶生育的所有后代仍为奴隶，奴隶的数量日增。他们像对待自己的孩子一样认真抚养这些奴隶，精心教他们骑马射箭。非常富有的人，为国王提供相应数量的作战骑兵。事实上，当安东尼对帕提亚发动战争时，迎击他的 5 万骑兵中，仅有 400 名是自由人。他们不懂得用包围攻取城市，③

---

① 即国王的亲属。

② 斯特拉波：《地理学》，11，9，3。

③ 塔西佗在《编年史》中也有提及："我们所精通的一个战术部门，即攻城时所使用的各种设备和技巧，是蛮族人所最不熟悉的。"见［古罗马］塔西佗：《编年史》（下册），王以铸、崔妙因译，北京，商务印书馆，2005，383 页。

北京师范大学史学探索丛书

同敌人近距离作战。他们骑马作战，或向前冲锋，或急速撤退。他们常常伪装败退，使追击者丧失防备后，用箭袭击他们。他们用军鼓而并非军号发出战争信号。① 他们不能长时间作战，但倘若他们的精力和毅力与其疯狂攻击一样，他们将无法被战胜。一般而言，他们在与敌人激战正酣之时撤退，不久又重新投入战斗。结果，当你断定已经征服了他们时，却会面临来自他们的最大的危险。士兵和战马的铠甲由金属片制成，它们彼此重叠，犹如鸟的羽毛一样，护卫着士兵及战马的周身。至于黄金白银，唯一的用途就是装饰他们的武器。"②

骑兵是帕提亚军队的中坚力量。在战争中，帕提亚人精悍的骑兵伪装败退而又突然进攻的战术，使罗马人损失惨重。克拉苏率军入侵帕提亚，正是遭遇帕提亚人这一战术的伏击，与小克拉苏命丧疆场；罗马人丧失军旗，几乎全军覆灭。③

四、帕提亚帝国所起作用

在斯特拉波时代，原属波斯帝国的大部分领土都处在帕提亚人的统治之下。④ 在斯特拉波看来，帕提亚帝国承继了波斯帝国的遗产。塞琉西亚附近的泰西封（Ctesiphon），成了帕提亚人的冬宫⑤，大米底（Greater

---

① 普鲁塔克在《克拉苏传》中也提到了这一点。"原来安息人在战斗中不用号角和喇叭来鼓舞士兵，而是用泡涨了的兽皮制成空心的大鼓，上面安上铜铃。他们同时在四面八方擂起鼓来，大鼓发出一种低低的、阴沉的声音，像是野兽的怒吼和粗暴的刺耳的雷鸣混合在一起。他们正确地推断出在所有感觉中，听觉最易使人们的心灵烦乱不安，最迅速地刺激人们的情绪，最有效地使人们丧失判断力。"见[古希腊]普鲁塔克：《希腊罗马名人传》（上），黄宏煦主编，陆永庭、吴彭鹏等译，北京，商务印书馆，1999，605页（普鲁塔克：《克拉苏传》，xxiii，7）。

② 尤斯廷努斯：《庞培乌斯·特劳古斯腓力比历史摘要》，xli，2。

③ [古希腊]普鲁塔克：《希腊罗马名人传》（上），黄宏煦主编，陆永庭、吴彭鹏等译，北京，商务印书馆，1999，608、615～616页（普鲁塔克：《克拉苏传》，xxv，11～12；xxxi，4～7）；[古罗马]阿庇安：《罗马史》（下卷），谢德风译，北京，商务印书馆，1997，117～118、429页。

④ 斯特拉波：《地理学》，15，3，24。

⑤ 斯特拉波：《地理学》，16，1，16。

Media)的首府艾克巴特纳①及赫尔开尼亚，则成为帕提亚国王夏季的居所。②帕提亚帝国的出现，在东方，结束了此前彼此攻伐混战的状况，基本上稳定了局势。他对这些地区的描述表现得非常清楚：

> 巴比伦尼亚的一部分地区与苏西斯相邻，它先前被称为西塔塞纳 (Sitacene)，但现在被称为阿波罗尼亚提斯(Apolloiatis)。在北方，位于它们以上、朝向东部的地带，是埃里玛伊人(Elymaei)和帕拉塔塞尼人(Paraetaceni)所在的地区，他们依靠山脉的险峻，以劫掠为生。阿波罗尼亚塔人(Apollioniatae)距离帕拉塔塞尼人较近，因此深受他们的危害。埃里玛伊人发动了对那一民族和苏西亚人的战争，而攸克西人 (Uxii)则进攻埃里玛伊人。但现在，由于帕提亚人的强大，这种情况很可能不会发生，世界那一部分地区的所有民族都成了他们的臣属。③

由斯特拉波的描述不难看出：在巴比伦尼亚与苏西斯相邻地区的北部，生活着埃里玛伊人和帕拉塔塞尼人。他们以险峻的山脉为依托，靠劫掠为生。阿波罗尼亚塔人因与之相邻而深受其害。他们与苏西亚人会遭受埃里玛伊人和帕拉塔塞尼人的入侵。不过，这些山区居民也互相攻伐。攸克西人也伺机进攻埃里玛伊人。山区居民侵入邻邦，或互相攻伐的动荡状

---

① 斯特拉波：《地理学》，11，13，1。

② 斯特拉波：《地理学》，16，1，16。

③ 斯特拉波：《地理学》，15，3，12。斯特拉波对帕拉塔塞尼人和埃里玛伊人做了进一步的描述。"帕拉塔塞尼人比考萨亚人更热爱农业；但即便是他们也进行抢劫活动。与帕拉塔塞尼人所拥有的地区相比，埃里玛伊人所拥有地区更为广阔，更为多样化。它的所有肥沃的地区都有农民居住，而它的山区则是士兵们——主要是弓箭手——生活的场所。后一部分地区范围广阔，它能够装备一支规模庞大的军队，他们的国王并没有像其他部落那样臣服于帕提亚国王，而是因具有强大的力量，拒绝服从帕提亚国王。他们的国王同样倾向于后来统治着叙利亚的马其顿人。那时，当伟大的安提奥库斯试图抢劫贝鲁斯神庙时，附近的蛮族人完全依靠他们自己，向他发动进攻，并斩杀了他。尽管有发生在安提奥库斯身上的教训警示，但在随后的时代中，帕提亚国王听说那一地区的神庙中储存着巨大的财富，并且又鉴于那里的居民桀骜不驯，于是大举入侵，攻占雅典娜神庙和阿尔忒弥斯·阿扎拉(Azara)神庙，掠走了价值约10000塔兰特的财富。位于希戴弗恩(Hedyphon)河畔的大城市塞琉西亚也被攻取。"见斯特拉波：《地理学》，16，1，18。

况，因现在帕提亚人的强大而得以终止。"但现在，由于帕提亚人的强大，这种情况很可能不会发生，世界那一部分地区的所有民族都成了他们的臣属。"帕提亚人在稳定当地局势方面发挥了作用。

阿狄亚贝纳（Adiabene）周围地区的情况同样如此。"至于阿狄亚贝纳，它的大部分地区是平原。尽管它也是巴比伦尼亚的一部分，但它有自己的统治者。在一些地区，它与亚美尼亚接壤。米底人、亚美尼亚人和巴比伦尼亚人，是世界那一地区最大的部落。他们时常在对自己有利的时机彼此攻伐，最后又进行和解；这种状况一直持续到帕提亚人建立霸权时。"①帕提亚帝国的崛起，终止了以前各族之间的"彼此攻伐"。

不过，斯特拉波也指出帕提亚人统治存在的弱点，"当帕提亚人兴旺发达时，所有的臣属也跟着繁荣，但是，当这里发生起义时——这是常有之事，事实上，在我们所生活的时代也是如此——其结果在不同的时期，对于不同的人来说都是不同的；有人因混乱而获利，而有人则因希望而失望。"②帕提亚人的统治并不稳定。不仅在过去帕提亚人统治的地区叛乱不断，而且即使在斯特拉波生活的时代，当地人的起义也是"常有之事"。事实上，在斯特拉波之后的时代中，帕提亚帝国也经常因内部纷争、起义而受到影响和削弱。例如，沃洛吉西斯的儿子瓦尔达尼斯反抗他的父亲，成为帕提亚人从亚美撤军的重要原因。③ 赫尔开尼亚人起事对帕提亚王沃洛吉西斯与罗马人抗衡的牵制和影响。④

综合分析，在斯特拉波看来，在他生活的时代，帕提亚人在东方占据统治地位。它的安定与繁荣影响着当地的和平与兴盛。一方面，它的崛起结束了当地混乱的局面，稳定了当地的局势，但另一方面，这种局面会受到帕提亚统治区域起义和动乱的影响，而在它的统治之下，这种起义是经常发生的。

---

① 斯特拉波：《地理学》，16，1，19。

② 斯特拉波：《地理学》，15，3，12。

③ [古罗马]塔西佗：《编年史》（下册），王以铸、崔妙因译，北京，商务印书馆，2005，407 页。

④ [古罗马]塔西佗：《编年史》（下册），王以铸、崔妙因译，北京，商务印书馆，2005，474、508 页。

五、帕提亚人与罗马人的关系

依照斯特拉波的看法，帕提亚帝国可以与罗马帝国分庭抗礼。他甚至直言："现在，他们统治着如此广大的地区，如此众多的部落，拥有庞大帝国，以至于在某种程度上成了罗马人的竞争对手。"①在克拉苏率军越过幼发拉底河进攻帕提亚人之前，罗马人与帕提亚人在政治与军事上并没有直接的对抗与冲突。不过，此后两大帝国开始了直接对抗。先是帕提亚国王奥罗德斯（Orodes）（又称 Hyrodes，常译作许多德斯，笔者注）派大将拉比努斯（Labienus）（又译雷宾那斯，笔者注）和王子帕科鲁斯（Pacorus）侵入罗马领土；后有安东尼率军入侵帕提亚。在奥古斯都时期，两大帝国之间基本上保持了和平关系，但在随后的时代，它们因边界问题陷入了长期的争斗之中。

斯特拉波对罗马人与帕提亚人的关系，进行了高度概括的回顾。"在以前的时代中，帕提亚人也渴望获得罗马人的友谊，但是当克拉苏发动对他们的战争时，他们进行了抵抗。之后，他们自己挑起了战争，当他们派遣帕科鲁斯进攻小亚细亚时，遭遇了同样的失败。② 安东尼以亚美尼亚人③为顾问，但他的顾问背信弃义，这使他在战争中遭遇了严重挫折。他的继任者弗拉提斯（Phraates）④非常渴望获得奥古斯都·恺撒的友谊，他甚至把帕提亚人为纪念他们击败罗马人而建造的纪念碑送给了奥古斯都。他邀请时任叙利亚长官的提图斯参加会晤，为保证长官的安全，他把自己的四个合法的儿子——塞拉斯帕达尼斯（Seraspadanes）、罗达斯皮斯（Rhodaspes）、发拉提斯和波诺尼斯（Bonones）——他们的两个妻子以及四个儿

---

① 斯特拉波：《地理学》，11，9，2。

② 帕科鲁斯（奥罗德斯国王的儿子）和拉比努斯侵占了叙利亚和小亚细亚的地区，但是在公元前39年，被安东尼的使节维提狄乌斯击败。公元前38年，帕科鲁斯再度入侵叙利亚，不过，他再次被击败，并在战争中丧生。见斯特拉波：《地理学》，16，1，28；16，2，8。

③ 亚美尼亚人的国王阿塔瓦斯德斯（Artavasdes）。见斯特拉波：《地理学》，11，13，4。

④ 弗拉提斯四世，他继承父亲奥罗德斯的王位；他杀死了他的父亲，他的三十个兄弟和自己的儿子，开始了统治。

子交给他作人质……后继的国王继续派遣使节，参加会晤。"①斯特拉波呈现了帕提亚人与罗马人关系的发展史。他以早期时代帕提亚人寻求罗马人的友谊为开端，简述双方的冲突，以奥古斯时代帕提亚人屈服于罗马人作结尾。显然，在斯特拉波看来，罗马人在与帕提亚人的长期对抗中，占据了优势地位。

（一）克拉苏与帕提亚战争

在克拉苏挑起与帕提亚的战争之前，两大帝国在政治与军事上，并没有直接的冲突与对抗。在第三次米特里达梯战争②中，庞培剥夺叙利亚政权，把叙利亚王国并入罗马领土，建立叙利亚行省③，从而把罗马帝国的边界推进至幼发拉底河，直接与帕提亚帝国接壤。

在罗马共和国末期，克拉苏在政坛上占有举足轻重的地位。他与庞培、恺撒形成"前三头同盟"。为弥合"前三头"之间的裂痕，公元前56年，克拉苏、庞培和恺撒在埃特鲁里亚的路卡城会晤，并达成一致意见：庞培和克拉苏竞选下一年度的执政官。任期结束后，庞培出掌西班牙总督五年，克拉苏出任叙利亚总督五年。恺撒在高卢续任5年总督，并有权把军队扩展到十个军团。克拉苏在第二年当选执政官，并未等执政官任满，就前往叙利亚任总督。④ 克拉苏之所以选择到叙利亚任总督，是因为"他想跟帕提亚人作战，他认为和帕提亚人作战是容易的，同时也是光荣而且有利可图的。"⑤

建立军功是罗马人获取政治资本的重要手段。在军功方面，克拉苏无法与恺撒和庞培相比。按照普鲁塔克的说法，"他由于看到凯撒那些辉煌的远征战绩，在他的老毛病——贪婪之上，又增添了对战利品和凯旋式的新的、强烈的狂热。他认为自己仅仅在这方面逊色于凯撒，但其他一切方面都强得多，他的这种狂热使他不得安宁，直到以他不光彩的丧生和公众

① 斯特拉波：《地理学》，16，1，28。
② 公元前74年至前64年。
③ ［古罗马］阿庇安：《罗马史》（下卷），谢德风译，北京，商务印书馆，1997，389页。
④ 杨共乐：《罗马史纲要》，北京，商务印书馆，2007，154页。
⑤ ［古罗马］阿庇安：《罗马史》（下卷），谢德风译，北京，商务印书馆，1997，117页。

的巨大灾难而告终。"①在克拉苏看来，任叙利亚总督，对帕提亚人作战，无疑是取得军功的良机。他认为自己"这一生从未交上像现在这样光辉的好运。"②普鲁塔克评论说，"可是现在，由于扬扬得意而丧失理智，他竟认为他的战功将不以叙利亚甚至安息为限，妄想有朝一日使卢库鲁斯打败提格拉涅斯，庞培征服米特拉达梯那样的战役显得只不过是儿戏，而他那雄心壮志早已鼓翼飞翔，远达大夏、印度和外海之滨了。"③尽管恺撒支持他的远征计划，但保民官阿特乌斯反对他离开罗马，还有许多人也表示反对，"对任何人企图把战争强加在一个与罗马无害、而且有条约关系的人民身上表示不满。"④尽管如此，克拉苏还是成功赴任。

克拉苏率部顺利通过幼发拉底河，进入美索不达米亚平原，并占领了许多城市。⑤ 不过，公元前53年，在卡雷城附近的战役中，罗马军队几乎全军覆灭，克拉苏父子也惨遭杀害。对于这次战争，斯特拉波说："帕提亚将领苏里纳（Surena）（又译苏雷那，笔者注）施展阴谋捕获并杀死了克拉苏。"⑥阿庇安谈到它的灾难性后果，"他和他的儿子克拉苏都死于帕提亚，他的10万大军逃到叙利亚的不到1万人。"⑦在当时人看来，克拉苏发动的对帕提亚人的远征是"一切错误中最大的错误"。克拉苏在这次战争中犯下

---

① ［古希腊］普鲁塔克：《希腊罗马名人传》（上）黄宏煦主编，陆永庭、吴彭鹏等译，北京，商务印书馆，1999，593～594页（普鲁塔克：《克拉苏传》，xiv，4～5）。

② ［古希腊］普鲁塔克：《希腊罗马名人传》（上）黄宏煦主编，陆永庭、吴彭鹏等译，北京，商务印书馆，1999，595页（普鲁塔克：《克拉苏传》，xvi，1）。

③ ［古希腊］普鲁塔克：《希腊罗马名人传》（上）黄宏煦主编，陆永庭、吴彭鹏等译，北京，商务印书馆，1999，596页（普鲁塔克：《克拉苏传》，xvi，2）。

④ ［古希腊］普鲁塔克：《希腊罗马名人传》（上）黄宏煦主编，陆永庭、吴彭鹏等译，北京，商务印书馆，1999，596页（普鲁塔克：《克拉苏传》，xvi，3）。

⑤ ［古希腊］普鲁塔克：《希腊罗马名人传》（上）黄宏煦主编，陆永庭、吴彭鹏等译，北京，商务印书馆，1999，597页（普鲁塔克：《克拉苏传》，xvii，2～3）。

⑥ 斯特拉波：《地理学》，16，1，23。

⑦ ［古罗马］阿庇安：《罗马史》（下卷），谢德风译，北京，商务印书馆，1997，117～118页。不过，普鲁塔克则说："在整个战役中据说有二万人被杀，一万人被生俘。"见［古希腊］普鲁塔克：《希腊罗马名人传》（上）黄宏煦主编，陆永庭、吴彭鹏等译，北京，商务印书馆，1999，616页（普鲁塔克：《克拉苏传》，xxxi，7）。关于克拉苏的这次惨剧，古典作家多有提及，如尤斯廷努斯：《庞培乌斯·特劳古斯腓力比历史摘要》，xlii，4；［古罗马］阿庇安：《罗马史》（上卷），谢德风译，北京，商务印书馆，1997，391页。

严重错误。首先，他战略失误，贻误战机，"因为他本应继续前进，同巴比伦和塞琉西亚这些对安息一直抱有敌意的城市建立联系，但他却逡巡不前，给敌人以准备的时机"。其次，出征前，并未有严密的军事谋划。① 这些错误是导致他失败的重要原因。实际上，在某种程度上可以说，这是帕提亚精悍骑兵和战术对罗马军团的胜利。如此前所述，他们的骑兵训练有素，士兵及战马都有铠甲护卫；在战术上，"他们常常佯装败退，使追击者丧失防备后，用箭袭击他们……一般而言，他们在与敌人激战正酣之时撤退，不久又重新投入战斗。结果，当你断定已经征服了他们时，却会面临来自他们的最大的危险。"②罗马军团正是遭遇了帕提亚人的这种战术，无法抗击他们的骑兵。

对于罗马人在帕提亚战争中的失败和克拉苏的悲惨结局，普鲁塔克这样描述到，"然而应得到的惩罚终于降在他们的头上：许罗德斯由于暴虐残忍，苏雷那由于背信弃义。因为事过不久许罗德斯猜忌苏雷那的名望，把他处死了，而许罗德斯的儿子帕科鲁斯则被罗马人击败丧生。他本人得了一场最后导致浮肿的病症。他的次子弗拉阿特斯阴谋除掉他，给他草乌头吃，但这种毒药进入人体之后，不但排斥了毒性，而且病本身也好了。病人摆脱了险境。于是弗拉阿特斯采取了最简便的方法，勒死了他的父亲。"③在普鲁塔克看来，帕提亚人随后的失败及不幸，是他们应该遭受的惩罚。

克拉苏远征帕提亚的失败，不仅给罗马人造成了巨大损失，而且更为重要的是，它使帕提亚人敢于进攻罗马人的领土。随后不久，帕提亚国王奥罗德斯就派遣大将拉比努斯和他的儿子帕科鲁斯侵入叙利亚等地。

（二）安东尼与帕提亚战争

安东尼（又译安敦尼）对帕提亚人的战争，既是对帕提亚人入侵罗马统治区域的反击，又是为克拉苏悲剧的复仇之战。斯特拉波简要地提到帕提亚人入侵叙利亚的结果，"之后（克拉苏失败之后），他们自己挑起了战争，

---

① ［古希腊］普鲁塔克：《希腊罗马名人传》（上）黄宏煦主编，陆永庭、吴彭鹏等译，北京，商务印书馆，1999，598 页（普鲁塔克：《克拉苏传》，xvii，4～5）。

② 尤斯廷努斯：《庞培乌斯·特劳古斯腓力比历史摘要》，xli，2。

③ ［古希腊］普鲁塔克：《希腊罗马名人传》（上）黄宏煦主编，陆永庭、吴彭鹏等译，北京，商务印书馆，1999，618～619 页（普鲁塔克：《克拉苏传》，xxxiii，5）。

当他们派遣帕科鲁斯进攻小亚细亚时，遭遇了同样的失败。"①在述及叙利亚的吉达鲁斯城(Gindarus)时，他又谈道："吉达鲁斯，它是科里斯提塞的卫城，也是强盗们的天然要塞。在它附近有一个名为赫拉克莱乌姆的地方。帕提亚国王②的长子帕科鲁斯远征叙利亚时，正是在这些地方附近，为维提狄乌斯(Ventidius)所杀。"③

克拉苏遭遇失败后，帕提亚国王奥罗德斯派帕科鲁斯追击战争中残余的罗马军队，并侵入叙利亚。不过，帕提亚军队被克拉苏的继任者卡西乌斯(Cassius)击溃。④ 在接下去发生的罗马内战中，帕提亚人先是支持庞培派，庞培派失败后，他们转而帮助卡西乌斯和布鲁图斯对付奥古斯都与安东尼。而后，他们又与拉比努斯联合，在帕科鲁斯的指挥下，侵入叙利亚及小亚细亚地区。不过，这次帕提亚人不仅全军被歼，而且帕科鲁斯也兵败被杀。特劳古斯说，在战争中，帕提亚人从未遭受过如此大的灾难。⑤

阿庇安说到，在罗马人内战时，"当琉喜阿斯毕布拉斯继克拉苏之后为叙利亚总督的时候，帕提亚人入侵叙利亚。当萨克萨继毕布拉斯为总督的时期，这个地区，甚至远达爱奥尼亚，都受到帕提亚人的蹂躏。"⑥罗马人关注帕提亚人不断的边界入侵，并且对克拉苏兵败之耻"记忆犹新"。屋大维和安东尼在布隆图辛会晤时，就把对帕提亚人作战列为重要议题之一，"安敦尼将对帕提亚人作战，以报复他们对于克拉苏的背叛。"⑦"因为在最近的边疆纠纷中，雷宾那斯⑧和帕提亚人已经侵入叙利亚，并且进军直达爱奥尼亚"，安东尼在布隆图辛会晤之后，派维提狄乌斯到小

---

① 斯特拉波：《地理学》，16，1，28。

② 指的是帕提亚国王奥罗德斯。

③ 斯特拉波：《地理学》，16，2，8。

④ 尤斯廷努斯：《庞培乌斯·特劳古斯腓力比历史摘要》，xlii，4。特劳古斯说，帕科鲁斯率领帕提亚军队在叙利亚获得了巨大成功。不过，他的父亲出于嫉妒而将其召回帕提亚。在他离开叙利亚期间，帕提亚军队被卡西乌斯歼灭。

⑤ 尤斯廷努斯：《庞培乌斯·特劳古斯腓力比历史摘要》，xlii，4。

⑥ ［古罗马］阿庇安：《罗马史》（上卷），谢德风译，北京，商务印书馆，1997，391页。

⑦ ［古罗马］阿庇安：《罗马史》（下卷），谢德风译，北京，商务印书馆，1997，471页。

⑧ 老雷宾那斯为庞培派人，死于西班牙，其子小雷宾那斯为帕提亚人的将军。见阿庇安：《罗马史》（下卷），谢德风译，北京，商务印书馆，1997，471页。

亚细亚去进攻帕提亚人和拉比努斯。① 当安东尼在雅典过冬时,维提狄乌斯传来战报,已在战争中杀死许罗德斯(Hyrodes)最得力的大将拉比努斯和发纳帕提斯(Pharnapates)。② 公元前38年,帕科鲁斯再次率大军侵入叙利亚,维提狄乌斯在库里斯提卡(Cyrrhestica)击溃帕提亚军队,并斩杀帕科鲁斯。③ 普鲁塔克评论说,"它成为罗马人最著名的战绩之一,替罗马人洗雪了克拉苏兵败之耻。帕提亚人在三次战役中接连遭遇彻底失败之后,它再次使他们的统治区域局限在米底与美索不达米亚平原之内。"④

与帕提亚人作战,是安东尼和屋大维布隆图辛会晤确定的任务之一。在击败帕提亚人对叙利亚等罗马统治区域的进攻之后,安东尼率领超过11万人的军队侵入帕提亚,⑤ 其中的一个目标是,夺回克拉苏丧失的军徽和被帕提亚人俘虏的战俘。⑥ 进入帕提亚境内后,安东尼将攻城器械抛在后方,派斯塔提亚努斯率部守卫,自己则快速行军,包围大城市弗拉塔(Phraata)。⑦ 攻城器械滞留后方,这一方面导致安东尼无法有效攻城,使城市久攻不下;另一方面给帕提亚人留下机会,帕提亚王弗拉提斯派骑兵包围护送攻城器械的部队,他们不仅夺取并摧毁了攻城装备,而且杀死10000名士兵,俘获甚众。斯塔提亚努斯兵败自杀。⑧ 这使罗马军队精神受挫,亚美尼亚王阿尔塔瓦斯德斯也因此率部离去。⑨ 安东尼一时无法攻克弗拉塔城,而他的军队缺乏给养,帕提亚人又不断派兵骚扰,并且冬

---

① [古罗马]阿庇安:《罗马史》(下卷),谢德风译,北京,商务印书馆,1997,471页。

② 普鲁塔克:《安东尼传》,xxxiii,4。

③ 普鲁塔克:《安东尼传》,xxxiv,1~2。

④ 普鲁塔克:《安东尼传》,xxxiv,2。

⑤ 普鲁塔克:《安东尼传》,xxxvii,3。其中有罗马步兵6万人,1万名伊比利亚和凯尔特骑兵;亚美尼亚王阿尔塔瓦德斯(Artavasdes)提供的6000骑兵和7000步兵;其他民族提供的军队骑兵和轻装部队共约3000名。不过,战争开始不久,阿尔塔瓦德斯就率部返回亚美尼亚。见普鲁塔克:《安东尼传》,xxxix,1。

⑥ 无论在战争之前(普鲁塔克:《安东尼传》,xxxvii,2),还是在安东尼准备撤退之时(普鲁塔克:《安东尼传》,xl,4),这都是他所追求的目标之一。

⑦ 普鲁塔克:《安东尼传》,xxxviii,2~3。

⑧ 普鲁塔克:《安东尼传》,xxxviii,3。

⑨ 普鲁塔克:《安东尼传》,xxxix,1~2。

天将要来临，他被迫撤军。不过，他从弗拉塔城到亚美尼亚与米底的分界线阿拉克塞斯河，共花费了 27 天时间。① 在撤退过程中，罗马军队的侧翼、尾部不断受到帕提亚人的攻击，尽管帕提亚人并非每次都能达到目的，但其进攻还是给罗马人造成了很大损失。② 期间，他们在 18 次战斗中击败敌人：③

安东尼的这次远征不但未达到目的，反而损失惨重，约有 20000 名步兵和 4000 名骑兵丧生。④ 尽管普鲁塔克将安东尼未获成功的原因归结为在不合时宜的时间发动了战争；将重要的攻城器械滞留后方，不能迅速攻破城池；⑤ 亚美尼亚国王中途退兵，背信弃义。没有充足的给养，显然使罗马人无法长久作战；并且更为重要的是，帕提亚骑兵对罗马军团及骑兵的优势，使罗马人无法与之对等作战。⑥

罗马人认为，尽管他们在撤退过程中多次打败敌人⑦，但却无法给他们造成有效杀伤。这充分表明，"正是亚美尼亚人阿尔塔瓦斯德斯剥夺了安东尼的力量，从而使战争有了这样的结果。因为如果他从米底带回的装备与帕提亚人的装备相同、可以与他们相匹敌的 16000 名骑兵能够发挥作用，如果在罗马人击败来犯之敌后，他们歼灭敌人，那么，敌人就不可能从失败中恢复元气，也就不会那样频繁地袭击罗马人。"⑧斯特拉波也把阿尔塔瓦斯德斯作为安东尼远征帕提亚人遭遇挫折的原因所在。他说："安东尼以亚美尼亚人⑨为顾问，但他的顾问背信弃义，这使他在战争中遭遇

北京师范大学史学探索丛书

---

① 普鲁塔克：《安东尼传》，1，1。

② 例如，第五天行军中，帕提亚人的进攻，致使罗马人不少于 3000 人丧生，5000 人受伤。见普鲁塔克：《安东尼传》，xlii，2～4；xliii，1。

③ 普鲁塔克：《安东尼传》，1，1。

④ 普鲁塔克：《安东尼传》，1，1。

⑤ 普鲁塔克：《安东尼传》，xxxvii，4；xxxviii，1～2。

⑥ 安东尼曾率十个军团，三个卫队和所有骑兵，追击帕提亚人。不过，在与帕提亚人的作战中，他们仅斩杀了 80 名敌人，俘房了 30 人。这使罗马人非常失望，因为帕提亚人杀死守卫器械的罗马军队达万人，俘房者甚众(普鲁塔克：《安东尼传》，xxxviii，3)，但他们却只给敌人造成了微小的伤亡。而他们在返回的过程中，不断遭到帕提亚骑兵的进攻。他们历经困难才返回军营。见普鲁塔克：《安东尼传》，xxxix，2～7。

⑦ 他们曾在 18 次战斗中击败敌人。见普鲁塔克：《安东尼传》，1，1。

⑧ 普鲁塔克：《安东尼传》，1，1～2。

⑨ 亚美尼亚人的国王阿尔塔瓦斯德斯。

了严重挫折。"①阿尔塔瓦斯德斯也因此遭到了惩罚，"当他在安东尼征服帕提亚人的战争中，背叛安东尼投靠帕提亚人时，他受到了惩罚。他被安东尼押解到亚历山大里亚，并且戴着镣铐在城市中游街示众。他曾一度被囚禁，但后来，阿克提亚（Actian）战争爆发后被处死了。"②

克拉苏和安东尼远征帕提亚人，拉比努斯与帕科鲁斯进攻罗马统治区域，给罗马帝国与帕提亚帝国都留下了沉痛教训，使两大帝国都不敢轻开战端。在随后的时代中，"沃洛吉西斯（帕提亚王，笔者注）的一项由来已久的、坚定的原则就是避免对罗马作战。"③科尔布罗在派使者回复沃洛吉西斯和提里达特斯的和约建议时，也表示："事态还没有发展到必须用战争手段来最后解决问题的严重程度。罗马取得过多次成功，但帕提亚也取得过一些成功，因此这种情况使双方都得到教训，不敢狂妄自大。因而，不仅接受一个不曾遭受蹂躏的王国为慷慨的赠礼，对提里达特斯是有利的，而且同罗马结成联盟而不是相互侵害，这对沃洛吉西斯来说也更加符合于帕提亚的利益。"④

克拉苏和安东尼的失败，使罗马人损失惨重，记忆深刻，以至于奥古斯都把从帕提亚人手中索回丧失的军徽与战利品，当作他的功绩之一写入自传中："我迫使帕提亚人把他们以前从三个罗马军团夺去的战利品和军徽送还给我，并使他们不得不千方百计寻求与罗马人民建立友好关系。"⑤同时，它也使后来的帕提亚人引以自豪。在尼禄时期，当罗马人与帕提亚人因亚美尼亚而发生争端时，提里达特斯派使者向罗马人探询："为什么在他最近交出了人质并且为了促进今后的友好关系而重新建立了友谊之后，他却被赶出了他长期占有的亚美尼亚。沃洛吉西斯本人所以还没有任何行动，其唯一的理由是他们两人都不愿动用武力，而是想以自己应享的

① 斯特拉波：《地理学》，16，1，28。

② 斯特拉波：《地理学》，11，14，15；普鲁塔克：《安东尼传》，1，4。

③ [古罗马]塔西佗：《编年史》（下册），王以铸、崔妙因译，北京，商务印书馆，2005，512页。

④ [古罗马]塔西佗：《编年史》（下册），王以铸、崔妙因译，北京，商务印书馆，2005，528～529页。

⑤ [古罗马]奥古斯都：《奥古斯都自传》，29。见李雅书选译：《罗马帝国时期》（上），北京，商务印书馆，1985，13页。

权利作为依据。但是如果对方一定要发动战争的话，那么阿尔撒奇达伊王族是既不缺乏勇气又不缺乏运气的，过去罗马吃的苦头便已多次证明了这一点。"①

这些事件发生在斯特拉波所生活的时代，帕提亚帝国的强大无疑给斯特拉波留下了深刻印象。在《地理学》中，他将帕提亚帝国看作是罗马人在东方的强大竞争对手，把罗马帝国与帕提亚帝国相提并论。

在扩展地理知识方面，它们都具有重要地位。因它们的扩张活动而产生的新地理学知识，是斯特拉波创作《地理学》的动机之一。"事实上，正如埃拉托色尼说，亚历山大远征为早期地理学家所做的那样，罗马帝国和帕提亚帝国的扩张，在相当大程度上增进了现今地理学家的经验知识。因为亚历山大给我们打开了亚细亚的广阔领域和远至伊斯特河的整个欧罗巴北部地区；罗马人使我们知晓了远至阿尔比斯河（Albis River，它把日耳曼地区一分为二）的整个欧罗巴西部地区和伊斯特河之外远至泰拉斯河（Tyras River）的地区；米特里达梯·攸帕托和他的将领们探知了泰拉斯河之外远至玛奥提斯湖（Lake Maeotis）和科尔契斯的沿岸地区；再者，帕提亚人增加了我们关于赫尔开尼亚、巴克特里亚纳以及居住在这两个地区以北的西徐亚人的知识，所有这些地区都是早期时代的地理学家并不完全知晓的。"②他又表示："罗马人和帕提亚人的霸权揭示出来的知识，比先前传说留给我们的知识丰富得多。因为与他们的前辈相比，描述那些遥远地区的作家告知了我们更加可信的故事，这不仅表现在活动发生的地点方面，而且也表现在所发生的部落方面，因为他们更加严密地研究了事件。"③

两大帝国毗邻，在边界附近各有自己的势力范围。斯特拉波说："幼发拉底河与在它之后的地带构成了帕提亚帝国的边界。不过幼发拉底河这一侧远至巴比伦尼亚的地区则被罗马人和阿拉伯酋长们控制着。其中的一些酋长听从帕提亚人，而另一些则服从与之相邻的罗马人。生活在幼发拉

---

① ［古罗马］塔西佗：《编年史》（下册），王以铸、崔妙因译，北京，商务印书馆，2005，432 页。

② 斯特拉波：《地理学》，1，2，1。斯特拉波：《地理学》，2，5，12 中，更明确地表达了增加新地理信息的必要性。

③ 斯特拉波：《地理学》，11，6，4。

底河附近的游牧民斯塞尼塔人（Scenitae）较少地听从罗马人，而在阿拉伯·菲里克斯附近、远离河流的那些人则更多地服从罗马人。"①两大帝国实力强大，阿特罗帕提亚米底（Atropatian Media）一方面努力争取并获得了恺撒的友谊，另一方面，又向帕提亚人献殷勤。阿特罗帕提亚米底在罗马与帕提亚人中间寻求平衡，既表明他们二者势均力敌，又暗示帕提亚人以竞争对手的面目出现。②

　　斯特拉波甚至直接表示，"现在，他们（帕提亚人，笔者注）统治着如此广大的地区，如此众多的部落，拥有庞大帝国，以至于在某种程度上成了罗马人的竞争对手。"③不过，在斯特拉波看来，在两大帝国的竞争中，罗马人占据优势，更为强大。到斯特拉波时代为止，帕提亚帝国不仅内部纷争和部落起义频繁，而且也并未征服他们想要控制的所有民族。他认为亚美尼亚就是典型代表："帕提亚人统治着米底人和巴比伦尼亚人，但他们从未统治过亚美尼亚人。事实上，亚美尼亚人曾遭到多次进攻，但他们并没有被武力征服，因为提格拉涅斯坚强地抗击了所有进攻。"④不过，与此相对，罗马人却"征服"了亚美尼亚。

　　斯特拉波在行文中追述了亚美尼亚人的历史。亚美尼亚国王提格拉涅斯曾在帕提亚人那里作人质；后来，他在帕提亚人的帮助下返回祖国。作为回报，提格拉涅斯送给帕提亚人70座山谷。但他羽翼丰满时，"不仅夺回了上述地区，而且还摧毁了帕提亚人在尼努斯和阿柏拉附近的土地。他不仅使阿特罗贝纳（Atropene）和高尔狄亚（Gordyaea）的统治者俯首称臣，而且使美索不达米亚其余的统治者前来朝觐，还越过幼发拉底河，以重兵攻取叙利亚和腓尼基。"⑤不过，卢库鲁斯发动对米特里达梯的战争时，把提格拉涅斯驱逐出叙利亚和腓尼基。当提格拉涅斯的"继任者阿尔塔瓦斯德斯成为罗马人的朋友时，他曾辉煌一时，但当他在安东尼远征帕提亚人的战争中，背叛安东尼投靠帕提亚人时，他受到了惩罚"，被处以极刑。"在他之后的几位国王都臣服于恺撒和罗马人。直到今天，这一地区仍然

① 斯特拉波：《地理学》，16，1，28。
② 斯特拉波：《地理学》，11，13，2。
③ 斯特拉波：《地理学》，11，9，2。
④ 斯特拉波：《地理学》，16，1，19。
⑤ 斯特拉波：《地理学》，11，14，15。

实行着同样的统治方式。"①

尽管提格拉涅斯非常强大，不仅夺回了自己的地区，而且还摧毁了帕提亚人的土地，但最终还是败于罗马人之手。亚美尼亚的国王阿尔塔瓦斯德斯与罗马人交好时，曾"辉煌一时"；背叛罗马人或与罗马人为敌时，受到严厉惩罚。而在他之后的几位国王"都臣服于恺撒和罗马人。直到今天，这一地区仍然实行着同样的统治方式。"罗马人的优势地位展现无遗。

在描述意大利结束时，斯特拉波概括地再现了罗马帝国崛起的过程，力陈罗马和意大利在人类居住世界中的优势地位、罗马人所取得的巨大成就。在斯特拉波看来，罗马人建立起来的对帕提亚人的优势，理所当然地成为罗马人的重大成就之一。他这样说道："至于帕提亚人，尽管他们与罗马人有共同的边界，并且也非常强大，不过迄今为止，他们已臣服于优秀的罗马人和我们的时代卓越的统治者，他们已把因对罗马人的胜利而建造的纪念物送往罗马，更为重要的是，弗拉提斯已经把他的儿子和孙子交托给奥古斯都，通过抵押人质来殷勤地确保与奥古斯都的友谊；② 并且如今的帕提亚人经常前往罗马，请求派一个人担任他们的国王③，现在还准备把他们的整个主权都交到罗马人手中。"④

---

① 斯特拉波：《地理学》，11，14，15。

② 斯特拉波：《地理学》，16，1，28。"帕提亚境内克拉苏或安东尼军队的战俘，连同被夺去的军徽都要送还给奥古斯都。此外，弗拉提斯的儿子和孙子也要作为人质交给奥古斯都"（尤斯廷努斯：《庞培乌斯·特劳古斯腓力比历史摘要》，xlii，5）；"我迫使帕提亚人把他们以前从三个罗马军团夺去的战利品和军徽送还给我，并使他们不得不千方百计寻求与罗马人民建立友好关系"，"向我投奔的各民族的国王有帕提亚王提里达特斯和稍后的老弗拉太斯王之子，弗拉斯；米底王阿塔瓦斯代斯……帕提亚王奥洛代斯之子弗拉太斯将其诸子诸孙均送来意大利我处。这并非出于他在战争中被征服，而是自愿以子孙为人质寻求与我国友好。"[《奥古斯都自传》，29，32。见李雅书选译：《罗马帝国时期》（上），北京，商务印书馆，1985，13～14 页]。

③ 奥古斯都在他的自传中，列举了他向东方国家派去的国王，"帕提亚人和米底人派遣其首要人物为使节从我这里接走他们所要求的国王：帕提亚人所接走的是国王奥洛代斯之孙，国王弗拉太斯之子沃诺奈斯；米底人接走的是国王阿里欧巴赞耐斯之孙，国王阿塔瓦斯代斯之子，阿里欧巴赞耐斯。"[《奥古斯都自传》，33。见李雅书选译：《罗马帝国时期》（上），北京，商务印书馆，1985，14 页]。

④ 斯特拉波：《地理学》，6，4，2。

144

北京师范大学史学探索丛书

尽管斯特拉波处处把帕提亚置于罗马帝国的对立面，将它看作是罗马人强大的竞争对手，但他所要强调的是，在奥古斯都时代，即便这样强大的帕提亚帝国，也已经臣服于罗马人。

　　在斯特拉波生活的时代，罗马人与帕提亚人发生了激烈冲突。一方面是罗马人侵入帕提亚帝国，另一方面则是帕提亚人对罗马帝国属地叙利亚与小亚细亚地区的入侵。在这一过程中，双方都遭遇了严重损失。但帕提亚人的强大无疑给斯特拉波留下了深刻印象。了解对手的居民、习俗与特性，了解对手政府的运行状况，探求对手发展强大的原因，成为斯特拉波关切的内容。他在描述人类居住的世界中，将帕提亚与罗马帝国相提并论，两大强国国土毗邻，各有自己的势力范围；它们都疆域辽阔，统治人口甚众；它们在拓展地理空间，带来新知识方面都发挥了作用。而双方历次交兵的结果，更证明了帕提亚人是罗马人的劲敌。不过，在奥古斯都时代，罗马人在与帕提亚人的对抗中占据了优势地位。斯特拉波以罗马帝国对手的强大，衬托罗马帝国自身的伟大。在斯特拉波看来，真正强盛的是罗马帝国，真正伟大的是开创这一盛世的罗马人的元首，在字里行间展现着对罗马人、对奥古斯都开创的强盛时代的赞扬。

第七章　罗马与东方交往的媒介：
斯特拉波视野下的阿拉伯

在罗马帝国初期，阿拉伯地区是罗马与东方交往的重要媒介。斯特拉波对阿拉伯地区的描述，一方面借助了前辈地理学家的资料；另一方面使用了同时代人提供的信息。他虽未亲自考察过这一地区，但他的描述"几乎完全囊括了那一时代人们所能知道的一切信息"①。他对前人和同时代人所提供资料信息的选取、使用及文本的布局谋篇，渗透了作者的思想，体现了他对这一地区的认识，也代表着斯特拉波时代人们对这一地区的认识水平。

一、阿拉伯地区的居民与习俗

尼阿库斯率军沿海路返回时，曾在卡尔曼尼亚海岸看到阿拉伯半岛的马塞塔海角，但他们最终没有驶向那里。② 亚历山大曾三次派人探察阿拉伯半岛沿岸地区，不过成效并不显著。③ 他返回巴比伦后，计划征服阿拉

---

① H. F. Tozer, *A History of Ancient Geography*, second edition with additional notes by M. Cary, D. Litt, Cambridge：cambridge University Press, 1935, p. 260.

② 阿里安：《印度志》，32，7～13(328 页)；43，9～10(339 页)。马其顿军队看到这座海角时，欧尼西克里图斯想让舰队驶向海角。但尼阿库斯担心"那个海角从尖端往南还有很远的路，那里可能会是一片沙漠，缺水且受太阳炙烤"，[《印度志》，32，12～13(328 页)]并以不愿破坏亚历山大交给他们的任务为由，决定继续沿着波斯湾而上[《印度志》，32，10～12(328 页)]。

③ 阿里安：《亚历山大远征记》，vii，20，7～9(282 页)。"阿科亚斯(Archias)曾奉命乘一只三十桨大船沿海岸侦察前往阿拉伯的沿岸航线，到达太拉斯(Tylus)岛之后，他就没再往前走。安德罗西尼斯(Androsthenes)也曾奉命乘另一艘三十桨大船沿阿拉伯半岛海岸航行了一段距离。不过在派去视察的人当中，要算索利人希隆(Hieron of Soli)航行得最远。他是个舵手，也是从亚历山大那里得到一艘三十桨大船前去侦察的。亚历山大给他的命令是，围绕整个阿拉伯半岛航行一周，一直到达在埃及一侧位于阿拉伯湾畔的希罗波利斯。但他围绕阿拉伯半岛航行了一大半时，不敢继续向前，于是返回向亚历山大报告说，这座半岛极大，不亚于印度，还有一处陆地向大洋突出得很远。"(282 页，略有改动。)

伯，并作了充分准备。他下令：一方面在腓尼基和塞浦路斯建造军舰，调往巴比伦；另一方面还在巴比伦当地建造军舰；在巴比伦开挖港口，修筑船坞，建立军事基地；从腓尼基和叙利亚等沿岸地区招募水手和其他水师人员。① 不过，由于亚历山大突然去世，帝国分裂，这一计划并未实施。他的后继者们忙于互相争斗，也未能完成他的遗愿。希腊化时代，西方人对于阿拉伯地区的了解逐步增加。斯特拉波时期，人们对它的认识进一步增长。

在斯特拉波的《地理学》中，在犹太、科勒·叙利亚以上，远至巴比伦尼亚和幼发拉底河滨河地带一线以南的整个区域（美索不达米亚平原上斯塞尼塔人所在的部分除外）都属于阿拉伯地区。它在整体上分为几个部分：靠近幼发拉底河及美索不达米亚平原的地区是游牧区；在游牧区之后，是广阔的沙漠；在半岛的南部，则是阿拉伯·菲里克斯。阿拉伯·菲里克斯北接沙漠地带，东濒波斯湾，西临阿拉伯湾，南部与两座海湾之外的大海②相连。③

在前伊斯兰时代，阿拉伯半岛并未出现统一的国家。在斯特拉波生活的时期，这里分散着许多部落。游牧部落与农业定居部落共存，游牧区与农业区同在。各个部落的生活方式既有相似之处，又各具特点。

在阿拉伯半岛的北端，阿拉伯·斯塞尼塔人（Arabian Scenitae）占据着位于河流与美索不达米亚平原附近的地区。"他们分成几个小邦，所生活

① 阿里安：《亚历山大远征记》，vii，19，3～6（279～280 页）；斯特拉波：《地理学》，16，1，11。亚历山大之所以要征服阿拉伯地区，是因为：一、"在这些地区的所有蛮族人之中，唯独他们没有派使团来过，也从未办过一件值得赞许的事或是向亚历山大表示过敬意"［阿里安：《亚历山大远征记》，vii，19，6（280 页）］。二、他希望通过征服阿拉伯地区，并允许他们像印度人一样按照自己的习惯治理，以使他们尊自己为第三个神；阿拉伯地区非常富庶，"因为他听说阿拉伯的绿洲上生长肉桂，有些树上还产出没药和乳香；从灌木上还可以割取桂皮；在草地上，不用种就可以生长出天然的甘松香"。三、这一地区有漫长的海岸线，到处有港口，并且港口处适宜建城［阿里安：《亚历山大远征记》，vii，20，1～2（280～281 页）］。不过，在阿里斯托布鲁斯看来，他征服阿拉伯地区，"真正的原因在于亚历山大的占领欲永远不会得到满足"［阿里安：《亚历山大远征记》，vii，19，6（280 页）］。在对这一事件的描述上，阿里安和斯特拉波都使用了亚历山大史家阿里斯托布鲁斯的资料。

② 在《地理学》中，这片大海被称为埃立特拉（Erythra），即红海。

③ 斯特拉波：《地理学》，16，3，1。

的地区因缺水而贫瘠。这些人很少或者根本不从事耕作，但他们饲养各类牲畜，尤其饲养骆驼。"①显然，他们是阿拉伯人的游牧部落。从埃拉托色尼提供的由希罗城（Heroes）②前往巴比伦的线路中，我们还可以看到，在阿拉伯半岛的西北和北部生活着纳巴塔亚人、考罗塔亚人（Chaulotaeans）和阿格拉亚人。③尽管我们无法得知考罗塔亚人和阿格拉亚人的详细信息，但关于纳巴塔亚人，斯特拉波为我们提供了比较丰富的资料。

对不同历史时期纳巴塔亚人的描述，呈现了他们的发展过程。阿尔特米多鲁斯记述，纳巴塔亚（Nabataea）"这一地区人口众多，草场丰美。他们还居住在沿岸附近的岛屿上。这些纳巴塔亚人先前过着宁静的生活，但后来利用木筏抢劫由埃及起航经过那里的船只。不过，他们也受到了惩罚，一支舰队到了那里并洗劫了他们的地区。"④从材料看，纳巴塔亚人（由于某种原因）曾一度进行海盗活动，抢劫从埃及驶过海湾的船只，可能因严重影响到过往船只的安全，而招致埃及舰队的打击。很可能在阿尔特米多鲁斯生活的时代（公元前2世纪末至前1世纪初），纳巴塔亚人中还存在游牧因素。

在公元前1世纪，庞培和他的后继者都曾准备入侵纳巴塔亚人。斯特拉波的朋友阿提诺多鲁斯（Anthenodorus）也曾到过纳巴塔亚人的首府佩特拉（Petra），并且还有许多罗马人在那里旅居。由此，到斯特拉波时代，人们对纳巴塔亚人及其所生活的地区有了进一步了解和认识。斯特拉波对纳巴塔亚人的首府进行了详细报道。"纳巴塔亚人的首都是所谓的佩特拉。它所在的地方平坦，周围有岩石护卫。这个地方的外侧险峻而陡峭；它的内部泉水充足，既可供家用，也可灌溉花园。在岩石的外侧区域，绝大部分地区是沙漠，在朝向犹太的方向上尤其如此。"⑤显然，斯特拉波所用资料的提供者，对佩特拉及其周围的环境非常熟悉。斯特拉波说，"佩特拉总由来自于皇室的一位国王统治；国王任命他的一位同伴担任管理者，后者被称之为'兄弟'。这里的统治秩序极为良好。无论如何，我的同伴、到

---

① 斯特拉波：《地理学》，16，3，1。
② 即希罗恩波里斯（Heroonpolis）。
③ 斯特拉波：《地理学》，16，4，2。
④ 斯特拉波：《地理学》，16，4，18。
⑤ 斯特拉波：《地理学》，16，4，21。

过佩特拉亚人(Petraeans)城市的哲学家阿提诺多鲁斯，曾心怀敬意地描述过他们的政府。他说自己见到许多罗马人和其他外国人旅居于那里，并且还见到外国人进行诉讼，既互相起诉，也起诉当地人。然而，当地人从不互相起诉；他们在各方面都和睦相处。"①佩特拉统治秩序良好，无疑它拥有优良的政府管理体系；诸多的诉讼案件，表明司法机关的存在；许多罗马人与外国人旅居于此，则体现了佩特拉的"国际性"。卓越的政府管理，良好的统治秩序，当地居民与人为善的特点，都给阿提诺多鲁斯留下了深刻印象。

斯特拉波说，纳巴塔亚人是一个克制的民族，"他们非常渴望获得财富，以至于他们公开地对减损自己财富的人施以罚款，而对于增加自己财富的人授以荣誉。"在生活习惯上，他们因"仅有很少奴隶，所以在很大程度上，或由亲属服侍，或彼此服侍，或自我照顾。结果，国王们甚至也遵从了这样的习俗。……国王非常民主，除了服侍自己外，有时甚至亲自服侍其余的人。他经常在平民大会上述职；有时他的生活方式要接受调查。"在建筑方面，"他们的住宅因饰有宝石而非常奢华。由于和平和睦，其城市没有城墙护卫。"在服饰上，"他们出行时扎着腰带，穿着拖鞋，但并不穿束腰外衣，甚至国王们也同样如此，只不过他们穿着紫色的衣服。"在丧葬方面，"他们都视死者如粪土，赫拉克利特就说：'与粪土相比，死者的尸体更应该被抛弃。'因此，他们甚至把国王葬在粪堆旁边。"在敬神上，"他们崇拜太阳，在屋顶上修建祭坛，每天在祭坛上燃烧乳香，洒酒祭奠。"②

在斯特拉波时代，西方人对阿拉伯纳巴塔亚人的认识进一步扩展。这主要表现在：在描述时，斯特拉波使用了同时代人的一手资料；他提供的纳巴塔亚人首府佩特拉的城市环境、统治秩序、当地人的性格特征、生活习俗、服饰建筑、丧葬祭祀等信息，详细而清晰。从他的描述中不难看出，佩特拉已具有较高的城市文明；居民已具有较高的生活水平。

综上来看，关于纳巴塔亚人，斯特拉波使用不同时期的史料，由历史到现实，为我们展现了一幅动态画卷。通过斯特拉波的描述，这幅"画卷"

---

① 斯特拉波：《地理学》，16，4，21。
② 斯特拉波：《地理学》，16，4，26。

由简略到详细、由模糊到清晰地呈现在我们面前。它本身既体现了纳巴塔亚人由带有游牧性质的生活方式，向定居生活方式的转变，又反映了人们在不断交往与接触中，认识水平的逐步提高。

阿拉伯·菲里克斯东部，波斯湾沿岸著名的部落是格拉人（Gerrhaeans）。他们的城市格拉（Gerrha）距离幼发拉底河河口约 2400 斯塔迪亚。城中还居住着从巴比伦流放的迦勒底人（Chaldaeans）。"这里的土壤含有盐，人们住在用盐建造的房屋中。由于太阳的炙烤，盐的碎片不断脱落、消失，人们经常往房屋上洒水，以此来保持墙壁的坚固。"①格拉人有自己的城市，有固定的居所，过着定居生活，从事贩运。②

关于阿拉伯·菲里克斯的最北部，我们只能从斯特拉波提供的资料③中得知那里生活着农民。他们部落的名称、习俗及生活方式，我们不得而知。接下去的地区，土地多沙而贫瘠，生长着少量的棕榈树、多刺的树木和撑柳；居住帐篷的人在这里生活。他们饲养骆驼；通过挖井获得水源。这与格德罗西亚（Gedrosia）的状况相似。④ 在斯特拉波提供的阿尔特米多鲁斯的相关描述中，有一个游牧地区，牧民被称为德巴人（Debae）。"这里的游牧民依靠骆驼赢取生计。他们骑骆驼打仗，乘骆驼旅行；以骆驼奶和骆驼肉为生。"其中，一些是游牧民，而另一些则是农民。⑤ 居住帐篷的人和德巴人的地理位置大致相同。前者"居住帐篷"，"饲养骆驼"，具有游牧特征。后者则是以骆驼为生的游牧部落，不过，这时在他们中，"一些是游牧民"，"一些是农民"。两者很可能是同一个民族。斯特拉波所使用的资料，前者来自生活于公元前 3 世纪的埃拉托色尼，后者则出自活动在公元前 2 世纪末至公元前 1 世纪初的阿尔特米多鲁斯。两位古典作家的描述，很可能反映了这一民族在不同历史时期的状况，他们逐渐由游牧向半游牧状态转变。尽管德巴人主要是游牧民，但在他们当中已经出现了农民。

---

① 斯特拉波：《地理学》，16，3，3。
② 斯特拉波：《地理学》，16，3，3。
③ 他使用了埃拉托色尼的资料。
④ 斯特拉波：《地理学》，16，4，2。
⑤ 斯特拉波：《地理学》，16，4，18。

北京师范大学史学探索丛书

阿拉伯·菲里克斯的南部地区，生活着四个最大的部落。① 米纳亚人（Minaeans）领有朝向红海一侧的部分，他们的最大城市是卡尔纳（Carna）或者卡尔纳纳（Carnana）。② 对于这个部落，斯特拉波引用的埃拉托色尼的资料，没有提供更多信息。不过，根据阿尔特米多鲁斯的描述，有一个部落同样位于红海一侧，是既与德巴人相邻又与萨巴亚人相接的部落，比他们更为文明；所生活的地区气候更为温和；雨水充足，水供应充裕。③ 从地理位置上判断，米纳亚人很可能就是"比德巴人更文明的人"。

与米纳亚人相邻的是萨巴亚人（Sabaeans），他们的首府为马里亚巴（Mariaba）。④ 斯特拉波提供的另一位作家的资料，有关于萨巴亚人更详细的信息。他们是一个大部落；他们的土地肥沃，丰产各种香料；由于食物充裕，人们生活轻松、舒适；从事香料贸易，并因此非常富足。⑤

第三个部落是卡塔班尼亚人（Cattabanians），他们所在的地区延伸至海峡和跨越阿拉伯湾的通道处，其王宫所在地是塔姆纳（Tamna）。卡特拉摩提塔人（Chatramotitae）占有最靠东部的地区，他们的城市为萨巴塔⑥。⑦ 在上述城市中，都有神庙和王宫。在建筑方式上，他们的房屋与埃及人的相似，都由木材架构。⑧

显然，阿拉伯·菲里克斯南部地区，环境适宜，土地较为肥沃，一年可以播种两次，收获两次，是灌溉农业区。并且那里有各种驯养动物和家禽。在南部存在许多部落，所描述的四个大部落都有首府城市，城中存在王宫。斯特拉波对阿拉伯·菲里克斯的描述，使用了埃拉托色尼、阿尔特

---

① 斯特拉波：《地理学》，16，4，2。不过，斯特拉波根据其他作家，提供了对阿拉伯·菲里克斯的另一中划分方式："根据另一种划分，阿拉伯·菲里克斯被分成五个王国。其中一个王国由士兵组成，他们为所有人作战。一个由农民组成，他们供给其余所有人食物。第三个王国，其居民从事手工艺术。第四个王国出产没药；第五个王国出产乳香；这些地区还出产肉桂、桂皮和甘松香。见斯特拉波：《地理学》，16，4，25。

② 斯特拉波：《地理学》，16，4，2。

③ 斯特拉波：《地理学》，16，4，18。

④ 现在的马里布（Marib）。英译者琼斯提供的注释。

⑤ 斯特拉波：《地理学》，16，4，19。

⑥ 现在的萨瓦（Sawa）。英译者琼斯提供的注释。

⑦ 斯特拉波：《地理学》，16，4，2。

⑧ 斯特拉波：《地理学》，16，4，3。

米多鲁斯和作者同时代人的资料，呈现的是这些部落在不同历史时期的状况。但它们表明，至少在公元前 3 世纪，阿拉伯·菲里克斯南部的主要部落已经过着定居生活。

到斯特拉波生活的时代为止，阿拉伯半岛地区依然分散着许多部落。斯特拉波呈现它们的过去与现在，而他所使用的资料本身亦包含不同时代的内容，反映了它们在不同历史时期的状况。其中，有的反映了希腊化时代的内容，有些呈现的是斯特拉波同时代的状况，还有些则包含了它们历史演变的信息。在斯特拉波对阿拉伯半岛居民的描述中，纳巴塔亚人、萨巴亚人和格拉人占有突出位置。纳巴塔亚人在罗马共和国末期与罗马人接触频繁，同他们保持着密切关系。他们领有的地区在公元 106 年被直接并入罗马帝国，成为阿拉伯行省。[①] 萨巴亚人和格拉人在阿拉伯地区、甚至是东西方的经济与商贸活动中占有重要地位，这使他们成为被关注的对象。

二、经济与商业

阿拉伯地区的富庶，不仅成为亚历山大计划征服它的因素之一[②]，而且在斯特拉波看来，也是奥古斯都派埃利乌斯·加鲁斯侵入阿拉伯半岛的重要原因。奥古斯都的"另一个考虑是基于流传已久的报道，即他们非常富有。他们出售香料和最珍贵的宝石以换取黄金与白银，但从未把在交换中所得的任何财富花费在外人身上。他希望要么与富有的朋友进行贸易，要么就征服富有的敌人。"[③]阿拉伯半岛本身物产丰富，尤以香料最为有名，

---

① 不过，有学者认为，公元前 3 年至公元前 1 年，奥古斯都都曾把纳巴塔亚人所在的地区设为行省，但此后，又恢复了它的王国地位，这种状况一直持续到公元 106 年。此后，纳巴塔亚人所在地区被图拉真并为罗马的阿拉伯行省。见 G. W. Bowersock, *Roman Arabia*, Cambridge, Massachusetts, London, England：Harvard University Press, 1983, p. 56.

② 见阿里安：《亚历山大远征记》，vii，20，1~2(280~281 页)。

③ 斯特拉波：《地理学》，16，4，22。在随后的时代中，普林尼根据埃利乌斯·加鲁斯的报道也谈道："总体而论，他们（阿拉伯人，笔者注）是世界上最富有的民族，因为他们贩卖从海上获得的货物，出售他们森林中的产品，却不买回任何东西，他们囤积了罗马与帕提亚的巨额财富。"见普林尼：《自然史》，6，32，162。

这是它与外界进行经济和商业交往的基础。阿拉伯半岛及其周围地区存在着活跃的商路，这既是它商业活动繁荣的表现，又为商业活动的开展提供了便利条件。阿拉伯半岛地理位置重要，在埃及直通印度的航线开辟之前，它是罗马埃及与印度海路贸易的媒介和中转站。

(一)阿拉伯地区的物产

阿拉伯地区物产丰富。玛塞纳地区的产品优良，附近的沼泽中出产葡萄。① 阿拉伯·菲里克斯北部地区有棕榈树、多刺树木和撑柳，骆驼是其特色动物。它的南部地区土地肥沃，雨水充足，一年可以播种两次。"许多地方盛产蜂蜜；除了马、骡和猪之外，这里有丰富的驯养动物；除了鹅和鸡之外，有各种家禽。"② 半岛南部是著名的香料产地。"卡塔巴尼亚(Cattabania)出产乳香，③ 卡特拉摩提提斯(Chatramotitis)产出没药。这些香料和其他香料都卖给商人。"④

阿尔特米多鲁斯为我们提供了阿拉伯湾东部沿岸地区丰富的物产信息。波塞冬尼乌姆附近出产数量丰富的棕榈树，弗卡(Phocae)岛有很多海豹。⑤ 一个平原地带，"树木繁茂，水源充足，到处是各种家畜——其中包括骡子。还有大量的野骆驼、鹿和瞪羚，也有许多狮子、豹子和狼。"⑥海岸附近的海岛上长满了橄榄树，树脂可以入药；德巴人所在地区的河流中含有金沙。⑦

与德巴人相邻的地区则有丰富的金矿。在"这一地区，可以开矿掘金，但并不是金沙，而是天然金块，它们不需要过多地提纯。最小的天然金块有果核那样大，中等的有欧楂果那样大，最大的则有胡桃那样大。"当地居民"用这些金块制作项链，在金块上钻孔，用线把金块和透明的宝石彼此相间地串起来，戴在颈项和手腕儿上。他们缺少加工黄金的经验，也缺乏需要交换才能得来的物品，而这些物品是更为重要的生活必需品，于是就

---

① 斯特拉波：《地理学》，16，4，1。
② 斯特拉波：《地理学》，16，4，2。
③ 乳香树(Libanus)的树脂。
④ 斯特拉波：《地理学》，16，4，4。
⑤ 斯特拉波：《地理学》，16，4，18。
⑥ 斯特拉波：《地理学》，16，4，18。
⑦ 斯特拉波：《地理学》，16，4，18。

以低廉的价格把黄金出卖给邻人，用它交换三倍数量的铜，或是两倍数量的白银。"①

萨巴亚人所在的地区"出产没药、乳香和肉桂。在沿海地区生长着香脂树和另一种芳香无比的香草，但这种香草很快会失去香味。那里还出产芦苇和散发着芳香的棕榈树。那里的毒蛇长一跨距，颜色暗红，甚至能和兔子跳跃得一样远，以啮人，无御之者。"②他们那里还"产出最为芳香的乳香"。"萨巴亚人的香料非常丰富，以至于他们用肉桂、桂皮（cinnamon and cassia）和其他香料替代棍棒和木柴"。③

尽管斯特拉波利用了埃利乌斯·加鲁斯远征阿拉伯的资料，但由于关注点不同，他舍去了或并未充分注意到某些信息。不过，普林尼关注加鲁斯在物产方面的报道："米纳亚人肥沃的土地上有丰富的棕榈树林，出产木材，兽群遍野。"④"萨巴亚人的森林中产出数量丰富的香料；他们拥有金矿和可以灌溉的耕地；这一地区还出产蜂蜜与蜡，因此，他们最为富有。"⑤

阿拉伯地区丰富的物产，特别是大量产出各种香料，为它与外界的商业贸易创造了条件。

（二）商人、商路与商业

活跃商路的存在是商业贸易繁荣的重要表现。从斯特拉波提供的资料来看，阿拉伯半岛地区存在多条商路。格拉人、萨巴亚人等民族在不同时代的商业活动中都发挥着重要作用。他们既经营当地商品，亦从事贩运；既在当地行商，又活跃于异域；所经营商品以香料为大宗，也包含其他货物。

格拉人活跃于整个阿拉伯地区。斯特拉波在《地理学》中提供了不同的信息。"埃拉托色尼说，格拉人在很大程度上通过陆路来贩运阿拉伯的货物与香料。然而，与此相反，阿里斯托布鲁斯则说，格拉人把进口的大部分货物装上木筏，运往巴比伦尼亚，载运着货物从那里出发，沿幼发拉底

---

① 斯特拉波：《地理学》，16，4，18。
② 斯特拉波：《地理学》，16，4，19。
③ 斯特拉波：《地理学》，16，4，19。
④ 普林尼：《自然史》，6，32，161。
⑤ 普林尼：《自然史》，6，32，161。

河逆流而上，然后再把它们经陆路转运至各地。"①可能的情况是，格拉人不但从陆路，而且经水路贩运阿拉伯的货物与香料，出售给其他民族。

阿拉伯半岛南部是著名的香料产地②。从阿拉伯湾凹陷处的阿拉纳③到达卡塔巴尼亚和卡特拉摩提提斯存在商路；从半岛东部格拉人所在地到南部地区亦存在商路。并且，埃拉托色尼已经明确告诉我们两条商路所需的行程时间。"商人从阿拉纳出发到达这里，需要 70 天的时间。格拉人前往卡塔拉摩提提斯则需要 40 天的时间。"④格拉人不仅在半岛东部、南部与北部行商，而且还在它的西部从事贩运。阿尔特米多鲁斯就说，"格拉人，米纳亚人和所有附近的民族都把大量的香料运到巴勒斯坦"。⑤

萨巴亚人积极从事商业活动。"彼此居住得很近的那些人，连续不断地接受大量的香料，然后，又把它们转运至邻居以至叙利亚和美索不达米亚地区。他们因芳香的气味而昏昏欲睡时，就吸入沥青烟或用山羊胡须来驱走睡意。"⑥当地"群众既从事农业，也贩运香料。他们所贩运的既有当地的香料，也有来自埃塞俄比亚的香料。他们为获取后一种香料，会乘皮革船跨过海峡。"⑦在商业活动中积极活跃的萨巴亚人和格拉人，获取了丰厚的利润。这可以从他们的生活用品和建筑装饰上看得非常清楚。"萨巴亚人和格拉人因他们的贸易而变得最为富有，拥有大量的金银陈设，如睡椅、三脚凳、碗、酒器和非常昂贵的房子。他们用镶有宝石的象牙、金、银，把门、墙壁和屋顶装点得色彩斑斓。"⑧

在纳巴塔亚境内，佩特拉与鲁塞·考玛之间存在着商路和繁荣的商业贸易。埃利乌斯·加鲁斯征战阿拉伯时，斯特拉波指责塞拉乌斯(Syllae-

---

① 斯特拉波：《地理学》，16，3，3；16，4，4。

② 斯特拉波：(地理学)，16，4，4。

③ 阿拉纳是位于阿拉伯湾另一个凹陷处的城市，这个凹陷处位于加沙附近，被称为阿拉尼提斯(Aelanites)，对此，斯特拉波已经谈过。见斯特拉波：《地理学》，16，2，30。

④ 斯特拉波：《地理学》，16，4，4。

⑤ 斯特拉波：《地理学》，16，4，18。

⑥ 斯特拉波：《地理学》，16，4，19。"阿拉伯人用船运载物品沿吕库斯河(Lycus)与约旦河向内陆航行。"见斯特拉波：《地理学》，16，2，16。

⑦ 斯特拉波：《地理学》，16，4，19。

⑧ 斯特拉波：《地理学》，16，4，19。

us)说："塞拉乌斯的背信弃义酿成了这样的后果。① 他说那里道路不通，军队无法从陆路前往鲁塞·考玛，然而骆驼商人却能安全而从容地往返于佩特拉与这个地方之间，这样庞大数量的人群与骆驼，无异于一支军队。"② 姑且不论斯特拉波对塞拉乌斯的指责是否存在问题，但显然，在加鲁斯侵入阿拉伯时，佩特拉与鲁塞·考玛之间存在着兴盛的商业贸易。当然，商人不仅包括本地的纳巴塔亚人，而且还可能有热衷于贩运的格拉人和萨巴亚人及附近的民族。

在加鲁斯侵入阿拉伯·菲里克斯的时代，佩特拉是香料贸易的中转站，香料经由这里被运往各地。斯特拉波说，"那时，大量的香料货物从鲁塞·考玛运至佩特拉，然后从那里运到腓尼基境内、位于埃及附近的里诺科鲁拉(Rhinocolura)，再从那里转运到其他民族。"③ 不过，到斯特拉波撰写这部书的时候，贸易线路发生了变化。"目前，它们大多经尼罗河被运到亚历山大里亚。它们由阿拉伯和印度启航，在米乌斯(Myus)港上岸，然后通过骆驼被运至底比斯境内的科普图斯(Coptus)(位于尼罗河的一条运河之畔)；再从那里运到亚历山大里亚。"④ 从加鲁斯侵入阿拉伯，到斯特拉波撰写这部作品⑤之间，经由佩特拉的商业线路，已让位于主要通过水路运往亚历山大里亚，再从那里行销各地的线路。但这并不是说，经过佩特拉的贸易线路已经完全废弃，只不过这一时期，它可能已不占主导地位。但无论如何，不管是在加鲁斯入侵阿拉伯的时期，还是在斯特拉波撰写《地理学》的时期，阿拉伯与非洲大陆之间都存在着商业交流；⑥ 阿拉伯在东西方贸易交往中发挥了中转站的作用，尽管这种作用在随后的时代中受到了削弱。

在希罗城和巴比伦尼亚之间也存在着交通，埃拉托色尼给出了详细的

---

① 所指的是，斯特拉波认为，纳巴塔亚人塞拉乌斯建议埃利乌斯·加鲁斯通过水路前往鲁塞·考玛，结果由于航线艰险，罗马军队损失许多舰船。

② 斯特拉波：《地理学》，16，4，23。

③ 斯特拉波：《地理学》，16，4，24。

④ 斯特拉波：《地理学》，16，4，24。

⑤ 斯特拉波何时撰写了这部作品，近现代作家有不同的看法，但基本都在公元前7年左右至公元24年的时间段内。见研究综述中"关于创作《地理学》的时间"部分。

⑥ 还可见斯特拉波：《地理学》，16，4，19。

路线及具体里程："从希罗城，向朝着纳巴塔亚人佩特拉的方向行进，到达巴比伦，其全长为5600斯塔迪亚。整个行程朝向夏季太阳升起的方向，穿过了与阿拉伯部落——我指的是纳巴塔亚人、考罗塔亚人和阿格拉亚人——毗邻的地区"①从希罗城出发，经过阿拉伯的纳巴塔亚人地区，考罗塔亚人所在地区和阿格拉人所在地区，可以到达巴比伦。②

尽管斯特拉波提供给我们的是有关阿拉伯地区不同时代的贸易状况，但活跃的商人始终存在，繁荣的商路始终畅通。在阿拉伯半岛上，从格拉人所在地到阿拉伯·菲里克斯南部地区；从阿拉伯·菲里克斯南部到阿拉伯湾凹陷处；从鲁塞·考玛到佩特拉；从阿拉伯湾凹陷处到美索不达米亚的巴比伦；从巴比伦到格拉人所在的地区，都存在着商路。这些商路，把阿拉伯地区的各个部分联系起来。阿拉伯与非洲大陆，与叙利亚、腓尼基、美索不达米亚之间也存在商路。格拉人与萨巴亚人在半岛地区的商业活动中非常活跃。他们沿着这些商路贩运香料和其他货物，并从中获得丰厚收入，成为最为富有的民族。③

三、阿拉伯地区的政治统治

在斯特拉波对阿拉伯半岛的描述中，关于这一地区统治方式的内容很少。各个王国、部落怎样进行统治，有哪些管理机构，设置哪些官职，其职能、权限如何，我们都无法详细得知。不过，他仍然提供了有关统治方式的某些信息，从中可以窥见这一地区大致的统治状况。

阿拉伯半岛游牧区与农业区并存，游牧部落与农业部落同在。各个部落的管理与统治方式既有不同，又存在相似之处。阿拉伯·菲里克斯附近的斯塞塔尼人是游牧部落，他们由部落酋长进行统治。这些酋长可能掌管

---

① 斯特拉波：《地理学》，16，4，2。

② 对阿拉伯地区物产、商业的专门描述，可参见 Pearl Elizabeth Yost, *The Commercial and Industrial Life of the Roman Provinces as Seen by Strabo*, a dissertation submitted to the Graduate faculty in candidacy for the Degree of Master of arts, Department of History, Chicago, Illinois, December, 1927, pp. 50-52.

③ 斯特拉波：《地理学》，16，4，19。

着税收权。①

纳巴塔亚人是一个巨大的部落,其首府是佩特拉。国王从王室中选出,在首府进行统治。② 在统治过程中,他任命同伴担任"国家"的管理者进行治理。随埃利乌斯·加鲁斯出征阿拉伯·菲里克斯的塞拉乌斯就曾担任纳巴塔亚人的管理者。③ 对于加鲁斯在远征中遭受的严重损失,斯特拉波说,"这件事情之所以发生,是因为国王欧波达斯(Obodas)不太关心公共事务,尤其是军事事务(这是所有阿拉伯国王的共有特点);也因为他把所有一切都交给了塞拉乌斯。"④国王把一切权力交给"管理者"不会是普遍现象,不过,从"不太关心公共事务,尤其是军事事务,是所有阿拉伯国王的共有特点"来看,尽管我们无法断定纳巴塔亚人国王任命的管理者控制着行政权与军事权,但"管理者"很可能在国王的授意下具体处理这些事务。

纳巴塔亚人实行"民主统治"。至少在王室成员之间,国王与其他成员在生活上地位平等。他不仅服侍自己,有时甚至还服侍其他人。国王"经常在平民大会上述职;有时他的生活方式要接受调查。"⑤显然,国王至少在形式上对平民大会负责,并接受监督。

埃拉托色尼为我们提供了关于阿拉伯·菲里克斯南部地区的统治信息。"所有这些城市都由国王进行统治……国王的儿子不继承王位,继承王位的是,在任命国王后,显要人物中所出生的第一个男孩儿。在任命国王的同时,他们登记所有要人的已经怀孕的妻子,并把她们看护起来。依照法律,在妇人们的孩子中第一个出生的男孩儿,作为未来的王位继承人被收养,并以皇家的方式抚养长大。"⑥国王掌管统治大权,但并非实行王位世袭制。在阿尔特米多鲁斯的笔下,萨巴亚人的国王在首府进行统治,拥有包括司法权在内的一切统治大权。⑦ 不过,"对国王而言,离开王宫不

① 斯特拉波:《地理学》,16,1,27。
② 斯特拉波:《地理学》,16,4,21。
③ 斯特拉波:《地理学》,16,4,23。
④ 斯特拉波:《地理学》,16,4,24。
⑤ 斯特拉波:《地理学》,16,4,26。
⑥ 斯特拉波:《地理学》,16,4,3。
⑦ 斯特拉波:《地理学》,16,4,19。

北京师范大学史学探索丛书

合乎法律，或者如果他确实这样行事，根据某一神谕，下层民众可以当场用石头将其砸死。"①显然，萨巴亚人国王的行为，还要受法律的约束。斯特拉波提供信息说，有作家记述，在阿拉伯·菲里克斯地区，"王室子孙不仅作为国王进行统治，而且还根据长幼之序担任其他官职。"②这体现出了世袭与家族统治的因素。

斯特拉波为我们提供了不同时代作家的描述，从中我们可以看到阿拉伯·菲里克斯地区统治方式的演变趋势，其中一个明显的特征是由非世袭制逐渐向世袭制的转化。

四、罗马与阿拉伯半岛的关系

罗马国家与阿拉伯半岛的关系，在政治上，主要体现在与阿拉伯纳巴塔亚人和南部阿拉伯·菲里克斯的关系上。斯特拉波时代，幼发拉底河构成了罗马帝国与帕提亚帝国的分界线。幼发拉底河附近的部落，则成为两大帝国的缓冲地带。阿拉伯·菲里克斯附近的部落更多地听从罗马人，处在罗马人的控制之下。③

(一)与纳巴塔亚人的关系

一般认为，纳巴塔亚人最早见于文献记载是在公元前312年。④ 在狄奥多罗斯的笔下，公元前4世纪初，纳巴塔亚人过着游牧生活，是游牧部落。⑤ 而在斯特拉波笔下，他们已经过着定居生活，是定居居民。⑥ 不过，公元前4世纪末至前2世纪末或前1世纪初这段时期，古典作家并未给我

① 斯特拉波:《地理学》，16，4，19。

② 斯特拉波:《地理学》，16，4，25。

③ 斯特拉波:《地理学》，16，1，28。

④ Jean Starcky, "The Nabataeans: A Historical Sketch", *The Biblical Archaeologist*, Vol. 18, No. 4 (Dec., 1955), p. 84. G. W. Bowersock, "A Report on Arabia Provincia", *The Journal of Roman Studies*, Vol. 61 (1971), p. 221. 狄奥多罗斯在《历史集成》，2，48~49；19，94~100 中有对纳巴塔亚人的最早记载。

⑤ Jean Starcky, "The Nabataeans: A Historical Sketch", *The Biblical Archaeologist*, Vol. 18, No. 4 (Dec., 1955), p. 87.

⑥ 见"阿拉伯地区的居民与习俗"部分，斯特拉波使用了他的朋友埃利乌斯·加鲁斯和阿提纳多鲁斯的资料，这些资料反映了公元前1世纪末期纳巴塔亚人的状况。

们留下多少关于纳巴塔亚人的信息。

在东方，庞培把叙利亚和巴勒斯坦并入罗马版图。公元前63年，庞培到达大马士革，并准备征服佩特拉。不过，由于犹太起事，他被迫开赴耶路撒冷。攻克耶路撒冷后，他返回罗马，并把征服纳巴塔亚人的任务交给了叙利亚第一任总督斯考鲁斯(Scaurus)。公元前62年，斯考鲁斯对纳巴塔亚人作战，但因困难重重，被迫与纳巴塔亚国王阿勒塔斯(Aretas)签订合约，对方交付300塔兰特作为他撤军的补偿。① 公元前55年，斯考鲁斯的继任者加比尼乌斯(Gabinius)在战争中打败了纳巴塔亚人。② 此后，罗马由于逐渐陷入内战，无暇顾及东方，没能将纳巴塔亚人的领土并入罗马版图。因此，它一直保持着王国的地位。不过，它可能并非独立的王国，而是罗马人的附庸国。斯特拉波说，"他们(纳巴塔亚人和萨巴亚人，笔者注)在臣服于罗马人之前经常入侵叙利亚。但现在，他们和叙利亚人都已属于罗马人了。"③在斯特拉波撰写这部著作时，纳巴塔亚人和叙利亚人都已属于罗马人。不过他们的地位明显不同。公元前63年，庞培已将叙利亚并入罗马版图，并设立叙利亚行省。而纳巴塔亚则是罗马人的附庸国。这主要表现在：

首先，埃利乌斯·加鲁斯出征南部阿拉伯·菲里克斯时，纳巴塔亚人需要派兵出征，罗马军队可以通过纳巴塔亚国境。并且，庞大的军队可以在纳巴塔亚人的商业中心鲁塞·考玛长期驻扎。④ 埃利乌斯·加鲁斯途经欧波达斯同族阿勒塔斯辖区时，受到殷勤款待。⑤ 其次，纳巴塔亚人的国王须得到罗马人的认可与批准。塞拉乌斯为赢得奥古斯都的支持，曾前往罗马。期间纳巴塔亚人的国王欧波达斯去世。⑥ 同时，希律王为复仇而侵入纳巴塔亚人的领土。塞拉乌斯为达到自己的目的，一方面，指控希律王在未得到奥古斯都授权的情况下，擅自发动战争，使其失去支持；另一方面，又指控阿勒塔斯四世(Aretas iv)未获奥古斯都允许就继承王位。国王

---

① 约瑟夫：《犹太古代史》，xiv，80～81。

② 约瑟夫：《犹太古代史》，xiv，103。

③ 斯特拉波：《地理学》，16，4，21。

④ 斯特拉波：《地理学》，16，4，23。

⑤ 斯特拉波：《地理学》，16，4，24。

⑥ 公元前9年。

之子阿勒塔斯四世则指控塞拉乌斯毒死了欧波达斯。[1] 随后，塞拉乌斯的阴谋败露，奥古斯都认可阿勒塔斯四世（公元前9年至公元40年）继承王位。[2] 最终，塞拉乌斯因其阴谋与暴行，被奥古斯都处决。[3] 对于塞拉乌斯如何在罗马及纳巴塔亚国内进行阴谋活动，我们姑且不论，我们所关注的是，纳巴塔亚人的国王需要罗马人的认可与批准，他们国内的纷争需要罗马人仲裁。这从一个侧面反映了它的附属国地位。

从庞培计划入侵纳巴塔亚人到公元106年，在与罗马人的关系中，纳巴塔亚一直处于附属国地位。公元106年，图拉真把纳巴塔亚人的领土并入罗马帝国版图，设立阿拉伯行省。从此，纳巴塔亚人处于罗马帝国的直接管辖之下。

（二）与南部阿拉伯·菲里克斯的关系

在斯特拉波时代，罗马人与南部阿拉伯·菲里克斯的关系，集中体现在罗马人侵入这一地区上。在公元前26年至前25年[4]，埃利乌斯·加鲁斯奉奥古斯都之命，率军侵入阿拉伯·菲里克斯地区。

罗马人之所以要征服这一地区，斯特拉波这样描述到："由于奥古斯都·恺撒看到与埃及毗连的特罗格罗戴提斯人（Troglodytes）地区和阿拉伯相邻，并且把阿拉伯人与特罗格罗戴提斯人分离开来的阿拉伯湾极其狭窄，于是他派加鲁斯前往阿拉伯和埃塞俄比亚，探察那里的部落与地区。因此，他打算要么把阿拉伯人争取过来，要么就征服他们。另一个考虑是基于流传已久的报道，即他们非常富有；他们出售香料和最珍贵的宝石以换取黄金和白银，但从未把在交换中所得的任何财富花费在外人身上。他希望要么与富有的朋友进行贸易，要么就征服富有的敌人。对纳巴塔亚人给予帮助的指望，也使他信心倍增，因为纳巴塔亚人非常友好，并许诺在

① 约瑟夫：《犹太古代史》，xvi，271～299。

② 约瑟夫：《犹太古代史》，xvi，336～355。

③ 约瑟夫：《犹太古代史》，xvi，353；斯特拉波：《地理学》，16，4，24。

④ 关于埃利乌斯·加鲁斯远征阿拉伯·菲里克斯的时间，希拉·詹姆士（Shelagh Jameson）进行了详细考证，认为始于公元前26年春或夏，终于公元前25年10月或11月末。见 Shelagh Jameson, "Chronology of the Campaigns of Aelius Gallus and C. Petronius", *The Journal of Roman Studies*, Vol. 58, Parts 1 and 2 (1968), pp. 76-78.

任何方面都与他合作。"①

在斯特拉波看来，罗马人侵入阿拉伯的原因在于：其一，在地理上与特罗格罗戴提斯人所在的地区毗连，海峡狭窄，容易渡越。奥古斯都欲争取或征服阿拉伯。其二，阿拉伯财富的吸引。阿拉伯人出售香料和宝石，获得巨额财富，但财富从未外流。奥古斯都希望与阿拉伯人进行商业贸易，或者直接征服他们。其三，纳巴塔亚人的"友好"承诺，答应他在各方面都全力合作，这增加了奥古斯都的信心。

由此，埃利乌斯·加鲁斯出征阿拉伯。他建造了至少 80 艘战船，130 艘运输船，运载约 10000 名步兵启航，包括罗马军队和罗马盟军，其中有 500 名犹太人和塞拉乌斯指挥下的 1000 名纳巴塔亚人。纳巴塔亚人塞拉乌斯担任向导。②

加鲁斯率军由水路航行 14 天到达纳巴塔亚人的商业中心鲁塞·考玛。期间，他们损失了许多船只。③ 因士兵受疾病困扰，他被迫在鲁塞·考玛休整了一年时间。加鲁斯从鲁塞·考玛出发，"穿过必须依靠骆驼运输来供水的地区"，经过长时间行军，才到阿勒塔斯（Aretas）的辖区。尽管阿勒塔斯友好地接待了他，并赠以礼物，但穿越这一地区仍非常困难。他们所经之处不通道路，并且仅能获得 zeia④，少量的棕榈树和黄油。阿拉勒纳（Ararene）地区同样如此，一片沙漠，没有道路，通过这里耗费了他们 50 天时间。加鲁斯攻取尼格拉尼人（Negrani）的城市后继续向前推进，并与蛮族人发生激战。后者因武器落后，作战素质差，有 10000 人丧生，而罗马人仅损失了 2 名士兵。此后，加鲁斯顺利地攻克阿斯卡（Asca）城、阿特鲁拉城（Athrula），但玛尔西亚巴城（Marsiaba）却久攻不下。最后他因缺水而被迫放弃攻城。加鲁斯从俘虏那里获悉，距离产出香料的国家仅有两天行程，但因向导"心怀鬼胎"，他却耗费了 6 个月的时间。加鲁斯得知真相且发现有针对自己的阴谋时，就率军从其他道路返回。他途经尼格拉纳（Negrana）、赫普塔·弗里亚塔（Hepta Phreata）、小村庄卡拉（Chaalla）、

---

① 斯特拉波：《地理学》，16，4，22。

② 斯特拉波：《地理学》，16，4，23。

③ 斯特拉波：《地理学》，16，4，23。

④ 一种粗糙的谷物（coarse grain）。英译者琼斯的注释。

玛罗塔(Malotha)，穿越延伸至埃格拉村(Egra)的沙漠地带，抵达欧波达斯的统治区域。尽管加鲁斯出师远征的行程耗费了 6 个月，然而返回时，他仅花费了 60 天时间。他由此出发率部军 11 天，越过米乌斯港，由陆路到达科普图斯，并最终同所有幸存者回到亚历山大里亚。①

在这次远征中，罗马人损失严重。"加鲁斯所损失的士兵，并非战死疆场，而是死于疾病、劳累、饥饿和恶劣的道路状况，仅有七人在战争中牺牲。也由于这些原因，这次远征并没有极大程度增进我们对于那些地区的了解，但它仍有些许贡献。"②不过，它还是发现了阿拉伯的许多特点。③尽管罗马人进军阿拉伯并未获得成功，但奥古斯都还是将这次出征作为功绩写入自传中，"在我的指挥和主持下，两支军队几乎同时开进了埃塞俄比亚和阿拉伯(又名'福地')；两个民族都有大批军人在战争中被歼，许多城镇被占领。在埃塞俄比亚，部队前进直达梅洛埃附近的那帕塔镇；在阿拉伯，部队进到萨白安地区的马里巴城。"④

这次征服未获成功，斯特拉波把责任完全推到纳巴塔亚人塞拉乌斯身上："尽管塞拉乌斯许诺作行军向导，提供所有给养，并与加鲁斯通力合作，但在所有事情上，他都背信弃义。塞拉乌斯既没有指明一条安全的沿岸航线，也没有指出一条安全的陆上行军路线，而是将他引入歧途，让他们走迂回曲折的路线，穿越没有道路、贫瘠而荒芜的地区，或是让他们沿着遍布岩石、没有海港的海岸前行，或是让他们穿过到处是浅滩或暗礁密布的水域。特别是在这种地方，涨潮或退潮给他们造成了巨大的损失。"⑤

在斯特拉波看来，"这种事情之所以发生，是因为纳巴塔亚人的国王欧波达斯不太关心公共事务，尤其是军事事务(这是所有阿拉伯国王的共有特点)；也因为他把所有一切都交给了塞拉乌斯。而塞拉乌斯施展诡计，

① 斯特拉波：《地理学》，16，4，24。
② 斯特拉波：《地理学》，16，4，24。
③ 斯特拉波：《地理学》，16，4，22。
④ 李雅书选译：《罗马帝国时期》(上)，北京，商务印书馆，1985，12 页。
⑤ 斯特拉波：《地理学》，16，4，23。在《克拉苏传》中，普鲁塔克也曾提到阿拉伯首长阿里亚姆奈的"阴谋活动"(普鲁塔克：《克拉苏传》，xxi，1~4；xxii，4~6)。见[古希腊]普鲁塔克：《希腊罗马名人传》(上)黄宏煦主编，陆永庭、吴彭鹏等译，北京，商务印书馆，1999，601~602、603~604 页。

在谋略上完全胜过了加鲁斯。我认为,他企图探察那一地区,与罗马人一起摧毁它的一些城市和部落,在罗马人被饥饿、劳累、疾病和他为他们'精心'设计的其他各种灾祸摧毁之后,自己统治一切。"①其结果,"对于这次失败负有不可推卸责任的人——我指的是塞拉乌斯——在罗马受到了惩罚,尽管他假装友好,但是他罪证如山,除了在这次事件中的恶行之外,还有其他罪过,最后被斩首处决"。②

斯特拉波说,"在我生活的时代,以埃利乌斯·加鲁斯为指挥官的罗马人最近远征阿拉伯人,在这期间,发现了阿拉伯的许多特点。"③由于他的关注点不同,或是他舍弃了某些内容,并未充分呈现加鲁斯发现的信息。不过,普林尼重视加鲁斯在这方面的报道,详细记述了埃利乌斯·加鲁斯的发现:"游牧民以乳和野兽肉为生;其余的部落则以棕榈树酿酒,就像印度当地人所做的那样;使用芝麻榨油。霍美里塔人(Homeritae)是最大的部族。米纳亚人肥沃的土地上有丰富的棕榈树林,出产木材,兽群遍野。塞尔巴尼人(Cerbani)、阿格拉伊人(Agraei),尤其是卡特拉摩提塔人,最好战。卡里人(Carrei)拥有最广阔、最肥沃的耕地。萨巴亚人的森林中产出数量丰富的香料,他们拥有金矿和能够灌溉的耕地,他们的地区出产蜂蜜与蜂蜡,因此,他们最为富有。""阿拉伯人戴着头巾,或是留着长发。他们剃去下颌的胡须,蓄着嘴唇上面的胡须。不过,也有人留着下颌的胡须。说来奇怪,在众多的部落中,有相当数量的部落从事贸易或以抢劫为生。总体而论,他们是世界上最富有的民族,因为他们贩卖从海上获得的货物,出售他们的森林中的产品,却不买回任何东西,他们从罗马与帕提亚获得了巨额财富。"④

加鲁斯对阿拉伯的远征,是罗马人与南部阿拉伯·菲里克斯的一次

北京师范大学史学探索丛书

---

① 斯特拉波:《地理学》,16,4,24。

② 斯特拉波:《地理学》,16,4,24。公元前6年,塞拉乌斯被奥古斯都处决。不过,G. W. Bowersock认为:"尽管斯特拉波乐意坚信,二十年前塞拉乌斯在埃利乌斯·加鲁斯对阿拉伯战役中故意'误导',他这样的结局罪有应得,但很明显,是阿拉伯更晚近的事件导致塞拉乌斯遭到处决。见 G. W. Bowersock, *Roman Arabia*, Cambridge, Massachusetts, London, England:Harvard University Press, 1983, p.53.

③ 斯特拉波:《地理学》,16,4,22。

④ 普林尼:《自然史》,6,32,160~162。

直接冲突。罗马人未获成功，且损失严重，这使得罗马人不敢轻开战端。奥古斯都之子曾打算侵入这一地区，但他并未真正实施计划。① 不过，加鲁斯的远征，增进了罗马人对阿拉伯的认识。他们获得了所经过地区的信息，对阿拉伯·菲里克斯地区的等级划分、继承方式、财产分配、社会习俗和婚姻状况有了进一步了解；对纳巴塔亚人的统治与治理方式、生活习俗、物产、建筑、丧葬和献祭仪式等方面有了更深刻的认识。关于阿拉伯的这些信息，是斯特拉波之前的地理学家所不曾和无法知晓的。而加鲁斯这次远征阿拉伯的信息，主要经由斯特拉波等人保存下来。它扩展了人们对于世界的认识，是斯特拉波《地理学》在拓展人们认识空间上的贡献之一。

对阿拉伯地区的描述，斯特拉波既使用了同时代人提供的一手史料，又借鉴了前人的信息。他的描述，反映了阿拉伯半岛在不同历史时期的状况。斯特拉波的朋友阿提诺多鲁斯在纳巴塔亚地区的游历，埃及长官埃利乌斯·加鲁斯对阿拉伯·菲里克斯南部的征服活动，给斯特拉波提供了这些地区的鲜活信息，也使西方人对它的认识进一步扩展。而对阿拉伯内陆及东部地区的描述，斯特拉波主要借鉴了埃拉托色尼、阿里斯托布鲁斯等人的资料，所反映的是希腊化时代的状况；他对这些地区的认识仍然停留在前人的水平上。

不过，无论在斯特拉波生活的时期，还是在他之前的时代，半岛地区都具有繁荣的商业，发达的商路。活跃的商人不仅将半岛连为一个整体，而且还成为东西方贸易的桥梁与纽带，尽管在罗马埃及直通印度的航线开通后，他们的这种地位有所削弱。阿拉伯地区丰富的物产（尤以盛产香料著名）与重要的交通地位，既加强了它与罗马人之间的联系，又使它成为罗马人入侵的对象。埃利乌斯·加鲁斯率军侵入阿拉伯，便是奥古斯征服"富有敌人"的行动。尽管这次行动以失败告终，但它还是成为奥古斯都炫耀的功绩。

---

① 普林尼：《自然史》，6，32，160。

第八章　罗马交往的对象：
斯特拉波视野下的印度

亚历山大远征开启了西方人认识印度的新纪元。在之后的时代中，随着外交使节的派遣，商人和旅行者的不断探索，西方人对印度的认识逐步加深。罗马帝国初期，斯特拉波对印度的描述，基本上包含了当时希腊、罗马人对它了解的一切信息。① 斯特拉波对印度的认识，反映了西方人在罗马帝国初期对它的认识水平。在这一时期，斯特拉波对印度的认识究竟到何种程度，有哪些是继承前人的认识，有哪些是他进一步发展的内容，哪些是真实反映，又有哪些是传闻信息，这些是我们在这一章中需要探讨的问题。

一、认识印度存在的困难

斯特拉波并未在印度考察，他对印度的描述主要利用了前人及与其同时代人的报道。这些资料涉及的时间跨度大，包含了从亚历山大东征时期一直到斯特拉波所生活的时代。而在这些资料中，历史真实往往与神话传说并存，这给准确地描述和认识带来了困难。斯特拉波在描述印度的开篇就明确指出，"我们很有必要以宽容的态度听取有关这一地区的描述"②。在斯特拉波看来，准确认识印度地区的困难在于：

首先，"这不仅因为它距离我们最为遥远，而且也因为在我们之中，仅有很少人游览过它。即便看到过它的那些人，也仅是看到它的某些部分而已，他们所说的大部分内容来自于传闻。即使看到的内容，也是在穿越这一地区的匆忙行军中了解到的。因此，即使他们所作的描述似乎是经过

---

① H. F. Tozer，*Selections from Strabo with an Introduction on Strabo's Life and Works*，Oxford：Clarendon Press，1893，p. 309.

② 斯特拉波：《地理学》，15，1，2。

了认真的核实，但对于相同的事情，他们的描述也会不同。他们中的有些人一起参加了同一次远征，又一起在那里逗留，比如帮助亚历山大远征的那些人就是如此。然而，他们的报道都常常彼此互相抵触。如果对于所见之事，他们之间尚且存在这样的分歧，那么对于他们来自于传闻的报道，我们必须做怎样的考量呢？"①

由于印度在地理上极为遥远，仅有很少一部分西方人到过那里。而他们所获信息，亲身经历者少，道听途说者多。并且即使一起亲身经历过的事情，不同人的报道也总是缺乏一致性，甚至大相径庭。对于听闻来的消息，更需要谨慎对待。这无疑是认识这一地区上的障碍。并且，"在晚得多的时代中，描述有关这一地区事务的大部分人，以及现在航行至那里的人，也都无法提供准确的信息。"②"撰写《帕提卡》(*The Parthica*)的阿波罗多鲁斯在提及促使巴克特里亚纳叛离叙利亚国王们③的希腊人时说，当那些国王们的力量增长时，他们也进攻印度，但他并没有提供给我们比已知信息更多的内容，甚至他的报道与已知信息相抵触。"④这种状况，更增加了认识印度地区的难度。

其次，商人在印度的活动范围有限，而且其关注点集中于商业贸易。斯特拉波说："至于商人，他们现在从埃及出发，沿着尼罗河、阿拉伯湾航行远达印度，然而仅有很少一部分人远航至恒河流域；而这些人仅为普通公民，他们关注所访问地方的历史并无益处。"⑤这也不利于准确地认识印度。

---

① 斯特拉波：《地理学》，15，1，2。

② 斯特拉波：《地理学》，15，1，3。

③ 塞琉库斯·尼卡特的继承者。

④ 斯特拉波：《地理学》，15，1，3。例如，阿波罗多鲁斯说："那些国王征服的印度地区比马其顿人征服的还要多。无论如何，攸克拉提达斯(Eucratidas)就征服了1000座城市。然而，其他作家则说，仅在希达斯皮斯河(Hydaspes)与希帕尼斯河(Hypanis)之间就有9个部落；他们拥有5000座城市，其中的每一座城市都不会小于美罗皮亚·科斯(Meropian Cos)；亚历山大征服了整个地区，并把它交给了波鲁斯。"见斯特拉波：《地理学》，15，1，3。

⑤ 斯特拉波：《地理学》，15，1，4。

再次，亚历山大远征之前，西方人关于印度的描述更加模糊不清。①

斯特拉波接受美加斯提尼斯的看法："不能相信有关印度人的古老传说"，对于源自居鲁士或塞米拉米斯远征印度时的相关描述不能轻信。② 他对于美加斯提尼斯提出除马其顿人之外，赫拉克里斯和狄俄尼索斯也曾到过印度，同样表示了质疑，认为关于两者的事迹并不可靠，就像希腊人中流传的故事一样，"仅是神话传说而已"。③ 斯特拉波认为，无论是狄俄尼索斯，还是赫拉克里斯，他们到过印度或在印度作战的"事迹"都是"亚历山大奉承者的虚构"。这在于：其一，对于这些事件，"历史学家彼此之间无法达成一致"，并且"一些历史家根本没有提及"；其二，不存在他们到过印度的确凿证据。④

按照斯特拉波的看法，对西方人而言，印度地域遥远，少有人到达，人们所报道信息互相抵触者甚众，历史真实与神话传说并存，这给准确、全面地认识印度地区造成了困难。因此，资料方面的局限性，就决定了斯特拉波在描述印度时对所用材料的取舍原则："接受最接近可信的内容"，"坚定地把它们用作公认的论断，并且还将补充为澄清问题似乎所必须的其他一些内容"。⑤ 由此，斯特拉波判断："埃拉托色尼在其地理学第三卷所作的有关他所生活时代——也即当亚历山大入侵这一地区（印度，笔者注）时——印度的概述最为可信。"⑥而曾追随亚历山大侵入印度的人留下的记述，作为使节前往旃陀罗笈多王廷的美加斯提尼斯的印度见闻，也成为斯特拉波描述印度时所倚重的资料。⑦

---

① 斯特拉波：《地理学》，15，1，5。
② 斯特拉波：《地理学》，15，1，6。
③ 斯特拉波：《地理学》，15，1，7。
④ 斯特拉波：《地理学》，15，1，9。
⑤ 斯特拉波：《地理学》，15，1，10。
⑥ 斯特拉波：《地理学》，15，1，10。
⑦ 斯特拉波对描写印度作品的可信性进行了判断和排列："然而，描写印度的所有作家，其中的大部分都被证明是杜撰者，但戴玛库斯（Deimachus）却非常杰出；接下去是美加斯提尼斯；然后是欧尼西克里图斯和尼阿库斯，再接着是其他一些这类作家，尽管他们支吾其词，但已开始讲真实的情况了。"见斯特拉波：《地理学》，2，1，9。

二、印度的居民及社会等级

古典作家对居民的社会生活习俗一直怀有浓厚的兴趣，斯特拉波同样如此。东西方具有不同的文化传统，在这样的背景下，东方的生活习俗给西方人留下了更为深刻的印象。在对印度地区的描述中，斯特拉波充分利用古代作家的资料和同时代人的报道，对印度居民的生活习俗及社会等级进行了全方位的描写，为我们绘制了他眼中的印度社会生活图景。

(一)印度人的生活习俗

印度面积广大，不同地区居民的生活习惯不尽相同，但他们都过着简朴的生活。斯特拉波谈道："所有印度人都过着简朴的生活，行军出征时尤其如此。"[①]"除了在献祭时之外，他们不饮酒，仅喝由大米而不是大麦酿制的一种饮料；并且他们的食物多半也由米粥构成。"[②]尼阿库斯也说："因为这里的人们饮食简单而又戒绝饮酒，所以很少生病。"[③]欧尼西克里图斯说，卡塔亚人在各个方面都很简朴；[④] 穆西卡努斯人尽管一切供应充足，但却饮食简单。[⑤]

节俭的习俗也表现在丧葬方面，"他们的葬礼简单，坟堆很小"[⑥]。"印度人的朴素，还体现在他们的法律与契约上"，美加斯提尼斯说："这源于他们不爱诉讼；他们没有关于抵押品或押金的诉讼，不需要证据和封条，信任自己将利益押在他们身上的那些人。并且，他们家中的财产通常都不设防。"[⑦]印度的哲人，无论是波罗门和还加尔曼尼斯(Garmanes)，在节俭方面都是典范。[⑧]

---

① 斯特拉波：《地理学》，15，1，53。
② 斯特拉波：《地理学》，15，1，53。
③ 斯特拉波：《地理学》，15，1，45。
④ 斯特拉波：《地理学》，15，1，30。
⑤ 斯特拉波：《地理学》，15，1，34。
⑥ 斯特拉波：《地理学》，15，1，54。
⑦ 斯特拉波：《地理学》，15，1，53。
⑧ 斯特拉波：《地理学》，15，1，59，60。

美加斯提尼斯宣称，印度人不使用奴隶。① 在阿里安的《印度记》中，保留了美加斯提尼斯更为详细的记述："所有印度人都是自由民，连一个奴隶都没有，印度的这一特点是很出色的。在这方面，印度和拉斯地蒙相仿。不过，拉斯地蒙人把赫拉特人（Helots）当奴隶使用，叫他们干奴隶的苦活，而印度人却不使用任何异族奴隶；印度人本身，更是无人当奴隶。"②不过，欧尼西克里图斯则说，奴隶制度为生活在穆西卡努斯地区的印度人所独有；并且说，它在那里是多么成功。③ 斯特拉波已经认识到前人在这一问题上相互矛盾的观点。④ 而较晚时代的阿里安，却简单地遵从美加斯提尼斯的说法，认为整个印度地区都不存在奴隶制度。

虽然印度人生活简朴，但却热爱修饰。斯特拉波告诉我们⑤，"与其通常的朴素习惯相反，他们喜爱修饰自己。他们穿着饰有黄金的衣服，戴着镶有宝石的饰品，穿着色彩艳丽的亚麻服装，打着遮阳伞。他们敬重美丽，因而想尽一切办法使自己变得漂亮。"⑥欧尼西克里图斯报道说，在卡塔亚人中，"男子用许多色彩最绚丽的颜料涂染他们的胡须，其唯一的原因就是希望自己变得更加英俊。其他许多印度民族也认真地这样做（他说这一地区产出优良的颜料），他们不仅染发，而且还涂染自己的衣服。"⑦卡塔亚人以美貌论人，是否具有优美的体格，成为"人"能否生存的资格。欧

---

① 斯特拉波：《地理学》，15，1，54。

② 阿里安：《印度记》，10，8～9（305 页）。

③ 斯特拉波：《地理学》，15，1，54。

④ 刘家和先生在阿里安《亚历山大远征记》中译本序言中已有明确论断，美加斯提尼斯的结论是错误的。其一，"当地各种传说的文献都证明奴隶制确实是存在的"；其二，就是欧尼西克里图斯提出的证据；其三，亚历山大本人就曾将印度河流域一些起义城市的居民卖为奴隶。之所以有这样的结论，是因为"美伽西尼斯也许是把某些地方的现象当作了整个地区的现象，也许是囿于希腊人的成见而发生的误解。"见［古希腊］阿里安：《亚历山大远征记》，［英］E. 伊利夫·罗布逊英译，李活译，北京，商务印书馆，2007，iv 页。关于古代印度奴隶制的专门研究，可见 Dev Raj Chanana, *Slavery in Ancient India：as depicted in Pali and Sanskrit texts*, New Delhi：People's Publishing House, 1960. 作者以文献资料为基础，结合考古学与人类学信息，详细探讨了古代印度的奴隶制问题。

⑤ 使用了美加斯提尼斯的资料。

⑥ 斯特拉波：《地理学》，15，1，54。

⑦ 斯特拉波：《地理学》，15，1，30。尼阿库斯也谈到印度人染胡子的风俗。见阿里安：《印度记》，16，4～5（310～311 页）。

尼西克里图斯甚至告诉我们，"卡塔亚人选择最英俊的人担任国王"①。

在婚姻方面，一夫多妻制在印度比较流行，这从斯特拉波提供的资料中看得非常清楚。阿里斯托布鲁斯在描述塔克西拉人时说，塔克西拉人"拥有几位妻子是与其他民族共有的习俗"②。美加斯提尼斯在印度时也观察到，"他们娶有许多妻子"③。在波罗门中，一夫多妻制同样流行，美加斯提尼斯说，"为了繁衍众多的孩子，他们迎娶尽可能多的妻子。由于妻子众多，诚挚的孩子的数量也将更多④。由于没有仆人，他们需要从孩子那里获得更多的服务。"⑤

不过，在印度，不同地区存在着不同的嫁娶方式。据尼阿库斯的报道："在一些部落中，未婚女子被置于大家面前，作为对在打斗中取胜男子的奖赏，结果她们嫁给了获胜者，但却没有嫁妆。"⑥阿里斯托布鲁斯则说，在塔克西拉(Taxila)，"那些因贫穷而无法把自己的女儿嫁出去的人，在女儿风华正茂之时，敲锣打鼓(正是用以发出作战信号的乐器)，把她们带到市场上。这样人群聚集起来。他们向走上前去的男子展示她的身前身后，如果这名男子对她感到满意，同时又能说服她，那么，在获得认可的条件下就可以娶她为妻。"并且他还说道："在某些部落中，妻子们非常高兴与死去的丈夫一起被烧死；那些不愿这样做的人，将蒙受耻辱。其他作家也提到了这种习俗。"⑦美加斯提尼斯出使印度时，则观察到，"这些妻子是从她们父母那里买来的；他们可以用一套牛轭换得妻子。他们娶妻，有的因为她们非常顺从，有的则是为了欢愉和繁衍更多的后代。但是如果丈夫不强迫她们保持贞洁，她们可以出卖自身。"⑧如果欧尼西克里图斯的描

---

① 斯特拉波：《地理学》，15，1，30。

② 斯特拉波：《地理学》，15，1，62。

③ 斯特拉波：《地理学》，15，1，54。

④ H. F. 托泽采用拉森(Lassen)的说法，认为他们要更多的家庭成员，并非为了获取更多的服务，而是为了确保祖先精神的延续传承。H. F. Tozer, *Selections from Strabo with an introduction on Strabo's life and works*, Oxford：The Clarendon Press, 1893，p. 326.

⑤ 斯特拉波：《地理学》，15，1，59。

⑥ 斯特拉波：《地理学》，15，1，66。

⑦ 斯特拉波：《地理学》，15，1，62。

⑧ 斯特拉波：《地理学》，15，1，54。

述真实的话，在卡塔亚人那里，存在自由婚姻，"新郎新娘自己选择配偶"。但"抛弃原来的丈夫或毒害他们时，妻子要与死去的丈夫一起被烧死"①。欧尼西克里图斯说，卡塔亚人为防止毒杀，甚至将它定为法律，斯特拉波对"这项法律及其理由"表示怀疑。② 不过，其他古典作家也提到了妻子陪葬丈夫的这种习俗。③

印度多种丧葬方式并存。阿里斯托布鲁斯说，在塔克西拉，"死者被抛之野外，由秃鹰啄食。"④美加斯提尼斯则说，居住在高加索山区的人们，食亲属的身体。⑤ 印度不同地区、不同部落存在不同的丧葬方式。

尽管美加斯提尼斯赞扬印度人节俭、朴素的生活习惯，但他认为印度人单独进餐的方式，不利于社会与公民生活。他说，"谁也不会赞同他们其他的那些生活习惯——总是单独用餐，大家没有公共时间进早餐与晚餐，而是各行其是。另一种进餐方式对于社会与公民生活更为有益"。⑥ 不过，亚历山大的追随者欧尼西克里图斯就谈到，穆西卡努斯人的"特别之处在于，他们拥有一种拉高尼亚式的公共食堂(common mess)⑦，他们在那里一起进餐，把猎物当作饭食"。⑧ 如果欧尼西克里图斯提供的信息准确的话，印度也存在集体进餐的方式，并且按照他的说法，这一点还成为穆西卡努斯人的特色。就这一方面来说，美加斯提尼斯很可能把某些地区的现象，"放大"为整个印度的状况了。斯特拉波则将"一般"与"特殊"同时呈

---

① 斯特拉波：《地理学》，15，1，30。
② 斯特拉波：《地理学》，15，1，30。
③ 见斯特拉波：《地理学》，15，1，62。
④ 斯特拉波：《地理学》，15，1，62。斯特拉波也谈到了卡斯皮亚人与此相类的习俗："卡斯皮亚人使年过70者饿死，把他们的尸体置于沙漠中。之后，他们从远处观察，如果看到死者的尸体被飞鸟啄下棺架，他们认为死者是非常幸运的；如果被野兽或犬叼下棺架，那就没有前者幸运，但如果没有动物去叼啄尸体，他们认为死者受到了命运的诅咒。"见斯特拉波：《地理学》，11，11，8。
⑤ 斯特拉波：《地理学》，15，1，56。在《地理学》中，斯特拉波也提到了高加索地区部落的这种习俗："他们把年过70的男子杀死，将其躯体分给亲近的亲属食用；但把年迈的女子绞死，然后将之埋葬。不过，在70岁以下死去的男子不能食用，而仅能埋葬。"见斯特拉波：《地理学》，11，11，9。
⑥ 斯特拉波：《地理学》，15，1，53。
⑦ 见斯特拉波：《地理学》，10，4，16，20。
⑧ 斯特拉波：《地理学》，15，1，34。

现给我们。

在服饰上，"一般而言，印度人穿白色服装，白色的亚麻或棉质衣服，这与一些人的描述相反，他们说，印度人穿着非常富有色彩的衣服。"①在阿里安的《印度记》中，有尼阿库斯对印度人装束的更详细的描述："印度人穿的是亚麻布衣服。这种亚麻生在树上，这种树我已在上文提到过。也许是因为这种亚麻布比别的亚麻布白，或是因为印度人的皮肤黑，他们穿起这种布来显得特别雪白发亮。他们有一种直到小腿中部的束腰上衣，肩上披着一块布作为外衣，头上还包扎一块。有钱的印度人戴象牙耳环，普通人都不戴。""讲究的印度人夏天打旱伞遮阳光，脚上穿着白色的皮拖鞋，式样很讲究。他们的凉鞋底有各种各样颜色，而且很厚，为了显得个子高些。"②

美加斯提尼斯说，在印度的哲学家中，波罗门在经过 37 年的苦行生活之后，就可以过自由生活，"他们穿着亚麻衣服，耳朵上和手上戴着适当的黄金饰品"③。普拉姆纳(Pramnae)派中，"山地"普拉姆纳以兽皮为衣；④"裸体"普拉姆纳大部分时间赤裸地生活在野外；⑤"城市"普拉姆纳，或是穿着亚麻外衣，或是披着兽皮。⑥

在法律方面，斯特拉波提供的信息表明，印度人使用习惯法。尼阿库斯说："他们的法律分为公法和私法，但都是习惯法。"⑦美加斯提尼斯也说，"这一民族仅使用习惯法"，"他们不识字，⑧ 仅凭记忆记住一切事情"。⑨ 不过，印度人的法律非常严酷，"作伪证者将被砍去双脚和双手；

---

① 斯特拉波：《地理学》，15，1，71。
② 阿里安：《印度记》，16(310～311 页)。
③ 斯特拉波：《地理学》，15，1，59。
④ 斯特拉波：《地理学》，15，1，70。
⑤ 斯特拉波：《地理学》，15，1，70。
⑥ 斯特拉波：《地理学》，15，1，71。
⑦ 斯特拉波：《地理学》，15，1，66。
⑧ 但这一说法与尼阿库斯的说法相矛盾。尼阿库斯说："他们用与编织物非常接近的亚麻布写信。"斯特拉波已经明确提出了这两种相反的观点。见斯特拉波：《地理学》，15，1，67。
⑨ 斯特拉波：《地理学》，15，1，53。不过，托泽注解说，拉森认为斯特拉波可能误解了美加斯提尼斯的意思，美加斯提尼斯可能指法官已经将法律烂熟于心，审判时不用看法律条文。见 H. F. Tozer, *Selections from Strabo with an Introduction on Strabo's Life and Works*, Oxford: Clarendon Press, 1893, p. 322.

致人伤残者不仅要遭受同样损伤,而且还要被剁去双手;如果他导致工匠失去一只手或者一只眼睛,他将会被处死"。①

与其他古代民族一样,印度人也崇拜神灵。根据斯特拉波提供的资料,"印度人敬拜宙斯、恒河与当地的神明。"②不过,他们有独特的祭祀方式,美加斯提尼斯注意到,"当献祭,或上香,或洒酒祭奠时,他们不戴花环;他们也不切断牺牲品的喉管,而是将它们扼死,之所以这样做,是为了献给神完整而未遭损伤的祭品。"③

印度地域广阔,存在许多王国、部落和部族。在斯特拉波看来,尽管印度人具有不同的生活方式和风俗,但生活简朴却热爱修饰是他们的一个共同特点。他们的节俭和朴素不仅体现在饮食、丧葬方面,而且还体现在法律上。他们的服饰、装束是其热爱修饰、追求美丽的集中展现。印度流行一夫多妻制,但不同的地域、不同的阶层,实现婚姻的方式各异。而在丧葬方式上,火葬、土葬与"野蛮"的丧葬方式(让动物叼啄尸体,或分给亲属食用)并存。印度人的法律惩罚严酷。他们敬拜河流与神明,但有独特的祭祀方式。

(二)印度的社会等级

古代印度的社会等级问题,是印度历史上的一个重要问题。近现代学者对其进行了广泛研究。④ 塞琉库斯·尼卡托的使节美加斯提尼斯曾长期生活在孔雀帝国首都,对印度的社会等级进行了直观描述,⑤ 而这也成为斯特拉波对印度社会等级认识的源头。

斯特拉波采用美加斯提尼斯的说法,认为印度社会存在七个种姓。

---

① 斯特拉波:《地理学》,15,1,54。
② 斯特拉波:《地理学》,15,1,69。
③ 斯特拉波:《地理学》,15,1,54。
④ 例如, Nripendra Kumar Dutt. , *Origin and growth of Caste in India*, Lodon: K. Paul, Trench, Trubner & Co. , Ltd. , 1931; Yamazaki Gen'ichi, *The Structure of Ancient Indian Society: Theory and Reality of the Varna System*, Tokyo: Toyo Bunko, 2005; I. H. Hutton, *Caste in India: It's nature, function, and origin*, London: Oxford University Press, 1951.
⑤ 此外,美加斯提尼斯对印度社会等级的描述还保存在狄奥多罗斯的《历史集成》(狄奥多罗斯:《历史集成》,ii,40~41)和阿里安《亚历山大远征记》的《印度记》中[阿里安:《印度记》,11,12(305~307 页)]。

第一种姓由哲学家构成，数量最少，但享有最高荣誉。"人们单独请这些哲学家向众神或死者献祭，国王们则会把所有的哲学家请到所谓的大会议(Great Synod)中。新年伊始，所有哲学家都会聚集到国王的宫殿门前，每个人都把自己所写或所观察到的有益于果实丰收、或众生兴旺、或事关治理成功的事情公开加以阐释。如果发现他三次有误，依照法律将让其缄默终身，然而，如果他预言正确，将会被免除捐献和赋税。"①他们既负责个人献祭，又充任国王的顾问。如果准确预言国家及相关事务，会受到国王奖赏，免除捐献和赋税；否则，有三次预言失误，将受到法律惩罚，"缄默终生"。实际上，美加斯提尼斯所描述的第一种姓，就是印度传统四种姓中的婆罗门。

　　第二种姓是农民，人数最多，最受尊敬。他们"免服兵役，自由耕作"。农民因公共烦扰或其他事务，而不到城市去。农民和农业不会受到战争的纷扰与破坏。美加斯提尼斯说："往往会发生这样的情况，在同一时间，同一地区，士兵们严阵以待，冒死与敌人作战，而农民们则在安全地耕作，后者由前者保护。"在印度，"全部土地归王室所有②。农民们耕种土地，除上交四分之一的产品外，还要交纳租金③。"④

　　第三种姓是牧人和猎人。他们居住在帐篷里，过着流浪的生活。美加斯提尼斯说，在印度，"私人不允许饲养马或大象。占有马或大象是王室的特权，有专人看管它们。"唯独该种姓可以获得允许，进行狩猎，饲养牲畜，出售或出租驮畜。他们防护田地免遭野兽和啄食种子的飞鸟的危害，作为回报可以从国王那里得到相应的谷物津贴。⑤

---

　　①　斯特拉波：《地理学》，15，1，39。

　　②　"全部土地归王室所有"，这一判断需要进行具体分析。古代印度的土地关系是印度史研究中的一个十分重要的问题。刘家和先生曾对这一问题进行过精深的探讨。见刘家和：《古代印度的土地关系》，载《北京师范大学学报》(社会科学版)，1963(4)，63～68 页。

　　③　"除上交四分之一的产品外，还要交纳租金"，英译者[斯特拉波《地理学》(罗布古典丛书)的英译者]采用了托泽的观点，而托泽的观点源于拉森。见 H. F. Tozer, *Selections from Strabo with an Introduction on Strabo's Life and Works*，Oxford：Clarendon Press，1893，p. 317.

　　④　斯特拉波：《地理学》，15，1，40。

　　⑤　斯特拉波：《地理学》，15，1，41。

第四种姓包括工匠、商人和日工。在他们中，"一些人向国家交纳捐税，并负担规定的义务，不过，制造武器的人和造船工可以按照公布的标准从国王那里领取工资与供给，因为他们只为国王工作。统帅为士兵装备武器，而海军将领则把船只租给水手和商人。"①

第五种姓是军人。"他们由王室财库供养，不服役时，生活懒散，纵情欢乐。当需要时，他们可以迅速出征，因为他们除了自身之外，不带任何东西。"②

第六种姓是巡视员③。"他们肩负巡察一切事情并秘密向国王报告的重任。他们以妓女为助手，城市巡视员以城市妓女为助手，军营巡视员以军营妓女为助手。只有最优秀、最值得信任的人才会被委任这一职务。"④

第七种姓是国王的顾问和议员。"他们掌控着国家要职，担任法官，管理一切事务。法律规定，任何人不得迎娶另一个种姓的女子为妻，不得转换职业，不能兼事几个职业，当然哲人种姓除外，美加斯提尼斯说，哲人因其优秀而可以这样做。"⑤

在印度传统文献中，都把印度社会分为四个种姓，即婆罗门、刹帝利、吠舍和首陀罗。当然在四种姓之外，还存在不可接触的贱民阶层。它们从未以这种方式——即把印度社会分为七个种姓——提到种姓制度。刘家和先生在阿里安《亚历山大远征记》中译本序言中明确指出，阿里安对印度社会等级的认识存在问题："阿里安引用了米伽西尼斯的七种姓的说法，而当地各种传统的文献都把基本种姓列为四种。在这一点上，他的说法也是不合实际的。"⑥斯特拉波对印度社会等级的认识，同样如此。值得注意的是，在美加斯提尼斯的描述中，尽管把"哲学家"（婆罗门，作者注）置于第一种姓，但在他描述的印度七个种姓之间，并没有严格的等第次序。不过，在婚姻与职业方面，各个种姓之间存在着严格的法律限制。"任何人

---

① 斯特拉波：《地理学》，15，1，46。
② 斯特拉波：《地理学》，15，1，47。
③ 政治与军事官员。
④ 斯特拉波：《地理学》，15，1，48。
⑤ 斯特拉波：《地理学》，15，1，49。
⑥ ［古希腊］阿里安：《亚历山大远征记》，［英］E. 伊利夫·罗布逊英译，李活译，北京，商务印书馆，2007，iv 页。

不得迎娶另一个种姓的女子为妻，不得转换职业，不能兼事几个职业。"但哲人因其优秀在这些方面不受法律限制。其实，在种姓制度中，较高级种姓的男子可以迎娶较低级种姓的女子为妻，即所谓的"顺婚"，但严格禁止较低级种姓的男子迎娶较高级种姓的女子，即所谓的"逆婚"。

美加斯提尼斯在孔雀帝国首都的亲身经历，使他直观地描述了印度存在的社会等级，但他很可能并未能融入印度的文化氛围中，或者说并未能深刻理解印度的社会文化传统。这就导致他仅能直观地从表面上描述印度的种姓制度，而并未深入认识到它的本质。可能正是因此之故，他才会把四种姓的各个种姓又分成许多独立的种姓。

三、印度的行政与军事管理

美加斯提尼斯长期在旃陀罗笈多的王廷居住。作为塞琉古王国的使节，他与孔雀帝国的官员和社会上层接触频繁。帝国的行政与军事状况、帝国运转的官僚体系和军事管理系统，很可能是他收集孔雀帝国信息的重要方面，自然成为他关注的内容。长期居住在孔雀帝国首都，与高层人员频繁接触，使他能直观地描述印度当时的行政与军事管理信息，也使他所提供的信息有可能真实地反映出当时印度的行政与军事管理状况。因此，他在这方面的描述，不仅是斯特拉波对印度行政与军事管理体系认识的信息来源，而且也一直是学者们认识和研究孔雀帝国时期印度行政与军事管理体系的重要史料。

印度国王掌握着最高司法权和祭祀权。听取和审理案件是国王的一项重要职责。斯特拉波为我们提供了这样的信息[1]，"在非军事行程中，他（国王，笔者注）从王宫出发，其一是前往法庭。在那里，他终日都在听取案件，即使到了服侍他的时候，也依然如此"；"第二个行程是前去献祭。"[2]国王的顾问和议员"掌控着国家要职，担任法官，管理一切事务"。[3]

旃陀罗笈多时期，孔雀帝国拥有庞大而复杂的官僚体系。官僚体系

---

[1] 尽管斯特拉波没有注明信息来源，但它们很可能来自于美加斯提尼斯。

[2] 斯特拉波：《地理学》，15，1，55。

[3] 斯特拉波：《地理学》，15，1，49。

中，部门健全，分工详细、明确，专职官员各司其职。这给美加斯提尼斯留下了深刻的印象。在官员中，有市场专员（commissioner）、城市专员、负责军事的专员。① 他们具有不同的分工和职责。

市场专员，"负责改良河道，重新丈量土地②，在埃及就是这样；巡察关闭的运河，运河之水被导入渠中，以使所有人能够同等地利用它。他们还负责管理猎人，有权奖赏或惩罚应受赏或遭罚之人。他们还征收税款，监督与土地相关的职业，其中包括伐木工、木匠、冶铜工和矿工从事的职业。此外，他们还修筑道路，在每隔十斯塔迪亚的地方树立石柱，以标明侧道和里程。"③市场专员的大部分职责都与土地和公共工程相关。农业在印度占有重要地位。印度地区河流丰富，河流泛滥既给印度带来了肥沃的土地，但同时也模糊了田界。重新丈量土地，确定田地界标，改良河道，巡视、维护运河，确保有效灌溉土地，成为市场专员的重要职责。猎人和牧人构成了美加斯提尼斯描述的印度人中的第三种姓。④ 其中猎人就处在市场专员的管理之下，对其奖惩赏罚，都由他们负责。市场专员还征收税款。前面已经提到，在印度，"全部土地归王室所有"，农民们耕种土地，除上交四分之一的产品外，还要交纳租金。⑤ 他们所征收的很可能就是这部分租金和产品。伐木工人、木匠、冶铜工人和矿工等与土地相关的人员，也在他们的监督范围之内。市场专员还负责修筑道路。在旃陀罗笈多时期，印度的道路交通有很大发展，这与他们的努力密不可分。

城市专员具有更详细的分工。他们被分成六组，每组五人，共三十人。

一组负责手工艺者的工艺品。一组负责接待外地人，给他们安排住宿，配给他们侍者⑥，严密监视他们的行为，护送他们离境或为死

---

① 斯特拉波：《地理学》，15，1，50。
② 即当洪水摧毁田界时，重新丈量土地。
③ 斯特拉波：《地理学》，15，1，50。
④ 斯特拉波：《地理学》，15，1，41。
⑤ 斯特拉波：《地理学》，15，1，40。
⑥ 既为顾问，又为间谍。见 H. F. Tozer, *Selections from Strabo with an Introduction on Strabo's Life and Works*, Oxford：Clarendon Press, 1893, p. 320.

北京师范大学史学探索丛书

者寄送财产①。他们在外地人生病时对其照顾；去世时，将之埋葬。第三组人员负责细查出生和死亡，详查它们是何时及怎样发生的，这既为了税收，也为了使出生与死亡（无论是好是坏）不至于被隐瞒起来。第四组人员负责出售与物品交换。这些人负责度量器与应时水果，盖章后后者才可以出售。② 同一个人无法交易一种以上的物品，除非他缴纳双倍的税款。第五组人员负责工匠生产的产品，对其加盖印章进行出售，但新旧产品须要分离，把它们混在一起的人将会遭到罚款。第六组也是最后一组人员，负责征收所出售商品价格的十分之一的税款。逃税者将被处死。这是每组人员特殊的职责，但是他们共同负责公私事务，修缮公共工程，管理商品价格、市场、海港和神庙。③

城市专员的职责广泛，他们分组负责管理手工艺品，接待外来人员，清查人口，交易商品，征收税款，惩处违法者，维护贸易秩序。除了每组的分内职责外，"他们还共同负责公私事务，修缮公共工程，管理商品价格、市场、海港和神庙。"值得注意的是，负责接待外来者的城市专员，为外来者提供了殷勤的服务。既安排住宿，又配给侍者；既陪同他们，在生病时给予照顾，又为死者处理后事，运送财产。同时，他们也对其行为进行严密监视。这些外来者，有可能是使节，也有可能是商人。设置负责接待外来人的城市专员小组本身，就表明了当时在印度（至少是在印度首府）的外来人数量之众，往来之频繁。当时，在城市中，人口税可能占有重要地位，因为人口与户籍也有专门的小组负责清查与管理。

负责商品出售和交换的专员小组，对度量器进行校准和公正，以防欺骗，并且按照注释者的说法，每六个月检测一次。在交易中，"同一个人无法交易一种以上的物品，除非他缴纳双倍的税款"。工匠的产品也需要

---

① 即运送给他们的亲戚。

② 即"在秤砣和量器上盖章"，"每六个月检测一次"。见 H. F. Tozer, *Selections from Strabo with an Introduction on Strabo's Life and Works*, Oxford: Clarendon Press, 1893, p. 320.

③ 斯特拉波：《地理学》, 15, 1, 51。

由专门的城市专员小组进行"官方认证"，并且在出售时，新旧产品必须分开，否则会遭罚款。还有征收商品税的专员小组，他们征收出售商品价格十分之一的税收。欺骗政府，"逃税者将被处死"。城市专员设置本身，就表明了印度城市商品经济的发达和商业的繁荣。

与城市专员相同，负责军事的行政部门，也分为六组，每组五人。

> 一组辅助海军将领。一组辅助公牛队的负责人；公牛队运送战争装备、士兵与牲畜的食物以及所有其他军需品。它们还供给随军人员，我指的是击鼓手、搬运铜锣的人、马夫、机工以及其助手；他们依号令派强征队员征集粮草，通过奖惩来确保速度与安全。第三组人员负责步兵。第四组人员负责管理战马。第五组人员管理战车。第六组人员负责管理大象。马匹与野兽①的畜栏都归王室所有，军械库也归王室所有。士兵要把装备送还军械库，把战马送还皇家马厩，使用大象同样要送回皇家畜栏；士兵们可以自由使用它们。在行军过程中，战车由公牛牵引；然而他们用缰绳牵着战马前行，这不仅是为了防止马腿被马具磨破，也是为了防止它们因牵引战车而耗尽精力。每辆战车上，除一名战车驾驭者之外，还有两名战士；大象可以承载四人，其中包括一名骑手和三名弓箭手，这些弓箭手在象背上发射箭只。②

从美加斯提尼斯的描述中，我们可以了解到：第一，旃陀罗笈多时期，印度孔雀帝国军队组织严密，负责军事的官员分工明确；第二，印度军队的组织与装备状况。公牛队成为作战部队后勤供应的有力保障。在当时，印度除了陆上作战部队外，还拥有水军。在陆军中，又包含步兵、骑兵部队、战车部队和战象部队③。其中"每辆战车上，除一名战车驾驭者之外，还有两名战士；而大象可以承载四人，其中包括一名骑手

---

① 即大象。
② 斯特拉波：《地理学》，15，1，52。
③ 亚历山大与波鲁斯在希达斯皮斯河激战时，曾与印度的战象和战车部队交战。见阿里安：《亚历山大远征记》，v，14～18(194～198页)。

和三名弓箭手，这些弓箭手在象背上发射箭只。"在武器装备方面，斯特拉波还提供了阿里斯托布鲁斯的信息："他们（印度人，作者注）的武器有弓、箭（有三腕尺长）或者标枪，小盾牌，三腕尺长的宽剑。他们不用马勒，而用鼻羁，鼻羁与口套（Muzzle）略微不同。他们用长钉刺穿马匹的嘴唇。"[①]第三，战争装备、战马和大象等重要战略资源都归王室所有。在美加斯提尼斯描述的第四种姓中，制造武器的人和造船工只为国王工作，他们"可以按照公布的标准从国王那里领取工资与供给"[②]。军人"由王室财库供养"[③]。

旃陀罗笈多的军队系统组织严密，官员分工明确，部队兵种齐全，后勤保障有力，王室供应充裕。因此，它具有较强的战斗力。这也正是旃陀罗笈多能够成功抵御并击败塞琉库斯·尼卡托的重要原因。

四、印度的物产与经济

与描述其他地区一样，印度的物产与经济状况依然是斯特拉波关注的重要内容。在斯特拉波的描述中，这里土地肥沃，水源充足；农业发达，粮食丰产；动植物种类繁多；矿藏丰富；手工业品具有特色。他利用古代作家的资料和同时代人的报道，为我们描绘了印度富饶的画卷。

正如河水泛滥为埃及带去了肥沃的土地一样，洪水泛滥给印度带来了丰产。"在阿尔克图鲁斯（Arcturus）（大角星，笔者注）升起之后，泛滥停止了，随后，洪水退去"，"尽管用挖掘工具耕地后，在半干的土地上播种，然而庄稼依然生长成熟，并且结出优良的果实"。[④] 这是尼阿库斯与阿里斯托布鲁斯的一致观点。根据后者的说法，"水稻播种于苗圃中，生长在水田里。水稻有四腕尺高，不仅有许多稻穗，而且产出大量的稻谷。大致在普莱亚德斯（Pleiades）（昴宿星，笔者注）落没时进行收获，就像去除大麦

① 斯特拉波：《地理学》，15，1，66。
② 斯特拉波：《地理学》，15，1，46。
③ 斯特拉波：《地理学》，15，1，47。
④ 斯特拉波：《地理学》，15，1，18.

的外壳一样去掉稻谷的谷壳"。① 美加斯提尼斯暗示印度丰产，称"在印度，水果和谷物一年两熟"②。埃拉托色尼持同样的观点。他谈到了冬季播种与夏季播种，冬季和夏季的降雨，认为在每年的这两个季节都会有降雨。这一地区因良好的气候，而"总能收获庄稼"。③ "在雨季，他们播种亚麻和粟；除此之外，还种植芝麻、稻米、bosmorum④；在冬季，他们种植小麦、大麦、豆类以及其他我们所不熟悉的可食性植物。"⑤ "这里的果树产出丰硕的果实。"⑥不过，美吉鲁斯(Megillus)则说："水稻在雨季前播种，但需要灌溉和移植，灌溉之水来源于池塘。"⑦

　　印度产棉花，用于制作精美的衣服，而马其顿人则用它们填充马鞍。在谈到棉花时，斯特拉波还表达了对"丝"的看法。他说："塞里卡(Serica)也属于这一种类，拜苏斯(Byssus)就来自于脱水后的某种树皮。"⑧斯特拉波认为"塞里卡"与棉花类似，而"拜苏斯"则由"某种树皮"脱水制成。显然，这时斯特拉波并未正确认识丝及其来源。在斯特拉波之后，博物学家老普林尼也只是说丝产自森林中的树叶上。⑨ 直到公元 2 世纪，波桑尼亚

----

① 斯特拉波：《地理学》，15，1，18。

② 斯特拉波：《地理学》，15，1，20。

③ 斯特拉波：《地理学》，15，1，20。

④ 根据欧尼西克里图斯的说法："波斯摩鲁斯(Bosmorum)是比小麦还小的谷物；它生长在河流之间的地带。在脱粒后，人们对其进行烘烤，因为他们预先发誓，在没有烘烤之前，决不会把它们运出打谷场。他们以此来阻止种子的输出。"见斯特拉波：《地理学》，15，1，18。

⑤ 斯特拉波：《地理学》，15，1，13。

⑥ 斯特拉波：《地理学》，15，1，20。

⑦ 斯特拉波：《地理学》，15，1，18。

⑧ 斯特拉波：《地理学》，15，1，20。

⑨ 老普林尼在《自然史》中说："其（赛里斯人，笔者注）林中产丝，驰名宇内。丝生于树叶上，取出，湿之以水，理之成丝。后织成锦绣文绮，贩运至罗马。富豪贵族之妇女，裁成衣服，光辉夺目。由地球东端运至西端，故极其辛苦。"见张星烺：《中西交通史料汇编》，北京，中华书局，2003，122 页；Henry Yule, *Cathay and the way thither*: *being a collection of medieval notices of China*, 4v., new edition, revised throughout in the light of recent discoveries by Henri Cordier, New Delhi: Asian Educational Services, 2005, p.197；见［法］戈岱司编：《希腊拉丁作家远东古文献辑录》，耿昇译，北京，中华书局，1987，10 页；普林尼：《自然史》，6，54。

斯(Pausanias)才较为准确地认识了丝的来源及生产过程。① 尼阿库斯告诉我们，印度产出"芦苇"，印度人用它们制作"蜂蜜"。②

阿里斯托布鲁斯说，印度穆西卡努斯地区产出野生谷物、葡萄和药草，其中，医病和有毒的药草兼而有之。他们有明确的法律规定："如果有人发现了毒药而同时却未找出解药，他将会被处死。但如果在发现毒药的同时也找到了解药，就会受到国王的奖赏。"③在印度南部，还产出肉桂、甘松香和其他香料。由于这一地区温度高，水源充足，空气湿润，"相应地也更富有营养、更为丰产；无论是陆地还是水中都是如此。当然，也正如因此，印度的水陆动物，其形体都要比其他地区的动物大一些"。④

奇树异木，特别吸引古典作家的注意力，榕树就是其中的一种。无论是欧尼西克里图斯、阿里斯托布鲁斯，还是其他作家，都谈到了这种树。欧尼西克里图斯相当准确地描述了穆西卡努斯地区的榕树。他说："这里有一些大树，它们的树枝先生长至12腕尺高，然后就向下生长，仿佛被折弯了一样，直至其接触地面。树枝这样分布着，像压条一样在地下生根，之后，又向上生长，长成树干。这些树干的树枝在生长的过程中，同样仿佛被压弯了一般，又生成新的压条，接着复生成新的压条，如此这样，连续相生，以至于仅一棵树就形成了一把巨大的遮阳伞，就像一顶由许多柱子支撑着的帐篷"，"它们的树干五人难以合抱"。⑤ 阿里斯托布鲁斯谈到这

---

① 波桑尼亚斯在《希腊志》中写道："至于赛里斯人用作制作衣装的那些丝线，它并不是从树皮中提取的，而是另有其他来源。在他们国内生存有一种小动物，希腊人称之为'赛儿'(Sêr)，而赛里斯人则以另外的名字相称。这种微小动物比最大的金甲虫还要大两倍。在其他特点方面，则与树上织网的蜘蛛相似，完全如同蜘蛛一样也有八只足。赛里斯人制造了于冬夏咸宜的小笼来饲养这些动物。这些动物做出一种缠绕在它们的足上的细丝。在第四年之前，赛里斯人一直用黍作饲料来喂养，但到了第五年——因为他们知道这些笨虫活不了多久了，改用绿芦苇来饲养。对于这种动物来说，这是它们各种饲料中最好的。它们贪婪地吃着这种芦苇，一直到胀破了肚子。大部分丝线就在尸体内部找到。"见[法]戈岱司编：《希腊拉丁作家远东古文献辑录》，耿昇译，北京，中华书局，1987，54 页；波桑尼亚斯，《希腊志》，6，26，6～9。

② 斯特拉波：《地理学》，15，1，20。

③ 斯特拉波：《地理学》，15，1，22。

④ 斯特拉波：《地理学》，15，1，22。

⑤ 斯特拉波：《地理学》，15，1，21。

种树的大小时，说："它们的树枝向下生长，树木巨大，以至于中午时 50 名骑兵可以在一棵树下乘凉。"①欧尼西克里图斯则说树荫能容下 400 名骑兵乘凉。② 斯特拉波给我们提供了更夸张的说法："有人说在希罗提斯（Hyarotis）河对岸有一棵树，在中午时投下的阴影其周长有 5 斯塔迪亚。这一描述使所有作家有关这种树大小的描述都大为逊色。"③这显然来自不实的传闻。

至于动物，斯特拉波告知我们："我几乎可以说，能在埃塞俄比亚和埃及见到的动物，同样可以在印度见到。"④在古代，大象在作战中具有重要作用。亚历山大侵入印度时，波鲁斯的大象战阵曾给他造成很大麻烦。它们在战争中的作用给西方人留下了深刻印象。塞琉库斯·尼卡托与孔雀帝国国王旃陀罗笈多议和时，就以割地和联姻来换取对方的 500 头战象(公元前 305 年)。斯特拉波对大象尤为关注，他提供的资料详细地讲述了猎捕和驯化大象的方法，大象的成长、习性、寿命，受伤及生病时的救治，在战争中的作用。⑤ 美加斯提尼斯说，大象作为重要的财富和战争资源，与马匹一样，都归属王室所有。⑥ 不过，尼阿库斯则说，它可以作为礼物送给情人，并且情人会因得到如此贵重的礼物而极受尊敬。⑦ 显然，斯特拉波注意到他们在这一问题上的矛盾之处。⑧

从斯特拉波提供的阿里斯托布鲁斯的资料来看，在印度河中存在大量的水生动物，不同的鱼类数量丰富，"较小的虾仅能沿着印度河上溯至大山处，而较大的则能游到印度河与阿塞西尼斯河的交汇处"⑨；印度河中还有鳄鱼，但数量不多，对人也并无危害。除河马之外，能在尼罗河中见到的动物，同样可以在印度河中见到。不过，欧尼西克里图斯则说，即使是

---

① 斯特拉波：《地理学》，15，1，21。
② 斯特拉波：《地理学》，15，1，21。
③ 斯特拉波：《地理学》，15，1，21。
④ 斯特拉波：《地理学》，15，1，13。
⑤ 斯特拉波：《地理学》，15，1，42~43。
⑥ 斯特拉波：《地理学》，15，1，41。
⑦ 斯特拉波：《地理学》，15，1，43。
⑧ 斯特拉波：《地理学》，15，1，43。
⑨ 斯特拉波：《地理学》，15，1，45。

北京师范大学史学探索丛书

河马也可以在印度见到。①

印度拥有大量矿藏。天然盐产量丰富。"据说在索培提斯（Sopeithes）统治的地区有一座天然盐山，它足以供应整个印度用盐。"②"在距此不远的另一些山中有金银矿藏，采矿专家戈尔古斯（Gorgus）已证实了这些丰富的矿藏。但由于印度人缺乏采矿与熔炼的经验，他们也不了解自己拥有的资源，所以仅以相当简单的方式处理它们"③。美加斯提尼斯说，德尔达埃人（Derdae）部落生活的高原地区，有丰富的金矿。金矿产出的金沙质量很高，仅需要略加提炼。不过，德尔达埃人因不知道如何冶炼，获取金沙后就把它们低廉地卖给商人。④ 并且，有的河流中也含有金沙，有人从事淘金。这些金沙还成为国王税收的来源之一。⑤ 此外，印度还出产水晶和各种红宝石，也产出珍珠。⑥

至于手工业品，从印度人节日游行中，我们可以了解其丰富程度。"在军队之后，是金质容器，其中包括大盆和宽一发图姆（fathom）的碗；桌子、高脚椅、酒杯、浴盆，都由印度铜制成，其中绝大部分都镶有宝石——翡翠、绿宝石和印度红宝石；还有色彩斑斓且饰有黄金的衣服。"⑦尼阿库斯告诉我们，印度人还仿造马其顿人的海绵，"把羊毛、毛发、细绳与线完全缝在一起；把它们压制成毡后抽出毛发、细绳和线，并对海绵状的毡染色"⑧。他们还制造刮身板、油瓶、铜容器等。⑨

发达的农业、丰富的矿藏和动植物资源、具有特色的手工业品，是印度经济实力与潜力的反映，它既为印度富裕的生活提供了基础，又为其对外交往创造了条件。

---

① 斯特拉波：《地理学》，15，1，45。
② 斯特拉波：《地理学》，15，1，30。
③ 斯特拉波：《地理学》，15，1，30。
④ 斯特拉波：《地理学》，15，1，44。
⑤ 斯特拉波：《地理学》，15，1，57。
⑥ 斯特拉波：《地理学》，15，1，67。
⑦ 斯特拉波：《地理学》，15，1，69。
⑧ 斯特拉波：《地理学》，15，1，67。
⑨ 斯特拉波：《地理学》，15，1，67。

五、罗马人与印度的关系

尽管罗马与印度相距遥远，但在斯特拉波时代，罗马、罗马属地与印度之间的联系加强，它们之间的贸易迅速发展；罗马帝国的影响力已经扩展至印度。斯特拉波不仅为我们提供了印度与罗马之间贸易上直接交往的证据，而且呈现了它们之间政治上"亲密"接触的信息。

印度某一地区的国王曾经派使团向奥古斯都·恺撒进献表达敬意的礼品。斯特拉波认为，这位国王是潘狄昂(Pandion)或是另一位波鲁斯。① 尼科劳斯·达玛斯塞努斯(Nicolaus Damascenus)曾在安条克遇到这个觐见奥古斯都的使团。斯特拉波利用尼科劳斯·达玛斯塞努斯提供的信息，描述了使团的详细情况：

> 他(尼科劳斯·达玛斯塞努斯，笔者注)说，在达弗尼(Daphnê)附近的安条克(Antioch)，他碰巧遇到了被派去觐见恺撒·奥古斯都的印度使节，所带信件清楚地表明，要多于三个使节，但是仅有三名使节幸存下来(他说他见到了他们)，而其余的使节已经死去，主要是因长途劳顿而死。那封信用希腊文写在一片皮子上。显然，它出自波鲁斯之手，尽管他是600多位国王的统治者，然而他依然渴望成为恺撒的朋友，无论恺撒前往哪里，他都会时刻准备着让其穿越自己的领土，而且也时刻准备着在任何光荣之事上与其合作。尼科劳斯说，这就是送给恺撒的信件的内容。带给恺撒的礼物，由八名裸体的仆人呈送，他们仅束着散发着芳香气味的腰布。他说，呈送的礼物包括，赫尔墨斯(Hermes)②，这名男子天生没有手臂，我曾经亲眼见过他；大蟒蛇，一条长10腕尺的毒蛇，一个长达3腕尺的河龟，一只体型比秃鹰还大的山鹑。据他所说，还有一个人陪同他们，不过，他在雅典自焚而死了。③

---

① 斯特拉波：《地理学》，15，1，4。

② 之所以有这样的名字，是因为赫尔墨斯经常被描述为小神，有时没有手或脚(Herodotus，2，51)。在希腊，任何末端为头像或者是半身像的四角柱子都被称为"一个赫尔墨斯"。英译者琼斯提供的注释。

③ 斯特拉波：《地理学》，15，1，73。

北京师范大学史学探索丛书

从尼科劳斯提供的信息来看，强大的波鲁斯派使团奉献印度特产，其目的在于寻求罗马人的友谊，向奥古斯都表达效忠之意。在斯特拉波眼中，尽管印度某一地区的国王实力强大，统治着 600 多位国王，尽管他所在地区距离罗马如此遥远，但他依然寻求与罗马人的友谊，忠诚地配合奥古斯都的行动，"无论恺撒前往哪里，他都会时刻准备着让其穿越自己的领土，而且也时刻准备着在任何光荣之事上与其合作"。罗马实力之强大，影响力之远播，展现无遗。奥古斯都在自传中同样"炫耀"印度使节来访，把它作为自己的一项功绩。"印度国王的使臣常被派遣来觐见我，此前他们从未觐见过任何罗马将军。"①如果斯特拉波提供的消息准确的话，那么，印度人的这次出使便是"印度国王的使臣常被派遣来觐见我"中的一次。②

经济上，这一时期罗马与印度之间存在繁荣的商业交往。斯特拉波提到，庞大的船队从埃及出发前往遥远的印度和埃塞俄比亚，把那里的货物运回埃及，再从埃及转运至各地。他还见证了繁荣的商业贸易状况。"无论如何，当加鲁斯担任埃及的总督时，我和他一起沿尼罗河而上，到达塞纳和埃塞俄比亚边界地区，我得知多达 120 艘船只正从米乌斯·霍尔木斯

---

① 奥古斯都：《奥古斯都自传》，31。见李雅书选译：《罗马帝国时期》（上），北京，商务印书馆，1985，13 页。苏维托尼乌斯也提到："他（奥古斯都，作者注）以威力和宽厚所赢得的声誉，使得像印度和斯基泰人这些对我们来说只是传闻中的民族，也都自愿派使者来求取他本人和罗马人民的友谊。"见［古罗马］苏维托尼乌斯：《罗马十二帝王传》，张竹明、王乃新、蒋平等译，北京，商务印书馆，1995，58 页（Suetonius, *The Deified Augustus*, 21, 3）。

② 对这次印度使节出使罗马，觐见奥古斯都，Osmand De Beauvoir Priaulx 进行了考释。他认为，这次印度使团出使确实存在，并提出了自己的观点：埃及亚历山大里亚的希腊商人促成并安排了这次出使；原因有二：其一，试图让印度与罗马直接发生贸易联系，以避开阿拉伯人在中间的敲诈，这是印度人与罗马埃及商人共同的商业利益所在。其二，在安东尼与屋大维的对决中，埃及商人曾站在前者一方。安东尼失败后，他们被迫臣服于屋大维。他们促成印度人出使觐见，以赞扬奥古斯都威名远播，可与亚历山大相媲美，从而获取他的支持与好感，这是他们的政治利益所在。见 Osmand De Beauvoir Priaulx, "On the Indian Embassy to Augustus", *Journal of the Royal Asiatic Society of Great Britain and Ireland*, Vol. 17(1860), pp. 309-321. 关于战后奥古斯都对亚历山大里亚人的态度，H. F. 托泽在对 Νικοπόλει 的注释中说，奥古斯都在亚历山大里亚以东兴建了这座城市，以与亚历山大里亚相竞争。他以此来表达对亚历山大里亚居民支持安东尼的不满。见 H. F. Tozer, *Selections from Strabo with an Introduction on Strabo's Life and Works*, Oxford: Clarendon Press, 1893, p. 351.

开往印度，然而从前，在托勒密统治时期，冒险从事这一航行，并经营印度商品的人非常稀少。"①"至少在早期时代，不会有超过 20 艘的船只敢于穿过阿拉伯湾，窥探海峡以外的世界。但是现在，甚至会派庞大的船队到遥远的印度和埃塞俄比亚的尽头，把最贵重的货物从那些地方运抵埃及；再从埃及把它们转运至其他地区。"②在斯特拉波时代，有一部分商人甚至远达恒河流域。③ 上述信息，无疑反映了罗马埃及与印度之间繁荣的海上贸易，反映了它们之间联系与交流的加强。

在随后时代的文献中，对于印度和罗马之间的贸易状况，我们能看得更清楚。普林尼曾抱怨："印度每年从我们国家中夺走的财富不少于 5000 万塞斯退斯，而卖给我们的商品，价格是其原有价值的一百倍之多。"④他又谈道："据最低之计算，吾国之金钱，每年流入印度、赛里斯及阿拉伯半岛三地者，不下一万万塞斯退斯（Sesterces）。此即吾国男子及妇女奢侈之酬价也。"⑤

普林尼说："一名商人发现了到印度的捷径，是贪欲拉近了与印度的距离；事实上，每年都会有航行，船上有弓箭手护卫，因为这些海域常有

---

① 斯特拉波：《地理学》，2，5，12。

② 斯特拉波：《地理学》，17，1，13。

③ 斯特拉波：《地理学》，15，1，4。

④ 普林尼《自然史》，vi，26，101～102；［英］赫德逊：《欧洲与中国》，李申、王遵仲、张毅译，何兆武校，北京，中华书局，2004，66 页；G. F. Hudson, *Europe & China：a survey of their relations from the earliest times to* 1800, Boston：Beacon Press, 1961, p. 98. 不过，值得注意的是，在英文版《欧洲与中国》中，每年被印度夺走的财富为"不下于 5500 万塞斯退斯"，中文版按照英文版译出，数目也为"5500 万"。但查对赫德逊所引《自然史》原文，其数目却为"5000 万"。在这一点上，赫德逊的引文与普林尼《自然史》原文不符。

⑤ 张星烺：《中西交通史料汇编》，北京，中华书局，2003，124 页；Henry Yule, *Cathay and the way thither：being a collection of medieval notices of China*, 4v., new edition, revised throughout in the light of recent discoveries by Henri Cordier, New Delhi：Asian Educational Services, 2005, p. 200；［法］戈岱司编：《希腊拉丁作家远东古文献辑录》，耿昇译，北京，中华书局，1987，12 页，"我国每年至少有一亿枚罗马金币被印度、赛里斯国以及阿拉伯半岛夺走"；［英］赫德逊：《欧洲与中国》，李申、王遵仲、张毅译，何兆武校，北京，中华书局，2004，66 页；G. F. Hudson, *Europe & China：a survey of their relations from the earliest times to* 1800, Boston：Beacon Press, 1961, p. 98；普林尼：《自然史》，xii，2，84。

大批海盗出没。"①他甚至还给出了商队由亚历山大里亚到印度港口所需要的具体天数。在仲夏贸易风起时，从距离亚历山大里亚两罗马里的朱里奥波里斯(Juliopolis)沿尼罗河逆流而上，到达开弗特(Keft)，需要 12 天的时间；从开弗特经陆路到贝勒尼塞，也需要 12 天；在仲夏天狼星升起之前，或升起不久，由贝勒尼塞出发，大约航行 30 天到达阿拉伯出产乳香地区的科拉(Cella)港或加纳(Cane)港；从科拉港启航，乘希帕鲁斯(Hippalus)，经过 40 天的航行，就会到达印度的第一座贸易中心克兰加诺里(Cranganore)。② 因此，商队从埃及朱里奥波里斯出发，到达印度共需约 94 天；而从科拉港口到印度的跨海航行，仅需要 40 天时间。商队(旅行者)在 12 月初或 1 月 13 日之前从印度返航，就可以在同一年中回到埃及。③ 吉本在《罗马帝国衰亡史》中，对罗马与周围地区的关系，尤其是与阿拉伯、印度之间繁荣的商业贸易做出详细描述。④

成书于 1 世纪中期的《厄立特里亚航海记》，⑤ 一般认为出自长期在希腊从事商业贸易的商人之手。这名商人详细地描述了罗马埃及与印度之间的航线，定期航行，沿途众多繁忙的港口，及它们的进出口商品。商队从

---

① 普林尼：《自然史》，vi，26，101。

② 普林尼：《自然史》，vi，26，101～106。

③ 普林尼：《自然史》，vi，26，106。

④ 杨共乐：《罗马史纲》，北京，商务印书馆，2007，235 页；见[英]爱德华·吉本：《罗马帝国衰亡史》，黄宜思、黄雨石译，北京，商务印书馆，2007，53～54 页。吉本说："古代世界最遥远的地方的宝物珍品都被搜刮了去供给罗马人的挥霍。斯基太的森林提供了贵重的毛皮。琥珀从波罗的海岸由陆路运到多瑙河，蛮族对这些无用的商品在交换中能得到这样的高价不胜惊异。巴比伦的地毯和东方其他制造品需求量很大；但最重要的对外贸易是同阿拉伯和印度进行的。每年，约当夏至时，一支一百二十艘船的舰队从红海上埃及的一个港口米奥斯—霍米斯出航。它们靠定期的季风之助，大约四十天横渡大洋。马拉巴尔海岸或锡兰岛通常是他们航行的尽头，在这些市场上，来自亚洲更远的国家的商人等待着他们的来临。舰队返回埃及的时间确定在 12 月或 1 月，只要他们满载的货物一旦运到，就从红海用骆驼运到尼罗河，顺流而下，直抵亚历山大里亚城，于是毫不耽搁地源源注入帝国的首都。"对于罗马与印度之间商业贸易的专门探讨，参见：E. H. Warmington, *The Commerce between the Roman Empire and India*, Cambridge：Cambridge University Press, 1928.

⑤ *The Periplus of the Erythraean Sea*, *Travel and Trade in the Indian Ocean by A Merchant of the First Century*, translated from the Greek and annotated by Wilfred H. Schoff, New York, London, Bombay and Calcutta：Longmans, Green, And Co. , 1912.

缪塞尔港（又称米乌斯·霍尔木斯港）启航，出红海，借助季风跨海到印度西南海岸地区及恒河流域。印度沿岸地区巴里伽扎等港口成为作者重点描述的地区之一。作者这样描述在此交易的商品：

> 这座市镇输入的货物有：意大利人及拉奥狄塞亚人和阿拉伯人喜欢的葡萄酒、铜、锡、铅，珊瑚和黄玉，单衣及各种次等的衣服，一腕尺宽的色彩鲜艳的腰带，苏合香、草木樨、无色玻璃、雄黄、锑、金银币（用金银币与当地货币交易可获得利润），数量不大也并不昂贵的油膏。那些地区为国王输入极其昂贵的银器、歌童、充任妻妾的美丽少女、优质的葡萄酒、做工最好的单衣和上等的油膏。这些地区输出甘松香、科斯图斯（costus）、没药树脂、象牙、玛瑙和红玉髓、枸杞、各种棉布、丝织物（silk cloth）、锦葵布、纱线（yarn）、筚茇，以及从众多集镇运抵这里的其他货物。人们从埃及驶往这座市镇，在7月——即在 Epiphi——启航非常有利。①

显而易见，巴里伽扎是当时一座国际性商品集散地。这里既有来自西方的产品，也有来自东方及印度当地的产品。从埃及出发的商船，可以在7月启航，直接到达这座市镇，进行交易。大量而丰富的商品在这里上岸、出口，直航航线的开通，既反映了印度与罗马及其属地联系的加强，又见证了它们之间商业贸易的繁荣。而《厄立特里亚航海记》产生本身，就是罗马与东方联系加强、贸易繁荣的最有力体现。

随着政治、经济实力的增强，罗马国家的名声和影响力不断播向东方。在斯特拉波看来，即便是距离罗马如此遥远、实力如此强大的印度，也要寻求与奥古斯都的友谊，配合他的行动。对东方商品的渴望，对财富的追求，拉近了罗马与印度之间的距离。而在斯特拉波时代之后，印度洋季风的发现，罗马埃及与印度直航航线的开辟，使罗马与印度、西方与东

---

① *The Periplus of the Erythraean Sea*, *Travel and Trade in the Indian Ocean by A Merchant of the First Century*, translated from the Greek and annotated by Wilfred H. Schoff, New York, London, Bombay and Calcutta: Longmans, Green, And Co., 1912, p. 42.

方的联系进一步加强。

显然，斯特拉波并未亲自去过印度，他对印度的认识，是建立在前人认识基础之上的。就对印度认识方面而言，在一定意义上，亚历山大远征对于西方人认识印度具有里程碑式的意义。亚历山大追随者留下的作品，希腊化时代前往印度的使节的所见所闻，斯特拉波生活时代商人们在东方获得的消息，成为他对印度认识的基础。斯特拉波描述的印度，是一幅跨越时空的画卷，不同历史时期的内容交织在一起。既有亚历山大时代留下的信息，也有希腊化时代的内容，还有他所生活时代人们的报告。可以说，它是一幅承载着厚重历史的画卷。

不过，尽管在斯特拉波生活的时代，罗马与印度的贸易已经具有相当规模①，关于他们之间的贸易信息已经存在，但是关于当时印度其他方面的报道还没有更多的信息。正如他所言，他描述的特点是："补充其他作家的论述，只要增加了准确的信息，我就吸纳之。"②然而，他所增添的关于当时的内容并不多。在描述的印度画卷中，有准确的信息，也有欠准确的内容③，还存在带有神话性质的传闻④。但我们不能对此太过苛求。斯特拉波笔下的"印度画卷"，展示了西方人认识印度的动态历程；他对印度的认识，在一定程度上代表了当时西方人对印度的认识水平。

至于对印度以东更远地区的认识，在斯特拉波提供的信息中，仅有"海客谈瀛洲式"⑤的描述。他听说印度人长寿，能活到 130 岁，有人说，赛里斯人比他们的寿命更长⑥，甚至活到 200 多岁⑦。不过，就连斯特拉

---

① 斯特拉波在埃及时，见证了庞大的船队从米乌斯·霍尔木斯开往印度。见斯特拉波：《地理学》，2，5，12。

② 斯特拉波：《地理学》，15，1，14。

③ 他借用前人美加斯提尼斯的观点，赞同将印度人分为七个种姓，就是其中的一例。

④ 例如，有关于身长 5 跨距和 3 跨距（1 跨距约合 57.15 厘米）的民族的信息，有关于独目人和睡在自己耳朵中的人的内容。见斯特拉波：《地理学》，15，1，57。

⑤ 借用刘家和先生的用词，见阿里安《亚历山大远征记》序言，iv 页。[古希腊]阿里安：《亚历山大远征记》，[英]E. 伊里夫·罗布逊英译，李活汉译，北京，商务印书馆，2007。

⑥ 斯特拉波：《地理学》，15，1，34。

⑦ 斯特拉波：《地理学》，15，1，37。

波自己，也对这类信息表示怀疑。①

---

① 在《地理学》中，有两处提到赛里斯人。其一是在欧尼西克里图斯报道穆西卡努斯人的优点时，斯特拉波说："他还描述了穆西卡努斯人所在的地区，并用相当多的笔墨来赞美它的优点，据报道，其中的一些是优点也为其他印度人所共有。例如，他们的长寿，他们能活到 130 岁（事实上，有人说赛里斯人比他们的寿命更长）……"[He describes also the country of Musicanus, lauding it rather at length for things of which some are reported as common also to other Indians，as，for example，their length of life，thirty years beyond one hundred(and indeed some say that the Seres live still longer than this …)]（斯特拉波：《地理学》，15，1，34）。其二是在论证作家们对于希帕尼斯河远岸地区报道的模糊性时，斯特拉波说："作家们一致认为，位于希帕尼斯河远岸的整个地区最为优良。但他们对这一地区的描述并不准确。由于对它的无知和它本身的遥远，他们夸大了所有一切，或者使它们变得更加神奇了。例如，有关掘金蚁的故事，……譬如，他们说，赛里斯人长寿，他们甚至能活到 200 多岁。……"(Writers are agreed that the country as a whole on the far side of the Hypanis is best；but they do not describe it accurately，and because of their innorance and of its remoteness magnify all things or make them more marvelous. For example，the stories of the ants that mine gold and of other creatures，both beasts and human beings，which are of peculiar form and in respect to certain natural powers have undergone complete changes，as，for example，the Seres，who，they say，are long-lived and prolong their lives even beyond two hundred years…)（斯特拉波：《地理学》，15，1，37）。从材料的背景看，尤其是第二条材料，它是斯特拉波用来说明作家们对希帕尼斯河远岸地区的描述不准确——"他们夸大了所有一切，或者使它们变得更加神奇了"——的例证，是他用以证明作家们"夸大"事实的一个例证。由此，斯特拉波对有关赛里斯人传闻的态度是比较明确的。

第九章　斯特拉波撰写的
东方世界之特征

斯特拉波对当时人类居住世界的认识建立在现实基础之上。它既反映了罗马人认识世界的过程，也体现了罗马人影响力向东方的扩展。罗马共和国末期罗马人的对外征服，罗马领土的空前扩张，以及帕提亚帝国的形成与扩张，给人们带来了新的广阔认识空间。在这样的背景下，斯特拉波的《地理学》应时诞生。它既是当时罗马人认识世界的反映，又是其认识世界的结晶。在罗马帝国初期，西方人对东方世界的认识如何，达到何种程度，我们可以通过斯特拉波的《地理学》，尤其是他对东方世界的描述，来窥探时代精神，透视他们认识世界的过程，重新审视西方与东方之间的交流往来。在深入探讨斯特拉波描绘东方世界的基础上，概括斯特拉波撰写的东方世界之特征，对于我们更好地考量罗马帝国初期西方人对东方的认识，东西方之间的交往，有必要，也有裨益。

一、反映了时代精神

斯特拉波描述的(东方)世界，反映了时代精神。这既表现在《地理学》诞生的时代背景上，又体现在它所展现的时代精神上。

(一)产生的时代背景

亚历山大·洪堡(Alexander von Humboldt)称赞："尽管阿玛塞亚天才的地理学家没有提供希帕库斯式的精确数据，也没有展示出托勒密式的数学与地理学信息，但他的巨著主题之多样，著作之宏伟，是任何其他古代地理学作品都无法企及的。"[1]尽管法国学者保罗·佩迪什对斯特拉波的《地理学》颇有微词，不过他也赞扬："他著作内容之丰富是任何一位古代地理

---

[1]　见 H. F. Tozer, *A History of Ancient Geography*, second edition with additional notes by M. Cary, D. Litt, Cambridge: Cambridge University Press, 1935, p. 249.

学家所望尘莫及的"，在奥古斯都时代，"没有出现任何一部著作，能同斯特拉波的不朽巨著相提并论，无论从概念的广泛还是从资料的丰富来看都是这样。"①霍勒斯·伦纳德·琼斯（Horace Leonard Jones）在《地理学》英文版序言中盛赞说："斯特拉波的《地理学》不仅仅是一部地理学著作，它是基督时代开启之后，有关人类居住世界广阔区域的信息百科全书。"②这样一部巨著的诞生，有着深刻的时代背景。

罗马共和国时代，罗马人开疆拓土，罗马国家版图空前广阔。其中，庞培与恺撒功不可没。共和末年，海盗是困扰罗马人的棘手问题。罗马史家阿庇安描述过海盗带来的祸患："现在他们不仅控制了东方的海面，而且控制了整个地中海，达到赫丘利石柱……在海上没有哪一处可以安全航行的；因为缺少商业的来往，土地荒废。罗马城最切肤地感到这个祸害，它的属地深受其苦；而它本身由于人口众多遭受严重的饥荒。"③在这样的背景下，公元前69年，庞培受元老院委任清剿海盗。他在三个月之内，就彻底摧毁了地中海地区的海盗势力，解决了长期困扰罗马人的海盗问题，保证了地中海海域的安全通行。

公元前66年，庞培接替卢库鲁斯指挥第三次米特里达梯战争。在接下去的四年中，庞培在东方的征战，不仅击败了米特里达梯六世，而且给罗马带来了广阔的土地。评述罗马人取胜米特里达梯战争时，阿庇安这样说："这样罗马人大约经过了四十二年的时间战胜了米特里达梯之后，又征服了俾泰尼亚、卡巴多西亚和住在攸克星海附近的其他民族。在同一次战争中，西里西亚尚未为罗马人征服的那一部分土地，以及叙利亚诸国、腓尼基、西利—叙利亚、巴勒斯坦和直到幼发拉底河的内地地区，虽然这些地区不是属于米特里达梯的，但是由于战胜米特里达梯的推动，也被罗马人取得，必须缴纳贡税了，有些是立即缴纳，另一些是稍后一点缴纳。

---

① ［法］保罗·佩迪什：《古代希腊人的地理学——古希腊地理学史》，蔡宗夏译，葛以德校，北京，商务印书馆，1983，160～161 页。

② Strabo, *Geography*, with an English translation by Horace Leonard Jones, Cambridge, Massachusetts, London, England：Harvard University Press, Books 1-2, Introduction, xxx.

③ ［古罗马］阿庇安：《罗马史》（上卷），谢德风译，北京，商务印书馆，1997，489～490 页。

北京师范大学史学探索丛书

巴夫拉哥尼亚、加拉西亚、福里吉亚和密西亚的邻近地区，此外，吕底亚、开利亚、爱奥尼亚和帕加玛邻近的其余小亚细亚全部土地，以及米特里达梯所曾经夺取的他们的旧日希腊和马其顿，都很快地恢复了。这些地区的人大部分过去是不向罗马人缴纳贡税的，现在都屈服于罗马了。"①击败米特里达梯六世"给罗马人带来了最大的利益，因为它使罗马人领土的边界从日落之处扩张到幼发拉底河"②。"由于米特里达梯战争的后果，罗马人的领土已经从西班牙和赫丘利石柱扩张到攸克星海，到埃及边界上的沙漠，到幼发拉底河畔。"③庞培也因使罗马人领土迅速扩展，而被有些学者称为"帝国的创建者"。④

恺撒的军事活动也为罗马人获得了广阔领土。他不仅征服了山北高卢，将罗马人的北部边界推进至莱茵河一线，而且还越过莱茵河进攻日耳曼人，并征服大不列颠。

公元前 31 年，屋大维在亚克兴战役中击败安东尼与克里奥帕特拉联军。次年，他兵进埃及，将埃及并入罗马帝国，使之成为罗马的一个行省。地中海成了罗马人的"内湖"。罗马人环地中海地域帝国形成。奥古斯都宣布关闭亚努斯·奎里努斯神庙（Quirinus）⑤，罗马国家停止了大规模对外战争，开启新的和平时代。罗马的统治者谋求发展，罗马社会发生转型。罗马人控制的范围在哪里，罗马国家以外的国家和民族有哪些，与之交往的有哪些，从传闻中听到的又有哪些，成为统治者关注的问题。帝国的领导者以当时的条件为基础对帝国统治进行整体布局，根据所控制的范围和与之交往的民族，规划帝国下一步的发展，维护帝国安定，需要较为准确地了解和认识世界。

地域的扩展不仅开拓了新的地理空间，而且带来了新的地理学知识。

---

① ［古罗马］阿庇安：《罗马史》（上卷），谢德风译，北京，商务印书馆，1997，514 页。

② ［古罗马］阿庇安：《罗马史》（上卷），谢德风译，北京，商务印书馆，1997，515 页。

③ ［古罗马］阿庇安：《罗马史》（上卷），谢德风译，北京，商务印书馆，1997，517 页。

④ Josephus, *Jewish Antiquities*，10。见李雅书、杨共乐：《古代罗马史》（第 3 版），北京，北京师范大学出版社，2010，168 页，注释 1。

⑤ ［古罗马］苏维托尼乌斯《罗马十二帝王传》，张竹明、王乃新、蒋平等译，北京，商务印书馆，1995，58 页（Suetonius, *The Deified Augustus*, xxii）。

斯特拉波对此有明确表述："罗马帝国和帕提亚帝国的扩张，在相当大程度上增进了现今地理学家的经验知识。"他们开拓的"地区都是早期时代的地理学家并不完全知晓的。因此，我比我的前辈有更多的论述。"①

罗马共和国时代大规模的对外战争，开疆拓土，使共和国末期罗马国家的疆域空前广阔，人们对世界的认识进一步扩展。这既是斯特拉波《地理学》出现的时代背景，为斯特拉波的创作提供了现实条件，又使认识新世界、补充新的地理信息很有必要，成为斯特拉波撰写《地理学》的动机之一。

(二)展现的时代精神

斯特拉波所要展现的是"当世"世界，是罗马帝国初期人们所能够认识的世界。斯特拉波对世界、对东方世界的描述，展示了时代精神，彰显了奥古斯都统治之下人们的自信，时代的强盛、和平、秩序与繁荣。

这个时代是自信的时代。如果说军事扩张在地理上拓展了罗马人统治的版图，那么斯特拉波的《地理学》则是在地理知识领域对世界的探索、拓展与认识。斯特拉波以整个人类居住的世界为描述对象，体现了他探究世界的气魄。就他视野下的东方世界而言，在广度上，他不仅描述罗马人的统治区域埃及、"叙利亚"和小亚细亚地区，与之相邻的帕提亚、阿拉伯地区，而且还描述与之交往的印度及远至巴克特里亚的中亚地区。在内容上，他不仅试图确定各个地区的地理范围、道路里程，描述各地的居民、习俗、生活方式，而且描述动植物种类、山川河流；不仅关注各地的物产、经济与商业状况，而且重视它们的军事信息、政治管理和与之相关的重大历史事件；② 不仅探讨自然现象的主导因素，而且探究社会现象的背后原因。或许正是在这种意义上，霍勒斯·伦纳德·琼斯称斯特拉波的《地理学》为有关"人类居住世界广阔区域的信息百科全书。"它是奥古斯都（与提比略）统治时代，人们开拓精神在地理学领域的延伸与反映。

这个时代是罗马人强盛的时代。斯特拉波在《地理学》中对东方统治区域的描述，反映了罗马人的强盛。斯特拉波撰写《地理学》时，小亚细亚东部地区、"叙利亚"与埃及，已经由独立王国变为罗马人的属地。它们要么

---

① 斯特拉波：《地理学》，1，2，1。详见本书第六章"五、帕提亚人与罗马人的关系"中的相关内容。

② 关于斯特拉波《地理学》涉及的广泛内容，从前面几章的论述中已经看得非常清楚。

是罗马人的行省，要么是罗马人的附属王国，要么是他们的自治城市。斯特拉波经常描述它们在政治归属上的转变。谈到埃及时，他说："现在，埃及是一个行省。它不仅要交纳相当多的税款，而且还要由精明的人——我指的是时常派去的长官——进行管理。"① 他更是在细微之处展示埃及在政治归属上的变化。如我们以前所谈，他在描述亚历山大里亚的博物馆时说，先前，博物馆负责人"由国王任命，而现在则由恺撒指定"②。博物馆负责人的任命权发生了转移，先前由托勒密王朝的国王们任命，现在则由恺撒任命。他又提及，底比斯地区有一座岛屿"盛产最优质的海枣，这给长官带来了巨额税收。过去它归皇家所有，私人无法分享，但现在它归属于长官"③。岛屿上的海枣，过去归属于托勒密王室，而现在则归罗马长官所有，并给他带来了巨额收益。

在叙利亚，科玛吉纳过去是北部地区的一个王国，萨摩萨塔城是王宫所在地，而现在，它则成为一个行省。④ 在历史上，阿拉狄亚人及其他腓尼基城市，都曾由独立的国王统治。但无论是阿拉都斯还是腓尼基的其他城市，在经历了波斯人与马其顿人的统治之后，现在则处于罗马人的统治之下。⑤ 而在卡帕多西亚，"阿克劳斯死后，恺撒⑥和元老院宣布它为罗马的一个行省"。⑦ 阿玛塞亚是斯特拉波在本都的故乡，"过去由国王们统治，不过，现在它成为一个行省"。⑧ 埃及、叙利亚与小亚细亚东部地区，在政治归属上的变化，是罗马人强盛的重要表现。

就罗马的竞争对手与相邻区域而言，在斯特拉波看来，奥古斯都时代罗马人的强盛体现在，他们不仅派兵侵入阿拉伯·菲里克斯地区，而且还取得了对帕提亚人的优势地位，而罗马人的强盛促使遥远的印度人派遣使节觐见奥古斯都，寻求他与罗马人的友谊。⑨

---

① 斯特拉波：《地理学》，17，1，12。

② 斯特拉波：《地理学》，17，1，8。

③ 斯特拉波：《地理学》，17，1，51。

④ 斯特拉波：《地理学》，16，2，3。

⑤ 斯特拉波：《地理学》，16，2，14。

⑥ 指提比略元首。

⑦ 斯特拉波：《地理学》，12，1，4。

⑧ 斯特拉波：《地理学》，12，3，39。

⑨ 具体可参见本文第六、七、八章的相关论述。

奥古斯都的统治给世界带来了和平、秩序与繁荣。埃及并入罗马后，社会相对安定，对外贸易繁荣发展，税收增加。这与罗马人精于管理，勤奋经营密不可分。罗马人在叙利亚驻守军队，成立新政府，重建城市，清除强盗据点，保障了商业安全。斯特拉波在追述罗马帝国崛起过程的末尾，赞颂奥古斯都给罗马与世界带来的秩序与繁荣。他这样写道："管理如此庞大的帝国，确实非常困难，除非把它交给一个人，比如国父。无论如何，奥古斯都·恺撒获得无上权威后，给罗马人和同盟者带来了和平、富庶与繁荣，而这是前所未有的。现在，奥古斯都的儿子兼继承者提比略，在日耳曼尼库斯和德鲁苏斯的辅佐下，正承继父亲的治理方式和政令，为人们延续着这种繁荣。"①这不仅是斯特拉波对奥古斯都个人统治的称颂，而且也是对他给罗马世界带来和平与繁荣的赞扬，更是对这种和平、繁荣延续的期待。对于罗马人带给世界的和平，稍后时代的普林尼则直言："我祈祷，罗马带给人类的和平与繁荣，恒久长存；罗马犹如上天赐给人类的第二个太阳。"②这不仅是对罗马人创造和平的由衷赞扬，更体现了对这种和平的珍惜。③

斯特拉波对世界的描述蕴含着时代精神。斯特拉波作品的出现有特定的时代背景。《地理学》既是时代之所需，又体现了时代之精神。共和国时期的扩张、奥古斯都创造的辉煌时代，为这一优秀作品的出现提供了基础。这一时代的和平、强盛、繁荣，人们体现出的自信和对繁荣、和谐时

---

① 斯特拉波：《地理学》，6，4，2。

② 普林尼：《自然史》，xxvii，1，3。

③ 和平与稳定，常常是古典作家们歌颂的主题，在奥古斯都之后一百多年（公元175 年），希腊学者阿里斯提德斯在对奥理略的颂词中，描述了地中海世界的稳定与祥和："现在整个世界都好像是在度假一样，脱下了古代的战袍，穿上了自由欢乐的锦袍。所有城市都已经放弃了它们旧有的争端，希望在一件单纯的事情上取胜，那就是每个城市都希望使它自己变得更快乐、更美丽。到处都是游戏场、林园、神庙、工场和学校。……城市到处充满了光明与美丽，整个大地都好像是元首的花园一样。友好的烽火从它的平原上升起，而那些战争的硝烟就好像是随风飘到了山海以外，代替他们的是说不尽的美景和欢快。……今天，希腊人和外国人都可以空着手，或是满载着金钱，到处作自由的旅行，好像是在自己家里一样。……只要做了一个罗马人，或者是元首的臣民，就有了安全的保障。荷马曾经说过大地是属于大家的，而您却使这句话变成了现实，因为您已经测量了整个世界，在河川上架了许多桥梁，把山地开成了驿道，在沙漠中建立基地，使万物都文明化，使其具有纪律和生命。"（阿里斯提德斯：《罗马演说》，26）。见周启迪主编：《世界上古史》，北京，北京师范大学出版社，2009，276～277 页。

代的珍视，融入《地理学》之中。

二、罗马人占据主导地位

斯特拉波描绘的东方世界，展现了罗马人的主导地位。罗马帝国处于
"人类居住世界"的中心，罗马人在这个世界中发挥着领导作用。在斯特拉
波的描述中，无论就罗马在人类居住世界中的位置、罗马人的东方统治区
域来看，还是就罗马人强大的竞争对手，与东方遥远国家的关系来说，罗
马人都显示出巨大的优势，"君临世界"。与遥远的世界相比，同罗马相邻
的地区，与罗马人交往密切的地区，成为斯特拉波重点描述的对象。

斯特拉波笔下罗马人的主导地位体现在，在地理上，罗马位于世界的
中心，控制着世界最优良的地区。在斯特拉波看来，优越的地理位置是罗
马人到达"如此尊贵地位"最重要的因素。罗马所在的意大利的特性就在
于："其一，除了一小部分地区之外，意大利就像一座岛屿一样，四面环
海，具有天然屏障，即使在那一小部分地区，也有难以逾越的高山作屏
蔽。其二，在它的大部分海岸线上没有海港，而它所具有的海港都是巨大
且优良的海港。前者可以有效抵御来自外部的攻击，后者则有利于发动反
击和发展繁荣的商业。其三，它具有气候和温度差异大的特点，无论如
何，这一特点促成了动物、植物，简而言之，其他一切有利于人们生计的
事物的多样性。……既然炎热、寒冷和温度适中决定了不同的温度带，那
么由此得出结论，介于两个极端之间、延伸如此之远的意大利是什么区域
呢，它的大部分地区位于温带，状况各异。意大利的大部分地区还具有以
下优越条件：亚平宁山脉纵贯全境，两侧形成了出产优质水果的平原和小
山，无处不享受着平原与山脉带来的恩泽。此外，还有为数众多、面积广阔
的湖泊与河流。除了上述种种优越条件之外，许多地方的天然冷暖泉水也都
有利于人们的健康。再者，它还有储量丰富的各种矿藏。有谁能够说尽意大
利丰富的燃料、人畜食物和优质的水果呢?"[1]

罗马所在的意大利，本身条件优越。"它位于拥有最多民族的地区和
希腊与利比亚最优的地区之间。很自然地，这不仅有利于它的霸权——

---

[1] 斯特拉波:《地理学》，6，4，1。

因为无论在人民的勇敢方面，还是在国土面积方面，它都超越周围的国家，而且因与它们接近，很容易从那里获得供给。"①而在人类居住的世界中，罗马人"占据着最优良、最著名的部分"；斯特拉波认为，它"超越有史以来所有的统治者"②。在欧罗巴，罗马人控制着最优良的地区；而他们无法统治的区域，照斯特拉波的看法，"要么杳无人迹，要么那里的人们过着悲惨和流浪的生活"③。在亚细亚，情况与此类似，"至于亚细亚，沿着我们的海的整个沿岸地带，都在他们的控制之下；其中不包括 Achaei 人、祖吉人（Zugi）和赫尼奥克人（Heniochi）所在的地区，他们在狭窄而贫瘠的地区过着抢劫和游牧生活"④。而那些未被征服的游牧民族，"由于缺乏与其他民族的交流，毫无用处，仅需要监视而已"⑤。

在斯特拉波笔下，在罗马人统治之下的部分是人类居住的世界中最优良的地区。而在它的统治范围之外，要么是少人或无人居住的荒漠，要么是生活艰难的地区，要么生活着野蛮的民族，要么是不适合人类居住的区域。罗马的中心地位凸显无疑。

就罗马人的东方统治区域而言，罗马人的主导地位体现在：他们具有无上的权威；与罗马人相关的历史事件成为斯特拉波重点关注的内容；罗马人的统治给当地带去了秩序、和平与繁荣。无论在小亚细亚东部地区、叙利亚，还是在帝国中具有特殊地位的埃及，都是如此。

在小亚细亚东部地区，对罗马具有决定性意义的事件，是卢库鲁斯与庞培等将领的征服行动。通过他们的征服，罗马人在东方设立了新的行省，控制了附属王国，设立了自治城市。行省是罗马人直接统治的区域，由罗马任命长官治理。附属王国与自治城市，要受到罗马人的间接控制。从第五章的论述中，我们可以看到罗马人在这一地区的统治权威。他们既掌握着附属王国国王的任免，又控制着当地神庙祭司的选择；既具有仲裁权，又可以按照自己的意愿不断调整王国的统治区域。

在广义的叙利亚地区，罗马人同样具有统治权威。公元前63年，庞培

① 斯特拉波：《地理学》，6，4，1。
② 斯特拉波：《地理学》，17，3，24。
③ 斯特拉波：《地理学》，17，3，24。
④ 斯特拉波：《地理学》，17，3，24。
⑤ 斯特拉波：《地理学》，6，4，2。

设立叙利亚行省。而科玛吉纳、腓尼基与犹太也处于罗马的控制之下。在奥古斯都时代，罗马在叙利亚就驻守了四个军团①。这一地区的自治城市，要得到罗马人的认可，其自治权受罗马人的制约。斯特拉波笔下的自治城市推罗，就曾被奥古斯都剥夺了自治权。② 在叙利亚，罗马人依然拥有任命政治与宗教领袖的权威。庞培任命希律王担任祭司；安东尼和奥古斯都·恺撒都曾任命希律王的后裔担任祭司，并授予他们"国王"的头衔。③

在希腊化王国中，埃及是罗马最后合并的行省。它因地理位置重要、资源丰富、肩负着罗马国家的粮食供应，而在帝国行省中占有特殊地位，由罗马元首直接控制。罗马（准确地说是罗马元首）派驻军团，任命总督，掌管司法，征收税款，④ 这无疑是罗马人统治权威的集中体现。

在罗马的东方统治区域，罗马人的统治和管理，与罗马人相关的历史事件，成为斯特拉波描述的重要内容。奥古斯都在埃及的行政管理和军事部署⑤，是斯特拉波关注的对象。叙利亚地区是庞培为罗马人扩充的版图，他在叙利亚调整统治区域，设立自治城市，摧毁海盗据点，推翻专制统治，进行管理部署，是斯特拉波描述内容的有机组成部分。⑥ 卢库鲁斯、庞培、安东尼等罗马将领在小亚细亚的征战与管理活动，则贯穿于斯特拉波对这一地区描述的始终。⑦

罗马人的统治给这些地区带来了秩序与和平，而它们在罗马人的治下稳定发展。埃及并入罗马帝国后，因罗马人才能卓越，勤于管理，"大部分事务井然有序"；他们精心经营，建设城市，繁荣对外贸易，使税收增加。⑧奥

---

① 它们是高卢第三军团，费尔拉塔第六军团，弗列顿西斯第十军团和富尔米那塔第十二军团。见李雅书、杨共乐：《古代罗马史》（第 3 版），北京，北京师范大学出版社，2010，211 页。

② ［古罗马］苏维托尼乌斯：《罗马十二帝王传》，张竹明、王乃新、蒋平等译，北京，商务印书馆，1995，77 页（Suetonius, *The Deified Augustus*, xlvii）。

③ 斯特拉波：《地理学》，16，2，46。

④ 斯特拉波：《地理学》，17，1，12～13。

⑤ 斯特拉波：《地理学》，17，1，12～13。

⑥ 庞培在这一地区的活动。见斯特拉波：《地理学》，16，2，3，8，18，43。

⑦ 关于罗马人在这一地区的征战、管理活动。见斯特拉波：《地理学》，12，1，4；12，2，1，11；12，3，1，2，13，14，29，37；12，5，1；12，8，11，18。

⑧ 斯特拉波：《地理学》，17，1，13。

古斯都对尼罗河的治理①，则保证了农业的丰产与丰收。罗马人人主叙利亚后，在维护地区社会稳定，保障当地商业安全方面发挥了作用。在罗马控制叙利亚地区以前，大马士革人总受到来自许多地方的攻击。罗马人的到来使这种状况得到明显改善。因为"罗马人建立起的良好的政府，驻扎在叙利亚的罗马士兵构筑的安全保障，使芝诺多鲁斯控制下的匪帮土崩瓦解了。"②罗马人的统治给小亚细亚带来了秩序与稳定。一个典型的例子便是，阿米苏城在历史上受尽磨难，在阿克提乌姆战役之后，奥古斯都·恺撒再次赋予他们自由，"现在那里秩序井然"③。

就罗马人与强大竞争对手及邻邦的关系来说，他们的主导地位体现在：与帕提亚人的对抗和竞争中，罗马人占据优势；在奥古斯都的授意下，埃及长官埃利乌斯·加鲁斯率军侵入阿拉伯·菲里克斯。

帕提亚帝国与罗马帝国毗邻，在斯特拉波生活的时代，无论就帝国的范围还是就国家的军事力量而言，它都可以与罗马帝国相匹敌。斯特拉波不仅在扩展地理学知识的功绩方面将帕提亚帝国与罗马帝国相提并论④，甚至直言它在某种程度上成了罗马人的竞争对手。⑤

罗马将领克拉苏与安东尼入侵帕提亚的战争，使罗马人遭受了惨重损失。不仅克拉苏所率军团几乎全部覆灭，丢掉了军旗，而且他自己也丧命战场。安东尼入侵帕提亚，在遭遇了严重损失后，历尽曲折才得以返回。⑥帕提亚人的强大给罗马人、给斯特拉波留下了深刻的印象。不过，在斯特拉波眼中，即便如此强大的帕提亚帝国，在奥古斯都时代已屈服于罗马人。帕提亚国王"弗拉提斯非常渴望获得恺撒·奥古斯都的友谊，他甚至

① "为了使它（埃及，笔者注）更富饶更适应供给罗马粮食，他派士兵去疏浚尼罗河泛滥时流到的所有运河。因为在许多年里，这些运河被泥沙淤塞了。"见［古罗马］苏维托尼乌斯：《罗马十二帝王传》，张竹明、王乃新、蒋平等译，北京，商务印书馆，1995，56 页（Suetonius, *The Deified Augustus*, xviii, 2）。

② 斯特拉波：《地理学》，16，2，20。

③ 斯特拉波：《地理学》，12，3，14。

④ 斯特拉波：《地理学》，1，2，1；11，6，4。

⑤ 斯特拉波：《地理学》，11，9，2。

⑥ 本文在第六章（"克拉苏与帕提亚战争""安东尼与帕提亚战争"）中有较为详细的论述。

北京师范大学史学探索丛书

把帕提亚人为纪念他们击败罗马人而建造的纪念碑送给了他"①。在即将完成对意大利的描述时，斯特拉波力陈罗马人取得的巨大成就。在斯特拉波看来，罗马人建立起来的对帕提亚人的优势，理所当然地成为罗马人的重大成就之一。② 而这一优势，也是奥古斯都在自传中所炫耀的"功绩"。③

　　阿拉伯·菲里克斯地处阿拉伯半岛南端，以富庶著称。这不仅成为亚历山大计划征服阿拉伯的因素之一④，而且在斯特拉波看来，也是奥古斯都派埃利乌斯·加鲁斯侵入阿拉伯半岛的重要原因。奥古斯都的"另一个考虑是基于流传已久的报道，即他们非常富有；他们出售香料和最珍贵的宝石，以换取黄金和白银，但从未把在交换中所得的任何财富花费在外人身上。他希望要么与富有的朋友进行贸易，要么就征服富有的敌人"⑤。不过，罗马人最终无功而返，且损失严重。但斯特拉波将罗马人的失败归罪于纳巴塔亚人塞拉乌斯居心叵测⑥，说如果不是蛮族人从中作梗，加鲁斯会征服整个南部阿拉伯。⑦ 但是，尽管如此，在论述罗马人占据的优势地位时，斯特拉波仍然表示，罗马人不断地从阿拉伯人和埃塞俄比亚人手中夺取更多的土地，以扩展自己的版图。⑧

　　就与遥远国家的关系来说，在斯特拉波时代，罗马埃及与印度存在着繁荣的海上贸易，对此，斯特拉波获得了确凿信息。即便如此遥远的国家也要寻求罗马元首奥古斯都的友谊，配合奥古斯都的行动。⑨ 罗马人的影

---

　①　斯特拉波：《地理学》，16，1，28。

　②　详见斯特拉波：《地理学》，6，4，2。

　③　李雅书选译：《罗马帝国时期》(上)，北京，商务印书馆，1985，13～14页。

　④　阿里安：《亚历山大远征记》，vii，20，1～2(280～281页)。

　⑤　斯特拉波：《地理学》，16，4，22。

　⑥　斯特拉波：《地理学》，16，4，23～24。

　⑦　斯特拉波：《地理学》，17，1，53。

　⑧　斯特拉波：《地理学》，17，3，24。而奥古斯都同样夸口说，在他的主持下，入侵阿拉伯的军事行动取得了很大成就。奥古斯都：《奥古斯都自传》，见李雅书选译：《罗马帝国时期》(上)，北京，商务印书馆，1985，12页。

　⑨　斯特拉波：《地理学》，15，1，73。奥古斯都也把印度使节觐见他作为"功绩"写入自传中[奥古斯都：《奥古斯都自传》，见李雅书选译：《罗马帝国时期》(上)，北京，商务印书馆，1985，13页]。关于印度人派使节需求奥古斯都和罗马人友谊的报道，还可见[古罗马]苏维托尼乌斯：《罗马十二帝王传》，张竹明、王乃新、蒋平等译，北京，商务印书馆，1995，58页(Suetonius, *The Deified Augustus*, xxi, 3)。

响力，罗马人在人类世界的主导地位，不言而喻。

无论就罗马的地理位置而言，还是就罗马人在东方世界的权威与影响而论，斯特拉波都凸显了罗马人的主导地位。

三、城市占有重要地位

城市是文明的象征，是传播文明的基地。描述城市，是斯特拉波对人类居住世界描述的重要组成部分。在斯特拉波描述的东方世界中，存在着数量庞大的城市。① 这些城市，类型不同，特色各异，要么是著名的商业中心，要么是政治中心，要么是工业中心，要么多种角色兼而有之。它们也具有某些共同特征：人口稠密，商业经济发达，地理位置优越，具有显著的军事防御功能等。斯特拉波追寻城市的源头，重视城市发展的历史，呈现城市的布局，关注城市之间的关系，凸显每座城市的特征。

就斯特拉波描述的东方世界而言，他考察过小亚细亚和埃及的许多地区，亲临许多城市，因此，他对这些地区城市的描述详细而准确。在罗马人的东方统治区域之外，斯特拉波借助前人的资料与同时代人提供的信息，展现城市的风貌。对埃及的描述，斯特拉波以尼罗河三角洲为起点，沿尼罗河逆流而上。沿途城市是斯特拉波描述的主要内容之一。② 在广义的叙利亚，塞琉西斯地区因具有安提奥卡亚、塞琉西亚、阿帕梅亚与拉奥狄塞亚四座著名的大城市，而被称之为特拉波里斯（Tetrapolis）。③ 斯特拉波以这些城市为线索和中心展开描述，追述历史，呈现现状。在腓尼基，西顿与推罗城的起源、历史变革、主要特点和杰出人物，成为斯特拉波对这一地区描述的重要主题。④ 在小亚细亚东部地区，他考察过的城市，与重大历史事件紧密相关的城市⑤，以及具有城市特征的要

---

① 笔者对埃及、叙利亚、小亚细亚东部、阿拉伯半岛的城市进行了统计，见附录1～4。

② 斯特拉波描述了埃及的众多城市，见本文附录1。

③ 斯特拉波：《地理学》，16，2，4。

④ 斯特拉波：《地理学》，16，2，22～25。

⑤ 比如，斯特拉波的故乡本都的阿玛塞亚，本都的阿米苏斯，辛诺普，本都与卡帕多西亚的同名城市科玛纳等。

塞，也都是斯特拉波重点关注的对象。在帕提亚帝国统治下的波斯腹地，斯特拉波对苏萨、帕萨伽代、波塞波里斯、① 巴比伦、塞琉西亚②等历史名城及与城市相关的历史，有着浓厚兴趣。斯特拉波更将赫尔开尼亚地区的特征概括为"拥有著名的城市"③。巴克特里亚纳被阿波罗多鲁斯誉为"整个阿里亚纳（Ariana）的明珠"。对当地传统城市巴克特拉，对亚历山大在巴克特里亚和索格迪亚修建的八座城市，斯特拉波也都给予了关注。④ 总之，在斯特拉波描述的东方世界中，城市占据了重要地位。

　　斯特拉波对城市布局有着浓厚兴趣。埃及的亚历山大里亚是斯特拉波最熟悉的区域之一，加之它在交通、商业、经济和科学等方面占有特殊地位⑤，斯特拉波对它进行了最详细的描绘。⑥ 他追述亚历山大里亚的起源，

---

　　① 斯特拉波对苏萨、帕萨伽代、波塞波里斯的描述，见斯特拉波：《地理学》，15，3，2～10。

　　② 对巴比伦、塞琉西亚的描述，见斯特拉波：《地理学》，16，1，5，16。

　　③ 斯特拉波：《地理学》，11，7，2。著名的城市有塔拉布罗塞（Talabroce）、萨玛里亚纳（Samariane）、卡尔塔（Carta）和皇室居所塔培（Tape）。

　　④ 斯特拉波：《地理学》，11，11，2，4。

　　⑤ H. F. Tozer, *A History of Ancient Geography*, second edition with additional notes by M. Cary, Cambridge：Cambridge University Press，1935，p. 260.

　　⑥ 唯有斯特拉波对罗马城的描述可以与之相媲美。斯特拉波这样描述罗马城："马尔提乌斯广场（Martius Campus）上布满了他们所修的建筑，由于罗马人的远见卓识，它不但自然美观，而且还得到了进一步的装点。事实上，广场规模巨大，不仅战车竞赛和各种骑马训练，而且为数众多的群众可以同时在广场上打球，推铁环，摔跤，他们互不相扰。马尔提乌斯广场周围布满了艺术品；草地终年绿草如茵；河畔小山的山冠向河床延伸，仿佛一座绘画的舞台——所有这一切构成了一幅美景，使你流连忘返。在这座广场附近，有另一座广场。它由众多的柱廊环绕，圣地，三座剧院，一座圆形剧场，华贵的庙宇，彼此紧密相接，它们似乎在努力向你宣告，城市其余的部分仅仅是陪衬而已。因此，罗马人认为这里最为神圣，于是，把他们中最杰出男女的坟墓修建于此。其中，最著名的是陵墓（Mausoleum）。它是一个巨大的土堆，位于河畔高耸的白色大理石基座上，直至土堆顶部，都覆盖着浓郁的常青树。现在，它的顶部有一尊奥古斯都·恺撒的青铜雕像。在土堆之下，是他及他的亲属与挚友的坟墓。在土堆之后，有一块面积广大的圣地，其间有怡人的散步场所。在广场中央，白色大理石围墙环绕着他的火葬地，围墙由环形铁栅栏护卫；在围墙以内，种植着黑杨树。再者，如果前往旧广场，你会看到沿着它有一个个彼此相接的讲坛，长方形会堂和神庙；还会看到卡皮托神殿及其中的艺术品；同样能欣赏到帕拉丁山（Palatium）上的艺术品和李维娅（Livia）的幽径。面对如此景象，你很容易会沉浸其中，忘记周围的一切。这就是罗马。"见斯特拉波：《地理学》，5，3，8。

详述它优越的地理位置和怡人的环境，描述其城市布局，展现他所生活时代埃及亚历山大里亚的辉煌与繁荣。①

斯特拉波重视城市的历史沿革与政治变迁，本都地区的赫拉克莱亚城是其描述的典型代表。起初，赫拉克莱亚"是一座自治城市；之后，曾一度由专制君主统治；后来，恢复了自由；再后来，他们臣服于罗马人，由国王统治。他们接受了一批罗马人，并与他们分享城市与领土的一部分地区。但加拉太人四分之一行政区域的长官多姆尼克莱乌斯的儿子阿底亚托里克斯，从安东尼那里获得了赫莱克莱奥塔人(Heracleiotae)在城中占据的那部分地区。在阿克提乌姆战役之前不久，他夜袭并斩杀了罗马人，声称其行动得到了安东尼的同意。但在阿克提乌姆战役之后，他成了凯旋式上的战利品，并和儿子一起被处决。这座城市归属与比提尼亚联合的本都行省"②。斯特拉波简练的描述，勾勒出赫拉克莱亚城在政治上，由自由城市到成为罗马领土的演变历程。

斯特拉波着力表述每座城市的特色与性质。小亚细亚的塔奈斯城"是一座公共的商业中心，参与交易的有小亚细亚和欧罗巴的游牧民，也有从博斯普鲁斯渡湖而来的居民，前者带来奴隶、皮革和其他牧产品，后者则用衣服、葡萄酒以及其他文明生活用品与他们进行交换"③。"以弗所是陶鲁斯山这一侧小亚细亚最大的商业中心"④，并且那里名人辈出。⑤ 实际上，详述小亚细亚地区城市的杰出人物，是斯特拉波描述这一地区城市的一大特点。斯特拉波自豪地列举每座城市的名人，无论是米利都⑥，以弗所、辛诺普⑦，

---

① 斯特拉波：《地理学》，17，1，8。详见本书第三章"四、亚历山大里亚"的论述。

② 斯特拉波：《地理学》，12，3，6。

③ 斯特拉波：《地理学》，11，2，3。

④ 斯特拉波：《地理学》，14，1，24。

⑤ 斯特拉波：《地理学》，14，1，25。以弗所的名人：赫拉克利特，赫尔摩多鲁斯(Hermodorus)(因给罗马人创制某些法律而出名)，诗人希波纳克斯(Hipponax)，画家帕拉修斯(Parrhasius)和阿佩利斯(Apelles)，演说家亚历山大。

⑥ 见斯特拉波：《地理学》，14，1，7。

⑦ 斯特拉波：《地理学》，12，3，11。

还是阿米苏斯①与拉奥狄塞亚②，都是如此。③

阿帕梅亚则是小亚细亚仅次于以弗所的商业中心，是来自于意大利和希腊商品的集散地。④斯特拉波的故乡城市阿玛塞亚具有明显的军事特征，"无论从人的远见卓识还是从自然条件而言，它的设计都令人称赞，因为它同时具备了城市与要塞的优点"⑤。推罗是腓尼基的城市，它的特色在于其居民具有高超的航海技能，城市拥有发达的染色工业。⑥这是它们从数次灾难中重新崛起的关键因素。卡帕多西亚地区的科玛纳城则是当地的宗教与政治中心。⑦帕提亚人的冬宫泰西封，过去是一座村庄，由于帕提亚人的强大，它变成了一座城市。他们在城中修建了许多建筑，出售商品。⑧阿拉伯纳巴塔亚人的首都佩特拉，"所在的地方非常平坦，周围有岩石护卫。它的外侧，险峻而陡峭；它的内部泉水充足，既可供家用，又能灌溉花园。"这里统治秩序极为良好，当地人从不互相起诉，在各方面都与人为善。这给到过当地的哲学家、斯特拉波的好友阿提诺多鲁斯留下了深刻印象。⑨鲁塞•考玛则是纳巴塔亚人的一座巨大的商业中心。⑩

斯特拉波提供给我们的资料显示，印度河与希达斯皮斯河之间的塔克西拉城，地处平原，规模巨大，拥有"最优秀的法律"；周围的地区广阔而肥沃。⑪恒河畔的帕里波特拉城（Palibothra），"四周筑有木围墙，墙上留有穿孔，通过穿孔可以向外射箭。城墙前面有一条壕沟，兼具防御和吸纳城中污水之用"⑫它具有明显的军事特征。斯特拉波借用美加斯提尼斯

---

① 斯特拉波：《地理学》，12，3，16。
② 斯特拉波：《地理学》，12，8，16。
③ 丹妮拉•杜克提供了斯特拉波《地理学》中拥有名人城市的清单。这样的城市，小亚细亚及其附近岛屿的城市最多。见 Daniela Dueck，*Strabo of Amasia：A Greek Man of Letters in Augustan Rome*，London and New York：Routledge，2000，pp. 79-80.
④ 斯特拉波：《地理学》，12，8，15。
⑤ 斯特拉波：《地理学》，12，3，39。
⑥ 斯特拉波：《地理学》，16，2，23。
⑦ 斯特拉波：《地理学》，12，2，3。
⑧ 斯特拉波：《地理学》，16，1，16。
⑨ 斯特拉波：《地理学》，16，4，21。
⑩ 斯特拉波：《地理学》，16，4，23。
⑪ 斯特拉波：《地理学》，15，1，17，28。
⑫ 斯特拉波：《地理学》，15，1，36。

的资料，详细介绍了印度市场专员的组成及具体职能。他们分成六组，每组五人；各组分别负责管理工艺品、工匠产品，接待来客，调查人口，商品出售，征收税款。① 这些城市专员的设置，本身就表明了印度当时发达的城市经济与繁荣的商业往来。

斯特拉波还关注城市之间的相互关系。在斯特拉波时代，叙利亚的拉奥狄塞亚就是亚历山大里亚所需葡萄酒的供应地。它"建设得最为优美，拥有一座良港。它所领属的地区，除了出产其他优良的庄稼外，还盛产葡萄酒。现在这座城市供应亚历山大里亚人所需要的大部分葡萄酒"②。

在斯特拉波对人类居住世界的描述中，城市占有重要地位。它们数量庞大，分布广泛。"从加德斯到亚历山大里亚，从西恩纳到潘提卡佩，各类城市，形如珍珠。"③就斯特拉波描述的东方世界而言，城市是他所描述世界不可分割的一部分。在这些城市中，有的是地区性的工业中心，有的是区域性的商业中心，有的是当地的政治与宗教中心，而有的则是整个人类居住世界范围内的商业、科学与文化中心。斯特拉波详述它们优越的地理环境，重视它们的历史发展与政治变迁，描写城市的布局与具体建筑，关注城市的功能、特色及城市之间的相互关系。在《地理学》中，斯特拉波对城市浓墨重彩的描述，不仅为我们呈现了罗马帝国初期东方地区城市的历史与现状，而且为我们研究古代城市提供了宝贵资料。

四、经济与商业备受关注

对经济与商业的关注，是斯特拉波《地理学》的一大特点，也是他对东方世界描述的特色之一。在古代地理学家中，较少有人关注经济与商业因素，而斯特拉波便在"较少者"之列。④ 在斯特拉波对东方世界的描述中，经济与商业信息占有相当比重。无论是斯特拉波熟悉的罗马统治区域，还

---

① 斯特拉波：《地理学》，15，1，51。

② 斯特拉波：《地理学》，16，2，9。

③ ［法］保罗·佩迪什：《古代希腊人的地理学——古希腊地理学史》，蔡宗夏译，葛以德校，北京，商务印书馆，1983，159 页。

④ ［法］保罗·佩迪什：《古希腊人的地理学——古希腊地理学史》，蔡宗夏译，葛以德校，北京，商务印书馆，1983，160、168 页。

北京师范大学史学探索丛书

是与罗马版图相邻的地区，以至遥远的国家，斯特拉波都竭力展现它们在这方面的信息。斯特拉波笔下的东方世界，物产丰富，经济繁荣，商业发达，商人活跃，商路成为连结各个地区的桥梁与纽带。

(一)物产与经济

丰富的物产是一个地区经济潜力的体现与表征。罗马优越性的重要表现之一便是它所在的地区，具有充裕的资源与供给。[1] 展现罗马人统治区域的物产与经济状况，斯特拉波竭尽所能；对罗马人东方统治区域之外情况的描述，他同样不遗余力。

埃及是罗马的统治区域，是斯特拉波游历考察过的地区，他对这里的物产进行了详细调查。纸草是埃及特殊的产品，是埃及人书写的载体，而比布鲁斯则是用以制作书写载体的植物。斯特拉波对比布鲁斯的生长、产出、制作、经营有详细的描述。[2] 埃及的塞亚姆斯，其果实可以食用，叶子则可用来制作容器，成为农庄收入的来源之一。[3] 赫拉克里奥特诺姆，无论在肥沃还是在原料生产方面，都最为有名。那里的橄榄树果实优良，能够产出上乘的橄榄油；酒、谷物、豆类和其他各类种子植物，同样丰产。[4] 底比斯的海枣更为坚硬，但其味道更令人惬意。其中一座岛屿产出最优良的海枣，长官可以从中获取巨额收入。[5] 尼罗河不仅给埃及带去了肥沃的土地，而且其本身还产出大量的鱼类和贝类。[6] 富饶的物产，巨大的经济潜力，使埃及在并入罗马版图后，很快成为帝国的原料基地和粮仓。在此基础上发展起来的对外贸易，给罗马埃及带来了丰厚的收益。

叙利亚也处在罗马的统治之下，这里同样多产而富饶。拉奥狄塞亚所领属的地区，出产优良的庄稼，盛产葡萄酒。[7] 里巴努斯山与安提里巴努斯山之间的平原地区河流纵横，肥沃富饶，产出香脂树。平原上的格涅萨

① 斯特拉波：《地理学》，6，4，1；2，5，26。
② 斯特拉波：《地理学》，17，1，15；17，2，4。
③ 斯特拉波：《地理学》，17，1，15；17，2，4。
④ 斯特拉波：《地理学》，17，1，35。
⑤ 斯特拉波：《地理学》，17，1，51。
⑥ 斯特拉波：《地理学》，17，2，4。
⑦ 斯特拉波：《地理学》，16，2，9。

里提斯湖则出产芳香的灯芯草和芦苇。① 希里库斯平原的物产也很丰富，不仅有棕榈树和果树，而且还有可以入药的香脂树。在塔里克亚，湖泊中产鱼，可供腌制。②

小亚细亚东部地区是斯特拉波的故乡，是他最熟悉的地区之一。当地的物产与经济潜力尤受他的重视。提米斯库拉平原丰产而富饶③；加泽罗尼提斯土地肥沃，地势平坦，物产充裕。当地居民畜养绵羊，获取柔软的羊毛；他们拥有绵羊饲养工业。④ 地处海滨的法尔纳西亚，不仅有天然狐鲣渔场，而且在陆地上拥有矿藏；矿工可以从开采矿藏中获取生计，航海者可以从捕捞狐鲣和海豚中谋生。⑤ 法纳罗埃则是本都最富饶的地区，不仅橄榄树如茵，盛产葡萄酒，而且拥有一座村庄能够具备的所有其他美好品性。⑥ 卡帕多西亚地区则盛产水果、谷物和各种家畜。⑦ 高加索山地区"大量出产各类木材，尤以出产适合建造船只的木材为最"。⑧ 科尔契斯境内的发西斯城地区，出产丰富的农产品和造船用品。当地居民生产蜂蜡、亚麻和沥青，大量纺织亚麻布，并将之出口外地，亚麻工业声名远播。⑨ 阿尔巴尼亚不仅出产各类水果，而且还种植各种植物；葡萄尤其丰产；水源丰富，绿草如茵，利于放牧；家养和野生的牛都非常优良。⑩ 亚美尼亚的高加勒纳(Gogarenê)地区盛产水果和橄榄。⑪

阿拉伯·菲里克斯地区土地肥沃，不仅植物资源丰富，而且各种动物充裕。其中骆驼是北部地区的特色动物。⑫ 而阿拉伯半岛最为著名的还属香料。无论是卡塔巴尼亚、卡特拉摩提提斯，还是萨巴亚人所在的地区，

---

① 斯特拉波：《地理学》，16，2，16。
② 斯特拉波：《地理学》，16，2，45。
③ 斯特拉波：《地理学》，12，3，15。
④ 斯特拉波：《地理学》，12，3，13。
⑤ 斯特拉波：《地理学》，12，3，19。
⑥ 斯特拉波：《地理学》，12，3，30。
⑦ 斯特拉波：《地理学》，12，2，10。
⑧ 斯特拉波：《地理学》，11，2，15。
⑨ 斯特拉波：《地理学》，11，2，17。
⑩ 斯特拉波：《地理学》，11，4，3。
⑪ 斯特拉波：《地理学》，11，14，4。
⑫ 斯特拉波：《地理学》，16，4，2，18。

都大量产出香料。既有乳香、没药、肉桂，也有其他香料。① 它们吸引着各地的商人。在斯特拉波看来，正是这里出产的香料，为阿拉伯赢得了"幸福"的美名。②

斯特拉波提供的资料表明，印度富饶多产，无论是亚历山大史家，还是希腊化时代的美加斯提尼斯与埃拉托色尼，都给我们展示了这方面的丰富信息。棉花③、水稻④、粟、亚麻、芝麻、稻米、小麦、大麦、豆类以及"其他我们所不熟悉的可食性植物"，都可以在印度生长。⑤ 那里的果树同样"产出丰硕的果实"⑥。在印度南部，还出产肉桂、甘松香和其他香料。⑦ 印度的榕树特别吸引古典作家的注意力。欧尼西克里图斯、阿里斯托布鲁斯及其他作家，都对这种树很感兴趣。欧尼西克里图斯相当准确地描述了穆西卡努斯地区的榕树。⑧ 斯特拉波告知我们："我几乎可以说，能在埃塞俄比亚和埃及见到的动物，同样可以在印度见到。"⑨在各类动物中，大象尤为吸引古典作家。⑩

在描述印度时，我们已经看到其手工业品的丰富程度。印度人不仅有金制容器，如大盆和一发图姆宽的碗，而且有铜制桌子、高椅子、酒杯和浴盆，其中大部分都镶有翡翠、绿宝石和印度红宝石，还有色彩斑斓、饰有黄金的外衣。⑪ 他们仿造马其顿人的海绵，制造刮身板和长颈瓶，浇铸铜容器。⑫ 印度手工产品丰富，发达的手工业可见一斑。

斯特拉波笔下的东方，不仅动植物资源充裕，手工业发达，而且矿藏众多。埃及摩孟菲斯附近地区，有储量丰富的硝石矿。⑬ 死海蕴藏着大量

① 斯特拉波：《地理学》，16，4，4，19。
② 斯特拉波：《地理学》，1，2，32。
③ 斯特拉波：《地理学》，15，1，20。
④ 斯特拉波：《地理学》，15，1，18。
⑤ 斯特拉波：《地理学》，15，1，13。
⑥ 斯特拉波：《地理学》，15，1，20。
⑦ 斯特拉波：《地理学》，15，1，22。
⑧ 斯特拉波：《地理学》，15，1，21。
⑨ 斯特拉波：《地理学》，15，1，13。
⑩ 斯特拉波：《地理学》，15，1，42～43。
⑪ 斯特拉波：《地理学》，15，1，69。
⑫ 斯特拉波：《地理学》，15，1，67。
⑬ 斯特拉波：《地理学》，17，1，23。

的沥青。① 卡帕多西亚的"辛诺皮亚"代赭石，在"世界上最为优良"。加拉太地区附近有水晶和缟玛瑙石石层及其他矿藏。② 距离辛纳达城不远的"辛纳狄克"采石场，供应罗马巨大而美丽的大理石石柱和石板。③ 在阿拉伯，与德巴埃人相邻的地区则有丰富的金矿。"在他们这一地区，可以开矿掘金，但并不是金沙，而是天然金块，它们不需要过多地提纯。"④印度拥有大量矿藏。天然盐产量巨大。"据说索培提斯地区的天然盐山，足可以供应整个印度用盐。"⑤索培提斯附近的一些金银矿山，已被采矿专家戈尔古斯证实储量丰富。⑥ 德尔达埃部落生活地区的金沙质量很高，仅需要略加提炼；⑦ 有的河流中也含有金沙。⑧ 印度还出产水晶和珍珠。⑨

丰富的物产资源是经济发展、商业繁荣的基础。从上一节的论述中，我们可以看到在此基础上形成的众多商业中心。商人是商业繁荣不可或缺的因素，他们的行商活动将分散的地区连结起来。商路则成为不同地域、不同地区之间交流往来的桥梁和纽带。

（二）商人与商路联系的世界

商人是商业活动的践行者，是交往的使者与媒介。商人的存在既是商品经济发达的表现，又促进了不同区域之间的交往。在斯特拉波描述的东方世界中，活跃的商人广泛存在。斯特拉波对这一群体予以了关注。

罗马帝国初期，埃及是著名的商业中心，商人云集。关于罗马埃及的商人，我们仅仅从由埃及驶往印度的庞大船队，就可以窥见他们实力之雄厚，活动区域之广泛。⑩ 在斯特拉波的笔下，阿拉伯人以善于经商闻名。他告诉我们："可以肯定，现在阿拉伯人善于经营，并且很富有，因为他们的贸易范围广泛，货物丰富……仅就香料而论，一个商人或者赶骆驼

---

① 斯特拉波：《地理学》，16，2，42。
② 斯特拉波：《地理学》，12，2，10。
③ 斯特拉波：《地理学》，12，8，14。
④ 斯特拉波：《地理学》，16，4，18。
⑤ 斯特拉波：《地理学》，15，1，30。
⑥ 斯特拉波：《地理学》，15，1，30。
⑦ 斯特拉波：《地理学》，15，1，44。
⑧ 斯特拉波：《地理学》，15，1，57。
⑨ 斯特拉波：《地理学》，15，1，67。
⑩ 斯特拉波：《地理学》，2，5，12；17，1，13。

者，通过交易它们就可以获得某种财富。"①阿拉伯半岛的格拉人与萨巴亚人就是著名的商人。他们既活跃于阿拉伯半岛各地，又前往异域贩运；所经营商业，以香料为主。他们从行商中获取了丰厚的收益，其华丽的陈设便是明证。② 在小亚细亚东部，玛扎卡附近平原地带，"生活必需品要从很远的地方运到这里"③，商人发挥着不可替代的作用。④ 熟悉这一地区的人们还可以经营木材生意。⑤ 活跃于拉高尼亚的索亚特拉（Soatra）周围的商人，能够从经营羊毛生意中聚集丰厚的财富。⑥ 斯特拉波告诉我们，在印度则存在贩运金沙的商人。⑦

　　商人的活动不仅满足了不同地区人们的需要，而且也促进了不同地域之间的交流往来。商路往往成为人们交往的纽带，而它也是斯特拉波重视的内容。在斯特拉波展示的东方世界中，存在着发达的商路。根据他提供的信息，埃及与印度之间，埃及与阿拉伯半岛之间，阿拉伯半岛内部地区，印度与攸克塞因海之间，都存在着商路。罗马帝国初期，东西方之间商业贸易繁荣，阿拉伯半岛地区发挥了媒介作用。

　　东西方之间的贸易交往存在已久。亚历山大远征从印度返回时，尼阿库斯率舰队从印度河口沿海路返回巴比伦证明，至少到公元前 4 世纪末期，从印度到波斯湾就能够通航。这在一定程度上为后来东西方海路贸易的发展奠定了基础。考古学成果已证实古代东西方之间贸易的存在。自罗马开始"大征服"后，巨额金、银贵金属源源不断地涌入罗马，罗马国家制造的大量金、银和铜制钱币在地中海世界广泛流通。⑧ 在印度半岛发现的大量

---

　　①　斯特拉波：《地理学》，1，2，32。

　　②　斯特拉波：《地理学》，16，4，19。

　　③　斯特拉波：《地理学》，12，2，7。

　　④　Silvia Panichi，"Cappadocia through Strabo'eyes"，Daniela Dueck，Hugh Lindsay and Sarah Pothecary，*Strabo's Cultural Gergraphy*：*The Making of a Kolossourgia*，Cambridge：Cambridge University Press，2005，p. 213.

　　⑤　斯特拉波：《地理学》，12，2，7。

　　⑥　斯特拉波：《地理学》，12，6，1。

　　⑦　斯特拉波：《地理学》，15，1，44。

　　⑧　张献军：《西塞罗政治实践研究》，北京，北京师范大学博士论文，2007，3页。

罗马金银货币①，反映了罗马与印度之间贸易的频繁和兴盛。同时，它们也是罗马与东方交往的有力证据。考古学家在印度半岛东部帕都克地区发掘了许多意大利埃特鲁里亚生产的陶器，这反映了罗马与印度之间的贸易已经达到相当规模。② 斯特拉波在《地理学》中，提供了东西方海上商路存在与繁荣的文献证据。

斯特拉波在谈及补充新地理学知识的必要性时说："既然近来罗马人派军队入侵了阿拉伯·菲里克斯，我的朋友兼同伴埃利乌斯·加鲁斯是这支军队的指挥官，既然亚历山大里亚的商人已经率舰队取道尼罗河和阿拉伯湾到达印度，与我们的前辈相比，现在我们对这些地区更为熟悉。"③从中可以看出，至少在斯特拉波生活的时代，埃及与印度之间存在着商业贸易，并且达到了一定的规模。他们所走的路线是由亚历山大里亚取道尼罗河，出阿拉伯湾，然后到达印度。④ 并且，斯特拉波见证了这种繁荣的商业贸易。⑤ 他提供的信息不仅反映了罗马埃及与印度之间的商业贸易已经达到相当的程度，而且也展现了罗马人统治埃及后带来的商业繁荣。这些信息，既是反映斯特拉波时代东西方贸易往来的重要史料，又有力地证明了当时西方与印度之间繁荣的海上贸易。

然而，从斯特拉波的描述中，我们无法得知商人们经营何种商品，航线如何，经过哪些港口与地方，耗费多长时日。在稍后的《厄立特里亚航海记》⑥

北京师范大学史学探索丛书

---

① 杨共乐：《罗马社会经济研究》，北京，北京师范大学出版社，1998，91 页。

② 杨共乐：《罗马社会经济研究》，北京，北京师范大学出版社，1998，90 页。

③ 斯特拉波：《地理学》，2，5，12。

④ 对罗马与印度之间具体海陆贸易线路的详细探讨，见 E. H. Warmington, The Commerce between the Roman Empire and India, Cambridge: Cambridge University Press，1928，pp. 6-34.

⑤ 斯特拉波：《地理学》，17，1，13。论述详见本书第八章"五、罗马人与印度的关系"部分。

⑥ 一般认为，斯特拉波的《地理学》成书时间不会晚于公元 23 年；《厄里特里亚航海记》的成书时间在 1 世纪中期。W. H. 斯考弗则将它的成书时间定在了公元 60 年。*The Periplus of the Erythraean Sea*，*Travel and Trade in the Indian Ocean by A Merchant of the First Century*，translated from the Greek and annotated by Wilfred H. Schoff，New York，London，Bombay and Calcutta：Longmans，Green，And Co.，1912，p. 15.

中，则有这方面的丰富信息。① 该文作者记述了商队从穆塞尔港启航，出红海，借助季风②跨海到印度西南海岸地区及恒河流域的详情。从作者的描述中，我们可以判断，当时在埃及与印度之间已经存在非常成熟的航线。普林尼在《自然史》中说，从亚历山大里亚附近的朱里奥波里斯出发，到达印度，陆路与水路行程共需 94 天时间；从阿拉伯半岛南端的科拉港或加纳港跨越大洋到印度港口的时间为 40 天。③

综上观之，在罗马帝国初期，罗马埃及与印度之间存在着海上商路，并且它们之间的贸易已经达到相当繁荣的程度。

阿拉伯半岛及其周围的地区也存在发达的商路。从格拉人所在地到达阿拉伯·菲里克斯南部地区，从阿拉伯·菲里克斯南部到阿拉伯凹陷处地区，从鲁塞·考玛到佩特拉，从阿拉伯湾凹陷处到美索不达米亚的巴比伦，从巴比伦到格拉人所在的地区，都存在着商路。这些商路把阿拉伯地区的各个部分联系起来。阿拉伯与非洲大陆，与叙利亚、腓尼基、美索不达米亚之间也存在商路。④

斯特拉波提供的资料显示，印度与攸克塞因海本都之间也有商路相连。他说："他们说将巴克特里亚纳和索格迪亚纳分开的奥克苏斯河非常便于航行，以至于翻山越岭被运抵这里的印度商品，很容易运往赫尔开尼亚海地区，再从那里，通过河流把它们运往远至本都的地区。"⑤在另一处，他又提到："阿里斯托布鲁斯宣称，除了印度的那些河流外，奥克苏斯河

---

① 详见本书第八章"五、罗马人与印度的关系"部分。

② 《厄立特里亚航海记》中详细地描述了印度洋季风的发现及利用。"领航员希帕鲁斯通过观测海港的位置和大海的状况，第一次发现了直接穿越海洋的航线。当我们的地中海季风兴起时，在印度海岸，来自大洋的季风也同时兴起。这种西南风被称为希帕鲁斯（Hippalus），这一名字，源自于他第一个发现了横越大洋的航线。从那时直至现在，有的船只直接从加纳出发，有的则直接从'香料'海角出发。驶往达米里卡的船只已经消除了风向的影响；然而，驶往巴里伽扎和西徐亚的船只，沿岸航行不会超过三天的时间；在剩余的时间中，它们乘着季风，从那一地区沿同一航线径直驶入大海，沿着远离大陆的航线航行，因此，它们在外海航行绕过了上述海湾。"季风的发现对于缩短罗马埃及与印度之间的航行时间起了决定性作用。

③ 普林尼：《自然史》，vi，26，106。

④ 有关阿拉伯半岛及周围地区商路与商业贸易的论述，参见本文第七章"二、经济与商业"中的"（二）商人、商路与商业"。

⑤ 斯特拉波：《地理学》，2，1，15。

是他在亚细亚见到的最大的河流。他还进一步说，它可以通航，大量的印度陶器通过这条河运到赫尔开尼亚海，然后，经过赫尔开尼亚海转运至阿尔巴尼亚，接着，经塞鲁斯河（Cyrus）穿越随后（阿尔巴尼亚之后，笔者注）的地区，运达攸克塞因海。"①斯特拉波提供的资料表明，印度的陶器等商品运抵巴克特里亚与索格迪亚后，经过奥克苏斯河，运往赫尔开尼亚海地区，然后再通过塞鲁斯河运至本都地区。不过，斯特拉波的这条史料来自于阿里斯托布鲁斯。他明确表示，阿里斯托布鲁斯和埃拉托色尼的观点来自于帕特罗克里斯（Patrocles）②。③ 然而，现代学者认为，帕特罗克里斯提供的这条商路只是臆想的结果，并不真正存在。④

　　不过，值得注意的是，斯特拉波在描述小亚细亚东部地区时说，奥尔西人（Aorsi）在历史上曾经非常强大，统治着广阔的地区，"甚至可以说，控制着卡斯皮亚海沿岸的大部分地区。结果，他们可以依靠骆驼从亚美尼亚和米底人那里进口印度与巴比伦尼亚的商品"⑤。如果斯特拉波的信息可靠的话，那么印度的商品货物可以通过陆路，运抵卡斯皮亚海地区。

----

　　① 斯特拉波：《地理学》，11，7，3。

　　② 帕特罗克里斯，塞琉古一世和安提奥库斯一世的大将，曾在公元前285年左右，奉命探索卡斯皮亚海。Simon Hornblower, Antony Spawforth and Esther Eidinow, *The Oxford Classical Dictionary*，fourth edition，Oxford：Oxford University Press，2012, p. 1092.

　　③ 斯特拉波：《地理学》，11，7，3。

　　④ 见 Simon Hornblower, Antony Spawforth and Esther Eidinow, *The Oxford Classical Dictionary*，fourth edition，Oxford：Oxford University Press，2012, p. 1092，对帕特罗克里斯的注解；［法］保罗·佩迪什：《古代希腊人的地理学——古希腊地理学史》，蔡宗夏译，葛以德校，北京，商务印书馆，1983，77 页。斯特拉波在谈到赫尔开尼亚地区时，也提到："然而，无论是这一地区，还是以它的名字命名的大海，都没有获得应有的关注，大海中没有船只航行，未被开发利用。海中的岛屿能够提供生计，根据一些作家的说法，那里存在金矿。这里缺乏关注的原因在于，赫尔开尼亚人的第一批统治者（我指的是米底人和波斯人），以及后来的统治者（我指的是帕提亚人，他们要逊于前者）为蛮族人；还在于与之相邻的整个地区充斥着强盗，到处是游牧民族，到处是荒芜的地区。马其顿人确实对这一地区进行过短暂的统治，但他们忙于战争，无暇顾及偏远地带。"（斯特拉波：《地理学》，11，7，2）。由于种种原因，卡斯皮亚海（即赫尔开尼亚海）并未得到开发利用，"大海中没有船只航行"。这似乎也从一个侧面表明，穿越卡斯皮亚海的航路不存在。

　　⑤ 斯特拉波：《地理学》，11，5，8。

五、继承性与发展性

斯特拉波对人类居住(东方)世界的描述,具有明显的继承性与发展性。继承性集中表现在:继承了前辈地理学家的描述传统;继承了前辈地理学家对于人类居住世界的描述顺序;继承了前辈地理学家的丰富资料。其发展性则体现在:拓展并保存了新的地理学信息,批判了前人的观点,描述过程中把历史与地理结合起来,将历史融入对世界的描述之中。

描述地理学是古希腊人地理学的传统之一。其源头可以追溯至米利都的地理学家赫卡泰。他"赋予地理学以文学的形式","创立了描述地理学"。[①] 他的《旅行记》则可以看作是描述地理学的开山之作。在赫卡泰之后,希罗多德、卡利斯提尼、阿里斯托布鲁斯、欧尼西克里图斯、波利比乌斯和波塞冬尼乌斯等人,在地理学方面,其方法一脉相承,沿袭了描述传统。[②] 斯特拉波同样承继了希腊人的这一传统,并将它推向古代描述地理学的顶峰,使《地理学》成为描述地理学的卓越代表。

斯特拉波继承了希腊地理学描述人类居住世界的顺序。他在"写作纲要"中明确指出了对人类居住世界各个部分的描述次序:以伊比利亚为起点,继而凯尔特地区,意大利地区,欧罗巴其余的地区,沿着小亚细亚北部延伸至巴克特里亚、索格迪亚;继而印度,锡兰;然后折向西方,描述阿里亚纳,格德罗西亚,苏萨,巴比伦,亚述,阿拉伯,埃及,埃塞俄比亚,最后描述利比亚。[③] 斯特拉波在《地理学》第三至第十七卷中,正是按照这样的次序展开描述。而这样的描述顺序显然继承了希腊地理学描述次序的传统。这样的描述顺序,最早可追溯至伪西拉克斯,自他以后,"赫

---

① [法]保罗·佩迪什:《古代希腊人的地理学——古希腊地理学史》,蔡宗夏译,葛以德校,北京,商务印书馆,1983,36 页。

② [法]保罗·佩迪什:《古代希腊人的地理学——古希腊地理学史》,蔡宗夏译,葛以德校,北京,商务印书馆,1983,44~49、81~88、115~120、133~141 页。

③ 斯特拉波:《地理学》,2,5,27~33。

卡泰、埃弗勒、伪西姆罗斯和斯特拉波都是如此"①。斯特拉波对东方世界的描述，也大体上继承了希腊人的传统。

斯特拉波的《地理学》继承了前辈地理学家的丰富材料。斯特拉波描述的是当时人类居住的世界。因研究对象范围广阔，他在《地理学》中不可避免地大量使用前人的资料，这也成为某些学者对其进行批评的重要原因。有学者[穆伦霍夫（Müllenhoff）为典型代表]批判他是令人乏味而缺乏才智的编纂者。也有人称他的《地理学》与埃拉托色尼著作的修订版并无二致。②学者们的批评有其根据，也有其道理。不过，从另一个角度看，它是第一部较为完整地保存下来的古代西方地理学著作。此前地理学家的论著，很多已经遗失，正是斯特拉波的征引，才使我们获得了有关他们的信息。希帕库斯，波塞冬尼乌斯和埃拉托色尼的情况就是如此。③

具体而论，在描述阿拉伯地区时，斯特拉波广泛使用埃拉托色尼④、阿里斯托布鲁斯⑤等人的资料。而在对印度地区的描述中，美加斯提尼斯⑥、尼阿库斯⑦、埃拉托色尼⑧、欧尼西克里图斯⑨等人的史料成为斯特拉波的主要资料来源，其中对美加斯提尼斯的征引尤多。在对其他地区的描述中，斯特拉波也大量使用前人资料，我们从附录"斯特拉波《地理学》

北京师范大学史学探索丛书

---

① ［法］保罗·佩迪什：《古代希腊人的地理学——古希腊地理学史》，蔡宗夏译，葛以德校，北京，商务印书馆，1983，38 页。保罗·佩迪什说："伪西拉克斯的著作，局限于描述地中海和好客海地区，以及直布罗陀海峡以外的个别地方。"他的描述"从赫尔克列斯之柱开始，沿着欧洲海岸直到博斯普鲁斯，围绕黑海一圈，然后从小亚细亚经过非洲北部海岸，再回到原来的出发地"。

② H. F. Tozer, *A History of Ancient Geography*, second edition with additional notes by M. Cary, Cambridge：Cambridge University Press，1935，p. 249.

③ 详见本书第一章"一、史料来源，（二）古典作家作品"部分相关注释。

④ 对埃拉托色尼资料的引用，见斯特拉波：《地理学》，16，3，2～4，6；16，4，2～4。

⑤ 对阿里斯托布鲁斯作品的征引，可见斯特拉波：《地理学》，16，3，3；16，4，5，14～21。

⑥ 见斯特拉波：《地理学》，15，1，6～7，11～12，20，35～60，68。

⑦ 见斯特拉波：《地理学》，15，1，5，16，18，20，25，33，43～45，66～67。

⑧ 见斯特拉波：《地理学》，15，1，7，11，13～14，20。

⑨ 见斯特拉波：《地理学》，15，1，12～13，15，18，20～21，24，28，30，33～34，43，45，54，63～65。

所用史料来源"中看得非常清楚。① 对前人资料及成果的使用，凸显了斯特拉波描述世界的继承性。② 不仅如此，就其作品已经遗失的学者而言，斯特拉波的征引更具重要意义。正是斯特拉波对这些作家作品内容的征引，才使我们了解了希帕库斯、埃拉托色尼和波塞冬尼乌斯等知名地理学家。它为我们研究他们的地理学思想提供了材料基础，是我们了解古人认识世界能力的重要媒介，成为我们构建古代地理学发展史不可或缺的内容。③

斯特拉波描述的（东方）世界，增进了人们的地理学知识，把人们新探知的信息保存下来。斯特拉波时代，人们对世界认识的扩展成为他撰写《地理学》的动机之一。罗马人与帕提亚人的军事行动及斯特拉波的实地考察，在这方面功不可没。他说："罗马人和帕提亚人的霸权揭示出来的知识，比先前传说留给我们的知识丰富得多。"④公元前 26 年至前 25 年，埃及长官埃利乌斯·加鲁斯在奥古斯都的授意下，率军远征阿拉伯·菲里克斯。"在此期间，发现了阿拉伯人的许多特点"；⑤ 并且还发现了鲁塞·考玛与佩特拉之间繁荣的陆路贸易。⑥ 关于阿拉伯的这些信息，是斯特拉波之前的地理学家所无法知晓的。加鲁斯远征阿拉伯的信息，经由斯特拉波等人保存下来。它扩展了人们对于世界的认识，是斯特拉波《地理学》在拓展人们认识空间上的贡献之一。

小亚细亚是斯特拉波的家乡所在地。⑦ 尽管这一地区已为西方人所知，但斯特拉波对卡帕多西亚、本都、帕夫拉高尼亚、比提尼亚以及远至南部吕西亚的广大地区的详细实地考察，提供了更为丰富的信息，其内容尤具

---

① 斯特拉波对这些地理学家作品的详细征引情况，可参见"史料来源"部分对《地理学》史料来源的分析。还可参见附录 8"斯特拉波《地理学》所用史料来源"。

② 不过，这种继承有时会造成误导。例如，斯特拉波就继承帕特罗克里斯的观点，认为卡斯皮亚海（里海）是北部大洋的出口（斯特拉波：《地理学》，2，5，14；11，1，5；11，6，1），而这种观点显然是不正确的。

③ 杜安·W·罗勒的《埃拉托色尼的〈地理学〉》就是利用斯特拉波《地理学》的资料重建埃拉托色尼作品的一个代表。Duane W. Roller, *Eratosthenes' Geography*, Princeton and Oxford：Princeton University Press，2010.

④ 斯特拉波：《地理学》，11，6，4。

⑤ 斯特拉波：《地理学》，16，4，22。

⑥ 斯特拉波：《地理学》，16，4，23。

⑦ 斯特拉波：《地理学》，12，3，15，39。

价值。他不仅关注这一地区的自然地理内容、物产状况，而且还为我们提供了当地翔实的宗教与政治信息。①

斯特拉波第一次报道了亚细亚大陆的主要分区，注意到陶鲁斯山系在该大陆占据主导地位的地理学特征；他利用提奥发尼斯提供的信息②，详细而充分地描述了伊比利亚和阿尔巴尼亚地区及生活于此的居民。③ 他准确地呈现了亚细亚西部的山系，幼发拉底河与底格里斯河的上部流程，并正确地指出幼发拉底河发源于陶鲁斯山北麓，而底格里斯河则发端于它的南麓。④ 在对波斯地区的描述中，他根据气候不同，正确地将波斯海岸与米底高地之间的地区分为三个区域：第一部分是炎热、多沙的海岸地区，仅有枣椰子在这里生长；第二部分地势平坦，河流纵横，湖泊密布，物产丰富，适合饲养家畜；第三部分则是寒冷的山区。⑤ 在对埃及的描述中，他正确解释了尼罗河泛滥的原因。⑥

斯特拉波所描述东方世界的发展性，不仅体现在对新地理信息、地理知识的扩展与描述的准确性上，而且表现在对前人观点、错误信息的批判上。斯特拉波对有关亚马孙人的信息、亚历山大史家描述的评判，就是这方面的典型代表。

关于亚马孙人广为流传的故事，斯特拉波评论道："有谁会相信一支没有男子参加的娘子军，一座没有男子的城市，一个没有男子的部落呢？

① 关于宗教信息，见斯特拉波：《地理学》，12，2，3；12，3，31~32，36~37；关于政治内容，如斯特拉波对卡帕多西亚地区行政区域划分的历史考察，见斯特拉波：《地理学》，12，1，4。

② 提奥发尼斯曾随庞培一起远征，到过阿尔巴尼亚等地区（斯特拉波：《地理学》，11，5，1）。斯特拉波在《地理学》第十一卷第三章和第四章详细论述了亚细亚伊比利亚与阿尔巴尼亚地区。

③ H. F. Tozer, *A History of Ancient Geography*, Second edition with additional notes by M. Cary, Cambridge：Cambridge University Press，1935，p. 256-257.

④ H. F. Tozer, *A History of Ancient Geography*, Second edition with additional notes by M. Cary, Cambridge：Cambridge University Press，1935，p. 257. 对于底格里斯河与幼发拉底河的描述，见斯特拉波：《地理学》，11，12，3。

⑤ 斯特拉波：《地理学》，15，3，1。H. F. Tozer, *A History of Ancient Geography*, Second edition with additional notes by M. Cary, Cambridge：Cambridge University Press，1935，p. 259.

⑥ 斯特拉波：《地理学》，17，1，5。

她们不仅在组织中没有男子，而且甚至在入侵其他民族时也没有男子参与；不仅在征服她们附近的民族、推进至现在的伊奥尼亚时没有男子参加，而且甚至在渡过大海征伐远至阿提卡的地区时也没有男子参与其中。这无异于说，在那一时代，男人就是女人，女人就是男人。"①对于亚马逊人女王相会亚历山大的说法，他说："至于亚马逊人的女王泰利斯特里娅（Thalestria），他们说亚历山大曾与她在赫尔开尼亚相会。为生育后代，他们同床共枕。这一观点并非完全可信。事实上，在众多历史学家中，那些最关注真实的历史学家不会下此断言，最可信赖的历史学家不会提及任何诸如此类的事情。"②斯特拉波认为："对于撰写亚历山大历史的大部分作家，不能轻易相信；因为在'事实'中混有'传说'，这既因为亚历山大的荣耀，也因为他的远征到达距离我们如此遥远的亚细亚的终端。对于距离我们遥远地区事情的论述，我们很难进行反驳。"③

斯特拉波描述东方世界的发展性，还体现在"历史"与"地理"间的结合上。他把对历史事件的描述融入到对世界的描述之中。这为我们保留了丰富的历史信息。

亚历山大远征是世界历史上的大事，备受学者们重视。然而，在对亚历山大的研究中，人们往往关注阿里安、普鲁塔克、库尔提乌斯、狄奥多罗斯和尤斯廷努斯等人提供的资料④，较少注意斯特拉波《地理学》中的史料。它之所以未受重视，主要是因为这些资料分散于《地理学》的各个部分，而《地理学》本身内容庞杂，相关内容的收集比较繁琐，对国内学者来说尤为不便。事实上，斯特拉波对埃及、小亚细亚、波斯地区、巴克特里

---

①　斯特拉波：《地理学》，11，5，3。对斯特拉波《地理学》中有关亚马孙人传说的专门研究，可参见 Tammy Jo Eckhart, *An Author-Centered Approach to Understanding Amazons in the Ancient World*，submitted to the faculty of the University Graduate School in partial fulfillment of the requirements for the degree of Doctor of Philosophy in the Department of History of Indiana University，November，2007，pp. 97-134.

②　斯特拉波：《地理学》，11，5，4。

③　斯特拉波：《地理学》，11，6，4。

④　阿里安的《亚历山大远征记》，普鲁塔克的《亚历山大传》，库尔提乌斯的《亚历山大史》，狄奥多罗斯《历史集成》的第十七卷，尤斯廷努斯《庞培乌斯·特劳古斯腓力比历史摘要》的第十一至第十二章，是学者们研究马其顿亚历山大常用的史料。

亚、索格迪亚和印度的描述中，保存了不少亚历山大远征的信息。① 除狄奥多鲁斯外，与其他作家相比，斯特拉波生活的时期与亚历山大及其同时代的作家更为接近。而这些信息，又大多源自与亚历山大同时代的阿里斯托布鲁斯、尼阿库斯、欧尼西克里图斯、托勒密、克里塔尔库斯等人的作品②，因此，具有较高的史料价值。同时，斯特拉波在使用这些资料时，不仅呈现不同作家的描述，还对其进行细致的分析与批判。③ 他告诫我们，必须谨慎对待亚历山大史家提供的信息："对于撰写亚历山大历史的大部分作家，不能轻易相信；因为在'事实'中混有'传说'。"④斯特拉波的《地理学》，不仅为研究亚历山大的相关问题提供了重要资料，而且为分析与批判亚历山大史家的史料提供了借鉴。

作为米里达梯战争的主战场，本都与卡帕多西亚，在斯特拉波描述小亚细亚中占有重要地位。一方面是卢库鲁斯、庞培、安东尼等罗马将领在这一地区的军事行动及管理安排，另一方面是与当地统治者相关的信息。前者既是研究庞培等人的重要辅助资料，又成为研究罗马人在东方的政策与管理的第一手信息。关于后者，斯特拉波提供的相关信息⑤是我们研究卡帕多西亚最后一位国王阿克劳斯及其家族不可或缺的资料。

再现和凸显奥古斯都元首的丰功伟绩，是《地理学》的重要方面之一。斯特拉波褒扬罗马帝国给地中海世界带来的和平、秩序与繁荣，对缔造这

---

① 斯特拉波：《地理学》，7，3，8；11，5，3～5；11，11，3～4，6；11，13，6；11，14，9；12，6，5；12，7，3；13，1，11，26～27；14，1，7，22～23；14，2，17；14，3，9；14，5，17，19；15，1，2～5，8～9，17～19，25～33，35，61，63～64；15，2，3～7，9～13；15，3，6～11；16，1，4～5，9，11，15，20，23，30，40；16，4，27 等。其实，斯特拉波曾专门创作过有关亚历山大的专论《亚历山大的功业》（*Deeds of Alexander*）（斯特拉波：《地理学》，2，1，9）。不过此书已经遗失。斯特拉波在《地理学》中广泛使用有关亚历山大远征的信息就不足为奇了。

② 对这些人所提供信息的分析评判，可见陈恒：《亚历山大史料的五中传统》，载《史学理论研究》，2007（2），64～65 页。

③ 例如在斯特拉波《地理学》，11，5，3，4 中，对于亚马逊人及其女王会面亚历山大的真实性的精彩分析与批判。他认为："这些为增加亚历山大的荣誉而广为流传的故事，根本无法让人接受，故事的编造者关注的是阿谀奉承，而并非事实。"见斯特拉波：《地理学》，11，5，5。

④ 斯特拉波：《地理学》，11，6，4。

⑤ 斯特拉波：《地理学》，12，1，4；12，2，7，10～11，34～35；12，3，29。

一盛世的元首称颂不已。作者对奥古斯都的赞扬寓于《地理学》的各卷之中。分散于各卷中的这些描述，给我们刻画了一个希腊人眼中奥古斯都的鲜活形象：奥古斯都是一位伟大的征服者、和平与繁荣的缔造者、稳健与明智政策的制定者、城市的建设者；他具有无上的权威，虔诚而道德高尚，深受希腊文化影响；唯有亚历山大可以与其比肩而立。① 《地理学》中关于奥古斯都的资料，无疑是我们研究帝国初期，希腊人对罗马帝国及其罗马人态度的有益史料。

斯特拉波在《地理学》全书的结尾再次回顾罗马帝国的崛起过程和优势时，详细描述了奥古斯都对于行省的划分原则和具体的行省安排。② 斯特拉波是帝国早期行省发展的见证者，他的描述为分析研究奥古斯都时代，帝国行省划分及其转化演变提供了一手史料。

斯特拉波对历史事件的关注，使他对人类居住世界的描述蕴含了丰富的历史信息。可以说，在一定程度上，斯特拉波的《地理学》是我们研究亚历山大时期、希腊化及奥古斯都时代历史的"信息宝库"③。

在《地理学》中，斯特拉波对罗马帝国初期人类居住世界的描述，对东方世界的描述，不仅继承前人的观点，而且还使用他们的大量资料，前人的研究成为《地理学》的必要基础。他不但批判前人的错误观点，提出合理的见解，而且扩展了人们对世界的认识，新知识、新资料成为《地理学》的重要成果。斯特拉波对东方世界的描述，既具继承性，又有发展性。继承性使它保存了前人作品的丰富内容；发展性使其包含了人们新拓展的大量信息。

---

　　① Daniela Dueck, *Strabo of Amasia：A Greek Man of Letters in Augustan Rome*, London and New York：Routledge, 2000, pp. 97-106. 斯特拉波常将奥古斯都时代，罗马取得的政治功绩和促进地理学发展方面的成就，与亚历山大在这方面的成就相比，把亚历山大作为衡量罗马人成就的标尺。

　　② 斯特拉波：《地理学》，17，3，24，25。

　　③ 斯特拉波的《地理学》常被看作是"有关奥古斯都时代罗马帝国的信息宝藏"。Katherine Clarke, *Between Geography and History：Hellenistic Constructions of Roman World*, Oxford：Clarendon Press, 1999, p. 344.

结　语

　　认识世界一直是人们的重要任务。可以说，亚历山大远征开辟了西方人认识东方世界的新纪元。它扩展了西方人的认识空间，带来了丰富的地理学知识和更为准确的信息，催动随后时代地理学的迅速发展。罗马人在共和国时期的对外扩张，尤其是共和国末期卢库鲁斯、庞培和恺撒的征战，极大地拓展了罗马人的版图，开阔了人们的视野，促进了地理学的新发展。斯特拉波对此有明确论断，他说："正如埃拉托色尼说亚历山大远征为早期地理学家所做的那样，罗马帝国和帕提亚帝国的扩张，在相当大程度上增进了现今地理学家的经验知识。"[①]

　　奥古斯都结束内战，开启了罗马帝国长期和平、秩序与繁荣的时代。罗马国家空前广阔，罗马世界和平、稳定，在罗马统治下人们的认识空间空前拓展。奥古斯都时代彰显着强盛、和平与自信，而经过长期内争外战的罗马人，更表现出对这种局面的珍惜。

　　斯特拉波是罗马帝国初期元首统治下的精英人物，他对世界的认识反映着时代精神。其著作《地理学》便是强盛、开拓精神在人们认识领域的集中体现。它既是特定时代背景下罗马人认识世界的反映，又是其认识世界的结晶。斯特拉波以人类居住的世界为研究对象，就体现了时代所赋予的伟大气魄。认识东方世界，是斯特拉波认识人类居住世界的重要方面，而他对东方世界的描述同样展现着时代精神。

　　斯特拉波描述的东方世界，既有罗马人的统治区域，又有与罗马人相邻的地区，还包含距离罗马遥远的国家。埃及、叙利亚、小亚细亚东部地区是罗马人的统治区域；帕提亚是与罗马人毗邻的强大竞争对手；阿拉伯与印度则是帝国初期罗马人交往的重要媒介和对象。统计东方世界的民族，调查东方世界的物产、资源与经济状况，描述它们的政治统治与军事实力，展现它们的精神世界，探求它们与罗马人的关系，构成了斯特拉波描述与认识东方世界的重要内容。

　　[①]　斯特拉波：《地理学》，1，2，1。

斯特拉波描述的东方世界具有明显的特征。它反映了时代精神，这既表现在斯特拉波的《地理学》产生于特定时代背景之下，又体现于其内容展现了时代之精神。奥古斯都时代强盛、和平，人们展现的自信与对和平的珍惜，融入了《地理学》之中。在斯特拉波的东方世界中，罗马人占据主导地位，无论在罗马的统治区域，与之相邻的国家，还是在遥远的地区，都是如此。罗马人管理卓越，军事强大，威名远播，带来了安定、秩序与繁荣。就竞争对手而言，在奥古斯都时代，罗马人取得了对帕提亚人的优势；就与之相邻的阿拉伯人来说，罗马人派军入侵他们的地区；就遥远的国家来看，奥古斯都的威名使印度人前来觐见，寻求他与罗马人的友谊。

在斯特拉波展现的东方世界中，物产与经济、城市与商业占有重要地位，备受关注。物产富饶、资源充裕为经济发展提供了基础；经济发达、商业繁荣与城市密不可分；城市往往是经济与商业中心，是商路交通枢纽；活跃的商人、畅通的商路将不同地区、不同地域连结起来。斯特拉波描述的东方世界，无论在现实层面，还是在描述层面，都是继承性与发展性的结合。而人们对世界的认识，正是在连续不断的继承与发展中向前推进。

斯特拉波对东方世界的描述，既是他在精神领域的探索活动，又是罗马帝国强大与开拓精神的现实反映。斯特拉波所要展现的是：罗马人的强盛，罗马人带来的和平，罗马影响力的远播，罗马与东方地区联系的增加，在罗马统治之下人们认识世界能力的增强。

附录 1：埃及的城市^①

北京师范大学史学探索丛书

城　市	所属地区或部落	特　征	出　处
亚历山大城	尼罗河三角洲	人类居住世界最大的商业中心；《地理学》中描述最详细的城市	Strabo, *Geography*, 17.1.6～13
帕拉托尼乌姆（Pataetonium）（又称阿摩尼亚，Ammonia）		既是城市，又是港口	Strabo, *Geography*, 17.1.14
托尼斯城（Thonis）		传说的城市，以一位国王的名字命名	Strabo, *Geography*, 17.1.16
卡诺布斯城（Canobs）	距离亚历山大里亚120斯塔迪亚	以米尼劳斯的领航员卡诺布斯的名字命名	Strabo, *Geography*, 17.1.17
布图斯（Butus）		有一个勒托（Leto）的神谕所	Strabo, *Geography*, 17.1.18
塞贝尼提克城（Sebennytic）			Strabo, *Geography*, 17.1.18
塞斯（Sais）		雅典娜在这里深受崇敬	Strabo, *Geography*, 17.1.18
克索斯（Xois）	位于塞贝尼提克诺姆之内	既是一座岛屿，又是一座城市	Strabo, *Geography*, 17.1.19
赫尔姆波里斯（Hermupolis）	在布图斯城附近	赫尔墨斯之城	Strabo, *Geography*, 17.1.18, 19

---

① 表中城市系笔者根据罗布古典丛书斯特拉波《地理学》原文统计列出。附录2、附录3、附录4与此同。

城 市	所属地区或部落	特 征	出 处
狄奥斯波里斯 (Diospolis)		宙斯之城	Strabo, *Geography*, 17.1.19
里昂托波里斯 (Leontopolis)		狮子之城 (Lion City)	Strabo, *Geography*, 17.1.19
布西里斯城 (Busiris)	位于布西里特(Bus-irite)诺姆		Strabo, *Geography*, 17.1.19
科诺斯波里斯 (Cynospolis)	位于布西里特(Bus-irite)诺姆	犬之城 (Dog's City)	Strabo, *Geography*, 17.1.19
阿特里比斯城 (Athribis)	阿特里比特(Athrib-ite)诺姆境内		Strabo, *Geography*, 17.1.20
阿芙洛狄忒城	位于普罗索皮特诺姆(Prosopite)		Strabo, *Geography*, 17.1.20
塔尼斯城 (Tanis)	位于塔尼特(Tanite)诺姆		Strabo, *Geography*, 17.1.20
赫尔摩波里斯			
吉纳冈波里斯 (Gynaeconpolis)		女人之城	Strabo, *Geography*, 17.1.22
米尼劳斯城 (Menelaus)	位于尼特里奥特(Nitriote)诺姆		Strabo, *Geography*, 17.1.23
阿尔西诺伊城	位于阿拉伯湾附近		Strabo, *Geography*, 17.1.25
希罗恩波里斯 (Heroonpolis)	位于阿拉伯湾凹陷处		Strabo, *Geography*, 17.1.26

城 市	所属地区或部落	特 征	出 处
布巴斯提斯城(Bubastus)	位于布巴斯提特诺姆(Bubastite)		Strabo,*Geography*,17.1.27
希里乌波里斯(Heliupolis)	位于希里奥波里特诺姆(Heliopolite)	有一座希里奥斯神庙	Strabo,*Geography*,17.1.27
科塞苏拉城(Cercesura)	位于利比亚境内；攸多克苏斯天文台附近		Strabo,*Geography*,17.1.30
萨拉比乌姆(Sarapium)		地处孟菲斯；城市规模巨大，人口稠密，种族混居，仅次于亚历山大里亚	Strabo,*Geography*,17.1.32
纳克拉提斯(Naucratis)			Strabo,*Geography*,17.1.33
阿坎图斯城(Acanthus)	位于利比亚境内		Strabo,*Geography*,17.1.35
阿芙洛狄忒波利特（Aphrodi-topolite)			Strabo,*Geography*,17.1.35
赫拉克里斯城(City of Heracles)		居民敬拜埃及獴(ichneumon)	Strabo,*Geography*,17.1.39
塞诺恩波利斯(Cynonpolis)	地处塞诺波里特诺姆(Cynopolite)	人们敬拜阿努比斯(Anubis)，敬拜所有的犬	Strabo,*Geography*,17.1.40
奥克西林库斯城(Oxyrychus)	位于奥克西林库斯诺姆	敬拜奥克西林库斯(oxyrynchus)	Strabo,*Geography*,17.1.40
里考波利斯(Lycopolis)			Strabo,*Geography*,17.1.41
阿芙洛狄忒波里斯(Aphroditop-olis)			Strabo,*Geography*,17.1.41

城　　市	所属地区或部落	特　征	出　处
帕诺波利斯 （Panopolis）		亚麻工人和石匠的居住地	Strabo,*Geography*, 17.1.41
托勒迈斯城 （Ptolemais）	底比斯	底比斯最大的城市，其规模不小于孟菲斯，还有一个模仿希腊人形式的政府	Strabo,*Geography*, 17.1.42
阿比都斯 （Abydus）		拥有皇家建筑孟诺尼乌姆（Memnonium）；历史上的名城，现在是一块居住地	Strabo,*Geography*, 17.1.42
小狄奥斯波里斯 （Little Diospolis）			Strabo,*Geography*, 17.1.44
特提拉城 （Tentyra）			Strabo,*Geography*, 17.1.44
考普图斯城 （Coptus）	埃及人和阿拉伯人共同所有	商业中心	Strabo,*Geography*, 17.1.44，45
贝勒尼塞城 （Berenicê）		没有海港，有一座便利的码头	Strabo,*Geography*, 17.1.45
米乌斯·霍尔姆斯城（Myus Hormus）	位于距离贝勒尼塞不远处	城中有一座为水手修建的海军基地	Strabo,*Geography*, 17.1.45
阿波罗诺斯波里斯 （Apollonospolis）	距离考普图斯不远	阿波罗之城	Strabo,*Geography*, 17.1.45
底比斯城		曾是埃及的古都；现在它仅有一些村庄	Strabo,*Geography*, 17.1.46
赫尔孟提斯城 （Hermonthis）		居民敬拜阿波罗和宙斯	Strabo,*Geography*, 17.1.47

城　市	所属地区或部落	特　征	出　处
鳄鱼之城			Strabo, *Geography*, 17. 1. 47
阿芙洛狄忒之城			Strabo, *Geography*, 17. 1. 47
拉托波里斯（Latopolis）		敬拜雅典娜和拉图斯（Latus）	Strabo, *Geography*, 17. 1. 47
阿波罗诺斯波里斯（Apollono-spolis）		这里的人们也和鳄鱼发生战斗	Strabo, *Geography*, 17. 1. 47
塞纳（Syenê）	位于埃塞俄比亚和埃及边界地区		Strabo, *Geography*, 17. 1. 48
埃勒发提纳（Elephantinê）	尼罗河中	岛屿城市	Strabo, *Geography*, 17. 1. 48

附录 2：叙利亚的城市

城　　市	所属地区或部落	特　　征	出　　处
萨摩萨塔 (Samosata)	科玛吉纳 (Commagenê)	城市周围地区非常肥沃	Strabo, *Geography*, 16.2.3
安提奥卡亚 (Antiocheia)	塞琉西斯	曾是叙利亚的首都，是一座特拉波里斯；无论在权力还是在规模方面，都与底格里斯河畔的塞琉西亚和埃及的亚历山大里亚相差无几	Strabo, *Geography*, 16.2.4，5
塞琉西亚 (Seleuceia)	塞琉西斯	早期时代又被称为希达托斯·波塔摩伊（Hyda-tos-Potamoi）；是一座著名的要塞，非常坚固，曾被庞培宣布为自由城市	Strabo, *Geography*, 16.2.8
阿帕美亚 (Apameia)	塞琉西斯	曾是马其顿人的作战指挥部，特里弗恩（狄奥多图斯）的军事基地	Strabo, *Geography*, 16.2.10
拉奥狄塞亚 (Laodiceia)	塞琉西斯	拥有一座良港；领属的地区出产优质的庄稼，盛产葡萄酒；供应亚历山大里亚人所需的大部分葡萄酒	Strabo, *Geography*, 16.2.9
玛拉图斯 (Marathus)	腓尼基	腓尼基人的一座古老城市，但在斯特拉波时代，已经被毁	Strabo, *Geography*, 16.2.12
阿拉都斯 (Aradus)	距大陆 20 斯塔迪亚	海岛城市，由岩石构成，周长 7 斯塔迪亚；有数量庞大的人口	Strabo, *Geography*, 16.2.13

城　市	所属地区或部落	特　征	出　处
比布鲁斯 (Byblus)	位于距离大海不远的一块高地上	曾是辛尼拉斯 (Cinyras)的王宫所在地	Strabo,*Geography*, 16.2.18
贝里图斯 (Berytus)	位于西顿和特普罗索旁之间	被特里奉（Tryphon）夷为平地，但现在已由罗马人重建	Strabo,*Geography*, 16.2.19
大马士革 (Damascus)		是一座名城；在波斯帝国时代，是世界那一部分地区最著名的城市	Strabo,*Geography*, 16.2.20
西顿	腓尼基	西顿人精于技艺、天文学和算学；是文化中心，哲学家辈出	Strabo,*Geography*, 16.2.22，24
推罗	腓尼基	是一座岛屿城市；实行自治；腓尼基人最大、最古老的城市；航海业、染色业发达；海上实力强大；名人辈出	Strabo,*Geography*, 16.2.22，23，24
托勒迈斯 (Ptolemais)		早期被称为阿塞 (Acê)；曾是波斯人对付埃及的基地	Strabo,*Geography*, 16.2.25
加沙亚人的城市	位于内陆，与港口相距7斯塔迪亚。	曾非常著名，但被亚历山大夷为平地，现在仍杳无人迹	Strabo,*Geography*, 16.2.30
耶路撒冷	犹太	曾被庞培攻克	Strabo,*Geography*, 16.2.34，40

附录3：小亚细亚东部的城市

城　市	所属地区	特　征	出　处
科玛纳城 (Comana)	卡帕多西亚	规模大，有埃尼奥神庙	Strabo, *Geography*, 12.2.3
提亚纳城 (Tyana)	卡帕多西亚	防御完美	Strabo, *Geography*, 12.2.7
玛扎卡 (Mazaca)	卡帕多西亚	部落首府	Strabo, *Geography*, 12.2.7
提乌姆 (Tieium)	本都		Strabo, *Geography*, 12.3.5
赫拉克莱亚 (Heracleia)	本都	拥有良港，创建过两个殖民地	Strabo, *Geography*, 12.3.6
阿玛斯特里斯 (Amastris)	本都	拥有海港	Strabo, *Geography*, 12.3.10
辛诺普 (Sinope)	本都	攸帕托选其为首府，地理位置险要，交通便利，物资供应充裕，名人辈出	Strabo, *Geography*, 12.3.11
阿米苏斯 (Amisus)	本都	自治城市	Strabo, *Geography*, 12.3.14
阿玛塞亚 (Amaseia)	本都	斯特拉波的故乡，地理位置险要，防御坚固，物产丰富，环境宜人	Strabo, *Geography*, 12.3.15，39
特拉培祖乌斯 (Trapezus)	本都	希腊式城市	Strabo, *Geography*, 12.3.17
攸帕托里亚 (Eupatoria)	本都	庞培进行扩建，命名为玛格诺波里斯(Magnopo-lis)	Strabo, *Geography*, 12.3.30
卡贝拉 (Cabeira)	本都	曾是米特里达梯的王宫所在地；庞培把它建成一座城市，将之命名为狄奥斯波里斯(Diospolis)，皮图多利斯(Pythodoris)进一步装饰，将之改名为塞巴斯特(Sebaste)，用作为王室居所	Strabo, *Geography*, 12.3.30，31

城　　市	所属地区	特　征	出　处
科玛纳 (Comana)	本都	与卡帕多西亚的科玛纳同名，神庙所在地，人口稠密，商业中心	Strabo, *Geography*, 12.3.32~36
泽拉 (Zela)	本都	城中有阿纳提斯神庙（Anaitis）	Strabo, *Geography*, 12.3.37
尼亚波里斯 (Neapolis)	本都	由庞培修建	Strabo, *Geography*, 12.3.38
庞培波里斯 (Pompeiupolis)	本都	由庞培修建	Strabo, *Geography*, 12.3.40
普鲁西亚斯 (Prusias)	比提尼亚	在西乌斯城（Cius）的旧址上重建，以重建者普鲁西亚斯的名字命名	Strabo, *Geography*, 12.4.3
阿帕美亚 (Apameia)	比提尼亚	在米莱亚城（Myrleia）的旧址上重建，以普鲁西亚斯妻子的名字命名	Strabo, *Geography*, 12.4.3
尼卡亚 (Necaea)	比提尼亚	比提尼亚首府	Strabo, *Geography*, 12.4.7
贝西努斯 (Bessinus)	加拉提亚	巨大的商业中心，亚格狄斯提斯（Agdistis）神庙所在地	Strabo, *Geography*, 12.5.2
塞尔吉 (Selge)	皮西底亚	由拉斯第蒙人创建，自然条件优越，周围资源丰富	Strabo, *Geography*, 12.7.2
萨加拉苏斯 (Sagalassus)	皮西底亚		Strabo, *Geography*, 12.7.2
贝特尼里苏斯 (Petnelissus)	皮西底亚		Strabo, *Geography*, 12.7.2
阿达达 (Adada)	皮西底亚		Strabo, *Geography*, 12.7.2
提姆布里亚达 (Tymbriada)	皮西底亚		Strabo, *Geography*, 12.7.2
亚拉苏斯 (Aarassus)	皮西底亚		Strabo, *Geography*, 12.7.2

城　市	所属地区	特　征	出　处
塔尔巴苏斯 （Tarbassus）	皮西底亚		Strabo，*Geography*， 12.7.2
提尔米苏斯 （Termessus）	皮西底亚		Strabo，*Geography*， 12.7.2
朱里奥波里斯 （Juliopolis）	福瑞吉亚	由劫匪头目科勒昂 创建	Strabo，*Geography*， 12.8.9
塞兹库斯城 （Cyzicus）		规模巨大，管理出 众，在小亚细亚首 屈一指	Strabo，*Geography*， 12.8.11
阿扎尼 （Azani）	福瑞吉亚· 埃皮克提 图斯		Strabo，*Geography*， 12.8.12
纳考里亚 （Nacolia）	福瑞吉亚· 埃皮克提 图斯		Strabo，*Geography*， 12.8.12
考提亚乌姆 （Cotiaeium）	福瑞吉亚· 埃皮克提 图斯		Strabo，*Geography*， 12.8.12
米达伊乌姆 （Midaeium）	福瑞吉亚· 埃皮克提 图斯		Strabo，*Geography*， 12.8.12
多里拉乌姆 （Dorylaeum）	福瑞吉亚· 埃皮克提 图斯		Strabo，*Geography*， 12.8.12
卡地 （Cadi）	福瑞吉亚· 埃皮克提 图斯		Strabo，*Geography*， 12.8.12
阿帕美亚·科波图斯 （Apameia Cibotus）	福瑞吉亚	福瑞吉亚的大城市	Strabo，*Geography*， 12.8.13
拉奥狄塞亚 （Laodiceia）	福瑞吉亚	福瑞吉亚最大的城 市；城市名人辈出， 周围土地肥沃	Strabo，*Geography*， 12.8.13，16
菲罗米里乌姆 （Philomelium）	福瑞吉亚· 帕罗莱亚 境内		Strabo，*Geography*， 12.8.14

城　市	所属地区	特　征	出　处
安提奥卡亚 （Antiocheia）	福瑞吉亚· 帕罗莱亚 境内		Strabo，*Geography*， 12.8.14
阿帕美亚 （Apameia）	福瑞吉亚	小亚细亚的商业中 心，来自意大利与 希腊商品的集散 中心	Strabo，*Geography*， 12.8.15
塞拉埃纳 （Celaenae）	福瑞吉亚		Strabo，*Geography*， 12.8.15
菲拉德尔菲亚 （Philadelphia）	福瑞吉亚	容易遭受地震袭击	Strabo，*Geography*， 12.8.18

附录 4：阿拉伯半岛的城市

城　　市	所属地区或部落	特　　征	出　　处
格拉城 (Gerrha)	格拉人，波斯湾沿岸		Strabo, *Geography*, 16.3.3
希罗城 (Heroes)	阿拉伯湾凹陷处		Strabo, *Geography*, 16.4.2
卡尔纳(Carna)或卡尔纳纳(Carnana)	米纳亚人 (Minaeans)	米纳亚人最大的城市	Strabo, *Geography*, 16.4.2
马里亚巴 (Mariaba)	萨巴亚人 (Sabaeans)	首府	Strabo, *Geography*, 16.4.2
塔姆纳 (Tamna)	卡塔班尼亚人 (Cattabanians)	王宫所在地	Strabo, *Geography*, 16.4.2
萨巴塔	卡特拉摩提塔人 (Chatramotitae)		Strabo, *Geography*, 16.4.2
阿拉纳(Aelana) 又称阿拉尼提斯 (Aelanites)	阿拉伯湾凹陷处	商业城市	Strabo, *Geography*, 16.4.4
佩特拉 (Petra)	纳巴塔亚人	首府	Strabo, *Geography*, 16.4.21
鲁塞·考玛 (Leucê Comê)	纳巴塔亚人	商业中心	Strabo, *Geography*, 16.4.23
尼格拉尼 (Negrani)	阿拉伯·菲里克斯		Strabo, *Geography*, 16.4.24
阿斯卡 (Asca)	阿拉伯·菲里克斯		Strabo, *Geography*, 16.4.24
阿特鲁拉 (Athrula)	阿拉伯·菲里克斯		Strabo, *Geography*, 16.4.24
玛尔西亚巴城 (Marsiaba)	拉曼尼塔人 (Rhammanitae)		Strabo, *Geography*, 16.4.24

附录5：帕提亚王表^①

国　王	在位时间
Arsaces Ⅰ	c. 238-211 B. C.
Arsaces Ⅱ	c. 211-191 B. C.
Phriapatius	c. 191-176 B. C.
Phraates Ⅰ	c. 176-171 B. C.
Mithradates Ⅰ	c. 171-138 B. C.
Phraates Ⅱ	c. 138-127 B. C.
Artabanus Ⅰ	c. 127-123 B. C.
Mithradates Ⅱ	c. 123-88 B. C.
Gotarzes Ⅰ	c. 90-80 B. C.
Orodes Ⅰ	c. 80-77 B. C.
Sinatruces	c. 77-70 B. C.
Phraates Ⅲ	c. 70-57 B. C.
Mithradates Ⅲ	c. 57-54 B. C.
Orodes Ⅱ	c. 57-38 B. C.
Pacorus Ⅰ	c. 39 B. C.
Phraates Ⅳ	c. 38-2 B. C.
（Tiridates）西部篡位者	c. 26 B. C.
Phraataces	c. 2 B. C. -A. D. 4
Orodes Ⅲ	4-6
Vonones Ⅰ	8-12
Artabanus Ⅱ	10-38

---

① 该表来自于 Kevin Butcher, *Roman Syria and the Near East*，London：The British Museum Press，2003，p. 18.

国　王	在位时间
Vardanes Ⅰ	40-45
Gotarzes Ⅱ	40-51
（Vonones Ⅱ）篡位者	c. 51
Vologaeses Ⅱ	77-80
Pacorus Ⅱ	77-105
（Artabanus Ⅲ） 篡位者	80-81
Vologaeses Ⅲ	105-147
（Osroes Ⅰ）篡位者	109-129
（Parthamaspats，Roman nominee）	116
（Mithradates）篡位者	c. 140
Vologaeses Ⅳ	147-191
（Osroes Ⅱ）篡位者	c. 190
Vologaeses Ⅴ	191-208
Vologaeses Ⅵ	208-222
Artabanus Ⅳ	213-224

附录 6：纳巴塔亚人王表[①]

国　王	在位时间	主要事迹
阿勒塔斯 I（Aretas）	公元前 168 年在位	阿拉伯的专制君主
拉贝尔 I（Rabbel）	约公元前 67 年开始任国王	不详
阿勒塔斯 II（Aretas）	亚历山大·詹纳乌斯（Alesander Jannaeus）包围加沙时的纳巴塔亚人国王	迄今所知第一位发行钱币的纳巴塔亚人国王
欧波达斯 I（Obodas）	加沙被占领之后不久在任的国王	在戈兰（Golan）击败亚历山大·詹纳乌斯；公元前 85 年击败塞琉古国王安提奥库斯 XIII
阿勒塔斯 III	公元前 84 年至前 72 年正为国王	阿勒塔斯 III 在位时，庞培曾计划侵入纳巴塔亚王国；M. 埃米里乌斯、萨考鲁斯（M. Aemilius Sacaurus）与其作战，最终被迫议和
玛里库斯 I（Malichus）或玛尔库斯（Malchus）	公元前 56 年，已经成为国王	希律王（Herod）的劲敌，朱利乌斯·恺撒和安东尼的支持者
欧波达斯 II	亚克兴战役之后不久继承玛里库斯 I 的王位，死于公元前 9 年或公元前 8 年年冬	他在位时，埃利乌斯·加鲁斯远征阿拉伯·菲里克斯
阿勒塔斯 IV	公元前 8 年至公元 40 年	阿勒塔斯 IV 在位时，纳巴塔亚人达到辉煌的顶峰

---

①　该王表的信息来自 G. W. Bowersock。具体什么时间纳巴塔亚人的首领开始称王，无法确定。不过，他根据相关文献和铭文资料复原了公元前 2 世纪至公元 1 世纪大致的国王系谱。可以肯定的是，从阿勒塔斯 III 以后，国王的系谱已经比较明确。G. W. Bowersock, "A Report on Arabia Provincia", *The Journal of Roman Studies*, Vol. 61 (1971), pp. 219-242, pp. 222-223.

国　王	在位时间	主要事迹
玛里库斯Ⅱ	公元 40 至公元 70 年	不详
拉贝尔Ⅱ	公元 71 年至公元 106 年	公元 71 年继承父亲王位；公元 106 年其王国被图拉真并入罗马帝国，成为一个行省，他很可能在这一年去世。

附录 7：《地理学》中的拉丁语词汇①

斯特拉波旅居罗马时受到希腊文化的影响，其表现之一就是，他在写作中使用了拉丁语词汇。斯特拉波《地理学》中的拉丁语词汇：

词　汇	语　境	出　处
σφήν＞κούνεος (cuneus)	在伊比利亚西部，与"神圣"海角相邻地区的名字	Strabo，Geography，3.1.4，C137
Ἰουλία Ἰοζα (Iulia Ioza)	伊比利亚地区，一座城市的名字	Strabo，Geography，3.1.8，C140
Λοῦκεμ Δουβίαμ（Lucem Dubiam）	伊比利亚地区，阿尔忒弥斯·弗鲁斯（Artemis Phosphorus）（"光的使者"）圣地的名字	Strabo，Geography，3.1.9，C140
Παξαυγούστα (Pax Augusta) Αὐγούστα Ἡμερίτα (Augusta Emerita) Καισαραυγούστα (Caesaraugusta)	在高卢、伊比利亚的罗马殖民地	Strabo，Geography，3.2.5，C151 Strabo，Geography，3.4.20，C166 Strabo，Geography，3.4.10，C161
στόλατοι(Stolati)	对采用罗马人生活方式的伊比利亚人的称谓	Strabo，Geography，3.2.15，C151
Διάνιον＞Ἀρτεμίσιον (Dianium)	伊比利亚境内的一座神庙	Strabo，Geography，3.4.6，C159
Ἰουγκάριον πεδίον (Campus Iuncarius) Βεττέραι(Veteres) Μάραθον πεδίον(Campus Fenicularius) Σπαρτάριον πεδίον＞Σχοινοῦν πεδίον (Campus Spartarius)	在伊比利亚，安波利坦人（Emporitans）控制的出产灯芯草等植物的平原；老兵的殖民地；以"茴香"（fennel）命名的平原；以"灯芯草"（rush）命名的平原	Strabo，Geography，3.4.9，C160

---

① 斯特拉波《地理学》中的拉丁语词汇，源自于丹妮拉·杜克的研究成果。Daniela Dueck，*Strabo of Amasia：A Greek Man of Letters in Augustan Rome*，London and New York：Routledge，2000，pp. 89-91.

北京师范大学史学探索丛书

词　汇	语　境	出　处
θρίιαμβος(*triumphus*) θριαμβεύω θριαμβικός	罗马人的胜利，源于同一词根的动词和形容词。	Strabo，*Geography*，3.4.13，C163 Strabo，*Geography*，3.5.3，C169 Strabo，*Geography*，5.2.2，C220 Strabo，*Geography*，6.4.2，C287 Strabo，*Geography*，10.5.3，C485 Strabo，*Geography*，12.3.6，C543
Φόρον Ἰούλιον (*Forum Iulium*)	玛西利亚附近奥古斯都的海军基地	Strabo，*Geography*，4.1.9，C184
Κωνουέναι＞συγκλύδαι (*Convenae*)	聚集起来的逃亡者，来自于Lugdunum 附近	Strabo，*Geography*，4.2.1，C190 Strabo，*Geography*，4.2.2，C191
λαίναι(*laenae*)	高卢人衣服(有衬里的斗篷)的罗马术语	Strabo，*Geography*，4.4.3，C196
Σαβάτων Οὔαδα (*Vada Sabatorum*)	阿尔卑斯山的起点	Strabo，*Geography*，4.6.1，C201
λιγγούριον＞ἤλεκτρον (*lingurium*)	琥珀	Strabo，*Geography*，4.6.2，C202
Αὐγούστα (*Augusta*)	阿尔卑斯山地区罗马城镇	Strabo，*Geography*，4.6.7，C206
Νεοκωμῖται＞ Νοβουμκώμουμ (*Novum Comum*)	波河附近的市镇"新村"，源于希腊人	Strabo，*Geography*，5.1.6，C213
Φόρον Κορωήλιον (*Forum Cornelium*) Μακροί Κάμποι (*Macri Campi*) Ἀκουαιστατιέλλαι (*Aquae Statiellae*)	意大利北部的市镇	Strabo，*Geography*，5.1.11，C216-7
Ῥηγισούιλλα (*Regis Villa*)	伊特鲁里亚(Tyrrhenian)海岸的一座宫殿遗址	Strabo，*Geography*，5.2.8，C226

词 汇	语 境	出 处
Οἰακουσυφαλίσκον (*Aequum Faliscum*)	位于奥克利克里（Ocricli）和罗马之间、弗拉米尼大道上的一座城市	Strabo, *Geography*, 5.2.9, C226
Φόρον Φλαμίνιον (*Forum Flaminium*) Φόρον Σεμπρώνιον (*Forum Sempronium*)	意大利北部的市镇	Strabo, *Geography*, 5.2.10, C227
Πύλλη Κολλίνη (*Porta Collina*) Κυρίται (*Quirites*)	罗马的一座城门，位于奎里那尔（Quirinal）的东北端；向罗马公民发表的演说	Strabo, *Geography*, 5.3.1, C228
σίνος＞κόλπος (*sinus*)	"海湾"，是辛努萨（Sinuessa）名字的语源	Strabo, *Geography*, 5.3.6, C234
Πῖκος＞δρυκολάπτος (*picus*)	"啄木鸟"，是 Picentini 名字的语源	Strabo, *Geography*, 5.4.2, C240
Σεπτέμπεδα (*Septempeda*) Πνευεντία (*Pneuentia*) Ποτεντία (*Potentia*) Φίρμον Πικηνόν (*Firmum Picenum*) Καστρουνόουμ (*Castrum Novum*)	意大利北部的几座市镇	Strabo, *Geography*, 5.4.2, C240-1
Οὐουλτοῦρνος (*Vulturnus*) Γαλλιναρίαν ὕλην (*Silva Gallinaria*)	意大利的海滨城市；意大利北部的一片灌木林	Strabo, *Geography*, 5.4.4, C243
Ποτίολοι (*Puteoli*)	狄卡亚拉契亚（Dicaearchia）的别名	Strabo, *Geography*, 5.4.6, C245
caput (κεφαλή)＞*Capua*	"首"—意大利内陆的一座首府城市	Strabo, *Geography*, 5.4.10, C249
βασίλειον＞Ῥήγιον (*Rhegium*)	"国王的"—城市名字的语源	Strabo, *Geography*, 6.1.6, C258
Γερμανοί＞γνήσιοι (*germani*)	"血缘"—"日耳曼"（Germans）的语源	Strabo, *Geography*, 7.1.2, C290

附录8：斯特拉波《地理学》
所用史料来源①

地域和古代学者	出　处
Spain	
Asclepiades of Myrleia	Strabo,*Geography*,3.4.3,19
Herodotus	Strabo,*Geography*,3.2.14
Polybius	Strabo,*Geography*,3.2.10,11,15；3.5.5,7
Ephorus	Strabo,*Geography*,3.1.4
Artemidorus	Strabo,*Geography*,3.1.4,5；3.2.11；3.4.3,7,17；3.5.5,7
Posidonius	Strabo,*Geography*,3.1.5；3.2.5,9；3.3.3,4；3.4.3,13,15,17；3.5.5,7,8,10
Pytheas	Strabo,*Geography*,3.2.11；3.4.4
Anonymous historians	Strabo,*Geography*,3.2.14；3.4.19
Silanus (the historian)	Strabo,*Geography*,3.5.7
Philetas' *Hermenia*	Strabo,*Geography*,3.5.1
Pherecydes	Strabo,*Geography*,3.5.4
Homer	Strabo,*Geography*,3.2.12,13；3.4.4
Pindar	Strabo,*Geography*,3.3.7；3.5.5，6
Anacreon	Strabo,*Geography*,3.2.14
Stesichorus	Strabo,*Geography*,3.2.11

---

　　① Katherine Clarke, *Between Geography and History：Hellenistic Constructions of the Roman World*，Oxford：Clarendon Press，1999，pp.375-378. 需要说明的是，对于斯特拉波明确提到的作家，该书作者的统计并不完全，笔者进行了补充；英文作者并未指明这些作家的资料在斯特拉波《地理学》中的出处，笔者进行了查证，并标明了具体出处（依据罗布古典丛书 Strabo，*Geography* 核准）；对于部分描述区域进行了合并与调整。

地域和古代学者	出　处
Dicaearchus	Strabo,*Geography*,3. 5. 5
Seleucus(Chaldaean astronomer)	Strabo,*Geography*,3. 5. 9
Demetrius of Phalerum	Strabo,*Geography*,3. 2. 9
Timosthenes	Strabo,*Geography*,3. 1. 7
Eratosthenes	Strabo,*Geography*,3. 2. 11；3. 4. 7；3. 5. 5
Aristotle	Strabo,*Geography*,3. 3. 3
Celts and Galatians	
Caesar's *Commentarii*	Strabo,*Geography*,4. 1. 1
Augustus Caesar	Strabo,*Geography*,4. 1. 1
Ephorus	Strabo,*Geography*,4. 4. 6
Posidonius	Strabo,*Geography*,4. 1. 7,13,14；4. 4. 5，6
Artemidorus	Strabo,*Geography*,4. 1. 8；4. 4. 6
Pytheas	Strabo,*Geography*,4. 2. 1
Timagenes	Strabo,*Geography*,4. 1. 13
Aeschylus	Strabo,*Geography*,4. 1. 7
Euripides	Strabo,*Geography*,4. 1. 7
Polybius	Strabo,*Geography*,4. 1. 8；4. 2. 1
Timaeus	Strabo,*Geography*,4. 1. 8
Marius	Strabo,*Geography*,4. 1. 8
Britain	
Pytheas	Strabo,*Geography*,3. 5. 5
Rome and Italy	
Q. Fabius Pictor	Strabo,*Geography*,5. 3. 1
Antiochus of Syracuse	Strabo,*Geography*,5. 4. 3；6. 1. 1，4，6，15；6. 3. 2
The Chorographer	Strabo,*Geography*,5. 2. 7，8；6. 1. 11；6. 2. 11；6. 3. 10
Autopsy	Strabo,*Geography*,5. 2. 6；5. 3. 8
Timaeus	Strabo,*Geography*,5. 4. 9；6. 1. 9；6. 2. 4

地域和古代学者	出 处
Ephorus	Strabo,*Geography*,5.2.4；5.4.5；6.1.8,12,15；6.2.1,2,4；6.3.3
Polybius	Strabo,*Geography*,4.6.2,10,12；5.1.3,8；5.2.5；5.4.3；6.1.11；6.2.10；6.3.10
Herodotus	Strabo,*Geography*,6.3.6
Eratosthenes	Strabo,*Geography*,5.2.6
Poseidonius	Strabo,*Geography*,5.1.8；5.2.1；6.2.1，7，11
Artemidorus	Strabo,*Geography*,5.2.6；5.4.6；6.2.1；6.3.10
Hecataeus	Strabo,*Geography*,6.2.4
Aeschylus	Strabo,*Geography*,5.2.4；6.1.6
Homer	Strabo,*Geography*,5.1.4；5.2.4,6；6.1.5；6.2.10
Euripides	Strabo,*Geography*,5.2.4
Callimachus	Strabo,*Geography*,5.1.9
Pindar	Strabo,*Geography*,5.4.9；6.2.3，4
Ibycus	Strabo,*Geography*,6.2.4
Sophocles	Strabo,*Geography*,6.2.4
Asius the poet	Strabo,*Geography*,6.1.15
Anticleides	Strabo,*Geography*,5.2.4
Zoilus	Strabo,*Geography*,6.2.4
Apollodorus *On Ships*	Strabo,*Geography*,6.1.3
Hesiod	Strabo,*Geography*,5.2.4
Cleitarchus	Strabo,*Geography*,5.2.6
German Area	
Posidonius	Strabo,*Geography*,7.2.2
Ephorus	Strabo,*Geography*,7.2.1
Cleitarchus	Strabo,*Geography*,7.2.1
Northern，Europe and Schthia	
Posidonius	Strabo,*Geography*,7.3.2,3,4,7；7.4.3
Herodotus	Strabo,*Geography*,7.3.7

地域和古代学者	出　处
Ephorus	Strabo,*Geography*,7.3.9,15
Eratosthenes	Strabo,*Geography*,7.3.6,7
Pytheas	Strabo,*Geography*,7.3.1
Homer	Strabo,*Geography*,7.3.2,3,4,6,7,8,9,10；7.4.6
Hesiod	Strabo,*Geography*,7.3.6,7,9
Sophocles	Strabo,*Geography*,7.3.1
Apollodorus' *On Ships*	Strabo,*Geography*,7.3.6,10
Sorates' *Phaedrus*	Strabo,*Geography*,7.3.1
Menander	Strabo,*Geography*,7.3.4
Chrysippus	Strabo,*Geography*,7.3.7
Zeno	Strabo,*Geography*,7.3.6
Alcman	Strabo,*Geography*,7.3.6
Aeschylus	Strabo,*Geography*,7.3.6,7
Theopompus	Strabo,*Geography*,7.3.6
Hecataeus	Strabo,*Geography*,7.3.6
Euhemerus	Strabo,*Geography*,7.3.6
Aristotle	Strabo,*Geography*,7.3.6
Callimachus	Strabo,*Geography*,7.3.6
Ptolemaeus(son of Lagus)	Strabo,*Geography*,7.3.8
Plato	Strabo,*Geography*,7.3.8
Choerilus	Strabo,*Geography*,7.3.9
Hypsicrates	Strabo,*Geography*,7.4.6
Illyria，Macedonia and Thrace	
Eratosthenes	Strabo,*Geography*,7.5.9
Theopompus	Strabo,*Geography*,7.5.9；7.7.4
Posidonius	Strabo,*Geography*,7.5.8
Hecataeus	Strabo,*Geography*,7.5.8；7.7.1

地域和古代学者	出　处
Polybius	Strabo,*Geography*,7.5.1，9；7.7.3,4
Pindar	Strabo,*Geography*,7.7.1,11；Fragments：Strabo,7.7.57(58)
Aristotle	Strabo,*Geography*,7.7.2
Hesiod	Strabo,*Geography*,7.7.2,10
Ephorus	Strabo,*Geography*,7.7.7,10
Herodotus	Epitome：Strabo,*Geography*,7.7.51(52)
Demetrius of Scepsis	Strabo,*Geography*,7.7.10；Fragments：Strabo,*Geography*,7.7.56(57)
Eudoxus	Fragments：Strabo,*Geography*,7.7.51(52)
Homer	Strabo,*Geography*,7.7.10，11，12；Fragments：Strabo,*Geography*,7.7.14,16,20,23,23a,24,39,57(58)
Thucydides	Strabo,*Geography*,7.7.7
Philochorus	Strabo,*Geography*,7.7.10
Apollodorus	Strabo,*Geography*,7.7.10
Cineas	Strabo,*Geography*,7.7.12
Artemidorus	Fragments：Strabo,*Geography*,7.7.56(57)
Porphyrius	Fragments：Strabo,*Geography*,7.7.64
Greece	
Autopy	Strabo,*Geography*,8.6.21,23；9.2.31
Archilochus	Strabo,*Geography*,10.2.17
Pausanias of Sparta	Strabo,*Geography*,8.5.6
Ephorus	Strabo,*Geography*,8.1.1，3；8.3.31；8.4.7；8.5.4,5；8.6.14,16；8.8.5；9.2.2,4；9.3.11,12；9.4.7；10.2.9，25，26；10.3.2，3，4，5；10.4.8,9；10.4.16,17,18,19,20
Polybius	Strabo,*Geography*,8.1.1；8.2.1；8.6.23；8.8.5；9.3.11；10.3.5
Posidonius	Strabo,*Geography*,8.1.1

地域和古代学者	出　　处
Eudoxus of Cnidus	Strabo,*Geography*,8. 6. 21；9. 1. 1；9. 2. 35；10. 4. 2
Eratosthenes	Strabo,*Geography*,8. 7. 2；8. 8. 4；10. 4. 5
Theopompus	Strabo,*Geography*,8. 6. 11,15；9. 3. 16；9. 5. 19；10. 1. 3
Hecataeus	Strabo，8. 3. 9
Thucydides	Strabo,*Geography*,8. 1. 2;8. 6. 6,15,17；9. 3. 13；10. 2. 26
Hipparchus	Strabo,*Geography*,8. 1. 1
Artemidorus	Strabo,*Geography*,8. 2. 1；8. 3. 6；8. 6. 1；8. 8. 5；9. 5. 8,15；10. 2. 21；10. 4. 3,
Hesiod	Strabo,*Geography*,8. 3. 11；8. 5. 3；8. 6. 6；9. 1. 9；9. 2. 25，35；9. 3. 16；9. 5. 22；10. 3. 19
Homer	Strabo,*Geography*,8. 1. 1；8. 3. 1，3～11，14，16，17，19，21，22，24～32；8. 4. 1，5；8. 5. 2，3，5，8；8. 6. 5，7，9，10，17，19，25；8. 7. 2，4，5；8. 8. 2；9. 1. 5,10,22;9. 2. 14,18,19,20,21,26,27,28,29,31～36,40,42;9. 3. 2,8,13,16;9. 4. 2,7,8;9. 5. 4～9,11～22;10. 1. 3,7,13;10. 2. 6,8,10,11,12,14,17,19,20,24;10. 3. 1,6,13;10. 4. 6～9,11,14,15;10. 5. 8,14,17,19
Pindar	Strabo,*Geography*,9. 2. 12，27；9. 5. 5；10. 3. 13；10. 5. 2
Philochorus	Strabo,*Geography*,8. 4. 10；9. 1. 6,20；9. 2. 11
Hipponax	Strabo,*Geography*,8. 3. 8
Alcman	Strabo,*Geography*,8. 3. 8；10. 1. 6；10. 2. 22
Alcaeus	Strabo,*Geography*,9. 2. 29
Aeschylus	Strabo,*Geography*,8. 3. 8；8. 7. 5；9. 1. 9；10. 1. 9
Antimachus	Strabo,*Geography*,8. 3. 17；8. 5. 3；8. 7. 5；9. 2. 24,25
Stresichorus	Strabo,*Geography*,8. 3. 20

地域和古代学者	出　处
Callimachus	Strabo, *Geography*, 8. 3. 19,30； 9. 1. 19； 9. 5. 17； 10. 5. 1
Euripides	Strabo, *Geography*, 8. 3. 31； 8. 5. 6； 8. 6. 9,19, 21； 10. 3. 13,20
Sophocles	Strabo, *Geography*, 8. 3. 31； 8. 5. 3； 8. 6. 7； 9. 1. 6, 22； 9. 5. 8； 10. 3. 14, 22
Tyrtaeus	Strabo, *Geography*, 8. 4. 10
Callisthenes	Strabo, *Geography*, 8. 4. 10
Apollodorus	Strabo, *Geography*, 8. 3. 6； 8. 6. 1, 6； 10. 2. 10, 16, 21,22；10. 3. 4,5； 10. 4. 3
Demetrius of Scepsis	Strabo, *Geography*, 8. 6. 15； 10. 3. 20, 21； 10. 5. 19
Aristotle	Strabo, *Geography*, 8. 3. 17； 8. 6. 13； 8. 6. 15, 22； 10. 1. 3, 8
Ion	Strabo, *Geography*, 8. 5. 3
Hellanicus	Strabo, *Geography*, 10. 2. 14
Epicharmus	Strabo, *Geography*, 8. 5. 3
Philetas	Strabo, *Geography*, 8. 5. 3
Aratus	Strabo, *Geography*, 8. 5. 3； 8. 7. 5； 10. 4. 12； 10. 5. 1,3
Simmias	Strabo, *Geography*, 8. 5. 3
Euphronius	Strabo, *Geography*, 8. 6. 24
Heracleides of Pontus	Strabo, *Geography*, 8. 7. 2
Hegesias	Strabo, *Geography*, 9. 1. 16
Polemon the Periegete	Strabo, *Geography*, 9. 1. 16
Demetrius of Phalerum	Strabo, *Geography*, 9. 1. 20
Zenodotus	Strabo, *Geography*, 9. 2. 35
Sotades	Strabo, *Geography*, 8. 3. 17
Pheidias	Strabo, *Geography*, 8. 3. 30

地域和古代学者	出　处
Herodotus	Strabo, *Geography*, 8. 4. 2；9. 4. 14；10. 1. 10；10. 3. 21
Empedocles	Strabo, *Geography*, 8. 5. 3
Euphorion	Strabo, *Geography*, 8. 5. 3
Hellanicus	Strabo, *Geography*, 8. 5. 5
Archilochus	Strabo, *Geography*, 8. 6. 6
Polycleitus	Strabo, *Geography*, 8. 6. 10
Hieronymus	Strabo, *Geography*, 8. 6. 21
Andron	Strabo, *Geography*, 9. 1. 6
Plato	Strabo, *Geography*, 9. 1. 24；10. 3. 18；10. 4. 9
Demosthenes	Strabo, *Geography*, 9. 3. 15；10. 1. 3；10. 3. 18
Menander	Strabo, *Geography*, 10. 2. 9
Poseidonius	Strabo, *Geography*, 10. 3. 5
Archemachus	Strabo, *Geography*, 10. 3. 6
Chorus	Strabo, *Geography*, 10. 3. 13
Gellanicus of Lesbos	Strabo, *Geography*, 10. 3. 19
Stesimbrotus	Strabo, *Geography*, 10. 3. 20
Acusilaus	Strabo, *Geography*, 10. 3. 21
Pherecydes	Strabo, *Geography*, 10. 3. 21
Sosicrates	Strabo, *Geography*, 10. 4. 3
Hieronymus	Strabo, *Geography*, 10. 4. 3
Staphylus	Strabo, *Geography*, 10. 4. 6
Andron	Strabo, *Geography*, 10. 4. 6
Theophrastus	Strabo, *Geography*, 10. 4. 12
Phocylides	Strabo, *Geography*, 10. 5. 12
Pontus	
Theopompus	Strabo, *Geography*, 12. 3. 4，14
Callisthenes	Strabo, *Geography*, 12. 3. 5

北京师范大学史学探索丛书

地域和古代学者	出 处
Zenodotus	Strabo,*Geography*,12.3.8,25
Herodotus	Strabo,*Geography*,12.3.9,21
Ephorus	Strabo,*Geography*,12.3.10,21,22
Hellanicus	Strabo,*Geography*,12.3.21
Eudoxus	Strabo,*Geography*,12.3.21,42
Hecataeus	Strabo,*Geography*,12.3.22,23,25
Menecrates	Strabo,*Geography*,12.3.22,23
Palaephatus	Strabo,*Geography*,12.3.22,23
Maeandrius	Strabo,*Geography*,12.3.25
Appollodrus	Strabo,*Geography*,12.3.24,25,26,27
Demetrius of Scepsis	Strabo,*Geography*,12.3.20,22,23
Pindar	Strabo,*Geography*,12.3.9
Homer	Strabo,*Geography*,12.3.8,10,20,22,23,27
Armenia	
Apollonides	Strabo,*Geography*,11.14.4
Eratosthenes	Strabo,*Geography*,11.14.7
Herodotus	Strabo,*Geography*,11.14.13,16
Callisthenes	Strabo,*Geography*,11.14.13
Theophanes of Mytilene	Strabo,*Geography*,11.14.4,11
Apollonides	Strabo,*Geography*,11.14.2,11
Bithynia	
Homer	Strabo,*Geography*,12.4.5,6
Scylax	Strabo,*Geography*,12.4.8
Dionysius of Chalcis	Strabo,*Geography*,12.4.8
Euphorion	Strabo,*Geography*,12.4.8
Alexander the Aetolian	Strabo,*Geography*,12.4.8
Cappadocia,Lycia, *Pamphylia and Phrygia*	

地域和古代学者	出　处
Herodotus	Strabo,*Geography*,12. 1. 3；12. 8. 5
Artemidorus	Strabo,*Geography*,12. 8. 1
Homer	Strabo,*Geography*,12. 8. 5
Xanthus the Lydian	Strabo,*Geography*,12. 8. 19
Alcman	Strabo,*Geography*,12. 8. 21
Aeschylus	Strabo,*Geography*,12. 8. 21
Tantalus	Strabo,*Geography*,12. 8. 21
Cilicia	
Athenodorus of Tarsus	Strabo,*Geography*,14. 5. 14
Aristobulus	Strabo,*Geography*,14. 5. 9
Choerilus	Strabo,*Geography*,14. 5. 9
Artemidorus	Strabo,*Geography*,14. 5. 15,16
Sophocles	Strabo,*Geography*,14. 5. 16
Appollodrus	Strabo,*Geography*,14. 5. 22,24,26～29
Ephorus	Strabo,*Geography*,14. 5. 23～24
Homer	Strabo,*Geography*,14. 5. 23,29
Xanthus	Strabo,*Geography*,14. 5. 29
Caria	
Anacreon	Strabo,*Geography*,14. 2. 27
Homer	Strabo,*Geography*,14. 2. 28
Thcydides	Strabo,*Geography*,14. 2. 28
Artemidorus	Strabo,*Geography*,14. 2. 29
Polybius	Strabo,*Geography*,14. 2. 29
Lydia	
Homer	Strabo,*Geography*,14. 4. 5,6
Herodotus	Strabo,*Geography*,14. 4. 5,7
Callisthenes	Strabo,*Geography*,14. 4. 6,7
Demetrius of Scepsis	Strabo,*Geography*,14. 4. 6,8

地域和古代学者	出　处
Pindar	Strabo,*Geography*,14. 4. 6
Cypus	
Eratosthenes	Strabo,*Geography*,14. 6. 5
Damastes	Strabo,*Geography*,14. 6. 4
India	
Nicolaus of Damascus	Strabo,*Geography*,15. 1. 73
Eratothenes	Strabo,*Geography*,15. 1. 7,11,13,14,20
Artemidorus	Strabo,*Geography*,15. 1. 72
Cleitarchus	Strabo,*Geography*,15. 1. 69
Megasthenes	Strabo,*Geography*,15. 1. 6,7,11,12,20,35,36～60,68
Ctesias of Cnidus	Strabo,*Geography*,15. 1. 12
Nearchus	Strabo,*Geography*,15. 1. 5,16,18,20,25,33,43,44,45,66,67
Patrocles	Strabo,*Geography*,15. 1. 11
Daimachus	Strabo,*Geography*,15. 1. 12
Onesicritus	Strabo,*Geography*,15. 1. 12,13,15,18,20～21,24,28,33,30,33,34,43,45,54,63～65
Aristobulus	Strabo,*Geography*,15. 1. 17,18,20,21,22,33,45,61,62
Homer	Strabo,*Geography*,15. 1. 25
Euripides	Strabo,*Geography*,15. 1. 7
Sophocles	Strabo,*Geography*,15. 1. 7
Pindar	Strabo,*Geography*,15. 1. 57
Aristotle	Strabo,*Geography*,15. 1. 22～23
Simonides	Strabo,*Geography*,15. 1. 57
Democritus	Strabo,*Geography*,15. 1. 38
Timagenes	Strabo,*Geography*,15. 1. 57
Apollodorus' *Parthica*	Strabo,*Geography*,15. 1.˙3

地域和古代学者	出　处
Theodectes	Strabo, *Geography*, 15. 1. 24
Megillus	Strabo, *Geography*, 15. 1. 18
Gorgus	Strabo, *Geography*, 15. 1. 30
Craterus	Strabo, *Geography*, 15. 1. 35
Plato	Strabo, *Geography*, 15. 1. 59
Anacharsis	Strabo, *Geography*, 15. 1. 22
Babylonia, Assyria, Media, Persia and Parthia	
Eratothenes	Strabo, *Geography*, 15. 3. 1; 16. 1. 12, 15, 21~22
Aeschylus	Strabo, *Geography*, 15. 3. 2
Simonides	Strabo, *Geography*, 15. 3. 2
Onesicritus	Strabo, *Geography*, 15. 3. 5, 8
Aristus	Strabo, *Geography*, 15. 3. 8
Aristobulus	Strabo, *Geography*, 16. 1. 11
Polyclitus	Strabo, *Geography*, 15. 3. 2, 4, 21; 16. 1. 13
Apollodorus of Artemita	Strabo, *Geography*, 11. 9. 1; 11. 13. 6
Apollonides	Strabo, *Geography*, 11. 13. 2, 11. 14. 2
Dellius	Strabo, *Geography*, 11. 13. 3
Nearchus	Strabo, *Geography*, 11. 13. 6; 15. 3. 5, 11
Poseidonius	Strabo, *Geography*, 11. 9. 1, 3; 16. 1. 15
Syria	
Poseidonius	Strabo, *Geography*, 16. 2. 17
Phoenicia	
Poseidonius	Strabo, *Geography*, 16. 2. 24
Artemidorus	Strabo, *Geography*, 16. 2. 33
Judaea	
Eratosthenes	Strabo, *Geography*, 16. 4. 44
Posidonius	Strabo, *Geography*, 16. 2. 43

地域和古代学者	出　处
Plato	Strabo,*Geography*,16.2.38
Arabia	
Eratosthenes	Strabo,*Geography*,16.3.2~4,6；16.4.2~4
Aristobulus	Strabo,*Geography*,16.3.3；16.4.5,14~21
Nearchus	Strabo,*Geography*,16.3.5,6
Artemidolus	Strabo,*Geography*,16.4.5,14,16,17
Agatharchides	Strabo,*Geography*,16.4.20
Ctesias of Cnidus	Strabo,*Geography*,16.4.20,27
Athenodorus	Strabo,*Geography*,16.4.21
Metrodorus of Scepsis	Strabo,*Geography*,16.4.16
Androsthenes the Thasian	Strabo,*Geography*,16.3.2
Orthagoras	Strabo,*Geography*,16.3.5
Homer	Strabo,*Geography*,16.4.27
Alexander' Companions	Strabo,*Geography*,16.4.4
Heracleitus	Strabo,*Geography*,16.4.26
Poseidonius	Strabo,*Geography*,16.4.27
Zeno	Strabo,*Geography*,16.4.27
Egypt	
Ariston	Strabo,*Geography*,17.1.5
Eudorus	Strabo,*Geography*,17.1.5,29
Eratosthenes	Strabo,*Geography*,17.1.2,19
Polybius	Strabo,*Geography*,17.1.12
Posidonius	Strabo,*Geography*,17.1.5,21
Callisthenes	Strabo,*Geography*,17.1.5,43
Herodotus	Strabo,*Geography*,17.1.5,52；17.2.5
Artemidorus	Strabo,*Geography*,17.1.18,24
Homer	Strabo,*Geography*,17.1.5,8,16,19,43,46
Pindar	Strabo,*Geography*,17.1.19

地域和古代学者	出　　处
Aristotle	Strabo,*Geography*,17. 1. 5
Cicero	Strabo,*Geography*,17. 1. 13
Thrasyacles the Thasian	Strabo,*Geography*,17. 1. 5
Chaeremon	Strabo,*Geography*,17. 1. 29
Sappho	Strabo,*Geography*,17. 1. 33
Nicander's *Theriaca*	Strabo,*Geography*,17. 2. 4
Plato	Strabo,*Geography*,17. 1. 4,29
Aristobulus	Strabo,*Geography*,17. 2. 5
Own travels	Strabo,*Geography*,17. 1. 28,29,38,46,49
Aethiopia	
Eratosthenes	Strabo,*Geography*,17. 1. 2
Onesicritus	Strabo,*Geography*,17. 1. 17
Aristobulus	Strabo,*Geography*,15. 1. 19
Libya	
Artemidorus	Strabo,*Geography*,17. 3. 2,8
Eratosthenes	Strabo,*Geography*,17. 3. 2,8
Posidonius	Strabo,*Geography*,17. 3. 4,10
Timosthenes	Strabo,*Geography*,17. 3. 6
Homer	Strabo,*Geography*,17. 3. 17
Callimachus	Strabo,*Geography*,17. 3. 21,22
Iphicrates	Strabo,*Geography*,17. 3. 5
Gabinius' *Roman History*	Strabo,*Geography*,17. 3. 8

北京师范大学史学探索丛书

附录 9：斯特拉波家族世系[①]

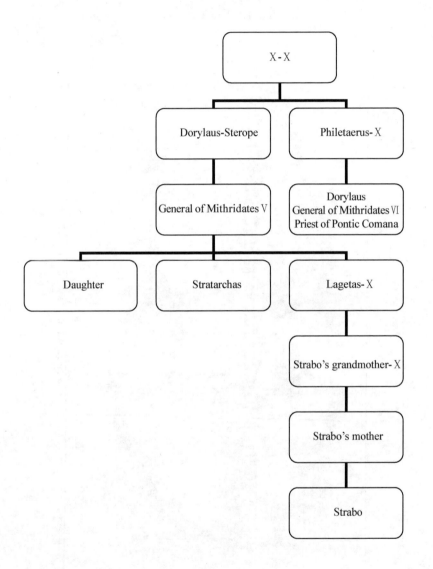

---

① 该表格来自于 Silvia Panichi，"Cappadocia through Strabo's eyes"，Daniela Dueck，Hugh Lindsay and Sarah Pothecary，*Strabo's Cultural Geography*：*The Making of a Kolossourgia*，Cambridge：Cambridge University Press，2005，p. 208.

附录 10：斯特拉波描绘的人类
居住的世界[①]

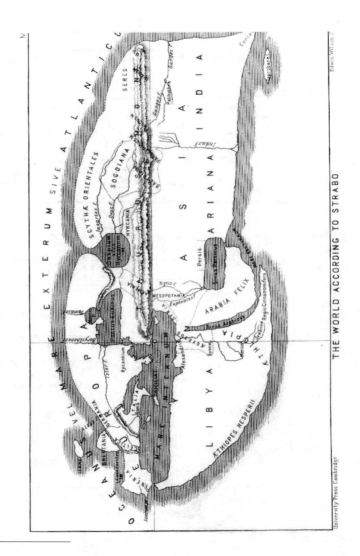

——————
　　① 该图来自于 H. F. Tozer, *A History of Ancient Geography*, second edition with
additional notes by M. Cary, D. Litt., Cambridge：Cambridge University Press，1935,
p. 239.

附录 11：厄立特里亚航海记

——公元 1 世纪一位商人在印度洋上的旅行与贸易①

1. 在厄立特里亚海滨标明的港口和附近的集镇中，第一个便是埃及的穆塞尔港(Mussel Harbor)。对从那里出发的人而言，继续航行 1800 斯塔迪亚后，在右侧就是贝勒尼塞港(Berenice)。两座港口都位于埃及的边境，都坐落在厄立特里亚海的海湾中。

2. 从贝勒尼塞出发，继续航行，右侧海岸是柏柏尔人(Berbers)所在的地区。沿岸生活着食鱼族(Fish-Eaters)。他们居住在散布于狭窄山谷中的洞穴中。在更远的内陆，则生活着柏柏尔人。在柏柏尔人之后，是以野兽肉为食的部落(Wild-flesh-Eaters)和以牛犊为食的部落(Calf-Eaters)，每个部落都由自己的酋长进行统治。在他们之后更远的内陆，在朝向西方的地区，有一座城市，名为麦罗埃(Meroe)。

3. 在以牛犊为食的部落下方的海岸上，有一座小集镇，被称作猎人的托勒迈斯(Ptolemais of the Hunts)。从贝勒尼塞航行至此约有 4000 斯塔迪亚。在托勒密王朝统治时期，猎人们从这里开始前往内陆。在这座集镇中，有少量真正的陆龟。它们呈白色，龟壳较小。此地还有少量的象牙，就如阿都里斯(Adulis)的象牙一样。不过，这里没有海港，仅有小船才能航行至此。

4. 在猎人的托勒迈斯以下约 3000 斯塔迪亚的地方，就是阿都里斯港。它依照法律修建，位于向南方延伸的海湾的内侧末端。在港口的前方，有一座所谓的山岛(Mountain Island)，它位于距离海湾最顶端约 200 斯塔迪亚的海面上，其两侧都靠近大陆海岸。驶往这座港口的船只，现在因来自陆上的攻击都停泊于此。先前，它们常常在海湾最顶端、靠近海岸的狄奥

---

① 本文根据 W. H. 肖夫整理翻译的版本译出。*The Periplus of the Erythraean Sea*，*Travel and Trade in the Indian Ocean by A Merchant of the First Century*，translated from the Greek and annotated by Wilfred H. Schoff，New York，London，Bombay and Calcutta：Longmans，Green，And Co.，1912.

多鲁斯岛(Diodorus)附近抛锚。阿都里斯在山岛对面，位于距离海岸 20 斯塔迪亚的陆地上，是一座规模相当大的村庄。科罗埃(Coloe)是一座内陆市镇，也是第一个象牙市场。从阿都里斯到科罗埃有三天的行程。从那里(科罗埃，译者注)到人们称之为奥克苏米特斯(Auxumites)的城市，有五天多的行程。所有的象牙，都从尼罗河以外的地区，经由库纳乌姆(Cyeneum)运往那里(科罗埃，译者注)，再从那里运往阿都里斯。几乎所有被猎杀的大象和犀牛，都栖息于内陆地区，不过，人们偶尔会在阿都里斯附近的海岸地带捕获大象。在市镇港口前方右侧的大海上，有许多小沙岛，人们称之为阿拉拉伊(Alalaei)。这里出产龟贝。食鱼族将它们从那里运到市场上。

5. 在那里(阿都里斯，译者注)以后约 800 斯塔迪亚的地方，有另一座很深的海湾，在海湾入口的右侧，淤积起一大堆泥沙。海湾底部产出奥普西亚石(opsian)，这里是奥普西亚石的唯一产地。从以牛犊为食的部落，到另一个柏柏尔人所在的地区，都由佐斯卡勒斯(Zoscales)统治着。他行事吝啬，总是对过路者榨取尽可能多的利益。不过，在其他方面，他却诚实正直，并且还熟悉希腊文学。

6. 这些地区进口的货物有：柏柏尔人所需要的未加工的埃及衣料；阿尔西诺埃(Arsinoe)长袍；染色低劣的外衣；双沿儿的亚麻斗篷；狄奥斯波里斯(Diospolis)制造的众多无色玻璃制品和其他萤石制品；黄铜、软铜片和铁，其中黄铜用作饰物，或被切割成碎块代替货币，软铜片用于制作厨具，制成妇女的手镯和脚镯，铁被制成长矛，用以对付大象和其他野兽，也用作他们在战争中的武器。除了这些商品外，它们还进口小斧头、扁斧和剑；圆形的大铜酒杯；前往市场进行交易的人所需的少量货币；数量不大的意大利和拉奥狄塞亚(Laodicea)葡萄酒；少量的橄榄油；国王所需的依照本地式样制造的金银器；衣服方面则有军用斗篷，价值不高的薄皮外套。这些地区还跨海从阿里亚卡(Ariaca)输入印度铁、钢和印度棉布；被称作 *monachê* 和 *sagmatogênê* 的宽幅布料、腰带、皮外套、锦葵色布料、少量的平纹细布和用于染色的紫胶。这些地区出口的货物有象牙、龟贝和犀牛角。来自埃及的大部分货物，从一月到九月——即从 Tybi 到 Thoth——运抵这一市场；他们大约在九月份应时地扬帆起航。

7. 从这个地方开始，阿拉伯湾折向东方，其宽度恰好在阿瓦里特斯

(Avalites)湾的前方达到最窄。在航行大约 4000 斯塔迪亚之后(向东的航行都沿着同一海岸前进),有另一些柏柏尔人的集镇,即人们熟知的"远侧"口岸。它们彼此相继,口岸之间隔有一定的距离。它们没有海港,但有碇泊处,天气好时,船只可以在这里抛锚停泊。第一座口岸名叫阿瓦里特斯,在从阿拉伯海岸到远侧海岸的航行中,到这里的航程最短。这里有一座名为阿瓦里特斯的小集镇,小船和筏子可以到达此地。这个地方进口各类无色玻璃,狄奥斯波里斯的酸葡萄汁,柏柏尔人所需要的各种加工好的衣料,小麦,葡萄酒和少量的锡。该地出口香料、少量的象牙、玳瑁、非常少的没药,不过,他们的没药比其他地区的没药更为优良。有时柏柏尔人会亲自乘筏横渡海湾,到对岸的奥塞里斯(Ocelis)和穆扎(Muza)出售这些商品。生活在此地的柏柏尔人桀骜不驯。

8. 在阿瓦里特斯之后,继续航行约 800 斯塔迪亚,就会达到另一座集镇玛劳(Malao),它比阿瓦里特斯更为优良。这里有开阔的碇泊处,并且它受到自东方凸出来的海岬的护卫。这里的当地人更加温和。该地区输入的货物,我们已经提到过,许多束腰上衣,已经加工并染色的阿尔西诺埃的斗篷;酒杯,少量的软铜片,铁及少量的金银币。这些地方出口没药,少量的乳香(是对岸知名的货物),坚硬的肉桂,*duaca*,印度的柯巴脂(copal)和 *macir*,它们都出口阿拉伯。这里还输出奴隶,不过,比较罕见。

9. 在玛劳之后,继续航行两或三天,就到了芒杜斯(Mundus)集镇,船只可以在海岸附近一座凸出的岛屿后面安全地抛锚停泊。这里输入的货物,此前我们已经列出;它出口的商品,我们也已经提及。此外,这里输出被称为 *mocrotu* 的香料。生活在此地的商人更善于讨价还价。

10. 自芒杜斯之后,向东行进,再经过两或三天的航行,你就会到达摩西鲁姆(Mosyllum)。它位于海滨,其锚地的停泊条件恶劣。这里进口的商品与上面已经提到的货物相同,此外,还输入银器,数量极少的铁以及玻璃等。它大量输出肉桂,(因此,这座集镇需要更大载重量的船只),香树脂,香料,少量的玳瑁,*mocrotu*(质量不如芒杜斯的 *mocrotu*),(远侧)乳香,象牙以及少量的没药。

11. 沿着摩西鲁姆之后的海岸航行,两天后,你会到达所谓的小尼罗河(Little Nile River),一眼优良的水泉,一小片月桂树林,大象海角

(Cape Elephant)。此后，海岸退缩形成一座海湾。岸上有一条名为大象(Elephant)的河流和一大片名为阿卡纳埃(Acannae)的月桂树林。唯独这里产出远侧(farside)乳香，不仅数量大，而且质量最优。

12. 在这个地方之后，海岸折向南方。这里有一座市场和一座陡峭的海岬——香料之家。这座海岬位于柏柏尔人海岸的最东端。由于这个地方朝向北方，停泊处时常因汹涌的海浪而非常危险。极深的海水改变颜色，变得更加浑浊，则是这里暴风雨即将来临的独有征兆。当这一现象发生时，当地人都跑到巨大的塔巴埃(Tabae)海角上躲避灾难。这座市镇进口的货物，与上面已经提到的货物相同。这里出产肉桂(它的种类丰富，有*gizir*，*asypha*，*arebo*，*magla*，*moto*)和乳香。

13. 在塔巴埃之后，航行400斯塔迪亚，就到了帕诺(Pano)村。此后，沿着一座海岬顺流而下继续航行400斯塔迪亚，就会到达另一座市镇欧波纳(Opone)。它进口的货物与上述已经提到的商品相同。这里出产肉桂(*arebo*、*moto*)，并且产量最大。它还向外输出优质的奴隶，输往埃及的奴隶数量不断增加。这里也大量出产玳瑁，其质量优于其他任何地方的玳瑁。

14. 到所有这些远侧市镇的航行，都大约在七月份(即 Epiphi)从埃及出发。商船也常常从大海对面的地方，从阿里亚卡(Ariaca)和巴里伽扎(Barygaza)①装货，把它们当地的商品运到这些远侧的市镇。其中有小麦、稻米、精练的黄油、芝麻油、棉布、(*monachê*，*sagmatogênê*)、腰带和从名叫 *sacchari* 的芦苇中提取的蜂蜜。一些船只特地航行至这些市镇从事贸易，一些船只则在沿岸航行时，与当地人交易货物。这一地区不受国王治理，每座市镇都由独立的酋长进行统治。

15. 在奥波纳之后，海岸在更大程度上向南倾斜，首先会到达阿扎尼亚(Azania)的大大小小的峭壁；这段海岸陡峭，沿途没有港口，不过，船只可以在一些地方抛锚停泊；这段航程需要向西南方航行六天时间。在接下去六天的航行中，会经过大大小小的海滩。此后，就进入了阿扎尼亚航线(Courses of Azania)。首先会到达萨拉皮昂(Sarapion)，接着会到达尼康(Nicon)。在此之后，是几条河流和其他一些停泊的地点。这些碇泊处彼

---

① 又译婆卢羯车。

此相接，每天会到达一个碇泊处，这段航程共需七天时间。这种状况，一直持续到航行至皮拉拉克斯群岛（Pyralax）和被称为海峡的地方时为止。在此之后，沿着奥萨尼提克（Ausanitic）海岸朝向西南稍偏南的方向航向一天一夜，就会到达米努提亚斯岛（Menuthias）。它距离大陆约 300 斯塔迪亚。这座海岛地势较低，岛上有河流，森林繁茂，鸟类众多，还出产山龟（mountain tortoise）。除了鳄鱼之外，岛上没有其他野兽。不过，岛上的鳄鱼并不攻击人类。在这里，有缝制的小船和用单一圆木制成的独木舟。当地人用它们来捕鱼和捕捉海龟。在这座岛上，他们还用特殊的方法捕捉它们。他们把柳条编织的篮子固定在两个水桶之间的通道上。

16. 经过两天的航行后，就会达到阿扎尼亚大陆的最后一座市镇拉普塔（Rhapta）。它的名字源于上面已经提到的缝制的小船（*rhapton ploiarion*）。在这一市场中，有大量的象牙和玳瑁。沿着这一海岸生活的居民，身材高大，习惯于从事海盗活动。每一个地方的居民都由独立的酋长进行统治。玛法里提克（Mapharitic）的酋长在某一古老权力之下统治着它。这一权力使它隶属于在阿拉伯最先出现的国家主权。现在，穆扎人（people of Muza）在他的授权下控制着它。他们派往那里许多大船，用阿拉伯人担任船长和代理商。这些阿拉伯人熟悉当地人，并与后者通婚。他们还熟知整个海岸地带，而且懂得当地的语言。

17. 这些市场输入在穆扎专为这一贸易制作的长矛以及短柄斧、短剑、锥子和各种玻璃制品。它们还从一些地方进口少量的葡萄酒和小麦，不过这些商品并不用于出售，而用于讨好蛮族人（Savages）。这些地方大量出口象牙，不过其质量不如阿都里斯象牙的质量好。它们还出口犀牛角、玳瑁（除了来自印度的玳瑁之外，这里的玳瑁销路最好）和少量的棕榈油。

18. 在贝勒尼塞之后沿着右侧延伸的大陆上，阿扎尼亚（Azania）的这些市场，是最后一批市场。在这些地方之后，渺无人迹的大海大致向西弯曲，沿着埃塞俄比亚、利比亚和阿非利加以南的地区延伸，最后，与西部大海交汇。

19. 现在，到了贝勒尼塞的左侧，从穆塞尔港（Mussel Harbour）出发，向东航行两至三天，横过毗连的海湾，就到了另一座海港和设防地，人们称之为白村（White Village）。这里有一条道路通向那巴塔亚人（Nabataeans）的国王玛里卡斯（Malichas）治下的佩特拉。对于由阿拉伯派往那里的小船而言，它就是一座集镇。因此，一名百夫长奉命率领一支武装部队驻守当地，对进口商品征收百分之二十五的进口税。

20. 在这个地方之后，紧接着是与之毗邻的阿拉伯地区，厄立特里亚海岸构成了它漫长的边界。这一地区生活着不同的部落，他们语言各异，有的部分不同，有的则完全相异。与大海相邻的地区，食鱼族的洞穴也星罗棋布。内陆地区则居住着凶狠的部落(rascally men)，人们称之为卡尔纳提斯人(Carnaites)。他们使用两种语言，居住在村落或是游牧的帐篷中。他们抢劫其航行偏离海湾中央的过客，把失事船只的幸存者俘获为奴隶。不过，他们也常常被阿拉伯的国王和酋长掳走。沿着阿拉伯海岸的整个航行都很危险，因为沿途没有海港，仅有凶险的停泊地点，并且，这些碇泊处因波浪、暗礁和各种恶劣的条件而难以接近。因此，我们谨慎地沿着海湾中央航行，并尽快地通过阿拉伯海岸地区，这种状况一直持续到布尔恩特岛(Burnt Island)时为止。接下去的地区，牧民温和，遍布牛、羊、骆驼的牧场。

21. 在这些地区之后，这座海湾左侧的另一个海湾中，有一座依法而建的海滨市镇穆扎。从贝勒尼塞向南航行至此，总航程约12000斯塔迪亚。整个地区，阿拉伯船主和水手熙来攘往，商贸繁盛。他们同远侧海岸和巴里伽扎进行商业贸易，并派自己的船队前往那里。

22. 从这座港口出发，向内陆行进三日，就到了萨乌亚城(Saua)，它位于玛法里提斯(Mapharitis)地区的中央。附属酋长(vassal-chief)科拉埃布斯(Cholaebus)居住在那座城中。

23. 此后，再行进九日，就到了首府萨法尔(Saphar)，卡里巴尔(Charibael)就生活在这里，他是霍梅里特斯人(Homerites)和与之相邻的萨巴特斯人(Sabaites)两个部落的合法首领。通过不断地派遣使节和上贡礼品，他赢得了君主们的友谊。

24. 穆扎这座市镇没有港口，不过有优良的碇泊处。碇泊处及附近都是沙质海底，船只可以安全抛锚。这里输入的商品包括：紫色衣料，质量上乘及低劣者兼而有之；阿拉伯式样的长袖衣服，既有素色衣服，普通衣服，也有绣花或织有金线的服装；番红花；芳香的灯心草；平纹细布；斗篷；少量的毯子，既有普通的式样，也有当地的式样；不同色彩的腰带；数量适中的香药膏；为数不多的葡萄酒和小麦。这里出产适量的谷物和数量丰富的葡萄酒。国王和酋长可以得到马、骡子、精美的金银器皿、上乘的织物和铜器。它输出的当地产品有：优质没药、Gebanite-Minaean 香料、雪花石膏，以及所有已经提到的来自阿瓦里特斯和远侧海岸的商品。大约每年九月份，即 Thoth 月，驶往这里最为合适，不过，一年的早些时候，同样可以驶往这里。

25. 从这里出发，继续航行约 300 斯塔迪亚，阿拉伯海岸与阿瓦里提克(Avalitic)海湾附近的柏柏尔人地区逐渐靠近，形成了一条并不宽阔的水道。它沟通两个大海，并形成了一座狭窄的海峡。海峡长 60 斯塔迪亚，狄奥多鲁斯岛贯穿其中。海峡激流汹涌，在其中航行时，常会遇到来自附近山脊的强风。阿拉伯村庄奥科里斯(Ocelis)就在海峡之滨，它由同一个酋长管辖。对于驶入海湾的那些人而言，与其说它是一座市镇，不如说它是锚地、供水基地和第一座码头。

26. 在奥科里斯之后，大海再次向东方扩展开来，很快就呈现出宽广的海面。航行大约 1200 斯塔迪亚之后，就到了海滨乡村攸达蒙·阿拉伯(Eudaemon Arabia)，它也位于卡里巴尔王国(Kingdom of Charibael)境内。它有便利的锚地和供水基地，这里的水比奥科里斯的水更为甜美，更为优良。它位于一座海湾的入口，从这里开始，陆地回缩。它被称为攸达蒙，是因为在这座城市的早期，当从印度至埃及的航线还未开通，他们不敢从埃及航行至大洋对面的港口时，都前往这里。正如现在亚历山大里亚汇集了国外和埃及的货物一样，它汇聚了两个地区的货物。不过，在我们生活的时代之前不久，卡里巴尔(Charibael)摧毁了它。

27. 在攸达蒙·阿拉伯之后，是绵延不断的海岸，其中有一座海湾延伸了 2000 斯塔迪亚或更长的距离。在海湾沿岸的乡村中，生活着牧民和食鱼族。从这座海湾中凸出了一座海角，在海角以远，有另一座海滨市镇加纳(Cana)，它位于乳香之国(Frankincense Country)埃里亚祖斯(Eleazus)王国境内。它的对面是两座荒芜的海岛，一座被称为"鸟之岛"(Island of Birds)，一座被称为多梅岛(Dome Island)。它们与加纳相距约 120 斯塔迪亚。从这里前往内陆，便到了首府萨巴塔(Sabbatha)，国王就生活在这座城中。该国所生产的乳香，都要由骆驼运往那里储存起来，然后，用船只或以当地方式用安装有充气皮囊的筏子运往加纳。这里还与远侧的港口、巴里伽扎、西徐亚、奥玛纳(Ommana)以及同波斯相邻的海岸地区进行贸易。

28. 像穆扎一样，这里也从埃及输入少量的小麦和葡萄酒；还输入阿拉伯式样的衣服，不过它们质量普通，多为赝品；还输入铜、珊瑚、苏合香和诸如穆扎进口的其他产品。他们常常为国王进口精美的金银器皿、马匹、雕像(images)和质量上乘的薄衣服。这里输出的货物有，土特产品、乳香、芦荟以及与另一些港口进行贸易的其他商品。航行至此进行贸易的最佳时节，与前往穆扎进行贸易的最佳时节相同，或比它更早一些。

29. 过了加纳，陆地急剧回缩。之后，有一座极深的海湾，被称为萨卡里特斯(Sachalites)，它横向延伸了很远。乳香之国，层峦叠嶂，难以接近，笼罩在浓密的云雾之中。那里的乳香产自树上。产香料的树木，既不高大，也不浓密。它们产出的乳香，呈滴状粘附在树皮上，正像我们埃及的树木流出的树脂一样。国王的奴隶和遭受惩罚者负责采集乳香。因为这些地方环境恶劣，即使沿着海岸航行，也会感染瘟疫；在那里工作的人几乎是死路一条，他们也常常因缺乏食物而丧命。

30. 在这座海湾附近，有一座朝向东方的巨大的海岬，人们称之为叙亚格鲁斯(Syagrus)。在海岬上，有一座要塞守卫着国土，还有一座海港和用以储存所收集乳香的仓库。在这座海岬对面的大海上有一座海岛，它位于叙亚格鲁斯海岬和与其相对的香料海角之间，不过它更靠近前者。人们把这座岛称为狄奥斯科里达(Dioscorida)。它面积广大，但荒芜且沼泽遍布。岛上河流纵横，出产鳄鱼、众多的蛇和巨大的蜥蜴。蜥蜴肉可以食用，蜥蜴的脂肪熔化后可以替代橄榄油。岛上不产出果实，既没有葡萄树，也没有谷物。岛上居民很少，生活在朝向大陆的北部沿海地带。他们为外来移民，是阿拉伯人、印度人和希腊人的混合居民，为从事商业贸易而迁居那里。这座岛上出产真正的海龟、陆龟和白龟，白龟数量众多，并以其巨大的龟壳而受人青睐。岛上还产出山龟，在各类龟中，山龟个头儿最大，龟壳最厚。其中，无用的山龟，无法从下面切开，因为它们非常坚硬；而那些有用的山龟可以切开，整个龟壳能够制成首饰盒、小盘子、蛋糕碟以及其他这类器皿。岛上还产出"印度"朱砂，由人们从树上一点点地采集而得。

31. 正如阿扎尼亚从属于卡里巴尔(Charibael)和玛法里提斯的酋长(Chief of Mapharitis)一样，这座岛臣属于乳香之国的国王。来自穆扎的商

北京师范大学史学探索丛书

人和恰巧航行到那里的达米里卡(Damirica)和巴里伽扎商人,在岛上进行贸易。他们运来稻米、小麦、印度布和少量的女奴隶,换取大量的玳瑁。现在,国王们把这座岛出租出去,并派军队戍守。

32. 在叙亚格鲁斯之后,紧接着是奥玛纳湾。它深入海岸地区,宽600斯塔迪亚。在这座海湾之后,是绵延500多斯塔迪亚的大山,这里高峻、陡峭,岩石密布,为穴居者的栖息之地。在此之后,则是一座为接收萨卡里提克(Sachalitic)的乳香而修建的港口,人们称之为摩斯卡(Moscha)。来自加纳的船只定期航行至此;从达米里卡和巴里伽扎返航的船只,如果时节已晚,它们就在那里过冬,并与国王的官员进行贸易,用他们的布匹、小麦和芝麻油换取乳香。在整个萨卡里提克地区都堆满了乳香,它们四面敞开,不需看守,仿佛这一地区处于神灵的庇护之下。没有国王的许可,无论是公开还是秘密行动,都无法把乳香装载到船上;如若未经国王的许可,有一粒谷物装到船上,那么这艘船就无法离开港口。

33. 在摩斯卡海港之后,一列山脉沿着海岸绵延约1500斯塔迪亚。在山脉的尽头,有七座海岛,它们排成一排,人们称之为泽诺比亚(Zenobian)。在这些岛屿之后,是一片荒凉的区域,它已不再属于同一个王国,现在归波斯管辖。从泽诺比亚群岛沿这一海岸航行2000斯塔迪亚,就会遇到萨拉皮斯岛(Sarapis)。它约有120斯塔迪亚宽,600斯塔迪亚长。岛上有三块食鱼族的聚居地。"凶恶"的食鱼族使用阿拉伯语,束着由棕榈叶制成的腰带。岛上出产数量可观、质量上乘的玳瑁。有小帆船和货船定期从加纳驶往那里。

34. 海岸向北倾斜,朝波斯海入口延伸。沿着海岸航行约2000斯塔迪亚后,就会遇到许多岛屿,人们称之为卡里克斯(Calix)。它们沿海岸分布。岛上的居民系奸诈之徒,极不文明。

35. 在卡拉埃群岛(Calaei)最上方的一端,是卡隆(Calon)群山的一列支脉。距此不远处是波斯湾口,许多人在那里潜水寻找珍珠贻贝(pearlmussel)。海湾左侧是巍峨的阿萨本山(Asabon),右侧是人们尽收眼底的圆形高耸的塞米拉米斯(Semiramis)山。在两座山之间,横过海峡的航程约为600斯塔迪亚。在此之后,则是巨大而广阔的波斯湾,它一直延伸到内陆深处。在波斯湾最里侧的一端,有一座根据阿伯罗古斯法(Apologus)建造的市镇。它位于卡拉克斯·斯巴西尼(Charax Spasini)和幼发拉底河附近。

36. 穿越波斯湾口，经过六天的航行，就到了波斯的另一座市镇奥玛纳(Ommana)。定期有大船满载着铜、檀香木、柚木木材、红木木材和乌木，从巴里伽扎出发，前往这两座市镇。加纳的乳香也运往奥玛纳，然后，由依照当地方式缝制而成的船只，从奥玛纳运抵阿拉伯。这些就是众所周知的 *Madarata*。这两座市镇出口巴里伽扎和阿拉伯的货物有：大量的珍珠(不过它们的质量不如印度珍珠的质量)、当地式样的紫色衣服、葡萄酒、数量丰富的海枣、黄金和奴隶。

37. 在奥玛尼提克(Ommanitic)地区之后，是由另一个王国管辖的帕尔西德斯人(Parsids)的地区和格德罗西亚湾(the bay of Gedrosia)。在海湾中部，有一座海角伸入其中。船只可以通过一条河由此驶入海湾。在河口处，有一座小集镇奥拉亚(Oraea)。由此向内陆行进，就会到达一座内陆城市，它距离大海约有七天的行程。国王的宫殿就坐落在这座城中。它很可能被人们称为——拉穆巴西亚(Rhambacia)。这一地区大量产出小麦、葡萄酒、稻米和海枣；不过，沿岸地区仅产出没药树脂。

38. 在这一地区之后，大陆由东方呈大弧形横过海湾深处。紧接着，是西徐亚的海岸地区，它位于上部地区，朝向北方。整个地区沼泽密布。辛图斯河(Sinthus)就发源于这片沼泽，它水量丰富，是注入厄立特里亚海中最大的河流。这条河，流程很长，大海因它而具有淡水。从海上来的人，看到自大海深处浮出水面的大毒蛇，就表明已经接近了这一地区。这条河有七个河口，河口处水浅而多沼泽，因此，除了中间的一个河口外，其余的河口都无法通航。在中间河口的岸边，有一座市镇名叫巴巴利库姆(Barbaricum)。在市镇的前方，有一座小岛；在它之后的内陆，则是西徐亚的首府米纳加拉(Minnagara)。帕提亚的小国君主们统治着巴巴利库姆，不过，他们不断地把彼此的势力驱逐出这座市镇。

39. 商船在巴巴利库姆抛锚停泊，但所有的货物都通过河流运到首都，运到国王那里。这座市场输入大量的薄衣、少量的赝品(a little spurious)、华丽的亚麻制品、黄玉、珊瑚、苏合香、乳香、玻璃器皿、金银器以及少量的葡萄酒。它出口的货物有：木香(costus)、没药树脂、枸杞、甘松香、绿松石、天青石、塞里克毛皮(Seric skins)、棉布、绢丝和靛蓝。大约在每年七月份，即在 Epiphi，水手们乘印度季风启航前往那里：在那个时节航行更为危险，不过，由于印度季风开辟了直线航线，他们很快会到达那里。

40. 越过辛图斯河之后，就到了另一座海湾埃里农（Eirinon）。它向北延伸，不过，那里不适于航行。它由两部分组成，分别被称为小海湾和大海湾。在两个部分中，海水很浅，并且在距离海岸很远的地方沙洲不断移动。因此，甚至常常在看不到海岸的情况下，船只也会被搁浅。如果他们试图坚持自己的航线，势必遭遇海难。这座海湾中凸出了一座海岬，从埃里农开始，它呈弧形向东延伸，接着向南延伸，而后向西延伸，环绕着巴拉卡（Baraca）海湾。在巴拉卡海湾中，有七座岛。人们到达海湾入口处，可以通过稍微改变航向、远离海岸，避开这座海湾；而被吸入巴拉卡海湾的人将在劫难逃。因为这座海湾中，浪高流急，海水汹涌澎湃，漩涡遍布，环境恶劣。在海湾底部，有的地方陡峭险峻，有的地方岩石密布，棱角锋利，结果，抛入水中的锚遭到破坏，有的锁链被迅速割断，有的则触击海岸底部。对于从海上前往这里的人来说，大毒蛇是这些地区的标志，它们又黑又大。因为在这一海岸和巴里伽扎附近的其他地方，它们的体格较小，呈亮绿色，甚至还呈现金色。

41. 过了巴拉卡湾，就到了巴里伽扎湾和阿里亚卡地区的沿海地带。阿里亚卡是纳穆巴努斯王国（Kingdom of Nambanus）和整个印度的起点。它位于内陆并与西徐亚（Scythia）相邻的部分被称为阿比里亚（Abiria），海岸地带被称为叙拉斯特里涅（Syrastrene）。这一地区土地肥沃，出产小麦、稻米、芝麻油、精炼的黄油、棉花，以及由棉花制成的各种质地粗糙的印度布。这里的牧场上遍布牛群。居民体格高大，皮肤黝黑。这一地区的首府是米纳加拉（Minnagara），大量的棉布从那里运往巴里伽扎。甚至时至今日，这些地方仍有亚历山大远征的痕迹，比如古老的圣地，要塞围墙和巨大的水井。从巴巴利库姆出发，沿海岸航行至巴里伽扎对面、阿斯塔卡普拉（Astacampra）前方的帕皮卡（Papica）海岬，其航程为 3000 斯塔迪亚。

42. 在这一地区之后是另一座海湾，它受到海浪的侵袭，向北延伸。在海湾入口处，有一座名为巴埃奥涅斯（Baeones）的岛屿；大河迈斯（Mais）由海湾最里侧注入海湾中。驶往巴里伽扎的那些人，穿越 300 斯塔迪亚宽的海湾，沿着从他们船的顶端向东望见的岛屿的右侧前行，直接航行至巴里伽扎的河口。流经巴里伽扎的河流被人们称之为纳玛都斯（Nam-

madus）。

43. 通往巴里伽扎的海湾非常狭窄，由海洋驶入这座海湾的船只，在海湾中的航行极为困难。左右两侧的通道同样如此，不过左侧通道的状况较好一些。因为在右侧，恰好在海湾入口处有一片沙洲，人们称之为赫罗涅（Herone），它狭长且布满岩石，朝向卡摩尼村（Cammoni）。与此相对，在左侧，有一座凸出的海岬，人们称之为帕皮卡，位于阿斯塔卡普拉的前方。由于四周水流湍急，海湾底部布满岩石，崎岖不平，船只停泊抛锚的锁链常被割断，它是一处环境恶劣的锚地。即使海湾入口处已变得安全，但很难发现巴里伽扎的河口，由于河岸很低，唯有距离它很近时才能辨认清楚。当你发现它时，航道因河口的浅滩而难以通行。

44. 因此，为国王服务的当地渔民，就驻守在海湾入口处装备精良的大船塔帕加（Tappaga）和科泰巴（Cotymba）上，由于上述原因，他们驾船沿海岸上溯至叙拉斯特里涅，从那里出发，航行至巴里伽扎。他们和全体船员驾船从沙洲之间的海湾入口径直航行，之后，把船拖至固定的场所。船随着潮起潮落而在停泊处和系船池（basins）中上下起伏。这些系船池散布在远至巴里伽扎的河中，它们的水位很深。巴里伽扎就坐落在河畔，距离河口约 300 斯塔迪亚。

45. 印度地区河流纵横，潮起潮落蔚为壮观。在新月时涨潮，在满月时持续三天，在介于期间的时间退潮。不过，这种状况在巴里伽扎附近表现得更为显著，甚至能够看见海底；时而"桑田"变成了"沧海"，时而船只正航行的"沧海"变成了"桑田"。在涨潮涌入河道的情况下，河水倒流了许多斯塔迪亚。

46. 因此之故，对于没有经验或是第一次前往这座市镇的人来说，他们驾船驶入或驶离河口都非常危险。涨潮时，海水的冲击力不可阻挡，船只的锚无法抵御它的冲击。结果大船因被潮水的力量控制，而随波逐流，被推至浅滩上，遭遇海难。较小的船只被海浪打翻。在河道中，被退潮的水流冲到一侧的船只，斜倚着船侧，如果不用顶杆支撑以保持船身平稳的话，涨潮会突然袭击它们，一个浪头就会把它们灌满海水。在新月时，尤其是在夜间涨潮期时，海水的冲击力非常大，以至于如果你在海水平静时驶入河口，立刻会在河口陷入困境，先听到仿佛远处传来的军队的呐喊声，接着，海水咆哮着奔腾而来，淹没了沙洲。

北京师范大学史学探索丛书

47. 从巴里伽扎开始的内陆地区，分布着众多的部落，比如阿拉提伊人（Atattii）、阿拉科西伊人（Arachosii）、甘达拉伊人（Gandaraei）和波克莱斯（Poclais）人。在这一地区有布塞发鲁斯·亚历山大里亚（Bucephalus Alexandria）。在这些部落的上部地区，生活着好战的巴克特里亚人，他们生活在自己国王的治下。亚历山大从这些地区出发后，绕过达米里卡和印度南部地区，侵入恒河（Ganges）流域；直至现在，古德拉克玛（drachmae）仍然在巴里伽扎流通，它们源于这一地区。钱币上刻着希腊文字以及亚历山大之后的统治者阿波罗多鲁斯（Apollodorus）和米南德（Menander）的头像。

48. 从这个地方向内陆和东方行进，就到了奥泽涅（Ozene）城。先前，它是皇家首府。巴里伽扎周围地区所有的生活用品都来自这个地方；我们进行交易的许多货物，玛瑙和红玉髓，印度棉布和锦葵布，大量的普通织物，同样来自这里。穿过波克莱斯运来的甘松香，从上部地区经过了这同一个地方，也即穿越了卡斯帕比勒纳（Caspapyrene）、帕罗帕尼塞纳（Paropanisene）、加波里提克（Cabolitic）和与之毗邻的西徐亚地区。木香和没药树脂同样如此。

49. 这座市镇输入的货物有：意大利人及拉奥狄塞亚人（Laodicean）和阿拉伯人喜欢的葡萄酒、铜、锡、铅；珊瑚和黄玉；薄衣及各种次等的衣服；一腕尺宽的色彩鲜艳的腰带；苏合香、草木犀、无色玻璃、雄黄、锑、金银币（用金银币与当地货币交易可获得利润）；数量不大也并不昂贵的油膏。那些地区为国王输入极其昂贵的银器、歌童、充任妻妾的美丽少女、优质的葡萄酒、做工最好的薄衣和上等的油膏。这些地区输出甘松香、木香斯、没药树脂、象牙、玛瑙和红玉髓、枸杞、各种棉布、丝绸、锦葵布、纱线、筚茇以及从众多集镇运抵这里的其他货物。人们从埃及驶往这座集镇，大约在七月（即Epiphi）航行非常有利。

50. 在巴里伽扎之后，与其相邻的海岸由北向南呈直线延伸，由此，这一地区也被称为达契纳巴德斯（Dachinabades），因为在当地语言中，达查诺斯（dachanos）的意思是"南方"。从海岸地带向东方延伸的内陆地区，有许多沙漠和大山；生活着各类野兽——豹子、老虎、大象、大毒蛇、土狼、各种狒狒；还有许多民族，他们人口众多，分布的地区一直延伸到恒河河畔。

51. 在达契纳巴德斯的市镇中，有两座市镇非常重要。一座是帕塔纳

(Paethana)，从巴里伽扎向南行进约 20 天，就到了这里。从帕塔纳向东行进约 10 天，就到了另一座城市塔伽拉(Tagara)。人们把这些地区的产品，把帕塔纳出产的大量红玉髓，塔伽拉产出的大量普通织物、各种平纹细布和锦葵布，以及从附近沿岸地区运抵那里的其他商品，通过四轮马车，穿越没有道路的广阔区域，运到巴里伽扎。至达米里卡末端的整个行程有 7000 斯塔迪亚；不过，到海岸地区的距离会更远。

52. 在巴里伽扎之后，这一地区的市镇依次为：苏帕拉(Suppara)，卡里埃纳(Calliena)。在老萨拉加努斯(Saraganus)时期，后者成为一座合法的市镇。不过，自从散达勒斯(Sandares)统治这座市镇后，港口在很大程度上被阻隔。在那里靠岸的希腊船只，被解往巴里伽扎的事情偶有发生。

53. 在卡里埃纳之后，是这一地区的其他市镇：塞米拉(Semylla)、曼达高拉(Mandagora)，帕拉帕特摩埃(Palaepatmoe)、米里兹加拉(Melizigara)、拜占庭(Byzantium)、托加鲁姆(Togarum)和奥兰诺波亚斯(Aurannoboas)。接着是塞塞克里纳埃(Sesecrienae)群岛、埃吉吉伊群岛(Aegigii)、卡埃尼塔群岛(Caenitae)，后者位于科尔索涅苏斯(Chersonesus)对面(有海盗在这些地方出没)；之后，则是白岛(White Island)。接下去是达米里卡的第一批市场纳拉(Naura)和泰狄斯(Tyndis)。之后，是穆兹里斯(Muziris)和尼尔辛达(Nelcynda)，现在它们发挥着主导作用。

54. 泰狄斯是一座村庄，位于科罗波特拉(Cerobothra)王国境内，地处海滨一个显著的位置上。穆兹里斯位于同一王国境内，在那里，来自阿拉伯的商船和希腊人派去的货船熙来攘往。它坐落在一条河附近，到泰狄斯的水路航程为 500 斯塔迪亚，顺流而下，航行 20 斯塔迪亚，就到了海滨地区。尼尔辛达地处另一个王国——潘狄亚(Pandian)王国——境内，到穆兹里斯的水路航程约为 500 斯塔迪亚。它也位于一条河的河畔，与大海相距约 120 斯塔迪亚。

55. 在这条河的河口，有另一座村庄巴卡勒(Bacare)，从尼尔辛达出发的船只，可以顺流而下到达那里；它们在碇泊处抛锚停泊，装载货物，因为这条河中浅滩遍布，河道被淤塞。这两座市镇的国王都居住在内陆。对于从海上去的人来说，见到浮出水面的大毒蛇，就表明，已经接近这些地区。这些大毒蛇，体型较短，头部象蛇，长着血红的眼睛。

56. 由于这些市镇出产大量的优质胡椒和三条筋树叶，他们每年都会派大船前往那里。首先，这里输入的货物有：大量的货币、黄玉、少量的薄衣服、华丽的亚麻制品、锑、珊瑚、毛玻璃、铜、锡、铅和少量的葡萄酒，不过，葡萄酒的数量与输往巴里伽扎的数量相当；雄黄和雌黄；足够维持水手生活的小麦，因为那里的商人并不经营这种商品。这里输出胡椒，唯独这些市场附近的科托纳拉（Cottonara）地区出产大量的胡椒。此外，这里还出产数量丰富的优质珍珠，象牙，丝绸，产自恒河地区的甘松香，产自内陆地区的三条筋树叶，各种透明的石头，钻石，蓝宝石和玳瑁。其中，玳瑁产自克里塞岛（Chryse）以及达米里卡沿岸的岛屿。他们大约在七月（即 Epiphi）从埃及启航，在最有利的季节航行至此。

57. 上面描述的从加纳到攸达蒙·阿拉伯的整个航程，他们习惯于驾驶小船，沿着海湾的海岸附近航行。领航员希帕鲁斯（Hippalus）通过观测海港的位置和大海的状况，第一次发现了如何沿直线穿越海洋。当我们的地中海季风兴起时，在印度海岸，来自大洋的季风也同时兴起，这种西南风被称为希帕鲁斯，这一名字源于他最早发现了横越大洋的航线。从那时直至现在，有的船只直接从加纳出发，有的则直接从香料海角出发。驶往达米里卡的船只已经摆脱了风向的影响；然而，驶往巴里伽扎和西徐亚的船只，沿岸航行不会超过三天时间；在剩余的时间中，它们乘着季风，从那一地区沿同一航线径直驶入大海，沿着远离大陆的航线航行，因此，它们在外海航行绕过了上述海湾。

58. 在巴卡勒（Bacare）之后，是一座暗红色的山脉和帕拉里亚（Paralia）地区，后者沿海岸向南延伸。第一个地方被称为巴里塔（Balita）。它有一座良港和一座海滨村庄。接着是另一个地方，名叫科玛里（Comari），它有一座科玛里海角和一座海港。希望安度余生的人们前往这里沐浴、定居，过独身的生活；妇女们同样如此。据说，一位女神曾在这里沐浴、定居。

59. 这一地区从科玛里向南延伸至科尔契（Colchi），属于潘狄亚王国（Pandian Kingdom）。它有采珠业，由被判决的罪犯从事这项工作。在科尔契之后，是所谓的"海岸地区"（Coast Country），它位于海湾附近，其中有一片内陆区域，人们称之为阿尔加鲁（Argaru）。正是在这里而不是在其他任何地方，可以收购附近海岸地带聚集的珍珠。这里出口一种被称为阿加里提克（Argaritic）的平纹细布。

60. 在这些地区的市镇与来自达米里卡和北方的船只驶入的港口中，最重要的，以地理为序依次是：卡玛拉(Camara)、波都卡(Poduca)和索帕特玛(Sopatma)。在这些港口中，有远至达米里卡的沿岸地区的船只。其他由许多原木捆绑而成的大型木筏，人们称之为散加拉(*sangara*)。驶往克里塞与恒河的船只非常巨大，人们称之为科兰狄亚(*colandia*)。这些地方输入达米里卡生产的一切商品，无论何时从埃及带来的绝大部分产品，从达米里卡带来的以及经帕拉里亚(Paralia)运来的各种商品。

61. 在接下去的地区，航线折向东方。在朝向西方的大海上，有一座海岛名为帕拉西姆都(Palaesimundu)，古人称之为塔普罗巴涅(Taprobane)。北部地区，其长度有一天的行程；南部地区逐渐折向西方，几乎与阿扎尼亚对面的海岸相连。这里出产珍珠，透明的宝石，平纹细布和玳瑁。

62. 在这些地方附近，是玛萨里亚(Masalia)地区。它在内陆地区的前方沿着海岸延伸了很远。那里出产大量的平纹细布。越过这一地区，向东航行，穿过相邻的海湾，就到了多萨勒涅(Dosarene)地区，这里出产著名的多萨勒涅象牙。在这一地区之后，航线折向北方，该地生活着大量的蛮族部落。其中有西拉达人(Cirrhadae)，他们的鼻子被削平，极为野蛮；另一个部落巴尔古西人(Bargysi)；生着马面和长着长脸的部落，据说他们是食人族。

63. 在这些地区之后，航线再次折向东方。沿着大洋的左侧、剩余海岸的右侧航行，恒河便映入眼帘。在它附近是朝向东方的最后的陆地克里塞。在距离克里塞不远处有一条河，人们称之为恒河。它的河水像尼罗河一样泛滥、退却。在恒河河畔，有一座与之同名的市镇。它输出三条筋树叶，恒河甘松香(Gangetic spikenard)，珍珠和最为优良的平纹细布，人们将后者称为"恒吉提克"(Gangetic)。据说这些地区附近存在金矿，这里流通一种被称为卡尔提斯(*Caltis*)的金币。在海洋中恰好有一座岛与这条河相对。人类居住世界的最后一部分朝向东方，被称之为克里塞，沐浴在冉冉升起的太阳的光辉之中。在厄立特里亚海沿岸的所有地区中，这里出产的玳瑁最为优良。

64. 在这一地区之后的正北方，秦斯(This)地区构成了大海的尽头。这里有一座非常伟大的内陆城市秦那(Thinae)，生丝、绢丝和丝绸从那里通过陆路，途径巴克特里亚，运往巴里伽扎；它们还经恒河出口至达米里卡。不过，秦斯地区很难到达。从那里来的人很少，他们也很少去。这一地区位于小熊座(Lesser Bear)之下，据说，它与本都最遥远的地方及卡斯皮亚海接壤。卡斯皮亚海与玛奥提斯湖相邻，它们都注入大洋中。

65. 每年都会有一群人聚集于秦斯的边界地区，他们身材矮小、面部宽阔、扁平，天生爱好和平，被称为贝萨塔人(Besatae)，几乎完全处于未开化状态。他们挈妇将雏，背着大包和由绿葡萄叶状的叶子编成的篓子。他们在自己与秦斯人之间的一个地方相聚，把篓子当作席子铺在身下，举行几天盛会，之后，返回自己在内陆的居所。监视他们的当地人进入那个地方，收集席子，从中抽出被称为培特里(petri)的纤维。他们将叶子层层地叠在一起，用席子的纤维把它们穿成叶球。叶球有三种类型：大三条筋树叶(malaba thrum)叶球，它由最大的叶子制成；中号三条筋树叶叶球，它由较小的叶子制成；小三条筋树叶叶球，它由最小的叶子制成。因此，存在三种三条筋树叶叶球，它由制作它的人带到印度。

66. 在这些地方之后的地区，要么因漫长的冬天和严寒而很难到达，要么因众神神力的影响而无法探寻。

参考文献

一、英文著述

（一）古典史料（除有特殊说明外，所列古典史料均源自哈佛大学出版社的罗布古典丛书）

1. Arrian, *Anabasis of Alexander*, Cambridge, Massachusetts, London, England: Harvard University Press, 1976-1983.

2. Burstein, Stanley M, *The Hellenistic Age from the Battle of Ipsos to the Death of Kleopatra vii*, Cambridge: Cambridge University Press, 1985.

3. Dio Cassius, Roman History, Cambridge, Massachusetts, London, England: Harvard University Press, 1914-1927.

4. Diodorus Siculus, *Library of History*, Cambridge, Massachusetts, London, England: Harvard University Press, 1933-1957.

5. Josephus, *Jewish Antiquities*, Cambridge, Massachusetts, London, England: Harvard University Press, 1930-1965.

6. Justin, *Epitome of the Philippic History of Pompeius Trogus* Books 11-12: *Alexander the Great*, Translation and Appendices by J. C. Yardley, Commentary by Waldemar Heckel, Oxford: Clarendon Press, 2007.

7. Justin, *Epitome of the Philippic History of Pompeius Trogus Books 13-15: The Successors to Alexander the Great*, Translation and Appendices by J. C. Yardley, Commentary by Pat Wheatley and Waldemar Heckel, Oxford University Press, 2011.

8. Levick, Barbara, *The Government of the Roman Empire: A Source Book*, London: Groom Helm, 1985.

9. Pliny the Elder, *Natural History*, Cambridge, Massachusetts: Harvard University Press; London: William Heinemann Ltd, 1938-1963.

10. Plutarch, *Lives*, Vol. ii, v, vii, ix, Cambridge, Massachusetts, London, England: Harvard University Press, 1914-1920.

11. Polybius, *The Histories*, Cambridge, Massachusetts, London,

England：Harvard University Press，1922-1927.

12. Quintus Curtius，*History of Alexander*，Cambridge，Massachusetts，London，England：Harvard University Press，1946.

13. Strabo，*Geography*，Cambridge，Massachusetts：Harvard University Press；London：William Heinemann Ltd，1988-1997.

14. Suetonius，*Lives of the Caesars*，Cambridge，Massachusetts，London，England：Harvard University Press，1997-1998.

15. Tacitus，*Annals*，Cambridge，Massachusetts，London，England：Harvard University Press，1931-1937.

16. *The Periplus of the Erytharea Sea*，*Travel and Trade in the Indian Ocean by A Merchant of the First Century*，translated from the Greek and annotated by Wilfred H. Schoff，New York，London，Bombay and Calcutta：Longmans，Green，And Co. ，1912.

（二）工具书

1. Bowder，Diana，*Who was Who in the Roman World*，New York，N. Y. ：Pocket Books，1980.

2. Simon Hornblower，Antony Spawforth and Esther Eidinow，*The Oxford Classical Dictionary*，third edition，Oxford：Oxford University Press，2012.

（三）著作

1. Ando，Clifford，*Imperial Ideology and Provincial Loyalty in the Roman Empire*，Berkley，Los Angeles，London：University of California Press，2000.

2. Boardman，John，Jasper Griffin，Oswyn Murray，*The Oxford History of The Roman World*，Oxford，New York：Oxford University Press，2001.

3. Bowersock，G. W. ，*Augustus and the Greek World*，Oxford：Clarendon Press，1965.

4. Bowersock，G. W. ，*Roman Arabia*，Cambridge，Massachusetts，London，England：Harvard University Press ，1983.

5. Butcher，Kevin，*Roman Syria and the Near East*，London：The

British Museum Press, 2003.

6. Chanana, Dev Raj, *Slavery in Ancient India*: *as depicted in Pali and Sanskrit texts*, New Delhi: People's Publishing House, 1960.

7. Clarke, Katherine, *Between Geography and History*: *Hellenistic Constructions of the Roman World*, Oxford: Clarendon Press, 1999.

8. Cornell, Tim and John Matthews, *Atlas of the Roman World*, Oxford: Phaidon, 1982.

9. Diller, Aubrey, *The Textual Tradition of Strabo's Geography*, *with appendix*: *the Manuscripts of Eustathius' Commentary on Dionysius Periegetes*, Amsterdam: Adolf M. Hakkert Publisher, 1975.

10. Dueck, Daniela, Hugh Lindsay and Sarah Pothecary, Strabo' *Cultural Geography*: *The Making of a Kolossourgia*, Cambridge: Cambridge University Press, 2005.

11. Dueck, Daniela, *Strabo of Amasia*: *A Greek Man of Letters in Augustan Rome*, London and New York: Routledge, 2000.

12. Dutt, Nripendra Kumar, *Origin and growth of Caste in India*, London: K. Paul, Trench, Trubner & Co. , Ltd. , 1931.

13. Finley, M. I. , *The Ancient Economy*, Berkeley and Los Angeles: University of California Press, 1973.

14. Frank, Tenney, *An Economic History of Rome*, Second Edition, Revised, Baltimore: The Johns Hopkins Press, 1927.

15. Garnsey, Peter and Richard Saller, *The Roman Empire*: *economy*, *society and culture*, London: Duckworth, 1987.

16. Grote, George, *A history of Greece*: *from the earliest period to the close of the generation contemporary with Alexander the Great*, Bristol: Thoemmes Press, 2000.

17. Goodman, Martin, *The Roman World* 44 *BC—AD* 180, London and New York: Routledge, 1997.

18. Grant, Michael, *Roman History from Coins*, Cambridge: Cambridge University Press, 1958.

19. Hourani, George F. , *Arab Seafaring in the Indian Ocean in*

北
京
师
范
大
学
史
学
探
索
丛
书

Ancient and Early Medieval Times, Revised and Expanded by John Carswell, Princeton, New Jersey: Princeton University Press, 1995.

20. Hutton, I. H. , *Caste in India: it's nature, function, and origin*, London: Oxford University Press, 1951.

21. Kim, Lawrence, *Homer between History and Fiction in Imperial Greek Literature*, Cambridge, New York: Cambridge University Press, 2010.

22. Mommsen, Theodor, *The Provinces of the Roman Empire from Caesar to Diocletian*, Chicago: Ares Publishers Inc. , 1909.

23. Nicolet, Claude, Space, *Geography, and Politics in the Early Roman Empire*, Ann Arbor: University of Michigan Press, 1994.

24. Raaflaub, Kurt A. and Richard J. A. Talbert, *Geography and Ethnography: Perceptions of the World in Pre-Modern Societies*, Chichester, U. K. ; Malden, MA: Wiley-Blackwell, 2010.

25. Roller, Duane W. , *Eratosthenes' Geography*, Princeton and Oxford: Princeton University Press, 2010.

26. Rostovtzeff, Michael Ivanovich, *The Social and Economic History of the Roman Empire*, Oxford: Clarendon Press, 1957.

27. Rostovtzeff, Michael Ivanovitch, *The Social & Economic History of Hellenistic world*, Oxford: Clarendon Press, 1941.

28. Scullard, H. H. , *A History of the Roman World 753 to 146 BC*, Fourth Edition, London and New York: Routledge, 2003.

29. Sherwin-White, A. N. , *Roman Foreign Policy in the East 168 B. C. to A. D. 1*, Norman: University of Oklahoma Press, 1984.

30. Syme, Ronald, *Anatolica: Studies in Strabo*, edited by Anthony Birley, Oxford: Clarendon Press, 2003.

31. Tarn, W. W. , *Hellenistic Civilisation*, London: Edward Arnold & Co. , 1927.

32. Teggart, Frederick J. , *Rome and China*, Westport, Connecticut: Greenwood Press, 1983.

33. Tilburg, Cornelis van, *Traffic and Congestion in the Roman Empire*, London and New York: Routledge, 2007.

34. Tozer, H. F., *Selections from Strabo with an introduction on Strabo's life and works*, Oxford: Clarendon Press, 1893.

35. Tozer, H. F., *A History of Ancient Geography*, second edition with additional notes by M. Cary, Cambridge: Cambridge Uninversity Press, 1935.

36. Vagi, David L., *Coinage and History of the Roman Empire c.82 B.C. -A. D. 480, Volume ii*: Coinage, Chicago, London: Amos Press, 1999.

37. Warmington, E. H., *The Commerce between the Roman Empire and India*, Cambridge: Cambridge University Press, 1928.

38. Williams, Derek, *Romans and Barbarians*, London: Constable, 1998.

39. Yamazaki Gen'ichi, *The Structure of Ancient Indian Society: Theory and Reality of the Varna System*, Tokyo: Toyo Bunko, 2005.

40. Yule, Henry, *Cathay and the way thither: being a collection of medieval notices of China*, 4v., new edition, revised throughout in the light of recent discoveries by Henri Cordier, New Delhi: Asian Educational Services, 2005.

(四)论文

1. Clarke, Katherine, "In Search of the Author of Strabo's Geography", *The Journal of Roman Studies*, Vol. 87(1997), pp. 92-110.

2. Connors, Catherine, " Eratosthenes, Strabo, and the Geographer's Gaze", *Pacific Coast Philology*, Vol. 46, No. 2, Special Issue: Literature, Culture, and the Environment (2011), pp. 139-152.

3. Cook, J. M., "On Stephanus Byzantius' Text of Strabo", *The Journal of Hellenic Studies*, Vol. 79(1959), pp. 19-26.

4. Dicks, D. R., "Strabo and KΛIMATA", *The Classical Quarterly*, New Series, Vol. 6, No. 3/4(Jul. -Oct. , 1956), pp. 234-247.

5. Diller, Aubrey, "Excerpts from Strabo and Stephanus in Byzantine Chronicles", *Transactions and Proceedings of the American Philological Association*, Vol. 81(1950), pp. 241-253.

6. Diller, Aubrey, "The Vatopedi Manuscript of Ptolemy and Strabo", *The American Journal of Philology*, Vol. 58, No. 2 (1937),

北京师范大学史学探索丛书

pp. 174-184.

7. Downey, Glanville, "Strabo on Antioch: Notes on His Method", *Transactions and Proceedings of the American Philological Association*, Vol. 72 (1941), pp. 85-95.

8. Drijvers, Jan Willem, "Strabo 17. 1. 18(801C): Inaros, the Milesians and Naucratis", *Mnemosyne*, Fourth Series, Vol. 52, Fasc. 1 (Feb. , 1999), pp. 16-22.

9. Duck, Daniela, "The Date and Method of Composition of Strabo's 'Geography'", *Hermes*, 127 Bd. , H. 4 (4th Qtr. , 1999), pp. 467-478.

10. Kim, Lawrence, "The Portrait of Homer in Strabo's *Geography*", *Classical Philology*, Vol. 102, No. 4(October 2007), pp. 363-388.

11. Koelsch, William A. , "Squinting Back at Strabo", *Geographical Review*, Vol. 94, No. 4 (Oct. , 2004), pp. 502-518.

12. Leaf, Walter, "The Commerce of Sinope", The *Journal of Hellenic Studies*, Vol. 36(1916), pp. 1-15.

13. Lippman, Michael B. , Strabo 10. 2. 4 and the Synoecism of 'Newer' Pleuron, *Hesperia: The Journal of the American School of Classical Studies at Athens*, Vol. 73, No. 4(Oct. -Dec. , 2004), pp. 497-512.

14. Patterson, Lee E. , "Strabo, Local Myth, and Kinship Diplomacy", *Hermes*, 138. Jahrg. , H. 1(2010). pp. 109-118.

15. Pothecary, Sarah, "Strabo the Geographer: His Name and Its Meaning", Mnemosyne, Fourth Series, Vol. 52, Fasc. 6 (Dec. , 1999), pp. 691-704.

16. Pothecary, Sarah, "Strabo, Polybios, and the Stade", *Phoenix*, Vol. 49, No. 1(Spring, 1995), pp. 49-67.

17. Pothecary, Sarah, "The Expression 'Our Times' in Strabo's Geography", *Classical Philology*, Vol. 92, No. 3(Jul. , 1997), pp. 235-246.

18. Pothecary, Sarah, "'The Chambers of the Dead and the Gates of Darkness': A Glimmer of Political Criticism in Strabo's 'Geography' (Strabo 14. 5. 4, 670C, 11. 22-3, ed. Radt)", *Mnemosyne*, Fourth Series, Vol. 62, Fasc. 2(2009). pp. 206-220.

19. Pothecary, Sarah, "'When I was young and He was old': the significance of overlap in Strabo's 'Geography'", *Phoenix*, Vol. 65, No. 1/2(Spring-Summer/printemps-été 2011), pp. 39-52.

20. Priaulx, Osmand De Beauvoir, "On the Indian Embassy to Augustus", *Journal of the Royal Asiatic Society of Great Britain and Ireland*, Vol. 17(1860), pp. 309-321.

21. Richards, G. C., "The Anatolian Who Failed of Roman Recognition", *Greece & Rome*, Vol. 10, No. 29(Feb., 1941), pp. 79-90.

22. Schenkeveld, D. M., "Strabo on Homer", *Mnemosyne*, Fourth Series, Vol. 29, Fasc. 1(1976), pp. 52-64.

23. Sihler, E. G., "Strabo of Amaseia: His Personality and His Works", *The American Journal of Philology*, Vol. 44, No. 2(1923), pp. 134-144.

24. Vickers, Michael, "Nabataea, India, Gaul, and Carthage: Reflections on Hellenistic and Roman Gold Vessel and Red-Gloss Pottery", *American Journal of Archaeology*, Vol. 98, No. 2 (Apr., 1994), pp. 231-248.

25. Waddy, Lawrence, "Did Strabo Visit Athens?", *American Journal of Archaeology*, Vol. 67, No. 3(Jul., 1963), pp. 296-300.

26. Weller, Charles Heald, "The Extent of Strabo's Travel in Greece", *Classical Philology*, Vol. 1, No. 4(Oct., 1906), pp. 339-356.

(五)学位论文

1. Dandrow, Edward M., *Strabo and Greek Identity in the Age of Augustus: Memory, Tradition and Ethnographic Representation*, A dissertation submitted to the faculty of the division of the humanities in candidacy for the degree of Doctor of Philosophy, Department of Classical Languages and Literatures, the University of Chicago, Chicago, Illinois, December, 2009.

2. Eckhart, Tammy Jo, *An Author-Centered Approach to Understanding Amazons in the Ancient World*, submitted to the faculty of the University Graduate School in partial fulfillment of the requirements for the degree of Doctor of Philosophy in the Department of History of Indiana

北京师范大学史学探索丛书

University，November，2007.

3. Kahles，William，*Strabo and Homer：the Homeric Citations in the Geography of Strabo*，a dissertation submitted to the faculty of the Graduate School of Loyola University of Chicago in partial fulfillment of the requirements for the degree of Doctor of Philosophy，May，1976.

4. Knight，Mary，*A Geographic，Archaeological，and Scientific Commentary on Strabo's Egypt* (*Geographika*，Book 17，Sections 1-2)，with an appendix on the Libyan chapters，a dissertation submitted in partial fulfillment of the requirements for the degree of Doctor of Philosophy，Department of Classics，New York University，May，1998.

5. Pothecary，Sarah，Strabo and the "*Inhabited World*"，a thesis submitted in conformity with the requirements for the degree of Doctor of Philosophy，Graduate Department of Classical Studies，University of Toronto，March，1995.

6. Racine，Félix，Literary *Geography in Late Antiquity*，a dissertation presented to the faculty of the Graduate School of Yale University in candidacy for the Degree of Doctor of Philosophy，December，2009.

7. Wallace，Paul W.，*Commentary on Strabo's Description of Boiotia* (9.2)，presented to the faculty of the Graduate School of Indiana University in partial fulfillment of the requirements for the Degree of Doctor of Philosophy in the Department of Classics，Indiana University，June，1969.

8. Yost，Pearl Elizabeth，*The Commercial and Industrial Life of the Roman Provinces as Seen by Strabo*，a dissertation submitted to the graduate faculty in candidacy for the Degree of Master of arts，Department of History，the University of Chicago，Chicago，Illinois，December，1927.

二、中文著述

(一)古典史料

1.［汉］班固撰：《汉书》，［唐］颜师古注，北京：中华书局，1962。

2.［汉］司马迁撰：《史记》，［宋］裴骃集解，［唐］司马贞索引，［唐］张守节正义，北京：中华书局，1982。

3.[宋]范晔撰:《后汉书》,[唐]李贤等注,北京:中华书局,1965。

(二)著作

1.[德]阿尔夫雷德·赫特纳:《地理学——它的历史、性质和方法》,王兰生译,张翼翼校,北京:商务印书馆,1983。

2.[德]夏德:《大秦国全录》,朱杰勤译,北京:商务印书馆,1964。

3.[法]保罗·佩迪什:《古希腊人的地理学——古希腊地理学史》,蔡宗夏译,葛以德校,北京:商务印书馆,1983。

4.[法]戈岱司编:《希腊拉丁作家远东古文献辑录》,耿昇译,北京:中华书局,1987。

5.[古罗马]阿庇安:《罗马史》,(上下卷),谢德风译,北京:商务印书馆,1997。

6.[古罗马]苏维托尼乌斯:《罗马十二帝王传》,张竹明、王乃新、蒋平等译,北京:商务印书馆,1995。

7.[古罗马]塔西佗:《编年史》(上下册),王以铸、崔妙因译,北京:商务印书馆,2005。

8.[古罗马]塔西佗:《历史》,王以铸、崔妙因译,北京:商务印书馆,2005。

9.[古希腊]阿里安:《亚历山大远征记》,[英]E.伊利夫·罗布逊 英译,李活译,北京:商务印书馆,2007。

10.[古希腊]希罗多德:《历史》(上下册),王以铸译,北京:商务印书馆,2001。

11.[美]M.罗斯托夫采夫:《罗马帝国社会经济史》(上、下册),马雍、厉以宁译,北京:商务印书馆,1985。

12.[苏联]波德纳尔斯基编:《古代的地理学》,梁昭锡译,赵鸣岐校,齐思和审,北京:商务印书馆,1987。

13.[英]爱德华·吉本:《罗马帝国衰亡史》(D. M. 洛节本)(上下册),黄宜思、黄雨石译,北京:商务印书馆,2005。

14.[英]爱德华·吉本:《罗马帝国衰亡史》(第一册),席代岳译,长春:吉林出版集团有限责任公司,2008。

15.[英]赫德逊:《欧洲与中国》,李申、王遵仲、张毅译,何兆武校,北京:中华书局,2004。

16. ［英］特威兹穆尔：《奥古斯都》，王以铸译，北京：中国社会科学出版社，1988。

17. 郭小凌：《西方史学史》，北京：北京师范大学出版社，1995。

18. 李雅书、杨共乐：《古代罗马史》，北京：北京师范大学出版社，2004。

19. 刘家和：《古代中国与世界》，武汉：武汉出版社，1995。

20. 刘家和、廖学盛主编：《世界古代文明史研究导论》，北京：高等教育出版社，2001。

21. 沈福伟：《中西文化交流史》，上海：上海人民出版社，2006。

22. 杨共乐：《罗马社会经济研究》，北京：北京师范大学出版社，1998。

23. 杨共乐：《罗马史纲要》，北京：商务印书馆，2007。

24. 杨共乐：《早期丝绸之路探微》，北京：北京师范大学出版社，2011。

25. 张星烺编注，朱杰勤校订：《中西交通史料汇编》，北京：中华书局，2003。

（三）论文

1. 陈恒：《亚历山大史料的五种传统》，《史学理论研究》，2007(2)。

2. 石高俊：《区域地理学发展进程之简略回顾》，《南京师大学报》（自然科学版），1993(1)。

3. 刘家和：《古代印度的土地关系》，《北京师范大学学报》（社会科学版），1963(4)。

4. 王海利：《古典作家对埃及学的贡献》，内蒙古民族大学学报（社会科学版），2004(2)。

5. 杨共乐：《论共和末叶至帝国初期罗马对行省的治理》，北京师范大学学报（人文社会科学版），2001(2)。

6. 杨共乐：《试论共和末叶罗马的经济变革》，北京师范大学学报（社会科学版），1999(4)。

后　记

　　这本小书即将出版，回首往事历历在目。

　　2004 年 9 月，我有幸入杨共乐先生门下求学。先生对学生有自己独特的培养方式，严格的学术训练，是每一个入门者必须经历的过程。在学术训练中，一是翻译训练，一是研读经典作品。每一个学生都有翻译任务，并且要保持一定的进度，同学们每周轮流在课堂上展示自己的"成果"，接受其他同学的批判，接受先生的点评与建议。经典作品研读在基础理论课上进行，选择的作品是《资本主义以前诸社会形态》（现译《资本主义生产以前的各种形式》）、《家庭、私有制和国家的起源》。先生带领我们一句一句地研读，发掘文本背后的深意，时有精彩点评，其间穿插讲授古希腊罗马史的内容和做学问的方法。尽管我入学时基础差，但经过先生一次次的批判，经过先生指导下的系统训练，硕士毕业时，我还是有很大收获。

　　到了博士阶段，尽管有此前训练的基础，但我的压力更大了。先生特别重视对基础核心史料的研读与分析。按先生的要求，博士论文必须是建立在坚实史料基础之上的，没有一百万字左右的史料做支撑，根本达不到博士论文开题的要求。我在先生指导下选择了以斯特拉波及其《地理学》为研究对象。接下来的任务首先就是将研究所依据的核心史料斯特拉波的《地理学》翻译成中文，为撰写论文打基础。时间有限，而任务量大，我只能迎难而上，一边翻译，一边分类整理所译史料。翻译基础史料的工作单调而枯燥，有时我也会产生厌烦情绪：选择"有用"的史料翻译即可，何必将全部史料译成中文？这种想法被先生严厉批评："必须从整体上去理解和把握史料，那种只挑选'有用'史料的方法在我这里行不通。"我只能静下心来，咬紧牙关，老老实实地做翻译史料的基础性工作。当然，自己有时也会因偶有一两段自以为精彩的译文而欢欣喜悦。最终，在先生的监督、鼓励和不断催促下，我完成了史料翻译和分类工作。后来的博士论文便是在研读和分析这些史料的基础上写就的。而这本小书则源于博士论文，其中补充了撰写博士论文时尚无法获得的信息及近年来有关斯特拉波《地理学》研究领域的部分新成果。

北京师范大学史学探索丛书

我感谢我的导师杨共乐先生。先生交给我做学问的方法，使我明白了做学问的路径，尽管我现在还相差很远，但我知道了努力的方向。先生不仅教我学问之道，而且教我怎样做人，如何做事，使我更深刻地理解了做人、做事的许多道理。在学术上，先生要求严格。正是由于先生的严格监督，我才完成了一百多万字基本史料的翻译工作，为写作论文打下良好的基础。在撰写论文过程中，无论是在布局谋篇上，还是在遣词用句上，以至标点符号的使用上，先生都给我悉心指导。在工作之后，先生督促我修改原有文本，进一步核准原来的译文，又忙着帮助我联系出版事宜，并且容忍我将书稿、译稿一拖再拖。在生活上，先生对我关心爱护。有一段时间，我的颈椎出了问题，先生每次见面都询问状况，并督促我坚持运动。在学术上严格要求，在生活上关心爱护，传授做学问的方法，教我做人的道理，先生一直用行动阐释着"学为人师，行为世范"。我很清楚自己硕士入学时的状况，从硕士到博士，再到工作之后，我的每一点进步，都与先生的教导密不可分。遇到先生，是我的福气！工作之后，我一直在做基础性工作，又忙于琐事，成绩甚少，愧对先生。这本小书的出版，以及随后不久译文库尔提乌斯《亚历山大史》、斯特拉波《地理学》的出版，姑且算是向先生的汇报，也算是给自己的交代吧。

在师大学习的过程中，我非常有幸受到各位先生的教诲。刘家和先生学识渊博，虚怀若谷，每次讲座都会有新内容、新思想，给人以深刻启迪和思考。而我们每次去先生家聊天，都受益匪浅。一次，先生谈道："这段时间，我正在补习德语。"自己很受震动，先生尚且如此，我们后学之辈有何理由不上进呢？先生是我们学习的楷模。廖学盛先生在世界古代史方面造诣极高，我很幸运有机会与先生接触，聆听先生的教导。先生就如何提高史学理论修养的问题，给我提供了非常好的方法与建议。

感谢郭小凌先生、易宁先生、孟广林先生、蒋重跃先生、侯树栋先生、郑殿华先生、刘林海先生，诸位先生或是在我博士论文开题，或是在我博士论文撰写与答辩的过程中，提出了许多宝贵建议，启发我思考，给我指明了努力的方向。

感谢王东平教授和张皓教授。硕士研究生时，我一直跟随王老师和张老师学习基础课程。王老师讲授的中外关系史基础课、古波斯语，张老师带领我们逐字逐句翻译解读"英国外交档案"和"美国中央情报局解密档案",对我后来的学习都有很大帮助。刘林海老师和张昭军老师在学习与生活的许多方面,都给予我提携与照顾,我非常感激。

感谢我的同门,是他们让我生活在温暖的大家庭之中。郝彤师姐、王玉冲师兄、吴琼大哥和艳辉,给予我许多照顾与帮助。师弟黄康给我提供了史料信息;同学毛达、王进锋博士在国外帮我复印和扫描资料,我衷心地表示感谢。感谢我的室友刘向阳博士,在攻读博士学位期间,我们并肩战斗,经历难忘。

北师大历史学院将本文列入"史学探索丛书"系列,为本书的出版提供了大力支持。本文在修改、完善的过程中受到"中央高校基本科研业务费专项资金"(项目号:SKZZY2013019)的支持。在此,深表谢忱。

本书得以顺利出版,还要特别感谢编辑刘松弢先生和蒋智慧女士,他们付出了艰辛的努力,提出了许多有益的建议。他们的敬业精神和谨严态度令我感动。

承载着诸位先生、好友和家人的希望,我会继续努力前行!

因作者才疏学浅,文中错误与不当之处在所难免,恳请广大读者批评指正!

武晓阳
2014 年 12 月 8 日